EL PEQUEÑO DICTADOR

El pequeño dictador

Cuando los padres son las víctimas

Javier Urra

la esfera de los libros

Primera edición: febrero de 2006
Tercera edición: marzo de 2006

Avenida de Alfonso XIII, 1, bajos
28002 Madrid
Teléf.: 91 296 02 00 • Fax: 91 296 02 06
Pág. web: www.esferalibros.com

Diseño de cubierta: Rudesindo de la Fuente
ISBN: 84-9734-444-8
Depósito legal: M-9.777-2006
Fotocomposición: IRC, S. L.
Impresión: Rigorma
Encuadernación: Martínez
Impreso en España-*Printed in Spain*

Índice

A los padres que se esfuerzan y disfrutan con su bella labor.
A los hijos que se hacen merecedores de todo el cariño.
A aquellos que intentándolo no consiguen entenderse y ser felices.

Nota del autor

Que ha:

Explorado muchos casos de hijos tiranos en la Fiscalía de Menores de Madrid.

Atendido a las esclavizadas víctimas.

Mantenido contactos con psicoterapeutas, con responsables de institutos, de centros de terapia cognitiva, con mediadores...

Denunciado este cáncer relacional en los medios de comunicación.

Que es:

Consciente de que será criticado por muchos, que le señalarán como alarmista o aducirán el riesgo de estigmatizar a niños y jóvenes. (Estos mal llamados educadores —que gustan de calificarse de progresistas— son parte del problema).

Que será:

Siempre defensor de los niños y jóvenes, por eso señala esta nueva patología social. Ayudar a los padres a que no teman a sus hijos y que éstos no padezcan una errónea o nula educación que los convierta en estúpidos e insoportables tiranos, son las razones de este libro.

El texto que usted va a leer busca ser de notable levedad al tiempo que un relato vibrante, y señalar una parte oscura dentro del paisaje humano.

Capítulo 1

Hijos maltratadores

Se habla de *mobbing*, de *bullying*, del acoso en el trabajo, en la escuela. Existen también Hijos Acosadores en el Hogar.

La mayoría de los jóvenes no son tiranos, claro que no. Y en todo caso muchos más son víctimas de malos tratos que verdugos. Asimismo hemos de aseverar con rotundidad que los padres en general educan correctamente, transmiten buenas pautas educativas. Los problemas, las dificultades, son numéricamente escasos, pero repercuten negativamente en todo el entorno de los focos de tensión relacional.

Que centremos la atención en un problema cierto como el de los hijos tiranos, no debe confundirnos y hacernos creer que todo es un desastre. La mayoría de las familias funcionan muy bien. Padres e hijos se sienten orgullosos unos de otros, se apoyan, se comprenden, se respetan, se quieren, se continúan.

La Real Academia de la Lengua define el término tirano como la persona que abusa de su poder, superioridad o fuerza en cualquier concepto o materia, y también, simplemente, como el que impone ese poder y superioridad en grado extraordinario.

Querido lector/a: hace ya más de una década (Urra, 1990, 1994) que escribí y publiqué, al tiempo que informé por los medios de comunicación, que la violencia real no estaba en las calles ni en los institutos, sino en el hogar, que los niños son generalmente las víctimas, pero ocasionalmente son los agresores.

Se observa en las consultas infantiles la aparición de «pequeños tiranos», hijos únicos (o los pequeños, con hermanos que ya han abandonado la casa) en la mayoría de los casos, que imponen su propia ley en el hogar. Son niños caprichosos, sin límites, que dan órdenes a los padres, organizan la vida familiar y chantajean a todo aquel que intenta frenarlos.

Quieren ser constantemente el centro de atención, son niños desobedientes, desafiantes, que no aceptan la frustración.

La dureza emocional crece, la tiranía se consolida si no se le pone límites. Hay niños de siete años y menos que dan puntapiés a las madres, y éstas les dicen «eso no se hace» mientras sonríen. O que tiran al suelo el bocadillo que les han preparado y ellas les compran un bollo. Recordemos esos niños que todos hemos padecido y que se nos hacen insufribles por culpa de unos padres que no ponen coto a sus desmanes.

Su comportamiento colérico, más allá de la simple pataleta, hace temer una adolescencia conflictiva y quizá contribuya a aumentar un problema social ya serio: la violencia juvenil.

La tiranía se expone en las denuncias de los padres contra algún hijo, por estimar que el estado de agresividad y violencia ejercido por éste o ésta, afectaba ostensiblemente al entorno familiar. En estos tiempos los medios de comunicación se hacen eco de lo que está pasando en los hogares. Hay violencia (en distintos grados) y desesperación. Hay fugas del domicilio, absentismo escolar, robos, engaños; en otros casos, el hijo o hija entra en contacto con la droga y es a partir de ahí donde se muestra agresivo/a, a veces con los hermanos... Distinguimos como tipos de maltrato de los hijos hacia sus padres:

- *Conductas tiránicas:* buscan causar daño y/o molestia permanente, utilizando la incomprensión como axioma. Amenazan y/o agreden para dar respuesta a un hedonismo y nihilismo creciente. Se posicionan desde «el grupo de iguales» en oposición a los otros: «Somos jóvenes», la consecuente exigencia de algunos mal llamados derechos. Eluden responsabilidades, culpabilizando a los demás.

- *Utilización de los padres:* bien como si fueran padres en «usufructo» o como «cajeros automáticos». Chantajeándolos y haciéndoles copartícipes de sus «trapicheos» (ya sean con droga...). Usando la denuncia infundada para conseguir lo que quieren.

- *Desapego:* transmiten a los padres que profundamente no se les quiere.

Genéricamente no son adolescentes que puedan ser definidos como delincuentes. La mayoría de ellos no llegan a agredir a los padres. En muchas ocasiones han abandonado los estudios y no tienen obligaciones ni participan en actividades o relaciones interactivas.

A la penosa situación en que un hijo arremete contra su progenitor no se llega por que éste sea un perverso moral, o un psicópata, sino por la ociosidad no canalizada, la demanda perentoria de dinero, la presión del grupo de iguales... pero, básicamente, por el fracaso educativo, en especial en la transmisión del respeto, y, si no: ¿por qué en la etnia gitana no acontecen estas conductas, muy al contrario, se respeta al más mayor?

El niño o joven que se droga, que se implica con algún grupo de iguales disociales, que se fuga... no va a ningún sitio, sólo huye de la incomprensión, la falta de atención, de afecto, seguramente de un maltrato (entendido éste con más amplitud que el específicamente físico). Se maltrata a nuestros jóvenes cuando no se les transmiten pautas educativas que potencien la autoconfianza, ni valores solidarios y, a cambio, se les bombardea con mensajes de violencia. Se les maltrata cuando se les cercena la posibilidad de ser profundamente felices y enteramente personas.

Las «causas» de la tiranía residen en:

- Una sociedad permisiva que educa a los niños en sus derechos pero no en sus deberes, donde ha calado de forma equívoca el lema «no poner límites» y «dejar hacer», abortando una correcta maduración. Para «no traumatizarles» se les cede, permite y ofrece todo aquello que se dice no tuvieron sus padres o abuelos. Hay falta de autoridad.

  Es obvio que se ha pasado de una educación de respeto, casi miedo al padre, al profesor, al conductor del autobús, o al policía, a una falta de límites, donde algunos jóvenes (los menos) quieren imponer su ley de la exigencia, de la bravuconada.

El cuerpo social ha perdido fuerza moral; desde la corrupción no se puede exigir. Se intentan modificar conductas, pero se carece de valores.

Igualmente parece existir una crisis de responsabilidad en la sociedad, una falta de compromiso que no sólo ha generado cambios en los niños. En España, hemos pasado de la moral del sacrificio y la renuncia, al hedonismo. Todo se quiere alcanzar sin esfuerzo. En la sociedad del bienestar, del consumo, se procura dejar de asumir responsabilidades que después pueden conllevar problemas: por ejemplo, acompañar a los niños a una excursión.

Y es que, como dice el doctor Enrique Rojas (1998), «en la actualidad hay un vacío moral, y el materialismo, el hedonismo, la permisividad, el relativismo y el consumismo son los valores que imperan en la sociedad. Estos valores han surgido a raíz de los grandes cambios sociales y tecnológicos ocurridos en los últimos años, como la revolución informática, la preocupación por los derechos humanos y la caída del bloque comunista, entre otros». Por tanto, consideramos que el sistema de valores actual y las pautas educativas permisivas inciden en gran medida en los hijos despóticos.

- Unos medios de comunicación, primordialmente la televisión, en los que es incuestionable que la «cascada» de actos violentos (muchas veces sexuales) difuminan la gravedad de los hechos.

Nada tiene que ver el disparo del Séptimo de Caballería contra los indios (o viceversa), que nosotros veíamos, con la brutal carnicería en la que hoy se deleitan. O anuncios de juguetes que dejan en la mano del niño la capacidad para decidir «la vida del otro». O peligrosos, como «el niño será rubio, tendrá los ojos azules». O vídeos tan esperpénticos como *Muñeco diabólico*, *Suicídate y descansa para siempre* o *Comando terrorista*. La televisión es utilizada por muchos padres como «canguro», el golpeo catódico continuado invita ocasionalmente a la violencia gratuita y en general adopta una posición amoral al no definir lo que socialmente es adecuado de lo inaceptable.
Nos rodea un alto grado de zafiedad y mal gusto. No se ha de desplazar toda la responsabilidad a los medios de comunicación cuando hay una «moda de inmoralidad».

- El gran cambio que se ha producido en la forma de vida. Los niños pasan mucho tiempo solos. No viven a su ritmo. Lo bueno parece ser hacer todo cada vez más deprisa; vivimos a las órdenes del reloj. No hay tiempo para escuchar, contar cuentos, o jugar con los hijos; estamos demasiado cansados. Los niños viven con estrés; los llamados «niños agenda» completan sus horas con actividades extraescolares. El peso de las condiciones del entorno también afecta a las relaciones de los padres y las madres.

- Una estructura familiar que se ha modificado.
  — Las familias tienen uno o dos hijos, a los que no les pueden faltar «las zapatillas de marca». Se destro-

nan pocos «reyes de la casa», que seguirán siéndolo toda su vida. A su vez, las familias nucleares tienen poco contacto con otros miembros familiares. Las madres primerizas se encuentran solas en su tarea.

— Se aprecia mucha desestructuración de parejas de adultos, que revierten negativamente en los hijos. En las familias en que ha habido una separación, y que se vuelven a recomponer, se acaba cediendo y consintiendo en muchas situaciones para evitar conflictos.

— No hay muchos foros de comunicación social; se vive más de cara adentro en las casas. La Iglesia, que ha propiciado tradicionalmente el teatro, cine forum... actividades para jóvenes montañeros, grupos de matrimonios, de familias cristianas, que ha concitado reuniones para la reflexión en base a encuentros, ejercicios espirituales..., ahora ha ido replegándose ante una sociedad que ha cambiado sus hábitos respecto a la espiritualidad (cuando no los ha abandonado). Lo cierto es que pocas redes sociales han sustituido de algún modo el papel que la Iglesia realizaba. Existen ONG e instituciones para la juventud, pero puntuales, dispersas.

• Las diferencias educativas entre:

— Los padres, porque los modelos y referentes son muy distintos de unas casas a otras. Existen diversos tipos de familias, algunas monoparentales y, sobre todo, se aprecia mucha soledad, sobreprotección, se dan los dos extremos, los «niños-llave» (que llevan su llave colgada en el cuello y pasan muchas horas aislados viendo televisión) y los niños a los que se les acompaña en todo.

— Los padres y profesores. Normalmente el maestro sí controla y contiene a los niños. Lo que la madre no consigue con los más pequeños la maestra lo soluciona sin problemas: recoger los juguetes, que se pongan el abrigo. En esta relación, en ocasiones hay desconfianza recíproca casa-escuela. Socialmente no se reconoce suficientemente a la escuela.

- Que algunos padres no ejercen su labor. Han dejado en gran medida de inculcar lo que es y lo que debe ser. No tienen criterios educativos, intentan compensar la falta de tiempo y dedicación a los hijos, tratándolos con excesiva permisividad. De las tres formas clásicas de control: la autoridad, la competencia y la confianza, hoy pareciera que sólo funciona la última. Los padres quieren democratizar su relación con sus descendientes adoptando estas posiciones protectoras, pero añorando las relaciones de autoridad que facilitaban que las normas se cumplieran. Consiguen sólo a veces lo deseado, sin imponer autoridad, mediante el «chantaje emocional». Padres que parecen tener miedo a madurar, a asumir su papel.

Psiquiatras, psicólogos infantiles y profesores se enfrentan a un problema educativo, para cuya solución se requiere en primer lugar que los padres aprendan a serlo. Es labor de los progenitores hablar con sus hijos, escucharles y preocuparse por ellos, conocer con quién y dónde andan. Hay padres que no sólo no se hacen respetar, sino que menoscaban la autoridad de los maestros, de la policía o de otros ciudadanos cuando, en defensa de la convivencia, reprenden a sus descendientes.

Los roles parentales clásicamente definidos se han diluido, lo cual es positivo si se comparten obligaciones y pautas educativas, pero resulta pernicioso desde el posicionamiento de abandono y el desplazamiento de responsabilidades. Hay miedo, distintos miedos: el del padre a enfrentarse con el hijo, el de la madre al enfrentamiento padre-hijo. El de «la urbe» a recriminar a los jóvenes cuando su actitud es de barbarie (en los autobuses, metro...); caemos en la atonía social, no exenta de egoísmo, delegando esas funciones a la policía, a los jueces, que actúan bajo «el miedo escénico»; así no se puede solucionar el problema.

Los niños pueden no ser inofensivos, pero sí inocentes. Su culpabilidad, su responsabilidad ha de ser compartida por quienes los educamos o mal educamos, los que olvidamos darles las instrucciones de uso para manejar la vida y no les indicamos cómo respetarse a sí mismos y a los demás.

Algunos tienen claro que lo que les ocurra a los chavales es íntegramente responsabilidad de sus padres. Son ellos quienes deben llevar las riendas, a pesar de que en muchos momentos lo más cómodo sea soltar cuerda y relajarse un poco. No es una cuestión de confianza. Hay que ser conscientes de que los jóvenes no tienen un criterio claro de lo que es bueno para ellos y de lo que no. Y es lógico, porque son adolescentes, por mucho que la sociedad se empeñe en tratarlos como «pequeños» adultos. Todo va demasiado rápido, y tienen que conseguir vivir al ritmo que necesitan para su desarrollo, que no es el que marca el exterior. Hay problemas que no aparecen si no se los va a buscar. «Yo creo que es como cuando se aprende a conducir —nos comentaba un padre de adolescente en plena "efervescencia"—. El que va al volante es el aprendiz, pero es el profesor el que tiene la obligación de dirigir, dar las indicaciones y, si es necesario, dar un frenazo antes de que se produzca el choque. Pues es lo mismo».

Cuando vemos a jóvenes con su yo interior roto, que no van a ninguna parte, que están exiliados del mundo, que escriben su vida en la arena, que se dejan llevar por el oleaje de las demandas, del consumo, de las modas, de la droga, de los impulsos, no somos sino espejos de esa misma agua.

No se trata de culpabilizar genérica y tontamente a la sociedad, pero sí de erradicar del imaginario colectivo la falsa creencia de que existe el perverso polimorfo, el que «nace torcido», el cien por cien responsable de sus actos.

En todo momento, nuestra vida está indisolublemente unida a otras vidas, sobre todo en la infancia, y hay quienes reciben como legado la orfandad de afecto, de serenidad, de amor, de seguridad, de indicaciones para autogobernarse en libertad.

Hemos de educar a nuestros jóvenes, y ya desde su más tierna infancia hay que enseñarles a vivir en sociedad. Por ello han de ver, captar y sentir afecto, es preciso transmitirles valores. Entendemos esencial formar en la empatía, enseñándoles a ponerse en el lugar del otro, en lo que siente, en lo que piensa. La empatía es el gran antídoto de la violencia, no hay más que ver el menor índice de agresividad de las mujeres y relacionarlo con el aprendizaje que reciben de niñas.

Precisamos motivar a nuestros niños sin el estímulo vacío de la insaciabilidad.

Educarles en sus deberes y derechos, en la tolerancia, soslayando el lema «dejar hacer», pero marcando reglas, ejerciendo control y, ocasionalmente, diciendo No.

Instaurar un modelo ético, utilizando el razonamiento, la capacidad crítica y la explicación de las consecuencias que la propia conducta puede tener para los demás. Acrecentar su capacidad de diferir las gratificaciones, tolerar frustraciones, controlar los impulsos y relacionarse con los otros. También debemos fomentar la reflexión como contrapeso de la acción, la búsqueda de la perspectiva correcta y el deseo de integración social.

Entre todos hemos de ayudar a las familias (niño-familia-contexto) facilitándoles que impere la coherencia y se erradique la violencia, que exista una participación más activa del padre.

Hombres y mujeres, juntos, debemos impulsar que la escuela integre, que trabaje y dedique más tiempo a los casos más difíciles.

El que haya jóvenes desahuciados del mundo, de sí mismos, que se revuelven contra los otros (padres o no), es un mal que está en la sociedad. No se trata de ideologías progresistas o reaccionarias, sino de evitar la «ley del péndulo», del niño atemorizado al educador paralizado.

Como conclusión estimamos poder convenir, siguiendo el hilo argumental, que la tiranía infantil refleja una educación (si así puede llamarse) familiar y ambiental distorsionada que aboca al más paradójico y lastimero resultado, dando alas a la expresión «CRÍA CUERVOS...».

Capítulo 2

Los príncipes de la casa

Ya pasó la dulce espera, todo lo tenemos preparado, su habitación, su ropita, nuestras ilusiones. No queremos que le falte nada, todo nos parece poco para ese hijo tan deseado. Sólo queremos su felicidad. Que nada rompa la paz de su rostro angelical. ¿Nada? Querido lector/a, padre/madre, comience a mover ficha.

Ya antes de que el niño nazca, los padres deben estar posicionados respecto a la educación que van a dar a su pequeño, haber analizado cómo fueron ellos mismos educados, pues influirá en lo que van a trasmitir a su hijo; valorar sus virtudes y defectos para mejorar e influir en él. En el supuesto —mayoritario—, de que sean pareja, habrán de consensuar unas pautas formativas coherentes.

Hace poco daba sus primeros pasos y ya hemos tenido que librar pequeñas batallas. En las primeras etapas hay niños que no quieren comer, o no duermen, o lloran sin parar hasta que se les coge o, simplemente, en los que todo parece que funciona bien, duermen bien, comen bien, no hacen ni un ruido, no dan ningún problema.

Llega sin saber cuáles son las pautas de respuesta ante sus reclamos. De nuestro comportamiento frente a sus demandas dependerá su forma de adaptarse a este nuevo entorno en el que comienza a crecer.

Ya su primer acto reflejo, el de la búsqueda de alimento, que exige por su parte una serie de movimientos como el de la cara buscando el pecho y el de agarrar con la boca el pezón y succionar, requiere un aprendizaje mutuo, en el que van acomodándose el bebé y la madre tanto física como psíquicamente.

Aldo Naouri (pediatra y autor del libro *Padres permisivos, hijos tiranos*) nos indica que «en 1945, el doctor Spock publicó un libro en el que ya decía que a los niños había que empezar a frustrarles desde los tres meses, en el momento en que dejan de mamar cuando quieren y lo deben hacer a horas fijas y en cantidades fijas. Es una forma inteligente y justa que le enseña a esperar cuando tiene hambre. Años después, esta disposición desapareció de las ediciones siguientes del libro y se fomentó la permisividad absoluta que ha colocado al niño en lo alto de la pirámide, en la tiranía. Educar es frustrar y entrenar a la madre en frustrar al hijo. Hay que concienciarle de que la madre no estará siempre disponible para él y eso hará con más facilidad que ella vuelva a ser la mujer de su hombre».

Nosotros no creemos que educar sea frustrar. Pero sí consideramos que la frustración, como la sanción, son parte de la educación.

Hablamos de bebés que no siempre tienen las mismas ganas de comer, o que hay ratos que duermen más y cuyas apetencias o necesidades no coinciden estrictamente con nuestra disponibilidad. Y si bien las matronas recomiendan el pecho a demanda, desde los comienzos, poco a poco y de forma gradual, hemos de marcar, como padres, un orden, un hábito, un tiempo, debemos procurar la adaptación a una vida en común en que cada uno de los miembros de la familia tenga su propio tiempo y espacio.

Además, no podemos olvidar que la mayoría de las madres, terminada la baja maternal, cuando el bebé tiene apenas cuatro meses, tienen que reincorporarse al trabajo, con un horario fijo que cumplir. Las tomas se han de ajustar a la nueva realidad.

El llanto del bebé es también una conducta refleja, pero que se transforma en la más precoz comunicación del niño con el ambiente. Tiene un efecto profundo sobre los adultos y, principalmente, sobre las madres. Lo emite con tal nivel y variedad de sonidos, que es imposible tanto ignorarlo como acostumbrarse a él. Nadie parece soportarlo. Hay que atenderle, aceptarlos y no perder los nervios. Es preciso reconocerlos; cuando son verdaderos gritos enérgicos, suele acontecer que tiene hambre, por lo que desaparecen en cuanto se le pone al pecho o se le acerca el biberón. Si el lloriqueo comienza despacio y aumenta cuando intentamos distraerle, probablemente es que tiene sueño. Significativo de que algo le duele es cuando emite un lamento prolongado, que se continúa con una contención de la respiración para estallar de nuevo en otro llanto. Los quejidos de protesta intermitentes que cesan en cuanto el adulto se acerca, le habla o le coge en brazos, significa que quiere mimos. Y usted se preguntará, ¿le cojo para que no llore?, ¿se acostumbrará a los brazos? Los recién nacidos necesitan el contacto físico para sentirse seguros. No lo está malcriando si a esta corta edad lo coge en brazos cuando llora. Hay tiempo ulterior para formarle. Más adelante, ante esta conducta, le dejaremos llorar dos minutos y le cogeremos en brazos, le abrazaremos, le hablaremos y le dejaremos en la cuna y, si vuelve a llorar —para que le cojamos en brazos— repetiremos la acción, pero esta vez le dejaremos llorar hasta cinco minutos, y así en todas las conductas que deseemos extinguir. Somos nosotros los que tenemos que «condicionar» al bebé, no al revés (sin con ello convertirnos en simples adiestradores). Ha de comprobar, consciente o inconscientemente, que no puede vencernos, ni manipularnos (no se trata de una estrategia de batalla, sino de unos primeros pasos que nos permitan caminar correctamente en paralelo).

José María Romera, en su artículo «Padres permisivos, niños consentidos» (*El Correo*, 18 de mayo de 2005), escribía: «Cuando el bebé rompe a llorar en la cuna, ya está emitiendo las primeras señales de desafío. Si sus padres ceden a las primeras de cambio, en cierto modo empiezan a incumplir su obligación de poner límites, por doloroso o incómodo que esto pueda resultar».

El niño necesita una relación de vinculación y afecto con sus padres, así como que se le transmita protección y seguridad, para el buen desarrollo de su personalidad. Los padres no quieren que sus hijos tengan falta de afecto y atenciones y, siguiendo al mismo autor, «no hay que traumatizar al bebé negándose sistemáticamente a sus deseos, pero tampoco debemos dejar que se convierta en un déspota insaciable. ¿En qué punto quedarse?».

Entre los 6 meses y los 2 años, el niño pasa por una fase de omnipotencia en la que siente que los padres pueden ser dominados. Si no se le ponen límites en este período, hará del dominio el sustitutivo de sus necesidades de protección que en todo caso nunca saciará en esta relación. Sólo a través de la confianza, aprenderá a confiar en los demás y en sí mismo.

Las psicólogas A. M. Femenia y M. T. Muñoz Guillén, matizan al respecto: «En las fases tempranas de la vida, el niño necesita de un objeto humano para actualizar funciones mentales y psíquicas sin las cuales no se puede lograr el proceso de humanización, un objeto humano que transmita junto con la imprescindible envoltura afectiva, mediante la cual adquirir seguridad y confianza, la necesaria transmisión de una norma que organice la confusión y el desorden interno de pulsiones que puedan llegar a atentar severamente el proceso de construcción de la propia identidad».

El sueño es otro condicionante en esta primera etapa que requiere de nosotros una actuación para que el niño aprenda a dormir de un tirón y en su cama.

Hasta los 6 meses, es probable que el niño siga haciendo una o dos tomas por la noche, y es aconsejable que vaya aprendiendo a distinguir entre ésta y el día. Por la noche se mantendrá una luz tenue, se procurará no hacer ruido, no se jugará con él y sólo se le cambiará si está sucio o muy mojado.

Para definir unas pautas del sueño debemos procurar establecer un ritual al acostar al niño, y fijar una hora y un lugar para dormir, si bien al principio nos será difícil porque lo hacen intermitentemente por el día y la noche y nos parecerá que tienen el sueño cambiado.

Al bebé hay que enseñarle a conciliar el sueño solo. No debe asociarlo a la presencia de los padres, por eso conviene salir de la habitación antes de que se quede dormido, después de haber estado con él un rato acompañándole, meciéndole o cantándole una nana. Es ideal que por la noche su habitación permanezca a oscuras y que durante la siesta diurna entre algo de luz. Habrá que ir alargando los períodos de descanso profundo durante la noche y de actividad (música, juego, conversación), durante el día.

En la cuna se pueden colocar elementos que le transmitan seguridad, como peluches, chupete, etc.

Al niño pequeño, antes de irse a dormir (una media hora), apagar la tele y mantener la casa en calma y realizar acciones rutinarias (cepillarse los dientes, acostarse, leerles un cuento —que ejerce un efecto sedante...), le aporta seguridad y un ambiente predecible y confortable.

Sabemos que el insomnio del niño (causado por pequeños dolores, por el más generalizado trastorno del sueño —horarios— o por miedos nocturnos) es lo que más agota e irrita a los padres, que no han de claudicar ante ciertas conductas y hábitos establecidos.

Para evitar que en ciertas situaciones la fatiga y la consiguiente carga de agresividad se apodere de ellos, los padres habrán de turnarse en la atención al niño más pequeño. En ocasiones tendrá que solicitarse una puntual ayuda de algún familiar próximo para tomarse «un respiro». Abordar este tema con acierto es fundamental, tanto es así que el mayor número de casos de maltrato se produce con el denominado «síndrome del zarandeo» que puede llegar a ocasionar lesiones cerebrales leves y aún la muerte del bebé, dada la fragilidad de su cabeza y su cuello.

Facilitar el aprendizaje del niño pequeño es una tarea que los padres debemos ejercer. ¿Cómo? Es bueno utilizar las mismas palabras y los mismos rituales para acostarlo, para levantarlo, para el baño y la comida, y hacer todo ello en el mismo orden y a la misma hora, esto configura un mundo más previsible, ordenado y sencillo para el niño, proporcionando más comodidad a todos y más capacidad anticipatoria.

Nuestra dedicación es también esencial para él. Quien se descuide de entretener al bebé con juegos y con palabras se puede encontrar con la desagradable sorpresa de que éste ha sufrido un retraso en su desarrollo motriz y verbal. Debe buscarse, cuando menos, media hora diaria para jugar con el bebé.

Es aproximadamente a los 18 meses cuando un niño cobra conciencia de que su «yo» es distinto del mundo circundante (incluyendo a su madre). Comenzará a intentar hacer lo que se le prohíbe y tanteará las reacciones para comprobar hasta dónde puede llegar. No es exactamente un reto —aunque lo parece—, pero necesita ver las consecuencias de sus acciones en las respuestas de los padres.

A partir de entonces, cuando le digamos «No», podremos hacer que dicha negativa se cumpla. Es imprescindible que sea compartido por la pareja, se diga con coherencia, y se imponga con firmeza. Así comprenderá lo que está permitido y lo que no, apreciará sus propios límites y entenderá que hay normas que debe respetar.

A veces el niño coge un objeto que se le ha prohibido, mira a la madre y con su cabecita dice «no se hace», pero lo sigue sujetando a punto de dejarlo caer (a veces hasta se sonríe). Está indagando, explorando; no quiere provocar un disgusto, pero no puede renunciar a su afán de imponer su criterio. Es el momento de ser firmes al tiempo de controlados (en el tono, en las formas). Al decir «eso no se toca» hay que conseguir que obedezca, tantas y tantas veces como el niño pruebe (que serán muchísimas), no hay que ceder por «agotamiento» o porque hay visitas.

El niño necesita que el criterio de los padres sea más fuerte que el de sus impulsos, de lo contrario estaremos dando alas a un futuro tirano. Igualmente, hacia los 20 meses, el niño comprende que los actos que dañan a los «no yo» están prohibidos. La oposición de los otros y la autolimitación hacen que tome conciencia de sí mismo y de los demás.

> En la calle, en un aeropuerto, en un parque, se puede ver a un niño pequeño, muy pequeño, que da una bofetada en el rostro que le acerca el abuelo para recibir un beso.
>
> El abuelo retrocede, se sorprende, mira al niño, le sonríe, mira a los padres del niño y percibe que la respuesta —de haberla— es ligerísima, casi un susurro de reprensión.
>
> El niño vuelve a la carga y busca la cara del abuelo para estamparle sus cinco deditos.

¿Requiere lo antedicho alguna reflexión? No hay palabras. Debe haber respuestas enérgicas, insobornables, claras, contundentes, rápidas, contenedoras y dominantes. El niño debe comprender y comprobar en ese instante que lo que ha hecho está mal, muy mal, que jamás se le permitirá volver a hacerlo, ni a intentarlo. Padres y abuelos al unísono, por el bien del niño y de ellos, no lo pueden consentir ni minusvalorar.

Inhibición

> Lo vi con mis propios ojos. Dos madres tomando un refresco, los hijos, muy, muy pequeños, corretean alrededor, uno de ellos grita unas palabrotas altisonantes e impropias, la madre se vuelve y con tono condescendiente le indica: «Eso no se dice». El niño se revuelve, la increpa, la insulta. Por respuesta obtiene un lacónico: «Te estás portando mal, el lunes se lo diré a tu profesora».
>
> ¿Qué hacemos?

Querido lector/a ha de saber que los tres primeros años de su hijo son fundamentales en el aprendizaje y las improntas que está adquiriendo y que conformarán su personalidad.

Es fundamental proponer unas normas básicas de disciplina desde la primera edad para ir adquiriendo costumbres que con el tiempo se conviertan en hábitos.

Normas sencillas de disciplina:

- Obedecer a los padres.
- No pegar (padres, hermanos, amigos).
- No mentir.
- No contestar con malos modos.
- No gritar al enfadarse.
- No interrumpir a los mayores cuando están hablando.
- No romper o estropear cosas de la casa o del colegio.
- No quitar cosas a los hermanos y compañeros.
- Respetar los horarios: de comida, cena, estudio, juego, irse a la cama.
- No amenazar a los padres con marcharse de casa.

Es recomendable que vaya realizando pequeñas tareas útiles: entre la edad de 1 y 2 años, no hay que permitirle que rompa de forma deliberada sus cosas, o que las ensucie adrede. A los 2 años, se espera de él que se esfuerce en ayudar a recoger sus juguetes. A los 3 años debería tener adjudicadas tareas de escasa importancia, como ayudar a poner la mesa o vaciar los cestos de papeles, aunque no ahorren mucho trabajo a los padres.

Como dicen E. Prado y J. Amaya (2005): «Los rituales familiares, como comer juntos, poner los platos en el fregadero al terminar, tener horas fijas para ir a la cama, etc. Este tipo de hábitos son muy positivos, ya que se traducen en reglas que todos deben cumplir y favorecen la seguridad y la confianza en los niños. Los actos habituales quedan de alguna manera impresos en nuestra memoria y nos proporcionan una verdadera educación tanto a padres como a hijos». De esta manera, el niño va aprendiendo lo que tiene que hacer y lo que se espera de él, y asume lo que va a suceder tanto si cumple las reglas como si no. Indican los mismos autores que «la rutina ayuda a la adquisición de hábitos y éstos facilitan la realización de actividades cotidianas como estudiar, comer y dormir. La carencia de estos hábitos produce un gran desgaste emocional en conflictos y discusiones, tanto para los padres como para los hijos». Igualmente es preciso que desde estos momentos aprenda a autodominarse y a aceptar la frustración. Es frecuente que desencadene una rabieta cuando desea algo y no se le concede.

> ¡Quiero ver los dibujos!
> ¡Quiero que me compres chuches!
> ¡Quiero ese triciclo! (que es de otro niño).

Las rabietas suelen ser causadas por algo que frustra al niño, que con ese comportamiento llorón, de gritos, llamativo, busca resolver en su favor. Son una reacción infantil extrema, en la que el niño no es capaz de controlar su ira. Hay que enseñarle a dominarse, a vencer la rabia, a limitar las manifestaciones de disgusto. La reiteración en las rabietas, el aumento en número y virulencia de las mismas, su utilización por parte del niño en situaciones delicadas depende exclusivamente de la respuesta que obtenga de sus padres. El enfado, el disgusto del niño es aceptable, la rabieta no, porque supone un inicial descontrol y una conducta de chantaje que puede derivar en tiranía.

Los padres, ante la primera rabieta, han de responder con calma, pero con absoluta determinación. Han de hablar con el niño, no pegarle, pero ser inflexibles. Explicarle las razones por las que no se satisface su deseo. Bajo ningún concepto, ninguno, ha de permitirse que el niño consiga lo que se propone tras una rabieta; desde pequeñísimo ha de interiorizar que las rabietas no conducen a nada. Ocasionalmente, el ignorarlas puede ser eficaz a largo plazo. Es igual que se produzcan en casa de los abuelos, en un supermercado lleno de gente o en nuestro domicilio cuando somos visitados por los amigos.

Si reforzamos la rabieta proporcionando el objeto deseado, facilitamos que se vuelva a repetir. Si la ignoramos, el comportamiento tenderá a reducirse.

Las conductas de unos y otros se condicionan por los estímulos que las provocan y las respuestas que se obtienen. Unos padres que tienen criterios educativos claros, no deben dejarse condicionar por los hijos (a veces bebés), muy al contrario han de imponer desde el amor sus criterios y pautas. Ante las rabietas, refuerzo negativo. Cuando el niño se porta bien o lo que solicita es propio de su edad, se le otorga, lo que supondrá un refuerzo positivo. Hay que estimular las conductas positivas y desincentivar las negativas desde el primer momento, de lo contrario el bebé, el niño, el adolescente, el joven, se hace con el mando de la situación y se convierte en víctima de sus apetencias, en un ser sin capacidad de autodominio, transformando a quienes le rodean en esclavos de su tiranía.

Querido lector/a, pueden creer que lo antedicho es una exageración; no, no es así y lo escribe quien es un verdadero experto en menores (no tan pequeños) que mantienen unas conductas problemáticas. ¿Dónde se generó esa conducta aprendida?, ¿cómo pudo evitarse?

La respuesta está en los comienzos.

Veamos ahora dos conductas que si bien pueden ser el principio de una rabieta merecen ser mencionadas aparte por la preocupación que generan en los padres: las comidas y el egoísmo de los niños.

Los problemas con la alimentación generan gran ansiedad, principalmente a las madres, para las que en algunos casos suponen una auténtica tortura; hay niños que sólo comen en el comedor de los colegios, o determinadas comidas, o simplemente se niegan a comer.

¡No me gustan los fideos y no me los pienso comer!

Hay niños que comen poco desde los primeros meses de vida. Suelen ser delgados pero sanos, muy activos, con desarrollo normal. Pueden cambiar entre los 6 y 12 años pasando al extremo contrario. Por el contrario hay otros que después de haber sido buenos comedores, llegan a perder el apetito. Se ha de investigar la causa de su «anorexia». (Suele suceder tras la pérdida de hierro derivada de algún proceso infeccioso).

Las comidas han de ser un placer, no un castigo, ni un tiempo de discusión, peleas o regañinas. Desde el primer momento se ha de dar la variedad necesaria. Los niños han de probar todo tipo de alimentos acordes a su edad. El tiempo de la comida es para comer, no se debe compartir con otras actividades (ver TV, tebeos, etc,). No se ha de prolongar más de lo necesario, tiene que tener marcado un principio y un fin.

Si un niño no desea comer, no hagamos de ello una tragedia, no le persigamos con el plato, ni le preparemos otra comida distinta; eso sí, no le permitamos ingerir nada hasta la siguiente toma (almuerzo, merienda, etc.) y entonces sirvámosle en buenas condiciones lo que antes no tomó. Es recomendable también probar los alimentos antes de dárselos por si tienen mal sabor. Lo esencial es que el niño no vea tirar un resto de comida. ¿Sobra medio yogur? Se tapa y se pone en el refrigerador. Así aprende a aprovecharlo todo.

Los períodos en que la disminución del apetito es normal coinciden con los cambios en la alimentación (sólidos y variados), la salida de los dientes o el verano.

Es importante que aprenda a cuidar su salud con la alimentación así como con los hábitos de higiene. Resulta irrenunciable ir exigiendo que se cumplan en toda ocasión y circunstancia. La ducha diaria, lavarse las manos (antes de las comidas; tras ir al W.C.), cepillarse los dientes... ninguna explicación de falta de tiempo puede prevalecer sobre unas conductas necesarias para la salud individual y la correcta socialización.

¡Es mío!

De igual modo, es buen momento para irle enseñando a compartir, aun siendo conscientes de su momento evolutivo, pues es de los 4 a los 6 años cuando el niño descubre el sentimiento de propiedad. Proceso absolutamente natural que se retrasa en el caso de los hijos únicos. Quien escribe esto es hijo único. Mis padres me llevaron a campamentos desde que contaba 7 años. En ellos aprendí a compartir la cantimplora, la linterna, la vida. Los hijos únicos valoramos sobremanera la amistad, el vínculo que gustosamente compromete. Tenemos en la actualidad niños que no comparten, porque no tienen hermanos ni compañeros de juegos, porque les sobran los juguetes, porque no se les corrige cuando gritan «¡mío!».

Perdura toda la vida el recuerdo del compañero que no dejaba los apuntes de clase, y el del que jugando al fútbol era un «chupón» y no dejaba que el balón se despegara de su pie.

Compartir un amanecer, una angustia, nos hace hermanos. Compartir el tiempo, la alegría, la conversación. Prestar dinero al amigo, dejar los libros. Sí, recuerdo aquellos bocadillos de «filetes rusos», de suave tortilla, que nos ponía nuestra madre a cada uno de nosotros; los compartíamos.

Hacer niños egoístas (¡porque se hacen, se «fabrican»!) es una desgracia para la sociedad y una desdicha futura para ellos.

Unos de los conflictos que más desgastan la relación familiar son los pleitos originados entre situaciones de egoísmo y generosidad, explican Evelyn Prado y Jesús Amaya (2005): «Algunos padres, cansados de intervenir frecuentemente para solucionar estas discusiones, han optado por resolverlas entregando a cada hijo la misma cosa; por eso podemos ver bicicletas, casas de muñecas y juguetes para cada uno de los niños, y algunas veces, hasta objetos extra por si se descomponen». A diferencia de los padres de las generaciones anteriores que vivían lidiando situaciones de conflicto entre sus hijos, ya que sólo regalaban una sola bicicleta para todos. Pero aprendieron a negociar, esperar, tolerar y compartir.

Disfrutamos de la gente altruista, grupal, que alienta la reunión, la tertulia, y que gusta de generar y transmitir felicidad.

Otros, por el contrario, son huraños, huidizos, insufriblemente egoístas, se consumen en la envidia. Fíjense, a su alrededor hay quien nada comparte, todo lo que hace es para él, un individualista que gusta de ser ayudado, pero que no se compromete, ni apoya en la comunidad de vecinos, en el trabajo, etc.

A compartir se aprende compartiendo, viendo cómo disfrutan haciéndolo sus mayores. Comprometerse en equipos deportivos, en grupos de teatro, en orfeones... es una magnífica forma de compartir, de minusvalorar el «yo», de enriquecerse en y con el otro. He visto y veo a muchísimos voluntarios, a gente que se compromete y comparte hasta con aquellos que no conoce y nunca va a conocer. Me emociono cuando observo a niños y jóvenes con gravísimas enfermedades que, sin poder salir del hospital, van por las habitaciones repartiendo esperanza e ilusiones a otros niños pacientes como ellos.

El admirado José Antonio Marina (filósofo, maestro, pensador) me ha definido como un «activista educativo»; lo soy. Mi vida se trazó en los campamentos, en la naturaleza, cuando, alrededor del fuego, teniendo por techo las estrellas, comprendí que no hay nada más bello que compartir.

> ¡No te quiero, eres mala porque no me dejas quedarme en el parque! ¡Pues ya no soy tu hijo!

La coartada del afecto, el chantaje afectivo puede ser empleado como herramienta por los padres —con suma moderación—, para transmitir el disgusto que ciertas conductas del hijo les ocasiona.

Sin embargo, también hay niños que condicionan a los adultos, los hacen dependientes temporal y afectivamente. Juegan con sus sentimientos.

Lo más habitual es que cuando se es padre de un niño con alguna enfermedad crónica o patología se le intente hacer lo más feliz posible. Y entendiendo a estos padres no podemos dejar de indicarles que sus hijos necesitan vivir de la manera más «normalizada» dentro de sus posibilidades. Exigirle, prepararle para superar las dificultades, contribuirá a que su hijo pueda vivir de una manera más auténtica.

En ocasiones, el síntoma es el «pegamento de la familia», cuando hay una rígida organización familiar alrededor de un hijo sintomático.

No son los hijos quienes han de modelar a los padres. Por muchos «pucheros» que hagan, gestos de contrariedad, etc., son los padres los que han de manejar la situación, no permitiendo ningún atisbo de violencia auto/hetero/agresiva. Los padres hemos de mantener y demostrar equilibrio, mesura y amor, mucho amor, el mensaje ha de ser: «Te sanciono porque te quiero», «Aunque te enfades conmigo, te sigo queriendo».

El autodominio debe mamarse desde recién nacido. Los padres no dan o dejan de dar, conceden o no, dependiendo de que el niño manifieste agrado o repulsa. Tienen que saber y captar que el cariño se da a fondo perdido, que no es egoísta. Se quiere por el otro, no por el propio interés. Enseñemos a los pequeños a no prostituir el afecto.

Veamos ahora un caso en el que un niño pequeño domina y agrede a sus padres.

La psicóloga y psicoanalista Leticia Escario, planteó algunas cuestiones que resultan familiares a todos los profesionales que trabajamos en Clínica infanto-juvenil:[1]

«Voy a centrarme en un tipo de conflicto relacional que se manifiesta a través de patrones en los que predominan la violencia, la intolerancia y la incomunicación, es decir, en los que los malos tratos físicos y psíquicos son una constante en la convivencia familiar.

Los padres de Mario me consultan cuando el niño tiene 2 años y 4 meses. Son una pareja joven, con estabilidad económica y social, Mario es único hijo.

---

[1] Leticia Escario, psicóloga, psicoanalista de la Sociedad Española de Psicoanálisis. Ponencia presentada en el IX Congreso Nacional de la Sociedad Española de Psiquiatría y Psicoterapia del Niño y del Adolescente celebrado en Sevilla del 10 al 12 de noviembre de 1995 bajo el título: «Sufrimiento corporal y desarrollo psíquico: enfermedad y violencia en la infancia».

La madre explica que Mario, es súper nervioso y peleón en extremo, súper agresivo, no saben cómo tratarlo. En la guardería pega, muerde y tira del pelo a los demás niños sin motivo aparente, no saben cómo tratarlo, repiten.

Evitan reñirle demasiado, también los mimos son excesivos, están desconcertados, en el colegio también. Se sienten agobiados y tiranizados. Mario no duerme, puede despertarse diez o doce veces durante la noche, no sirve dejarlo llorar ni quedarse con él. Provoca y desafía, si le contradicen, se enrabia, se tira al suelo, se golpea la cabeza hasta hacerse daño. La madre llora desconsolada en este momento.

El padre explica que piensan cambiar su lugar de residencia para vivir más cerca del trabajo y poder estar más horas con el niño. Creen que no le gusta la casa en la que viven, tiene un pequeño jardín pero el niño no quiere jugar en él. Tampoco aprecia los juguetes ni se entretiene con nada, de la televisión prefiere los programas de niño mayor, los Simpson por ejemplo.

La madre dice que si se queda sola con el niño está aterrorizada porque se niega a todo, al baño, a comer, a dormir, no acepta ninguna norma, las noches son una pesadilla, no consiguen llevarlo a la cama; no valen los cuentos, las canciones ni tomarlo en brazos, han llegado a desconectar la luz general de la casa para, con ese pretexto, llevarlo a dormir. Se han ido todos a la cama a las nueve de la noche, han puesto sábanas azul cielo, "dicen que son relajantes..." "la cuna con la cabecera orientada al norte...".

Al cole va en pijama, no quiere vestirse, y cuando se viste no quiere desnudarse, los premios o los castigos no hacen ningún efecto. "Puede conmigo", dice la madre. "Conmigo también", dice el padre.

La pareja desbordada acaba discutiendo y peleando, sienten que peligra su matrimonio ya que no consiguen estar de acuerdo. Si uno es tolerante, el otro se pone exigente y viceversa... "eso es malo... para el niño y para nosotros...".

"Fue un embarazo muy deseado, perfecto hasta el séptimo mes... parecía que quería nacer, me presionaba". Nació a los nueve meses con fórceps, la madre tuvo alergia al hilo de la sutura y tardó veinte días en reponerse de los puntos. Después de una mastitis, "me moría de dolor al darle el pecho".

El primer baño, a la semana, fue un drama, "lo tengo filmado" "no he podido separarme de él ni un minuto hasta los diez meses que inicia la guardería..." "y aunque Vd. no lo crea era un bebé precioso pero con cara de malas pulgas". "El primer año ha sido una tortura... yo sudaba... tenía que vestirme con ropa de verano aun en pleno invierno porque quedaba empapada de sudor al estar con el niño... Este año, cuando no puedo más, me voy y lo atiende el padre o la abuela materna, que lo llena de regalos y le consiente todo".

"A veces puede ser tierno, cariñoso, chulísimo, pero es las menos. El padre tiene más paciencia"... "a mí me sube una rabia terrible por el cuerpo y me siento la madre peor tratada del mundo".

La madre... vuelve a insistir en las dificultades para dormir y en su desesperación cuando el niño se pone furioso y ellos no saben qué hacer. A veces no pueden evitar darle un cachete o unos buenos azotes o cuatro gritos, pero el padre se queda destrozado, no soporta la violencia y, si le pega, después llora, y no duerme en toda la noche, ella en cambio de momento se queda descansada, "yo era igual de pequeña, rebelde, cabezota, mi madre me trataba con mucha dureza, con autoritarismo, ahora con Mario es todo lo contrario, mi padre era más dulce pero hacía respetar las normas, murió hace unos años". La madre de Mario explica que el embarazo fue muy deseado, pero a los 7 meses el niño quería nacer y además "presionaba hacia arriba, de tal forma que parecía que fuera a nacer por la boca".

Pienso que aquí se rompe por primera vez el equilibrio de la Dependencia en la mente de la madre, el bebé deseado da la impresión de no ser más el bebé dependiente, a quien ella está haciendo crecer y madurar. Al mismo tiempo, ella ya no es más la madre dependiente del bebé que facilita su realización en la maternidad. En ese momento, en la mente de la madre, el bebé podría haberse convertido en un objeto persecutorio que la amenaza con nacer prematuramente, contra la norma, por donde no debe.

Pero hay una experiencia contenedora y el bebé nace a término. Surge la alergia, la mastitis y de nuevo se frustran las expectativas de un buen entendimiento, y de gratificación mutua. Aquello que representa un logro en la verificación de las capacidades y competencias en su identidad como madre, se impregna de ansiedad persecutoria.

Parecería que todo lo que viene del bebé persigue y maltrata: la lactancia, el baño, el contacto sensorial, vestirle, desnudarle, dormirle... La respuesta defensiva de la madre sería introyectada por el bebé como inseguridad, insuficiencia, confusión... de tal manera que es así como de la Dependencia pasan al Sometimiento y de ahí a la Tiranía, que transmiten los padres cuando describen al niño feroz que los tiene aterrorizados.

... En la dialéctica interna de Mario se compromete y se ataca la norma, la función, pero no se destruye el objeto. No es un niño psicótico, no se desconecta, no se abandona a un repliegue narcisista, ni al paraíso autista... Yo diría que el ataque a la norma de Mario, en cuanto que selectivo, es un ataque a determinados aspectos del objeto que, en definitiva, serían proyecciones de ansiedades muy primitivas disociadas y depositadas en la madre.

Ésta, y también por razones "misteriosas", no puede recogerlas para transformarlas y hacerlas soportables. ¿Es que ella misma no ha introyectado una madre suficientemente buena y repite un patrón de relación que le es propio? ¿Es que el padre más dulce, o el marido que llora, que no soporta la violencia, fallan en su función contenedora, en su rol de "autoridad"?

... Respecto al diagnóstico y aun a riesgo de ser esquemático, por el momento pienso en un conflicto relacional, en un desencuentro afectivo en el que predomina la proyección, la escisión e identificación proyectiva de las ansiedades básicamente persecutorias.

... (En una de las entrevistas). El niño excitado dirige las tijeras peligrosamente hacia la ropa y el cuerpo de la madre, ésta le reprende y el niño le da una patada, la madre se queja y le amenaza pero a continuación le propone recortar un muñeco, hablamos de que también Mario hace mucho daño, maltrata realmente, cuando le ponen límites, cuando la mamá dice No.

Como consideración final: en el ejemplo clínico que presento soy consciente de que el maltrato que sienten los padres se debe en parte a la capacidad agresiva del niño y en parte a sus dificultades para hacerle frente, son padres que no saben qué hacer cuando el niño se enrabia, no duerme, no come, o se opone a todo. El peligro es que, a partir de la falta de contención, se organicen relaciones con grandes contenidos sadomasoquistas, en las que el niño agrede y los padres aguantan o los padres hacen explotar su ira y el niño se somete. Así una y otra vez ininterrumpidamente.

Por eso considero de suma importancia escuchar a los padres, tomar en consideración sus sentimientos de maltrato para poner en marcha el plan terapéutico adecuado dirigido a romper el círculo vicioso patológico que desemboca muchas veces en rupturas irreversibles, que se reeditan en la adolescencia con una violencia extrema.»

María Jesús Álava (2002) nos habla desde su experiencia con estos niños: «Antes era impensable que padres de niños muy pequeños acudieran a consulta psicológica para exponer su impotencia con sus hijos de 2, 3, 4 o pocos años más. Hoy en día es frecuente escuchar cómo a esas edades el niño los chantajea, no los deja dormir, coge rabietas constantes, se niega a ir a la cama... o se pone muy agresivo cuando le niegan algo.

»Ciertamente, es triste oír a padres que te dicen que llevan años sin descansar, que se sienten tensos, constantemente estresados, impotentes ante las situaciones que les plantean sus hijos, incapaces de darles la orientación que precisan, los límites que tanto les demandan.

»Hay niños, afortunadamente pocos, que manifiestan una agresividad tremenda para su corta edad, una insatisfacción casi constante, unas demandas insaciables y permanentes, un estado de continua lucha, de exigencias interminables, de manipulación permanente; en suma, una sintomatología que deja ver su infelicidad, su inestabilidad, su búsqueda constante de seguridad, de autoestima, de atención, de afecto, de tiempo, de dedicación...».

Igualmente Evelyn Prado y Jesús Amaya (2005) explican que «no es extraño ver a niños menores de 5 años manipulando cualquier tipo de situación, y a los padres manifestando, de una u otra manera, su incompetencia para educarlos adecuadamente. Niños impulsivos, intolerantes, individualistas, apáticos, malagradecidos, sin compasión.

»En estos días, también es común oír a los papás quejarse de que sus hijos están fuera de su control. "¡No sé qué hacer con él!, ¡nunca me hace caso!", expresaba en una ocasión una mamá. Y, al preguntarle por la edad de su hijo, contestó: "Tres años"».

Pilar Orte Moncayo, asesora de Educación Infantil del C.P. R. Tarazona apunta diversos signos que podemos apreciar en un niño malcriado:

«— Niños caprichosos que quieren imponer sus deseos y los padres no saben decir que no o imponer unas normas.
— Niños que no tienen adquiridas normas básicas: alimentación, sueño, descanso, orden.
— Niños muy movidos que no se centran en la tarea, que revolotean por la clase y van de una cosa a otra.
— Niños agresivos que quieren imponer su idea o deseo por la fuerza. Quieren ser los primeros de la fila, los primeros en salir al recreo, ocupar un determinado lugar o coger un juguete o material.
— Niños tiranos que tiranizan a padres y abuelos, hacen rabiar, hablar, repetir. Llaman la atención para mantener a todos pendientes de él, sólo esperan el despilfarro y el halago constante.
— No se perciben deficiente nutrición, falta de aseo, o mal vestidos, muy al contrario en general los niños de hoy están muy bien cuidados».

Los niños manipuladores son niños listos, ágiles, con capacidad de reacción, que frecuentemente van «por delante de los hechos» y que saben improvisar de forma ingeniosa ante situaciones comprometidas.

Para Evelyn Prado y Jesús Amaya (2005) «son niños que molestan, pero no soportan ser molestados; piden, pero nunca obsequian; exigen, pero nunca se esfuerzan; contradicen, pero nunca aportan soluciones.

Los niños tiranos crecen en ambientes aislados, donde lo que tienen sólo es de ellos y no lo comparten con nadie».

Otros datos significativos:

— Un porcentaje elevado (35 por ciento) son hijos únicos. Suele ser el hijo mayor, o el pequeño cuando hay diferencia en años con los mayores.
— Hay más niños que niñas, una niña por cada cinco niños varones. Aun así el número de niñas crece, si bien es significativo que las niñas son menos violentas en todas las partes del mundo y en todas las épocas.
— Son niños egocéntricos, egoístas, con necesidad de llamar la atención, que exigen sus derechos.
— Son niños que no toleran los fracasos.
— No saben escuchar, el lenguaje es una forma de dominio.
— Niños consentidos, cuyos padres intentan paliar en el hogar las renuncias que sufren afuera.

El diario *El Mundo*, del 17 de abril de 2005, recogía otros datos a tener en cuenta:

«Ojo si su hijo, a menudo, se encoleriza e incurre en pataletas, discute con adultos, desafía activamente a los adultos o rehúsa cumplir sus obligaciones, molesta deliberadamente a otras personas, acusa a otros de sus errores o mal comportamiento, es susceptible o fácilmente molestado por otros, es negativo y obstinado, es rencoroso o vengativo».

Son también niños que utilizan como uno de sus principales recursos cuando quieren conseguir algo su perseverancia, como nos indica María Jesús Álava, «¡hasta qué punto pueden ser perseverantes los niños!, ¡casi hasta la desesperación!; no obstante, los niños son perseverantes, pero no estúpidos. Su insistencia estará en función de la seguridad o inseguridad con que vean al adulto. Es cierto que ellos tienen una especie de "radar" que inmediatamente les "avisa" de nuestro estado emocional, y que en función de este análisis seguirán y seguirán porfiando o pidiendo, si creen que estamos débiles o a punto de tirar la toalla, pero desistirán, aunque sigan "manteniendo el tipo", cuando se den cuenta de "que no tienen nada que hacer"».

El niño esclavizante es el dominador de la casa, se ve lo que el quiere en la televisión, se entra y se sale a la calle si así a él le interesa, se come según sus apetencias.

Si hay un cambio de casa, de colegio, alguna circunstancia que implique su pérdida del control, puede reaccionar con una agresión o una depresión. Se vuelve un niño difícil, cuyo comportamiento incide de manera contundente en la vida familiar. Los padres, que viven la situación con gran tensión, terminan echándose la culpa el uno al otro.

Cabe hacernos esta pregunta: ¿disfrutan estos niños martirizando a sus padres? La respuesta es «No», salvo en situaciones límites de niños con problemas neurológicos o con alguna anomalía genética. Afirma María Jesús Álava, que «no han nacido para castigar a nadie, o para hacer la vida imposible a sus padres o profesores; no buscan el fracaso o la desesperación de los que están a su lado; aunque parezca complicado, buscan su apoyo y su ayuda para salir adelante, para sentirse bien consigo mismos, para tener alguna opción de ser como los demás, para llegar algún día a sentir que la felicidad también existe para ellos».

Pilar Orte desde el ámbito escolar compara el cambio producido en el niño/alumno actual respecto a los de generaciones pasadas: «Los cambios no se han producido de golpe sino que ha sido una tendencia que al cabo del tiempo ha acumulado pequeñas modificaciones que justifican el hecho. Esta sensación no está localizada en un punto o en un centro determinado sino que es generalizada en zonas rurales y en urbanas, en colegios públicos y privados, en zonas favorecidas y desfavorecidas... Lo que se advierten son cambios tan generalizados que algunos docentes apuntan a un cambio en la psicología del niño».

Llegados a este punto nos gustaría hacer una pequeña pero justa e importante aclaración. Al niño acosador en el hogar no cabe confundirle con el «niño hiperactivo», patología apreciada y definida en las últimas décadas. Éste se caracteriza por una conducta hiperactiva e inapropiada; dificultad para mantener la atención; dificultad para seguir instrucciones y controlar los impulsos; inconstancia en el estudio y trabajo. Empieza a evidenciarse en la primera infancia y genéricamente continúa durante la adolescencia y la edad adulta. La incidencia de este síndrome es del 3 al 5 por ciento en los niños en edad escolar, y mayor en los niños que en las niñas, en una proporción de nueve a uno. Este trastorno tiene un origen clínico, con consecuencias conductuales, psicopedagógicas y del desarrollo madurativo del niño.

En la base del síndrome se encuentran factores orgánicos, regulados genéticamente, que devienen en un desarrollo deficitario de las capacidades perceptivas básicas. El entorno resulta determinante en la aparición del trastorno. Es de vital importancia que los niños con este síndrome sean diagnosticados y tratados lo más tempranamente posible.

Tener un hijo con trastorno por Déficit de Atención con Hiperactividad es estresante, pues necesita más supervisión, dado que su comportamiento puede resultar molesto y desafiante. Sus alteraciones senso-perceptivas y perceptivo-motrices producen un rendimiento pobre, dificultades en su autoconcepto, alteraciones emocionales y déficits en la adquisición de la competencia social. Los padres han de buscar asesoramiento psicológico y pedagógico respecto a la relación con su hijo. El tratamiento psicológico, junto con el uso de determinados fármacos, puede ser de utilidad en los niños con hiperactividad.

Existen tratamientos farmacológicos a base de estimulantes (maetilfenidato, pemolina de magnesio), que aprovechan un fenómeno «paradójico», típico de los niños hipercinéticos, tranquilizando a estos pacientes, en vez de excitarlos.

Los padres y educadores han de reforzar las conductas positivas de los niños hiperactivos y nunca las negativas. La ansiedad de los adultos empeora la situación. Los padres han de ayudar a los hijos a planificar su actividad diaria, han de favorecer su autonomía, proponer objetivos a corto plazo y comprender que el castigo sistemático nunca resulta eficaz.

Capítulo 3

La personalidad del niño

Cuando un hijo se comporta de manera tiránica, los padres no saben muy bien los motivos. ¿Es algo innato? ¿Lo aprendió? Tratemos de dar respuesta a la cuestión: ¿somos como nacemos o consecuencia de la educación que nos han dado?

Eterno debate entre herencia y aprendizaje; lo cierto es que existe una interacción entre ambos, de forma que la herencia genética supone una tendencia que puede ser desarrollada o modificada por el ambiente.

Hereditariamente no recibimos tanto como del estímulo del entorno; la mayor parte de las conductas se aprenden.

El «yo soy» y el «me han hecho», ciertamente resultan inseparables.

Cada etapa de nuestra vida es heredera del pasado y contribuye a determinar nuestro futuro.

El saber que existe un temperamento innato puede aliviar a los padres de la tensión que supone pensar que son responsables al cien por cien de la personalidad de su hijo (lo que no quiere decir que no influyan, y mucho).

Debemos erradicar de raíz el falso determinismo. Hay que cercenar el error de confundir herencia con inmutabilidad.

Cada ser es irrepetible; poco puede hacer la herencia contra eso. ¿Se parecen en su carácter, en su forma de conducirse, dos gemelos?

Desde que el niño es concebido, todo son diferencias; antes de nacer, cada uno, durante nueve meses, va conociendo a su madre, escucha el latido de su corazón, capta sus conductas y su trato. Cuando llega al mundo ve a sus padres, aunque no todos, y es tratado de forma distinta según sea cada familia y, dentro de ella, según el número de hermanos, el deseo con que fue concebido, la edad y circunstancias de los padres; después, cada uno conocerá amigos distintos, vivirá situaciones diversas...

Coincidimos con A. Bandura en una visión esperanzada de las posibilidades del ser humano, pues entiende que el individuo es un agente activo, que puede proponerse objetivos, planificar conductas, aprender de sus experiencias y de los demás.

Este autor, en 1986, propuso un modelo recíproco de interacción bidireccional entre tres factores:

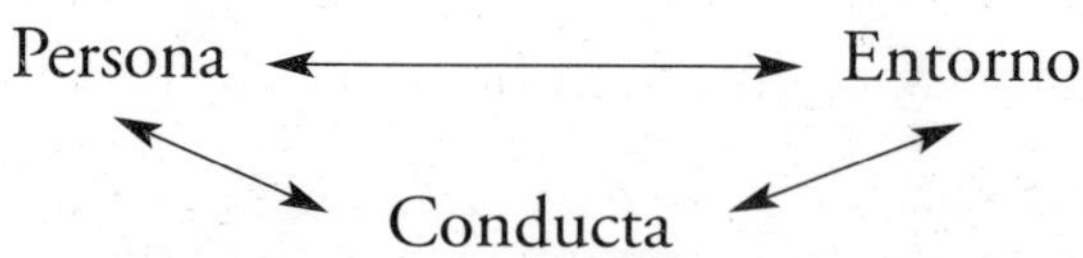

Situado en una secuencia temporal entre la historia anterior y el futuro.

El niño es un agente activo desde el nacimiento. Por tanto, no hagamos tanto hincapié en la herencia, porque cada niño es acunado y abrazado de distinta forma, porque no oyen las mismas voces ni perciben el mismo entorno. ¡Todo es tan distinto!, esas pequeñas, inapreciables, constantes conductas, van conformando su ser y su actitud ante lo que le rodea, su forma de escuchar y de comunicarse, lo que hará que cada uno sea diferente a los demás en sus elecciones, sus posicionamientos y en las realidades vivenciales.

Las primeras horas, los primeros días, meses, encaminan los pasos de muchos años ulteriores. Aun antes de ver el mundo, el niño se está formando, está captando.

Los primeros estadios evolutivos son fundamentales; piénsese que los cimientos neurológicos del razonamiento se establecen en los primeros meses de vida. En los tres primeros años, el cerebro del bebé crece dos tercios de su tamaño maduro. Ese ritmo de desarrollo jamás volverá a repetirse. En el primer año de la vida del niño se produce un avance tan intenso que es comparable a todo el resto de su vida.

La psicología evolutiva ha establecido que los niños están originalmente orientados a establecer vínculos afectivos (como necesidad), pues bien, los lóbulos frontales se desarrollan fuera del claustro materno y su maduración y los enlaces que forman con los núcleos basales, sede del mundo emocional, están condicionados por las experiencias afectivas del niño. No es extraño, entonces, que quien no tenga una historia afectiva adecuada tienda a considerar las normas sociales como externas, apoyando su cumplimiento sólo en el miedo a la sanción. Si desde muy pequeño, el niño, por distorsiones en su entorno o por lesiones neurológicas, tiene fallos de atención, es ansioso, destructivo o infeliz, las posibilidades que le vaya ofreciendo el devenir serán en gran medida desperdiciadas.

Estos primeros momentos influirán bien para encarar la vida desde la seguridad, sabiendo «templar los pases» a sus embestidas, o para ser arrollado constantemente, sin encontrar la distancia óptima.

Evelyn Prado y Jesús Amaya (2005) aportan datos muy interesantes respecto al desarrollo del cerebro y su influencia en la evolución conductual del niño: «Ambientes donde el niño es el centro de las atenciones, donde carece de cualquier otro tipo de responsabilidad que no sea la escuela, donde se le satisface cualquier antojo inmediatamente, propician que el cerebro se convierta en un cerebro frágil». (E. Goldberg, 2001).

El lóbulo frontal regula y organiza la información de forma lógica, de acuerdo con principios racionales, sociales, morales y éticos. Si el niño no se ve enfrentado a situaciones de responsabilidad y no sufre las consecuencias de sus elecciones, este lóbulo no tendrá la suficiente información para su desarrollo. La inmadurez del lóbulo frontal producirá que el cerebro active el área anterior de éste, dando lugar a conductas instintivas y respondiendo con impulsividad a cualquier situación que le provoque alguna amenaza o riesgo de perder su seguridad y comodidad. Estos comportamientos instintivos e impulsivos son producto de un cerebro frágil (E. Goldberg, 2001), que no es capaz de afrontar los nuevos desafíos y, en consecuencia, sólo reacciona de forma irreflexiva, precipitada, irracional y despreocupada de las consecuencias de sus actos.

El lóbulo frontal es conocido con los nombres de «cerebro ejecutor» —según E. Goldberg— u «órgano de la civilización» —según Alejandro Luria—. Este último lo identificó como la parte del cerebro que se encarga de la voluntad, de la toma de decisiones, de los valores, de la moral, de la ética, de la responsabilidad, de la intencionalidad de nuestros actos; en otras palabras, este lóbulo es el área del cerebro que determina nuestra identidad, pues regula nuestras acciones, ambiciones y personalidad. Desempeña un papel fundamental en el control de la impulsividad, el estrés y la ansiedad. Una persona cuyo lóbulo frontal ha conseguido la madurez, es capaz de enfrentar frustraciones y superar fracasos. Además, este lóbulo tiene una relación directa en el éxito del proceso de aprendizaje, atención y motivación. Por tanto, desempeña un papel fundamental en los logros y fracasos de la conducta humana. Cuando hay un daño cerebral o inmadurez en esta área, las acciones son acompañadas de juicios pobres, lo que produce conductas antisociales que deterioran el desarrollo pleno de la persona.

El lóbulo frontal tiene dos partes, derecha e izquierda, y ambas son los instrumentos de control del sistema nervioso central; por tanto, un mal crecimiento provocará no sólo retraso en el desarrollo cognitivo, sino también atrofia del afectivo y social. De todos los lóbulos que se encuentran en el cerebro, el frontal es el más vulnerable.

El lóbulo frontal es la última área del cerebro en madurar, lo que ocurre alrededor de los 24 años de edad cronológica. Sin embargo, este período puede acelerarse o prolongarse dependiendo de la información genética con la que nacemos, que nos predispone a favor o en contra del desarrollo y crecimiento del cerebro. Además, el cerebro acentúa o inhibe su crecimiento neurológico, dependiendo de cómo el individuo interactúa con su medio y de cómo responde ante situaciones de responsabilidad y sus consecuencias.

La actual generación de padres puede influir en el retardo madurativo del lóbulo frontal, adoptando conductas permisivas y sumisas y proporcionando a sus hijos un hogar carente de valores, virtudes y carácter. El criar niños sin responsabilidad, intolerantes a la frustración, consentidos hasta el mínimo capricho, ocasiona ese retardo en el lóbulo frontal, que hará de ellos adultos incapaces de tomar decisiones importantes, con un estado de dependencia permanente hacia sus padres y hacia los demás.

Según D. Goleman, el dominio emocional y el fortalecimiento del carácter son determinantes en el desarrollo cognitivo e intelectual de la persona.

Para su demostración, D. Goleman (1999) invitó a un grupo de niños a una entrevista. En medio de la sesión, le decía a cada uno: «Necesito salir, si lo deseas, puedes comerte el malvavisco o bombón de dulce que está enfrente de ti, pero, si al regresar, no te lo has comido, te daré dos más». D. Goleman salía de la oficina y dejaba a los niños solos por unos momentos, algunos de ellos no resistían la tentación y se comían el dulce, pero otros esperaban y al regresar el entrevistador les daba dos. Después de diez años volvió a localizar a estos niños, que ya se encontraban en preparatoria y universidad, y descubrió que los que esperaron y no se comieron el bombón, tenían una mayor puntuación en las pruebas de inteligencia y académicas. D. Goleman (1999) demostró una correlación muy estrecha entre la capacidad de esperar, el control de la impulsividad y el desarrollo intelectual.

Cabe explicarse, ante estos datos, el que haya personas que siempre serán dueñas de su vida, y otras, en cambio, que serán esclavas de las situaciones que irrumpan en su esfera, ejerciendo demandas cambiantes, con un rumbo que van modificando sin planes previos fijados.

Es cierto que el ambiente socioeconómico donde se nazca será bastante determinante, pues el colegio donde se estudiará y los amigos con los que se compartirá la mayor parte del tiempo dependerán en gran medida de esa lotería que supone nacer en un país, ciudad o pueblo, casa y época concretos. Pero, miren a su alrededor y verán personas de muy distinta posición económica y, ciertamente, se darán cuenta de que no se puede, únicamente por este factor exógeno, dividir a las personas en felices o infelices, con capacidad de planificar o no, con dominio o no de sus conductas, con coherencia personal o veletas de condicionantes externos.

El humano es un ser que se desarrolla adecuadamente cuando establece vínculos correctos con los demás; si no resuelve esta necesidad padece sufrimientos psicológicos y resulta vulnerable social y biológicamente.

La historia filogenética del ser humano es la de un ser social, algo que se ha convertido en una conducta ambientalmente estable hasta el punto de que en todas las comunidades se mantienen relaciones interpersonales íntimas.

Por lo antedicho es claro que al niño y dentro de sus posibilidades hay que hacerle agente activo para que satisfaga sus necesidades y ayude a la consecución de las de los demás, para ello deberán tenerse en cuenta sus peticiones y hacerle partícipe de las decisiones que le afectan. El hoy niño, seguro que se va a encontrar con conflictos en el futuro, hay que enseñarle por tanto a afrontarlos, para ello son básicas las relaciones familiares, pues además de un factor protector fundamental, son el mediador más importante con los otros factores.

El vínculo emocional que se establezca desde el principio con los padres va a influir decisivamente en el desarrollo moral y afectivo del niño.

Ya hemos dicho que el guión de la vida se inicia con las primeras vivencias y sentimientos del niño. A partir de aquí él se posicionará ante los demás y adoptará unos roles y planteamientos psicológicos.

Hay algunos padres que emiten mensajes confusos a los hijos, otros son claramente constructivos y otros destructivos.

Muchos niños crecen con fallas en el vínculo paterno-filial, con un afecto superficial, o con un distanciamiento afectivo.

Está muy bien descrito el síndrome de hospitalismo. La desaferencia afectiva. Igual que puede existir lentitud en el crecimiento por un escaso aporte nutricional, puede darse por carencia de caricias. Éstas son absolutamente necesarias. Y también, como ellas, el escuchar o decir palabras halagadoras. Maltrato es privar a los niños de afecto y cariño, rechazándolos.

Es fundamental el vínculo emocional. Cuando éste es defectuoso da lugar a una pobre, inestable o mala relación entre padres e hijos.

Se puede deber a que el niño haya sufrido malos tratos o abusos sexuales, escasa atención o incoherencia educativa. Estos niños se muestran pasivos, se resisten a ser cogidos por ninguna persona, transmiten desinterés por el entorno. No denotan el lógico apego hacia los padres que suele aparecer hacia los 8 meses.

La identidad del niño se va conformando en un proceso en el que se entremezclan factores emocionales y cognoscitivos. Al inicio (24 meses), éste precisa de la urdimbre afectiva de la relación madre-hijo, ulteriormente se ha de ampliar hacia los demás dentro del ecosistema en que vive, facilitando su socialización (ya iniciada a los 3 años), desde una normalizada conceptualización, evaluación y legitimación (qué, cómo y por qué de las cosas). Los padres afectuosos y buenos educadores conseguirán unos niños que irán interiorizando un código de conducta moral y un amplio e inclusivo sentido del «nosotros»; su actitud será pro social.

Es en el inicio, como decíamos, en la relación madre-hijo, donde puede darse uno de los problemas más importantes del desarrollo afectivo y moral del niño: la ambivalencia de las reacciones maternas entre el plano consciente e inconsciente. Es decir, las diferentes actitudes que manifiesta inconscientemente la madre hacia su hijo y su nivel de reacción afectiva y refleja hacia las necesidades que éste manifiesta. Si las actitudes de la madre son positivas, se conocerán mucho más las necesidades del niño que se verán de esta forma mejor satisfechas, proporcionándole mayor seguridad, comunicación estable y afectiva y aumento de su autoestima. Si la madre manifiesta síntomas de afectividad ambivalentes hacia el niño, éste los interioriza emocional y cognitivamente dando lugar a una inseguridad que puede derivar en síntomas somáticos (falta de sonrisa, problemas de conducta).

Para evitar futuros comportamientos violentos no hay nada tan rentable como la prevención con los niños más pequeños. Variar el perfil arisco del mundo está condicionado por la consecución de que en los hogares brille el cariño y la comprensión y se erradiquen la crueldad, los abusos y las agresiones sexuales.

Es bueno que los padres se cuestionen sobre ellos mismos: ¿son un buen ejemplo? Porque hasta la adolescencia son los principales referentes de sus hijos.

Las actitudes positivas del niño, su autocontrol, dependerán del clima favorable que se viva en el hogar, del correcto modelado, del equilibrado uso de la vigilancia, y de la autonomía de las conductas de quien está aprendiendo a aceptar las consecuencias de sus actos, de ir formando en él conciencia de lo que está bien y lo que es inaceptable.

Hay chicos/as que no logran desarrollar la conciencia, a lo que hoy día parece que se le ha restado importancia. Y hay quien vive en un relativismo moral donde sólo llega la tolerancia.

El desarrollo moral se construye de forma progresiva.

Para ir avanzando en el nivel de moralidad es fundamental la empatía, la capacidad de ponerse en el lugar de otra persona, de cómo siente, de cómo percibe. La empatía exige reflexión, sensibilidad y reduce (o elimina) la posibilidad de respuestas violentas. La empatía puede entrenarse efectuando dramatizaciones de papeles antagónicos, y desarrollarse mediante el *role-taking*, el cual facilita la comprensión de uno mismo, del otro y la asunción de distintas perspectivas. Debe cuidarse de forma continuada y favorecerse dialogando con quien mantiene distintas opiniones.

Para conseguir un mayor nivel de moral, toda persona ha de ser expuesta a un razonamiento moral superior al que ya posee y ha de equilibrar la solicitud de derechos, con la exigencia de deberes. Es propicio que los niños puedan realizar actos moralmente correctos y que vean a los adultos realizarlos.

Éstos son los pasos del desarrollo moral que hemos de intentar alcanzar con los años en nuestros educandos.

Etapas del desarrollo moral según L. Köhlberg (1977)

PERÍODO PRE-CONVENCIONAL (O PREMORAL)

ETAPA 1ª
Moralidad heterónoma
(hasta 7-8 años)

- La justicia está en función del poder y el estatus.
- El valor de las personas se basa en sus cualidades físicas.
- La ley y el bien consisten en que el débil debe obedecer al fuerte.

ETAPA 2ª
Moralidad de intercambio

- La acción correcta es la que satisface las propias necesidades (hedonismo).
- Ante los intereses de los demás se entra en conflicto con los propios: la justicia consiste en tratar los intereses de cada cual de forma estrictamente igual (relativismo).

PERÍODO CONVENCIONAL (O DE CONFORMIDAD A LAS LEYES)

ETAPA 3ª
Moralidad de la normativa interpersonal

- Las normas deben ser compartidas, estableciendo relaciones de confianza mutua que trascienden los intereses y situaciones particulares.
- La ley se asocia con la opinión colectiva. Se obedece porque se espera el respeto de los otros.
- Se anteponen las expectativas y sentimientos generales a los propios.

ETAPA 4ª **Moralidad del sistema social** — Todo sistema social debe dotarse de un conjunto consistente de códigos y procedimientos que se aplique imparcialmente a todos sus miembros. — Los deberes son correlativos a derechos.
PERÍODO POST-CONVENCIONAL (O DE AUTONOMÍA MORAL)
ETAPA 5ª **Moralidad de los Derechos Humanos y del Bienestar Social** — Hay valores y derechos universalizables, más allá de un sistema social concreto. — La ley no se debe orientar al mantenimiento del sistema social, sino a la creación de una sociedad ideal, definiendo sus criterios. Hay una jerarquía de prioridades entre los derechos, que orienta decisiones morales en situaciones de conflicto.

Creo en la importancia y responsabilidad de la familia, quizás ponga tanto el acento en esta institución trascendente que pareciera que me olvido de otras instancias también significativas. No es así, la familia como estructura y sus miembros han de ser apoyados y formados constantemente, hay que «reeducar o co-educar» con el que tiene como misión principal hacerlo.

CONDUCTAS QUE INDUCEN A LA TIRANÍA EN LOS NIÑOS

Niño mal educado

A. Naouri describe el entorno en el que crecen estos niños: «La madre teje en torno a su hijo ya nacido un útero virtual que extenderá hasta el infinito y en el seno del cual reinarán las mismas leyes que las que presidían los mecanismos de no-tiempo del útero real: aunque haya nacido a su realidad y a la vida aérea, el niño no deberá conocer nunca las angustias de la espera y la tortura del tiempo, deberá siempre quedar satisfecho inmediatamente y no conocer la menor de las restricciones en la satisfacción de sus exigencias, sean cuales sean su naturaleza o su extensión. En una palabra, o en mil: nunca, nunca deberá faltarle nada».

E. Prado y J. Amaya (2005), nos indican que las «consideraciones de satisfacer el mínimo capricho y cumplirlo en forma inmediata no están fundamentadas, ya que los niños necesitan privaciones y carencias para que realmente valoren a las personas y a los objetos, y no los vean como simples satisfactores de sus necesidades. Sin su existencia, el niño desarrolla conductas inestables, miedos e incluso comportamientos tiránicos».

Encumbrar a los niños a pedestales, privándoles del contacto con la dura realidad, usurpándoles la responsabilidad desde una tonta e hipertrofiada tutela, supone mal-educar y propiciar que el día que salgan de la urna de cristal reciban un impacto al que no sabrán adaptarse ni responder.

Mal-educar a un niño significa consentirle, dejarle hacer, negarse a sancionarlo «por si se trauma». Puede llegar a considerarse un maltrato (por negligencia), porque impide que se sociabilice correctamente. Cuando a este niño le falten los padres de billetera fácil, confundirá las privaciones con la incomprensión o el aislamiento, dice J. M. Romera (*El Correo*, 18 de mayo de 2005).

Un niño mal educado es un problema para la sociedad. Además, el día de mañana puede ser padre.

M. Herbert diferencia el «síndrome del malcriado» y entiende que «los niños criados de esta forma probablemente se convierten en "pequeños tiranos adorables" a los ojos de su mamá y su papá, pero "mocosos malcriados" desde el punto de vista de otros. Los desconocidos ven un carácter explotador que usa estratagemas —encanto, mimos, halagos e intimidaciones— para salirse con la suya. A menos que lo frenen las experiencias de la realidad, el niño puede continuar jugando el papel de tirano querido en la vida adulta, animado por sus padres siempre solícitos. Esta infancia continua deja al *enfant terrible* con una ilusión permanente de omnipotencia».

Niño difícil

M. Herbert apunta que «hay un comportamiento difícil y hay un comportamiento realmente difícil. De acuerdo con la clasificación de trastornos de la infancia (criterios DSM-IV) de la Asociación Americana de Psiquiatría (APA, 1993), el trastorno de oposición desafiante tiene mucho que ver con la dificultad del niño para reconocer y/o ajustarse a los límites establecidos. El diagnóstico de trastorno de oposición desafiante supone un patrón de conducta negativista, hostil y desafiante durante al menos seis meses y que estén presentes cuatro de los siguientes aspectos:

— Se enoja frecuentemente.
— A menudo discute con adultos.
— Con frecuencia hace cosas que molestan a otras personas deliberadamente.
— Suele culpar a los demás de sus errores.
— Se ofende o se molesta fácilmente.
— Con frecuencia está enfadado y resentido.
— A menudo es rencoroso.

Conviene poner todos los medios para establecer una buena sintonía emocional; hay que aceptarlo como es, e intentar con cariño y ayuda de especialistas modificar sus conductas anómalas.

> Melinda mostraba todos los signos del trastorno de oposición desafiante a la edad de seis años. Grita y tiene rabietas cuando no se sale con la suya en el colegio. También se comporta impulsivamente y es hiperactiva en clase. Sus profesores han amenazado con expulsarla por estas conductas. Su madre dice que en casa Melinda arroja las sillas y le amenaza con cuchillos. Se queja sin cesar para conseguir lo que quiere y se niega a lavarse los dientes, a vestirse o a irse a la cama. Su madre se siente incapaz de salir a la calle con Melinda debido a sus rabietas. Su madre afirma que cada petición implica una serie de negociaciones intensivas. Recuerda que Melinda ha sido difícil desde los ocho meses de edad. La madre dice sentirse exhausta y atrapada, aislada de otros adultos por su situación e incapaz

de invitar a amigos a casa. Siente que su hija chantajea, tanto a sus padres como a sus profesores, para conseguir lo que quiere mediante sus estallidos agresivos, que duran a veces más de una hora. (Citado en Webster-Stratton y Herbert, 1994).

No debe confundirse al niño consentido con el tirano (aunque el continuo consentimiento puede ser precursor de la tiranía).

Nos estamos ocupando del denominado niño tirano, es decir, de aquel cuyos comportamientos nos aproximan al negativismo desafiante con una sintomatología que lo incluye en el grupo de los trastornos de conducta.

Cosa bien distinta son los trastornos psicóticos, como la esquizofrenia, en los que se pueden observar síntomas del negativismo desafiante durante la fase prodrómica.

El negativismo desafiante no debe diagnosticarse cuando nos encontramos con un episodio maniaco, hipomaniaco o depresivo mayor, ni en el curso de una distimia.

No debemos confundir el trastorno de conducta con la enfermedad mental. El niño intocable aprende a serlo y disfruta ejerciendo ese papel esclavizador, pero no es un enfermo.

Pero sigo siendo el rey

Quiero que sólo me quieras a mí.

Los celos, salvo que se dilaten en el tiempo y sean de gran intensidad con pensamientos fratricidas —que se concretan en el denominado complejo de Caín—, son normales.

El nacimiento de un hermanito puede ser la primera experiencia de competencia y el fin del monopolio relacional. Los celos entre hermanos no siempre han de acontecer —se producen más si la diferencia de edad es de cuatro a seis años.

Se manifiestan con rabietas, posicionamientos negativistas y demanda de atención permanente.

En el caso del primogénito, dada su situación dentro del hogar antes de la llegada del hermano, ha de entenderse como normal su temporal cambio de actitud y comportamiento.

En algunos casos, el rechazo resulta muy marcado (dependerá del carácter del primogénito, de la edad de éste —suficiente para darse cuenta de la pérdida de privilegios, pero escasa para asumirla desde una instancia de seguridad en la que adopte el papel de protector—, y de la preparación o no que los padres le hayan aportado para ese momento).

Algunos multiplican sus «gracias» e incluso pueden llegar con gestos y sentimientos ambiguos y contradictorios a dañar al recién nacido.

No es nada extraño que, tras la llegada de un hermanito, el mayor tenga algún retroceso en su desarrollo: volver a mojar la cama, rechazar la comida sólida, hablar de modo más infantil... No hay que alarmarse ni regañarle, sino comprender que se trata de una manifestación normal de la crisis que está pasando.

En evitación de los celos debe explicarse al hijo lo maravilloso que es tener hermanitos en cuanto se sepa que la familia va a aumentar. Hay que hablarle de que será un compañero de juegos.

Cuando nazca el hermanito debe tenerse también en cuenta al mayor (reconocimientos y algún regalo).

Ulteriormente habrá que explicarle que su hermano pequeño le quiere mucho, pero sin forzarle a demostrar que él también le quiere.

Puede resultar positivo que el mayor participe en las acciones relacionadas con el cuidado del bebé.

En ocasiones puede venir bien hacer alguna comparación, por ejemplo de fuerza o inteligencia, en la que salga ganando el mayor, pero sin exagerar.

No se ha de permitir en ningún momento que entre los hermanos se produzca violencia.

Cuando se perciben los celos ya instaurados no se ha de prestar una atención directa y preocupante a los mismos, pues los ratificaríamos y potenciaríamos, por el contrario hay que dedicar un cariño específico al mayor, en esa característica que su diferencia cronológica le otorga y, con una supervisión sutil, se le ha de mostrar la alegría que él nos transmite y lo orgullosos que nos sentimos de que coadyuve en el cuidado y desarrollo del pequeño.

Los padres no deben girar toda su atención y dedicación al recién llegado, pero tampoco han de conducirse de una manera artificial.

Los celos pueden ser edípicos, hacia la figura parental. Apoyándose en la tragedia griega de Sófocles, *Edipo rey*, en la que Edipo mata a su padre y se casa con su madre (sin saber que lo es), con la que tiene un hijo, Freud bautizó la etapa en la que los niños de 4 o 5 años sueñan con conquistar el amor de mamá o papá y formar una familia con el nombre de «complejo de Edipo» en los varones y «complejo de Electra» en las hembras.

Todos los niños pasan por una fase en la que se muestran muy posesivos con uno de los progenitores (el del sexo opuesto) y celosos de la relación de pareja de sus padres.

Se trata de un proceso que les ayuda a comprender las diferencias entre sexos y a identificarse con el propio.

Para que el desarrollo evolutivo del niño supere esta etapa sin traumas, precisa de unos comportamientos realmente adultos de parte de quienes por edad lo son.

La pareja debe conservar sus momentos de intimidad, que los hijos han de respetar. No se ha de permitir que el niño separe a los padres cuando éstos se están mostrando cariño mediante un abrazo. Debe realizarse un análisis de la realidad (cuando el niño dice que de mayor se casará con papá/mamá, hay que responderle que es absolutamente imposible porque ya está casado/a con su pareja y que el niño/a ya conocerá a otra persona con quien casarse). No se han de emitir conductas que faciliten el equívoco (besar en los labios al niño/a, etc.).

La respuesta de los padres ha de nacer de la naturalidad, sin dar excesiva importancia a las manifestaciones del hijo, pero sin burlarse o ridiculizarlas, pues éste se encuentra confuso y en ocasiones hasta se siente culpable.

Rumiando rencores

¡Te odio!

Hay niños rencorosos que se «cuecen en su propio jugo», que se recrean en pensamientos negativos, que «hacen mala sangre», que no olvidan, que rumian rabia y dolor, que se ratifican en su victimismo. Así se va conformando una forma de ser lesiva para los demás y dañina para uno mismo.

Saber olvidar, minimizar conductas, positivar acontecimientos, es un don que hay que cultivar desde uno mismo, pero cuya semilla ha de plantarse muy, muy pronto.

La hipersensibilidad cuando se refiere a uno mismo y se potencia con un pensamiento cortocircuitado en el que se dota al otro de mala intencionalidad, puede generar personalidades paranoides.

Para evitar la vulnerabilidad emocional, se ha de saber relativizar la propia trascendencia y, sin renunciar a la dignidad y el honor, desechar percepciones y pensamientos negativos. «Pelillos a la mar» debe ser una frase que se haga cotidiana.

En todo caso, cuando algo molesta, se debe ser lo suficientemente asertivo para decirlo sin violentar ni violentarse, evitando reconcomerse y cargarse de ira que un día de forma intempestiva y lesiva desborde toda contención.

Esta desviación, o se aborda a muy corta edad o siempre encuentra razones para acrecentarse.

Los padres han de mostrar una actitud de cariño y comprensión, de afecto, de no «pagar con la misma moneda», pero objetivando los hechos, evitando distorsionar la realidad, facilitando otra toma de posición en el hijo, otra forma de interpretar el entorno y su interacción con el mismo.

Disfrutar aprendiendo

> ¡No voy a hacer los deberes! ¡Voy a hacer lo que yo quiera! ¡Me da igual si suspendo!

Hay niños que, desde pequeños, tienen escasa motivación para el estudio. Hacer los deberes con ellos se convierte en una lucha cotidiana. No muestran interés por aprender, estudiar no les parece rentable comparado con ver su serie preferida o jugar a la videoconsola. Cada suma, cada resta, supone un chantaje para su padre/madre.

El fracaso escolar responde en parte a esa falta de estímulo, de esfuerzo, derivada de la cultura del hedonismo en la que vivimos, en la que se les deja hacer a los pequeños.

Se intenta obligar, en lugar de motivar. Hay que incentivar la curiosidad. Educar es trasladar a quien no conoce al mundo del conocimiento. Las notas son un indicador del esfuerzo y capacidad de los hijos (de alguna forma anticipan el futuro). Hemos de valorar sus consecuciones en relación con su entrega, pues existen potenciales distintos. Lo importante es la constancia.

Las notas pueden generar ansiedad en los niños, en unos porque desean matrículas y en otros porque desean simplemente aprobar. Algunos se sienten angustiados, tienen pánico a la respuesta en el hogar, sobre todo ante los suspensos, que a veces se viven como un absoluto y completo fracaso y que ocasionan en ellos unos miedos paralizantes, desproporcionados, que pueden cursar de forma insospechada (en muchas ocasiones, comienzan mintiendo al decir las notas).

Las vacaciones dependen en alguna medida de las notas de los hijos. En los hogares, en general, crean ansiedad. No se debe generar tal ansiedad o angustia de manera que el niño se llegue a sentir como un fracasado, sin razones para vivir.

El riesgo está en que el niño sienta no sólo que ha defraudado, sino que se le ha dejado de apreciar, de querer, que su fracaso lo hace despreciable y vergonzante al núcleo familiar.

Siempre debe haber una puerta abierta a la esperanza, desde la exigencia, desde el enfado, desde la sanción, pero transmitiendo que le queremos y que un día podremos celebrar juntos sus éxitos académicos.

Si constatamos que el hijo no ha cumplido lo objetivamente exigible (para su bien), debemos demostrarle que esto le revierte negativamente. No debe interpretarse como prohibirle salir o ir en bicicleta, pero sí suspender otras actividades que pudieran estar previstas como ir al Parque de Atracciones, o limitar el horario de regreso al hogar, pues por la mañana tendrá que estudiar, etc. Regañando, dando «ponencias», conseguiremos poco. La motivación es fundamental. A largo plazo = llegar a ser... A corto plazo = conseguir... Hay que estimular y aplaudir las consecuciones, hay que ilusionar y compaginar obligación con gusto por el aprendizaje.

¿Cómo podemos incidir en el estudio? A estudiar también se aprende. Es importantísimo enseñar a planificar, a organizarse, a concentrarse, a aprovechar y dosificar el tiempo. Se precisa atención, no muchas horas, motivación, ánimo dispuesto para poder asimilar lo que se estudia y concentración para no verse sometido a continuas distracciones. Hay que fomentar la lectura y reflexionar sobre ella y volver a leer. Voluntad, empeño y constancia. Debe crearse un hábito de estudio, en el día a día, un entorno propicio, desarrollar una capacidad para aislarse, para concentrarse en silencio. Memorizar y saber relacionar. Si no se sabe estudiar, solicitar al gabinete psicopedagógico del colegio/instituto apoyo e instrucciones.

En casa también podemos estudiar con ellos y junto a ellos, pero lo que resulta un fraude y a la larga pernicioso es estudiar por ellos (hacerles los deberes). Han de saber estudiar con independencia y responsabilidad.

Insaciabilidad infantil

¡Cómpramelo!

> «En Argentina la Fundación del Mañana hizo esta pregunta a los adolescentes: "¿Cuando ves un producto en televisión, quieres comprarlo y tus padres te dicen que no, qué sientes?". Algunas de las respuestas fueron del siguiente corte: "Me dan ganas de matar a mis padres" (chico, 13 años), "los odio" (chico, 16 años), "quiero romper la televisión" (chico, 13 años), "bronca" (chica, 15 años), "que no me quieren" (chica, 14 años)». (*El Mundo*, 17 de abril de 2005.)

La Sociedad Argentina de Terapia Familiar (SAFT) detectó recientemente el fenómeno de los hijos tiranos en las familias de clase media urbana, sobre todo en las de mejor posición económica. Son comunes las frases como «Dame, cómprame, tráeme...».

«No cuesta mucho reconocerlos. Son esos chicos que exigen sin límites a sus padres y que no soportan un "no". La psicología de los 70 planteó con insistencia la idea de privilegiar el deseo de los niños y la necesidad de evitarles frustraciones —afirma la licenciada Irene Loyácono, presidenta de la SATF—. Así, muy a menudo, la clase media ha criado pequeños tiranuelos, hijos que reclaman, demandan y piden de todo. Y si los papás dicen que no, se convierten en niños malos... Estos chicos crecen con la idea de que tener es su derecho, se sienten príncipes que merecen todo lo que reciben y no necesitan agradecer. Este estilo de crianza les hace mucho daño».

Y es que el planteamiento va más allá, va a una familia sin límites, una sociedad sin límites. En los anuncios de publicidad nos encontramos frases como: «placer sin límite». Sin límites no hay sino vacío y confusión. Un vacío que se llena de manera compulsiva con cualquier cosa. Los niños acaban creyendo tener necesidades que hacen propias sin ser reales. Estamos enganchados a la patología del consumo. Aldo Naouri, lo denomina como «tóxica ideología del consumo».

Los niños siempre están pidiendo, cosas materiales y modos de vida. Los padres cubren esas necesidades irreales, y a lo que de verdad contribuyen es a transmitir la idea de utilizar a los otros como medio para conseguir el fin. Los roles parentales se diluyen. No se está procurando la correcta socialización de los niños.

La licenciada Loyácono advierte de que poner en manos de los niños el poder de pedir, aprobar o desaprobar a los padres implica otorgarles un arma que no saben usar y que tarde o temprano los hará sentir mal. «Un chico demandante, lleno de berrinches y caprichos, no es un niño feliz, aunque los padres crean que diciéndole que sí a todo lo pasará mejor. El no de un padre frustra, pero también organiza: traza límites. Lo importante es que esos límites sean razonables, no autoritarios».

Como dice María Jesús Álava, «es importante que, desde el principio, los acostumbremos a no darles todo aquello que nos piden, aunque económicamente no nos suponga problema. Los niños deben valorar las cosas, aprender a esperar, a soñar, a desear lo que quieren, a esforzarse por conseguir lo que anhelan y... a no frustrarse cuando no lo pueden obtener. De otro modo empiezan por no darle valor a las cosas y terminan por no darle valor a las personas.

»El que un niño insatisfecho no se convierta en un adulto egoísta dependerá fundamentalmente de la actitud que adopte su entorno».

Pero, ¿por qué les damos todo? El intercambio de tiempo y atención por regalos y caprichos nos da algunas claves sobre esos niños que piden y piden como un pozo sin fondo. Si a esto añadimos que la televisión cumple muy a menudo funciones de niñera por horas (a veces por muchas horas) y que numerosos anuncios buscan con astucia engatusar a los niños, tendremos un panorama todavía más completo sobre las causas.

La mujer, con su incorporación al mundo laboral, ha restado mucho tiempo de dedicación a sus hijos. El varón ha de implicarse en la educación de sus descendientes. Todo ello obliga a utilizar, sin sentimientos de culpabilidad, el tiempo que queda fuera (diario, de fines de semana, vacaciones) en actividades compartidas. Se ha de primar la calidad e intensidad de las relaciones.

«El ocuparse de los hijos no implica la cantidad de tiempo. La calidad de la comunicación compensa la escasez de cantidad» (A. Naouri). Bueno es que sea de calidad, pero se precisa un mínimo todos los días, fundamentalmente a primera y última hora.

«Las madres siempre hallarán una razón para culpabilizarse. ¿Y por qué? Porque para una madre traer un hijo al mundo es una fuente de placer, pero, en cualquier caso, trae al mundo un niño destinado a morir, y eso una madre no lo acepta. Esa paradoja inaceptable la llevará a sentirse culpable», afirma A. Naouri.

El excesivo trabajo de los padres, la dificultad de transporte, las obligaciones profesionales y sociales, conllevan fatiga, estrés y angustias.

Hay que procurar equilibrar exigencias, hay que ganar el dinero suficiente pero no dedicar todo el tiempo a ganar dinero.

Debemos preguntarnos si lo que deseamos es triunfar como profesionales o como padres, ¿qué anteponemos?

Algunos hijos de padres separados merecen capítulo aparte, sobre todo cuando hay tensión o falta de acuerdo entre ambos ex cónyuges. Es fácil que alguno (frecuentemente el padre) intente poner la balanza de su lado o compensar el menor tiempo que dedica al niño (ya sea por dejadez propia, por limitación judicial o por lacerantes obstáculos que pone la otra parte) a fuerza de talonario y de halagos materiales. Los efectos negativos son fáciles de imaginar.

El tiempo y el cariño no se pueden sustituir con nada. Ni se compran ni se venden. Dejémonos de sucedáneos y démosles a los niños lo que de verdad necesitan.

Es muy importante poner al corriente al niño del presupuesto familiar. Con mucha frecuencia, el niño no se da cuenta de que sus padres tienen, como él, dificultades. «Cuando el niño empieza a comprender la posibilidad económica que tienen sus padres para satisfacerle o no en sus deseos materiales —ropa, juguetes, viajes, etc.—, desarrolla una actitud de aceptación, simpatía y agradecimiento hacia los demás, sin la condición previa de recibir o satisfacer sus antojos», afirman E. Prado y J. Amaya (2005).

Los gastos de los jóvenes también varían mucho de unos a otros dependiendo fundamentalmente del poder adquisitivo de la familia. Aunque si bien hay que decir que, cada vez, la disponibilidad de dinero por parte de los niños es y será mayor. Pensamos que el manejo del dinero puede ser positivo para fomentar la responsabilidad, la autonomía y el proceso de toma de decisiones. Los niños y jóvenes han de aprender a administrarse, controlar sus gastos y ahorrar. Puede darse una «paga» a partir de los 8 o 10 años. Conviene aclarar si con este «dinero de bolsillo» los niños han de pagarse el transporte, bocadillo, etc. También puede dejarse una cantidad para que el niño la gane con su esfuerzo en actividades preestablecidas o por consecuciones alcanzadas (refuerzos que no deben sustituir o solapar las obligaciones del niño). En todo caso consideramos que disponer de mucho dinero no es benéfico para un joven, pues puede alentar su tendencia a gastar. Lo que ha de aprender es a ser restrictivo en el gasto.

Como decíamos, el consumismo es directamente proporcional a la capacidad económica. I. Loyácono afirma: «Porque se puede, en algunas casas se vive en términos de marcas y de nuevos productos. Las conversaciones son el tema del acceso al consumo, la competencia es por quién tiene las cosas de última generación. Esto otorga muy poco sentido a la vida». (*La Nación*, 15 de agosto de 2001.)

P. Drucker (1999), analiza la sociedad de China, país que durante mucho tiempo ha sido el más poblado del mundo. El promedio de hijos era de siete; actualmente, con las políticas de control de natalidad impuestas por el Gobierno, el promedio es de uno. Comparando las actitudes de los padres de ayer y de hoy respecto a sus conceptos de disciplina, atención y educación de los hijos observó que los padres de las familias pequeñas actuales tienen un gasto económico respecto a su hijo muy similar al de los padres de familia numerosa.

A esto añadimos la presión de los medios para el consumo. Los programas no debieran convertirse en contenedores de publicidad. Comerciantes y publicistas son conscientes del potencial de consumo que representan los más pequeños de la casa. Para ellos, los niños son un objetivo triple: porque son en sí mismos consumidores y tienen dinero para gastar (en productos baratos), porque influyen en las compras que realizan sus padres y abuelos, y además porque son los adultos del futuro (fidelizados a marcas).

La sociedad consumista no ayuda a frustrar la omnipotencia infantil sino que la alimenta con su oferta para cubrir todas las necesidades y deseos, a ser posible de manera inmediata. Nuestros niños no están aprendiendo a esperar para alcanzar un objetivo, lo que quieren ha de tenerlo «ya», en este momento.

El consumo debería estar orientado a la compra de productos «personalizados» que refuercen la individualidad.

La presión del consumo, en ocasiones de sexo y violencia (muchas veces unidos), debe ser contenida, pues de otra forma crearemos niños que ven en sus padres y abuelos unos «cajeros automáticos»; que desearán ser «ricos» y la mayoría se «desencantarán». Hemos llegado a un punto en que los niños se posicionan ante sus profesores como clientes.

Desde el ejemplo cotidiano y el diálogo instructivo habrá que inocular el antídoto a niños y jóvenes contra la despersonalización que puede conllevar el decir sí a las demandas comerciales. Se incentivará la capacidad crítica.

La sociedad habrá de exigir de los medios de comunicación que eduquen en el buen consumo de los propios productos que publicitan. Y tendrán que realizarse campañas conducentes a la deconstrucción de la presión de consumo.

Querido lector/a, padre/madre, los adultos hemos comprobado que lo inteligente es ser feliz con pocas cosas, que con muchas no se es feliz. Hoy las habitaciones de los niños están repletas con las últimas novedades. No se debe abarrotar al niño de juguetes, pues además de incapacitarle para apreciar el valor de cada uno, le propiciaremos ansiedad y la interiorización del más y más, del consumismo a ultranza.

El mejor de los juguetes son unos padres dispuestos para jugar, unos amigos (el elemento más destacado por los chavales en un juguete es que sirva para jugar con otros niños, 48 por ciento), un lugar donde poder hacerlo sin miedo a manchar con la plastilina o las acuarelas. El niño precisa jugar, requiere tiempo para jugar.

Por tanto, no se debe comprar compulsivamente (un 50 por ciento de los niños españoles dicen recibir «más de lo que piden») y dejarse guiar únicamente por los niños, pues éstos han sufrido la presión de una publicidad que, sobre todo en Navidad, es un auténtico bombardeo. El niño es utilizado como incitador de compra, es seducido para convertirse en portador de marcas. Hay que razonar con ellos, poner límites, hacer comprender.

Es muy positivo hacerles saber que hay otros niños que no tienen juguetes, que, de hecho, no tienen nada, que compartir proporciona felicidad; no acaparar, ésta es una forma de regalarles la semilla de la solidaridad y de erradicar el temprano egoísmo. El niño ha de ser rico, pero en el número de sonrisas que recibe.

La actividad lúdica es fundamental para el desarrollo global del niño. Los adultos tenemos que dejar que jueguen como ellos quieran y dotarles, eso sí, de un entorno seguro, de amor. En un ambiente disruptivo, desajustado, no tienen cabida los juegos, por lo que se cercenan logros emocionales e intelectuales.

Pero hay más cosas que debemos hacer los mayores. No regalemos juguetes bélicos y que incitan a la violencia, de esos que dejan al niño el poder de decisión sobre la vida de los demás. No facilitemos el «distanciamiento relacional», regalando sólo juegos de ordenador, o videojuegos (en todo caso, supervisémoslos, pues hay muchos de temáticas discriminatorias y destructivas), recordemos que los niños no deben pasar mucho tiempo delante de la pantalla.

Los menos niños tenemos que enseñar a los pequeños a ser críticos; hay que ver la televisión con ellos y ayudarles a reinterpretar lo que ven. Los tutores tenemos que vacunar a los niños de la avalancha publicitaria y, específicamente, de la sexista y de la que muestra hombres musculosos que pueden vencer a todo luchando, que son los mejores pilotos, conductores..., o a mujeres que son estupendas ejecutivas triunfadoras. Empiezan a llegar otros muñecos que muestran dificultades físicas, vamos normalizando, esto es positivo. Como lo son los muñecos que fomentan el conocimiento y respeto a las distintas razas del mundo. Como es digno de mención y aplauso que España sea uno de los cinco primeros países productores de libros para niños.

Conflicto de lealtades

Quiero estar con papá porque me lleva al Parque de Atracciones.

Los niños de padres separados pueden llegar a utilizar esa situación para su propia conveniencia. Otras veces, vemos a hijos que son utilizados por los progenitores.

Cada día hay y habrá más separaciones, pues, dado el incremento en la esperanza de vida, se vive más años en pareja. Además, se viaja más, se conoce más a otras personas en el tiempo de trabajo y de ocio. Las mujeres disfrutan de mayor autonomía. Las estadísticas empiezan a acusar la tasa de divorcios en el segundo matrimonio; en Estados Unidos, es un 10 por ciento más alta que en el primero.

También los cambios acaecidos en nuestras sociedades y legislaciones facilitan estos procesos, pues, como dice A. Naouri: «¿Quién se acuerda de las dificultades de ciertas parejas célebres para oficializar su unión cuando una de sus partes, y a veces las dos, no podían deshacer sus vínculos porque el divorcio estaba prohibido en sus países?».

El que haya un gran número de separaciones ocasiona que la situación se normalice estadística y socialmente, porque cualquier niño que pasa por esta experiencia tiene compañeros en la misma situación. Es bueno hablar de este tema de forma «informativa» a los hijos, para situarlos ante un posible hecho de separación.

Se incrementan las nuevas situaciones familiares, el niño vive con intensidad la modificación de la estructura familiar, pues tiene que integrar al compañero/a de «mi madre/padre», al hermanastro, etc. Objetivamente supone un gran cambio.

Las actitudes hacia el «ex» pueden ser muy distintas, de afecto, amistad, relación «civilizada», de desapego, o de odio buscando hacer daño.

Ante el proceso que se inicia el posicionamiento puede ser de acuerdo mutuo, o bien por propia iniciativa o por mediación familiar, negociado, donde priman los intereses personales, o de imposición radical de los propios criterios, de los entendidos «derechos».

El mutuo acuerdo es muy positivo, pues ahorra a todos los miembros de la familia sufrimiento, tiempo y dinero. Es esencialmente pre-judicial, sin por ello imposibilitar llevarlo a efecto en el procedimiento judicial o ulterior a la Resolución Judicial, pues permite rebajar tensiones, eludir malas interpretaciones...

Los equipos de mediación, conformados por psicólogos y abogados, no «negocian», buscan un acuerdo, prima siempre el Mejor Interés del Niño.

En bien de los hijos, ¿separarse o no? Cuando el ambiente está gravemente enrarecido, cuando no hay amor, o se atisba la violencia o la falta de respeto, lo mejor es no mantener una situación artificial, incompatible con lo que debe ser un hogar.

Por otro lado, de no ser así, A. Naouri ve que en muchas parejas uno de los factores que inciden a la hora de separarse es el individualismo, cada uno de los miembros se ve incitado a no sacrificar nada de su felicidad inmediata. En estos casos, y cuando se tienen hijos, plantea un nuevo posicionamiento: «¿Sería necesario entonces volver a poner de moda la idea de un deber de los padres hacia los hijos que traen al mundo, empezando por el deber de reflexionar seriamente antes de decidir separarse?

»A priori, la idea parece descabellada. Sin embargo, la han planteado recientemente los trabajadores sociales norteamericanos, que han llegado a la conclusión, como siempre con un montón de estadísticas que la apoyan, de que el futuro de los niños de padres que permanecen juntos a pesar de sus disensiones es mejor que el de los niños cuyos padres se separan. Parece, por otra parte, que esta constatación apuntaría a incitar a las parejas a recurrir a terapias que se han desarrollado en esta dirección».

Genéricamente, la ruptura matrimonial conlleva serias repercusiones. M. Rosenberg (1973), afirma: «Provoca en los niños bastantes síntomas que afectan negativamente a su autoestima», también se aprecian cuadros depresivos, de ansiedad, angustia... y fracaso escolar. Es llamativo, pero los padres piden orientación a los psicólogos, después de haberse separado, pero no antes.

El proceso de hostilidades de los padres, con continuas recriminaciones y denigraciones, es un paso rápido del amor al odio, y en ocasiones se busca al hijo como aliado, ocasionándole una profunda disensión con colaterales sentimientos de culpabilidad o rechazo y también proporcionándole la posibilidad de una utilización perversa de la situación.

Los niños antes, durante y después del proceso de separación tienen derecho a saber qué ocurre y qué les va a suceder a ellos.

Existe ocasionalmente una utilización implícita, bastarda, de los niños, un uso atroz de la mentira. Ellos y ellas (sólo algunos) son capaces de inventar y solicitar de sus hijos que afirmen que su «ex» los fines de semana, cuando está con ellos, abusa sexualmente, o les habla de Satán, o se muestra promiscuo... El niño no miente cuando dice que ha sido víctima, pero sí puede ser inducido (obligado de hecho) a mentir; es aquí donde se ha de instaurar por expertos psicólogos el difícil análisis de la credibilidad de su testimonio, tarea compleja, más cuando por un mal sistema procesal el niño o la niña tienen que contar y revivir muchas veces el hecho traumático. Piénsese en el horrendo sufrimiento, cuando es veraz y en el aterrador dolor, cuando es mentira. El proceso inequívocamente está mal planteado, se pueden y se deben aunar dos derechos fundamentales, cuales son el Mejor Interés del Menor y la Presunción de Inocencia, pero simplificando y dando inmediatez al procedimiento de niños de los que presuntamente han abusado sexualmente; la gravedad de estos casos y las características propias de los niños exigen una intervención inmediata, simple, contradictoria pero exquisitamente delicada.

Son casos duros, hirientes.

> Roberto, tras enterarse de la infidelidad de su mujer, se esforzó de manera desmedida en parecer el mejor hombre del mundo. Le dejó la custodia de los hijos a ella y le pasaba puntualmente la pensión. Sólo solicitó ante el juez que le dejaran hablar con sus hijos por teléfono todos los días. Su mujer extrañada de la benevolencia, escuchó un día la conversación. Roberto les increpaba diciéndoles que tenían que desconfiar de su madre, «es una puta que me ha engañado», «sólo quiere haceros daño».

Si en el padre o madre se constata una personalidad antisocial o psicopatía se debe asegurar por parte de los juzgados que el régimen de visitas no perjudique a los hijos, que, como acabamos de ver, pueden ser utilizados para dañar a la ex (o el ex).

El régimen de visitas puede ser cumplido sin excesivos quebrantos, pero ocurre con reiterada frecuencia el funesto trueque de «no me pasas la pensión de alimentos dictada, pues no hay régimen de visitas»; también se generaliza una realidad inapropiada cual es que la madre tenga que atender a todas las actividades cotidianas de los días laborables, como tareas escolares, duchas, etc., mientras que el padre es sólo de fin de semana; por último y dentro de las rigideces egoístas se llega a extremos del tipo «En Nochebuena me dejas al niño a las doce horas en punto y en el portal de casa».

Tras el proceso de separación, y teniendo en cuenta que de hecho es un expediente siempre abierto, caben distintas posibilidades.

Atribución del hijo a un solo padre; de esta manera es como si perdiera al otro y se cercena el derecho mutuo a seguir conviviendo aunque sea puntualmente.

Responsabilidades compartidas, que pueden traer consigo los ya mencionados problemas conductuales y de comunicación junto a las dificultades de acomodo de las nuevas «terceras personas».

Resolver que el que se queda en el hogar es el hijo, siendo los padres los que van rotando y pasando períodos de tiempo en dicha casa. Obviamente, también conlleva problemas.

Mencionaremos por último que cuando uno de los padres es un presunto agresor, o por otras y trascendentes razones, se utiliza la denominada «casa verde»; el progenitor pasa ratos con el hijo, vigilado de cerca por un trabajador social; es una solución a ciertas situaciones pero teñida siempre por el óxido de lo artificial.

El niño, durante mucho tiempo, hará esfuerzos para intentar unir a sus padres. Entre las informaciones que sí se deben dar a los niños está la de hacerles saber que la separación es definitiva.

Muchas veces los niños dicen a cada progenitor lo que piensan que éste quiere oír, llegando en ocasiones a falsear la verdad a ambos. No se traduzca como mentira, sino como necesidad para su supervivencia emocional.

A veces se sienten «niño pelota», que va de mano en mano. Otras veces «un cero a la izquierda», cuyo síntoma es la expresión del dolor por unos padres separados.

Dentro de las vivencias del niño, destaca la pérdida de seguridad, las preguntas: «¿Qué será de mí mañana?, ¿dónde viviré?, ¿podré seguir asistiendo al mismo colegio?».

Ocasionalmente aparecen conflictos con los posicionamientos de otros hermanos, o de otras personas que entran a formar parte de «la familia».

Resulta difícil educar en sintonía, cuanto más al estar separados, porque hay que homogeneizar criterios en lo posible, cuando, a veces, un padre pone límites y se muestra autoritario y el otro adopta el papel de amigo, de progenitor *light*; estas diferencias afloran en las pequeñas pero fundamentales situaciones tales como horarios de salidas, grupo de amigos, horas que debe pasar el niño ante la TV, o elección del lugar de vacaciones del niño. Es fundamental educar en común, evitar hablar mal del «otro» o culparle, de lo contrario el adolescente con los años puede mostrarse despectivo con uno o los dos padres. A veces la crítica cáustica contra el «ex» se vuelve con el tiempo contra uno mismo, con un efecto boomerang. Cuando el padre es muy permisivo y además habla mal de la madre, si ésta es contenedora, puede provocar que con los años el hijo la agreda.

Las asociaciones de separados/as suelen denominarse de hombres y mujeres en vez de padres; en sus manifestaciones se escapan en ocasiones términos como «guerra contra», también se dan apriorismos que a veces se confirman, los varones creen que el juez «entregará» a los niños a la madre, más si no está especializado, si no es un juez de familia, y las mujeres parten a veces del criterio de que con el tiempo el padre «pasará» del hijo/s. Todos estos posicionamientos se acrecientan mediante un proceso judicial que conlleva en múltiples ocasiones un acaloramiento de las ya deterioradas relaciones, pues el abogado de cada parte, busca «ganar».

Hay muchas obligaciones que a menudo se incumplen. Ni la separación ni el divorcio eximen de responsabilidades. El juez, dependiendo de los medios económicos con que cuenta cada uno, distribuye la aportación; si bien el incumplimiento de esta obligación tiene suficiente previsión legal, pues el Código Penal lo sanciona como pena grave, la realidad es que el impago de pensiones sobrecarga de trabajo los juzgados de Familia. No se olvide que, en ocasiones, el incumplimiento del pago de pensión de alimentos repercute gravísimamente en la formación de los niños. Respecto al incumplimiento del régimen de visitas, lleva puntualmente a situaciones dramáticas y hasta trágicas, en otras, por el contrario, pero por las mismas razones, el padre o madre conducen al niño a la comisaría de Policía ante la negativa de éste a cumplir con la visita establecida.

Conviene desdramatizar; hay muchos niños que se adaptan a su nueva situación. En todo caso debe tratarse de minimizar el daño, evitando en lo posible la participación del niño en el conflicto, informándole ambos progenitores de forma conjunta de que se van a separar:

> «Nos separamos, sí, pero los adultos, aunque desde luego no nos separamos de ti».

«Los dos te queremos».
«La separación no es en nada culpa tuya».
«Ambos estaremos siempre a tu lado».
«Tu vida, el colegio, el hogar, los amigos, las perspectivas formativas, en nada cambiarán».

Han de explicarle que ambos le van a seguir queriendo, que no va a perder a ninguno, y le han de proporcionar confianza en el futuro. Deben erradicar cualquier utilización del niño como emisario de mensajes hostiles. Se tiene que ser padres, que es muy distinto a tener hijos, se tienen que superar las tormentas emocionales o impedir que choquen contra la débil e inocente estructura de los niños.

Los padres, unidos o separados, siguen siéndolo y están obligados a mantener unas relaciones cordiales entre ellos y afectuosas con los hijos.

El Estado, sus administraciones, debe informar a los padres de cómo deben funcionar ante el inicio de una posible ruptura, para no dañar a los hijos. Debe crearse un fondo de compensación que posibilite adelantar el pago de pensiones alimenticias establecidas judicialmente. Convendrá reconvertir algunos juzgados de Primera Instancia en juzgados de Tramitación Urgente, para que conozcan de las ejecuciones de pago de obligaciones dinerarias para aliviar de carga de trabajo a los juzgados de Familia. Se precisa priorizar en el reparto de asuntos de los decanatos las demandas de ejecución de medidas de pago. Es necesario que las asociaciones de madres y padres separados sensibilicen a sus socios para no lesionar los intereses de los hijos, para ser comprensivos con el otro. Habrá de dotarse de espacios para efectuar visitas para los casos específicos antes reseñados. Resulta fundamental dar a conocer los equipos de mediación.

Los padres tienen que aprender a decirle al niño que le quieren, que ambos están encantados de que haya nacido. Desde la cooperación parental se informará a la escuela de lo que está aconteciendo.

Desde ese posicionamiento positivo se podrá abordar el hecho (pre-divorcio; divorcio y post-divorcio) sin dañar en demasía al niño, que vive la crisis real. En este gran cambio, los adultos (padres) le dejan en un segundo término, por lo que su autoestima sufre. Añádase a esto que el niño lo percibe como si perdiera a uno de los padres y a la familia extensa de ese «lado» (abuelos, tíos), obviamente todo ello le genera una gran inestabilidad. El niño precisa —requiere— tiempo para aceptar unos cambios que él no ha propiciado.

Resulta significativo que los padres no entiendan la reacción de los niños: si éstos son muy pequeños se sienten culpables de la crisis, si son un poco más mayorcitos muestran un gran enfado hacia los padres, por no haberle tenido en cuenta, y hacia sí mismos. Si se trata de adolescentes, el posicionamiento negativo ante el planteamiento de la separación de los adultos, que tanto sorprende a los padres, es también absolutamente lógico, pues es en esa edad cuando más seguridad y equilibrio precisan.

Los padres pueden contribuir a una buena adaptación de los hijos a la nueva realidad familiar que se produce tras la separación. Es preciso que ambas figuras parentales mantengan buenas y continuadas relaciones con ellos, pues esto incide en gran manera en su estabilidad, así como no perder la función de parentalidad, respondiendo a sus necesidades siempre que lo requieran.

Transmitir respeto y aceptación hacia el otro progenitor, que el niño sienta que puede hablar con libertad de uno con el otro y con el resto de la familia. Mostrar habilidad para negociar y solventar con éxito los problemas relacionados con los hijos.

Mantener a los hijos al margen de los procesos legales.

Ante situaciones de maltrato físico o emocional, adoptar posturas tanto a nivel personal como legal que transmitan seguridad y protección al hijo.

Ante cuestiones en las que no se sepa cómo actuar correctamente acudir a un especialista.

Es recomendable que se produzcan los menos cambios posibles respecto al hogar y el entorno y a las relaciones familiares, los abuelos, tíos y primos, y extra familiares, fundamentalmente amigos.

Si se tiene la guardia y custodia, facilitar el contacto y las relaciones del niño con el otro progenitor, no obstaculizar el régimen de visitas, y comentar con él la vida escolar u otros temas esenciales.

En caso contrario, si se es el progenitor sin custodia sobre el hijo, pasar la pensión puntualmente sin verter comentarios malintencionados a los hijos, respetar el régimen de visitas avisando de cambios y retrasos, y estar presente en la vida del hijo física y emocionalmente.

La separación, el divorcio, es una decisión de adultos, que ninguno de ellos olvide o impida que el niño siga siendo niño.

Querido lector/a, te proponemos ahora un caso excepcionalmente violento aun a tan corta edad.

**«¿Por qué tienes que pegar?».
«Porque hace días que no pego».**

El caso fue emitido en televisión: un niño de corta edad maltrata verbal y físicamente a su madre de manera incontrolable. Conozcamos a Diego[2] y la grave situación que vive a través de las entrevistas mantenidas con sus familiares más directos y el informe médico (mayo de 2005).

Doña Elena Vaquero, tía materna de Diego nos comenta respecto al niño como datos significativos que ya ha tenido eyaculación. Padece de «fobias». Tiene conductas «racistas». Sus posicionamientos son negativos. Tiene ideaciones. Duerme mal. Pupilas dilatadas. «Es cagón». No come mucho.

Comenta que su hermana le tiene miedo, pero ella no. Le pegó una bofetada y no reaccionó. «Mi hermana le quiere con locura. Mi hermana tiene culpabilidad».

Es entrevistada también Blanca Vaquero, madre del menor en cuestión que señala que el niño le agrede a ella y de manera puntual a la abuela. Sobre su relación con el niño indica que su segundo marido le decía (antes de separarse) que estaba casada con su hijo. El niño quiere acostarse puntualmente con ella. Disfrutó mucho de su embarazo. El primer padre lo rechazó, y el segundo padre lo odió y le insultó.

«Cuando se fue mi marido se metió en la cama. Y se metía en el W.C. mientras yo me duchaba. Me tocaba el culo. Cuando se fue mi segundo marido, el niño se sintió feliz, se sintió el jefe. A veces le trato como hombre de la casa. Mi marido me puso en situación ¡o tu hijo o yo! Yo opté por mi hijo. He pensado poner el piso a nombre de mi hijo».

«Sólo hay momentos tranquilos, si cedo.». El doctor P. lo vio cuando el niño contaba con 7 años. Desde los 5 años

[2] Los nombres, fechas y lugares no son coincidentes con los reales.

el niño pega y agrede. El niño sólo pega a su madre en soledad. Tiene un problema vincular relacional. El niño dice que lo hace para desahogarse. No tiene amigos. Pinta *graffitys* en la propia casa. Tiene un lenguaje escaso. Creen que es inteligente. Tiene dislexia. Le da bastante dinero «de bolsillo». Es xenófobo. ¿Ideas paranoides?

La doctora que le trata actualmente destaca que es un crío agresivo en todos los ámbitos. Descarga sobre la madre.

La madre con informe psiquiátrico en adultos, está muy sola (desde que le dejó el compañero). Tiene un comportamiento ambivalente con el hijo.

Al menor se le ha ingresado en el Hospital Virgen de Reñaca. El menor precisa separarse de la madre. Ha estado muy bien en el Hospital de Día. Posiblemente no pueda seguir en la escuela. Se busca un profesor que le refuerce el aprendizaje (3h /día + Hospital Día).

No valora positiva una situación de separación total, con el riesgo de reingreso ulterior posterior. Le planteo la posibilidad de contactar con la tía. Le parece interesante. Organizo el encuentro.

¿Por qué llegó esta madre a solicitar ayuda a través de los medios de comunicación?

Su larga y cansada desesperación la llevó a interponer denuncia en el juzgado de instrucción de su localidad, en los primeros meses de 2005. En ella exponía: que su hijo Diego está en tratamiento en el Hospital de Santa Teresa de Jesús, aunque ahora está en su domicilio al haber sido expulsado de dicho centro por agresiones al personal de dicho Hospital. Que el niño es hiperactivo y con una agresividad muy elevada. Que la agresividad se ha manifestado con más fuerza a partir de las vacaciones, que anteriormente no agredía a la compareciente, sólo rompía los objetos de la vivienda, que la compareciente también tiene una niña de 3 años, que teme que el hermano le haga algo. Que efectúa esta denuncia para conseguir que el niño sea ingresado en algún centro hospitalario, ya que debido a que es menor de 15 años de edad no encuentra dónde internar a su hijo. Que en este acto aporta copia de informes médicos que se unen a la presente.

Junto a los informes médicos y otros documentos de interés vamos a ir viendo de manera cronológica la mala evolución de Diego en los últimos años.

- El 4 de noviembre de 2003, el menor es trasladado a urgencias del Hospital Santa Teresa de Jesús. En el historial aparece diagnóstico de hiperactividad desde los 5 años. Como antecedentes familiares aparece que el padre sufre esquizofrenia. Se emite diagnóstico de Trastorno de Conducta, indicando que la madre está desbordada.
- El 12 de marzo de 2004, Diego, que tiene 9 años, es visto en consulta por un médico del Hospital Santa Teresa de Jesús. El diagnóstico es trastorno de personalidad negativa y desafiante. Sigue tratamiento farmacológico.
- El 17 de marzo, se emite por el mismo centro hospitalario un informe de asistencia del que destacamos:

En 2000, Diego sufre problemas de atención y comportamiento disruptivo y agresividad en el colegio y en casa, escasa tolerancia a la frustración y crisis explosivas, pero no lo hemos vuelto a ver. La madre acude a una consulta privada de psicología. En el momento de la segunda consulta (enero 2002), Diego vivía con su madre y la nueva pareja de ésta (Gerardo). El padre biológico de Diego no mantenía contacto con ellos y estaba separado de la madre desde el año 1998. La relación entre la madre y el padre biológico fue muy conflictiva y tanto la madre como Diego guardan malos recuerdos (en cuanto a episodios de hostilidad física y verbal).

En el momento de la consulta del año 2002 Diego presenta episodios de encopresis, una conducta desafiante y hostilidad física y verbal hacia profesores y personal del colegio, agresividad desmesurada hacia los compañeros y también problemas de desobediencia y agresividad verbal y física hacia la madre. Sus capacidades cognitivas están en la franja media-baja de la normalidad en comparación con niños de su edad cronológica y en la actualidad presenta también un retraso importante en el aprendizaje. Trabaja con muy poca constancia e irregularidad.

Se le diagnostica Trastorno por Déficit de Atención e Hiperactividad (314.01) comórbido con un Trastorno negativista Desafiante (313.81). Se le indica un tratamiento multimodal que incluye los siguientes abordajes: tratamiento farmacológico (en la actualidad tratado con Resperdal (0,5-0-0,5); seguimiento individual de Diego para trabajar el autocontrol y resolución de problemas; tratamiento familiar (madre e hijo y en una ocasión Gerardo, madre y Diego); coordinación con el colegio (se han mantenido un mínimo de dos reuniones por curso y múltiples llamadas telefónicas para coordinar actuaciones durante los conflictos que han ido surgiendo) y coordinación con el Centro de Apoyo al Profesorado.

En nuestro centro seguirá asistiendo a las visitas de psicología y psiquiatría.

Firmado: Psiquiatra Adjunta. Psicólogo Clínica.

Como bien dice el informe médico, los padres de Diego están separados desde 1998. En el convenio regulador de las relaciones paterno-filiales y patrimoniales se acuerda que Diego queda bajo la guardia y custodia de su madre, compartiendo ambos progenitores la patria potestad del menor. Se fija un régimen de visitas a favor del padre. Sobre la vivienda se adjudica a doña Blanca Vaquero, la madre.

El 4 de abril de 1999, la madre interpone demanda solicitando la privación de la patria potestad del padre respecto del hijo común Diego Sánchez Vaquero. En dicha demanda se expone que el demandado tuvo un comportamiento agresivo y violento tanto para con la aquí actora como para el menor fruto del matrimonio, así como amenazas en reiteradas ocasiones con provocar un fatal desenlace de la gestación; en otra ocasión fue golpeada en la cabeza; en otra presentaba lesiones que se observan en las fotografías.

Diego tiene también estos comportamientos hostiles en el colegio. Veamos los datos más significativos de este entorno. Según el informe de Educación Primaria: Comprende las órdenes que se le encomiendan, pero se niega a realizarlas. En su relación con el maestro, se indica que ya no le cuesta tanto aceptar las correcciones y críticas. Destacamos que tiene dificultad para tocar una melodía con la flauta y en educación física domina muy bien la técnica de los malabarismos.

En junio de 2004, se presenta un escrito de los padres del mismo aula de Diego al consejo escolar sobre la problemática planteada por este alumno: «Durante los últimos cuatro cursos, Diego ha agredido en innumerables ocasiones a varios compañeros de clase, concretamente los siguientes casos:

Rosa: durante el curso 2002-2003 le pegaba continuamente, en el mes de marzo le dio un puñetazo, dejándola tirada en el suelo y sin respiración. En junio le clavó un lápiz en el ojo, y, lo más grave, el pasado día 12 de mayo le amenaza poniéndole un cúter en el cuello para que se dejara tocar.

Paula: dos días después de lo del cúter, le dice que si quiere dormir caliente, a lo que la niña responde que no, y sin mediar más le propina un bofetón.

Alejandro: le mordió en un pecho, le dejó marcada la zona saliéndole posteriormente un gran hematoma.

Álvaro: le dio una patada en los testículos.

Marina: le ha empujado varias ocasiones con intención, según la niña, de que cayera por las escaleras del colegio.

Sofía: «Si no quieres ser mi novia te pego».

Edurne: también la amenazó poniéndole el cúter en el vientre.

Mar: aparte de que en varias ocasiones le ha dado puñetazos en el estómago, en el curso 2001-2002, le clavó cuatro veces la punta del lápiz en el mismo brazo. La niña aún tiene las cicatrices.

Todo esto es, en líneas generales, lo que ha ido ocurriendo con este alumno a lo largo de estos años.

Consideramos a Diego un niño agresivo que necesita estar en un centro especial o, como mínimo, con tratamiento escolar especial y muy, muy controlado.

El 7 de enero de 2004 en el Hospital Santa Teresa de Jesús se emite informe de asistencia en el que se expone un diagnóstico de trastorno de conducta/emocional, que es controlado en este centro de día, y que ha precisado varios ingresos en el Hospital Virgen de Reñaca por Conducta heteroagresiva.

El 30 de julio de 2004, Diego es llevado a urgencias del Hospital Santa Mónica, refiere estar agresivo aparentemente sin motivo (golpea a la madre), está con tratamiento de Topamax 25 mg cada 12 horas, hace 6 meses por síndrome de hiperactividad. Se le indica ser tratado con Orfidal (1 cada 12 horas). Recomienda valoración por el psiquiatra.

El 2 de octubre de 2004, de nuevo es llevado al hospital Virgen de Reñaca por un episodio agresivo. Ha atacado a la madre en la calle de manera furiosa y descontrolada después de que ésta le marcara límites, teniendo que ser reducido por otras personas y con intervención de la policía.

Como antecedentes familiares destacan al padre biológico con esquizofrenia paranoide con el que no tiene contacto. Y la madre con antecedentes de depresión, que actualmente no sigue tratamiento.

Al hacerle la exploración psicológica Diego no presenta sintomatología ansiosa. No manifiesta ideas de muerte en aquellos momentos.

El diagnóstico es trastorno de conducta. Trastorno emocional.

El 14 de octubre de 2004, es dado de alta del Hospital Virgen de Reñaca. En el informe se indica que con 11 años, Diego ingresa por episodios de agresividad hacia la madre, generalizándose también en el medio escolar.

Ha sido visto en las consultas externas de nuestro hospital, presentando un episodio de agitación después de intentar fugarse y al contenerlo la madre.

En la exploración psicológica se le describe como un paciente consciente y orientado. Con tratamientio de Olanzapina 7,5 mgs/día y Sertralina 50 mgs/día evoluciona con buena tolerancia.

El diagnóstico es trastorno de conducta (312). Trastorno depresivo (300.4). Se le indica un tratamiento de alta con Zyprexa 2,5 2-0-1 y Sertralina 50 1-0-0 por el médico adjunto.

El 13 de diciembre de 2004, en el Hospital Santa Teresa de Jesús, acude Diego por episodio de conducta y agresividad física sobre la madre. El diagnóstico es de Trastorno por déficit de atención: hiperactividad. Trastorno de conducta. Sin ideas delirantes. Explica pensamientos heteroagresivos. No presenta alteraciones sensoperceptivas. La familia está desbordada. Se les facilita pautas verbales a familiares: paciente.

El 20 de diciembre de 2004 se valora como muy importante la mala relación existente entre el menor y su madre, encontrándose esta última en situación de riesgo por la agresividad que hacia ella es dirigida, y considerando que se beneficiaría de una separación ya que la frecuencia e intensidad de los episodios de violencia se recrudecen con el paso del tiempo, lo cual ponemos en su conocimiento para que realicen los estudios y tomen las medidas que consideren oportunas.

Médico Psiquiatra.

El 10 de febrero de 2004, la Fiscalía de Menores emite el acuerdo de archivo de las diligencias preliminares sobre la denuncia de hechos constitutivos de infracción penal, al no haber cumplido el/ella menor la edad de 14 años en el momento de la comisión de los hechos.

Aquí comenzábamos, ante la denuncia de Blanca para que internen a su hijo. En mayo de 2005, Blanca Vaquero, madre del menor Diego, acude a un programa de televisión solicitando ayuda a las instituciones para que hagan algo al respecto. Nadie le ha dado una solución a su problema y la «ley del menor» no contempla medidas (limitadoras) porque aún no ha cumplido los 14 años.

Tocar estos temas en televisión es de mucho riesgo, si no se hace bien puede ser lesivo para el niño y para el proceso terapéutico. Ahora bien, yo hacía tiempo que había solicitado a esa cadena y a una periodista muy conocida que obtuvieran datos de un caso para reflejarlo en televisión de manera que la sociedad fuera consciente de un grave problema que estaba oculto. Eso supuso que dos redactoras estuvieron durante dos meses viviendo con la madre y el menor de manera que éstos se habituasen a su presencia y se olvidaran de la cámara oculta aun sabedores de su existencia.

Ciertamente el programa tocó el tema con delicadeza, en ningún momento se vio la cara del niño, aunque sí su violencia, sus gritos, sus imputaciones y la madre que estaba presente en el estudio de televisión llevaba gafas, peluca y se le distorsionó la voz.

El caso era importante para mostrar el problema, más generalizado de lo que pudiera creerse, pero también por sí mismo. En el programa acepté el reto de hacer un seguimiento del difícil caso y así se está llevando a efecto durante días, semanas, meses y seguro que años.

El programa movilizó a algunos políticos responsables de la comunidad autónoma, a médicos que entendían del caso y entre todos con más buena voluntad que medios se inició un plan que empezó por un tratamiento hospitalario de meses en el que la madre se desplazaba los fines de semana para encontrarse con el hijo y ulteriormente el mismo pasó a un centro que por sus características se valoró positivo para su equilibrio emocional y preparación para un encuentro ulterior con la madre más continuado.

Cada caso es uno, se dilata en el tiempo, surgen muchas complicaciones y se han de valorar nimios y significativos aspectos que determinan que el vínculo sea en ocasiones enfermo o, dicho de otra manera, no sólo hay que trabajar con el hijo sino en muchas ocasiones con los padres, en ésta con la madre que por su historia mostraba unos indicios patológicos larvados.

La emisión tuvo impacto en la sociedad. Fueron muchas las llamadas y opiniones que se vertieron sobre el caso. A través de los correos electrónicos de la página web los ciudadanos trasladaron su sentir:

«Soy católica y no sé si ustedes lo serán. Me gustaría decirles que si tienen oportunidad lleven a sus hijos a un sacerdote, concretamente a un exorcista para ver si tiene alguna influencia del demonio (...). Si una madre dice "Mi hijo se transforma" es porque no es normal, puede tener influencias de algún tipo de demonio. Un exorcista es la solución».

«Es un problema de educación y de permisividad de los padres. El niño no nació con un palo en las manos. Más disciplina y mano dura. Un cachete a tiempo y un No es necesario».

«Es muy grave que un niño de 11 años tenga atemorizada a su madre, ella le dio la vida y no renunció a su custodia, pero debería pensar que su hijo cuando le levanta la mano no piensa en ella».

«Sólo tiene 11 años, ahora a la sociedad nos da lástima y cuando se haga mayor pensaremos que es un macarra, un sinvergüenza».

«Algo falla. Un niño no puede actuar de esa manera, quizás su educación no ha sido correcta, seguro que no ha tenido una buena infancia y su carácter rebelde le juega malas pasadas. Necesita ayuda psiquiátrica y esa madre también».

«Soy madre de dos niños pequeños. He tenido pesadillas con lo que he visto. Desde fuera es muy fácil juzgar, ojalá puedan ayudarla».

«Tengo 16 años, mi generación es violenta y crea malestar. Los niños que hacen golferías son los más malcriados».

«Mi madre denunció a mi hermano de 17 años por amenazas de muerte, ahora él está en un reformatorio pero pronto saldrá con 18 años. ¿Quién cuidará a mi madre?».

«A ese niño le han faltado dos bofetadas a tiempo. Si con 11 años es así, con 20 estará en la cárcel».

«La definición más corta y más correcta es pobre niño y pobre madre».

«Es una vergüenza la generación que está creciendo, yo tengo 22 años y cada vez me da más asco. Los niños son unos malcriados y mal educados y la culpa la tienen los padres».

«Este niño a fuerza de ver malos tratos en su casa ha perdido el sentido del respeto».

«Que vuelva Herodes».

«Soy estudiante de Psicología, por los síntomas creo que padece un trastorno disocial. Necesitan ayuda urgente el niño y la madre».

«Tengo un niño de 12 años y sufro el mismo problema. Al igual que la madre no encuentro ayuda ni solución por ningún lado. ¿Tengo que esperar a que mi hijo se haga un desgraciado sin poder hacer nada?».

«Mi hermano era bastante violento y mi madre ha sabido siempre calmarlo en sus ataques. Esta mujer consigue poner las cosas peor. No es la culpable, pero necesita aprender cómo educar a ese crío tan complicado».

«Al psiquiatra de cabeza y que se cuadre, que no demuestre miedo, que el niño vea que ella es más fuerte y que él no la domina».

«Oí comentar a la madre las habilidades con las manos de su hijo cuando no sufre un ataque... casi me confirmó lo que sospechaba. Recomiendo que se informen sobre los "niños indigo", niños muy especiales tratados como enfermos y no es ése el problema. Son niños capaces de lo más bello, pero si se frustra toda su energía caen en lo más hondo de donde solos no saben salir. Una indigo de 33 años».

En el otoño de 2005, sigo en contacto con la madre de Diego de manera telefónica. Me comenta que las cosas van muy bien. Se le ha encontrado un centro específico para su hijo y los fines de semana sale con él. La relación es más positiva, no hay violencia.

Van a iniciar psicoterapia tanto el hijo como la madre (se concluyó que ambos lo necesitan).

La madre me está muy agradecida. Ha llegado a la conclusión de que mi persistencia en el tema le ha servido de ayuda, equilibrio y seguridad. Asimismo entiende que gracias al programa de televisión se han movilizado instituciones, profesionales de su Comunidad, que de otra forma «no aparecían».

«Le han obligado a firmar unos documentos en que se responsabiliza de los problemas del hijo, por dejación...». (Lo confirmo telefónicamente con la tía).

Diego es un niño que ha vivido en medio de la violencia, que ha visto cómo su padre maltrataba a su madre; su entorno no era adecuado. Tras la separación, ella se quedó sola para educarle. Debería realizarse un seguimiento próximo de los niños que sufren el maltrato de vivenciar la violencia de un progenitor a otro. La ayuda institucional y social en estos casos debiera ser una prioridad para todos, y más si los niños manifiestan violencia en sus conductas.

¿QUÉ PODEMOS HACER CON UN PEQUEÑO NIÑO TIRANO?

Mayoritariamente habrá de solicitarse la intervención y directrices de un especialista, sin embargo, en un primer momento, cuando el problema es incipiente cabe una labor conciliadora y de resolución de conflictos por parte de un familiar o amigo que tenga verdadera *autoritas*, capacidad para observar desde una distancia óptima el epicentro del ciclón que se inicia, y poder designado para reconducir las conductas erróneas (ya sean de uno o varios familiares).

Cuanto más tiempo se arrastre una situación, el remedio será más lento y hará falta una gran dosis de paciencia y el consenso en el comportamiento de todos los adultos de la casa. Los padres han de actuar unidos, en bloque, para ayudar (aunque, aun sin estar separados o enfrentados, sea difícil ponerse de acuerdo, sólo porque se tengan criterios diferentes no debe ir cada uno a su aire). El niño tirano sabe aprovechar los puntos de conflicto entre los padres, sabe dividirlos para reinar.

Querido lector/a, si usted es padre/madre de un «pequeño» dictador doméstico, no espere más, valore la situación, tome decisiones de actuación con estrategias educativas o acudiendo a especialistas y confíe en usted mismo. No olvide que esto lleva su tiempo y que para cambiar las cosas del presente y el futuro hace falta optimismo.

También puede resultar útil para los padres participar en sesiones orientativas, junto con otras familias. Como la capacidad educativa no se consigue de golpe, el contacto con los padres de otros niños puede resultar un apoyo. Un grupo de orientación familiar, en el que se discuta abiertamente sobre problemas habituales en los hogares, puede ayudar a recuperar o aprender algunas viejas prácticas educativas.

Hablar con los abuelos, y compartir experiencias y tácticas puede resultar muy beneficioso.

Formar hijos íntegros y más humanos no es tarea fácil, afirman E. Prado y J. Amaya (2005), «existe una gran presión social y familiar para educarlos en un mundo de consumismos, complacencias, mediocridades y flojera. Necesitamos padres valerosos que confronten y desafíen a otras familias en el quehacer formativo».

Padres que ejerzan la durísima cotidianeidad educativa. Educar exige constancia, asiduidad, entrega, disgustos y sonrisas compartidas. No admite el desánimo ni la vacación. Es un programa de vida, un marcarse objetivos e ir cumpliéndolos, repetir los ejemplos correctos sin desfallecimiento.

Educar es lo más bello, es compartir, ser flexible, tener criterio, es arduo, es preocuparse, pensar, disgustarse, es tiempo y tiempo, es querer, es llorar, es ilusionarse y aplaudir. Es vida, pura vida. Es transmisión.

Cuando no se empieza con buen pie, cuando todo se complica, cuando el desamor brota y los disgustos se intensifican, educar se hace áspero, insoportable. Es por ello por lo que las pautas educativas, los criterios, el amor y las normas han de establecerse y arraigarse desde el primer momento de la vida del niño.

Por mi profesión veo a muchos hijos y me imagino cómo son los padres; veo a los padres y me explico todo, ya sea para mal o para bien.

La verdad, no creo en la expresión «¡Me ha salido así!». Lo repito hasta la saciedad: los hijos no nacen y se desarrollan por generación espontánea; se forman, se conforman, pueden ser complicados y hasta malos (me cuesta escribir esta expresión), también responsables de sus actos, pero en el primer momento, ¿quién tuvo la posibilidad de darles las pautas, de reñirles, de mantener el pulso firme?

Educar bien, la tarea más difícil, la más bella. Merece vivir para ella y dedicar a ella la vida.

En el capítulo siguiente mostramos las pautas educativas que puede usted poner en práctica para corregir conductas inadecuadas de su hijo pequeño.

Ahora, en base a algunos tests y pruebas, como el Formulario de Entrevista de Evaluación Funcional del Niño Pequeño[3], con una readaptación del autor firmante, le indicamos algunas preguntas que los padres pueden hacerse en voz alta como indicativas de la conducta de su hijo:

1. ¿Cuál es el comportamiento que le preocupa? (Agrede física o verbalmente, rompe cosas).
2. ¿Con qué frecuencia e intensidad se producen estos comportamientos? (Habitualmente, durante segundos, de manera intensa).
3. ¿Aparecen ante alguna situación, de manera aislada o conjunta?
4. ¿Cuándo y dónde se producen? ¿Cuándo y dónde no se producen?
5. ¿Hay alguna actividad que pueda provocar la conducta? ¿Alguna situación particular (interrupciones, demoras, ser ignorado)?
6. ¿Hay alguna persona con la que se producen más o menos?

---

[3] (Functional Assessment and Program Development for Problem Behavior. Pacific Grove, Ca: Brooks/Cole Publishing. Adapted from: O' Neill, R.E.; Homer, R.H., Albin, R.W., Sprague, J.R., Storey, K., & Newton, J.S. -1997-). The Center on the Social and Emotional Foundations for Early Learning. University of Illinois at Urbana-Champaign.

7. ¿Hay alguna cosa que usted pueda hacer para que no se produzca el comportamiento? (Dejarle hacer lo que quiere, jugar con sus reglas, hacer lo que él dice).

8. ¿Toma algún medicamento o padece alguna enfermedad que pudiera incidir en el comportamiento?

9. En las rutinas de las comidas, sueño... ¿hay alguna anomalía que pudiera repercutir en su actitud?

10. ¿Cree que su hijo sabe las actividades que se van a realizar durante el día?

11. ¿Qué decisiones toma? (En los juegos, en las comidas).

12. ¿Cómo juega su hijo? (Sólo, con niños de su edad, con adultos, con determinados juegos...). ¿Tiene comportamientos problemáticos cuando juega? (Si le cogen sus juguetes, si se le estropea lo que ha realizado con construcciones). ¿Cómo reacciona si se deja de jugar con él o se le cambia de juego?

13. ¿Por qué cree que su hijo se comporta así? ¿Qué obtiene? (Si agrede a otro niño, obtiene un juguete y evita jugar en grupo; si agrede verbalmente, los niños le dejan en paz y obtiene la atención de un adulto).

14. Es más o menos probable que se desencadene la reacción si su hijo está solo; si quiere algo que no puede obtener; si se cambia alguna rutina; si le ignora; si le pide/ordena/reprende; si interrumpe algo que él quería hacer.

15. ¿Estos comportamientos implican mucho esfuerzo físico (llantos, explosiones verbales, agresiones)?

16. ¿Consigue lo que quiere con estos arranques? ¿Es inmediata la respuesta?

17. ¿Cómo se comunica su hijo? (Hablando, con gestos, señales). Si usted no le entiende, ¿qué es lo que hace? (Llora, utiliza otras palabras, agrede, se comunica con gestos).

18. ¿Es receptivo? ¿Sigue las instrucciones? ¿Imita? ¿Utiliza usted con él los gestos?

19. ¿Usa algún tipo de táctica para corregir estos comportamientos? ¿Sabe cómo actuar?

20. Piense qué cosas le hacen feliz a su hijo.

Capítulo 4

¿Cómo educamos?

«Psicólogos, pedagogos y técnicos de Menores han detectado un reciente incremento de los casos de familias con problemas por el comportamiento de niños de sólo 7 u 8 años. Se convierten en graves hacia edades de 13 o 14. Las familias "necesitan información y formación"». (*Las Provincias*, Valencia, 11 de mayo de 2005).

Pareciera que los padres hoy no tienen competencia en la educación de sus hijos. El que muchos de ellos se encuentren incapacitados para hacerlo, sobre todo a los de corta edad (en ocasiones menores de 7 años), exige que se impartan instrumentos y criterios a quienes van a ejercer tan esencial labor.

Cuando nos encontramos con hijos difíciles y padres incompetentes, la situación es letal.

Por mucho que a los psicólogos nos cueste admitirlo, dice M. J. Álava, «hemos de reconocer que algunos niños son difíciles desde muy pequeñitos, prácticamente desde que nacen. Bastante tienen sus padres con intentar "reconducir" a sus hijos, para que encima los culpabilicen y los cataloguen tranquilamente como blandos, duros, ineptos, incompetentes..., u otras lindezas parecidas.

»Resulta injusto echar genéricamente la culpa a los padres, a un supuesto egoísmo, que les impide sacrificarse por sus hijos. Honestamente, muchos padres de hoy son auténticos "héroes"; se pasan el día corriendo, desde por la mañana hasta que se acuestan; viven en una continua tensión, con miedo a que les llamen al trabajo diciéndoles que el niño se ha puesto malo; con miedo a que les avisen del colegio para comunicarles que su hijo va mal; con miedo a que sus jefes les digan que tienen que renunciar a su vida familiar o a su trabajo actual; con miedo a que sus hijos les reprochen que no les hacen caso, que siempre tienen prisas, que están tensos, llenos de dudas... que son un fracaso como padres».

Nuestra sociedad no proporciona muchas facilidades para que los padres eduquen a sus hijos, y los padres de hoy conviven con factores que dificultan su función educativa, como la falta de tiempo, la adecuación de horarios, la capacidad profesional que exige un continuo reciclaje, y el incremento del número de separaciones, que trasluce que cada vez más parejas no se llevan bien.

Y es que vamos muy deprisa pero, a veces, sin rumbo, miramos pero sin recrearnos, oímos pero no escuchamos, no aceptamos la espera y nuestra paciencia disminuye.

Los padres sienten que es cada vez más difícil que sus mensajes lleguen a los hijos, pues la competencia es atroz.

Los progenitores hemos de estar disponibles, pues niños y jóvenes buscan «estar conectados». Y entender que el bienestar emocional del hijo desborda el nivel de aprendizaje.

Los padres precisan apoyo; han de poner amor, experiencia, lógica y tener conciencia de esta sublime tarea, pero debe aportárseles técnicas. Y los alumnos de cursos preuniversitarios debieran ser formados en esa misión, la más trascendente.

Posteriormente se ha de seguir coadyuvando a los padres; que puedan consultar sus dudas, que reciban respuestas a sus preguntas. Al igual que se les remite el calendario de vacunación de los hijos, se les ha de proveer de programas educativos que faciliten la resolución de conflictos (actualizados a una sociedad siempre cambiante).

E. Prado y J. Amaya (2005) explican: «No hay ninguna institución educativa y social que eduque e instruya para ser padres. Las escuelas y las instituciones sociales no sólo deben preocuparse por formar excelentes profesionales, sino además, formarlos integralmente en su desarrollo de sí mismo, hacia los demás, su pareja e hijos».

Y es que nunca en la historia de la humanidad los niños han recibido tantísima información sin pasar por el filtro de los adultos.

Hay que enseñar a los padres la necesidad de que eduquen en la comprensión empática, en el razonamiento, para que transmitan seguridad, motivación y estímulo a sus hijos. La familia es un termómetro del sistema, su fracaso anticiparía un desbarajuste general.

Hay que educar con amor, humor y respeto, transmitir confianza y responsabilidad, y dar libertad dentro de unos límites razonados.

Utilizar las estrategias educativas elegidas por los padres como antecedentes y no consecuentes de las conductas de sus hijos.

Imponer disciplina, que significa enseñar, no estar constantemente castigando. No olvidemos, sin embargo, que los adolescentes (y el resto de los humanos) precisan normas para sentirse seguros.

Transmitir a nuestros hijos que tienen una responsabilidad social y que han de realizar acciones en favor del mundo (no sólo del más próximo).

Y aunque las circunstancias actuales nos asaltan, el problema de los niños que tiranizan a sus padres no es algo exclusivo de nuestro momento vital. «Los viejos tiempos en que, aunque parezca mentira, se les veía a los niños pero no se les oía, llevaban una vida sencilla, en definitiva, eran bien educados». No se trata, como podría pensarse, de una abuela actual lamentándose de la desaparición de las prácticas de educación estrictas y de los niños obedientes. Estas líneas son de Aristófanes, y se remontan al siglo V a. d. C. Sin embargo, es una afirmación relativamente moderna. Una inscripción descubierta y atribuida a un sacerdote egipcio se hace eco de la queja —hace unos 6.000 años— de que nuestra tierra está degenerando; los niños ya no obedecen a sus padres. ¡Nada ha cambiado!

«Ahora los niños aman el lujo. Tienen malas maneras, desprecian la autoridad, no muestran respeto por sus mayores y les encanta molestar. Ya no se levantan cuando entran personas mayores. Contradicen a sus padres, engullen golosinas en la mesa, cruzan las piernas y son tiranos con sus maestros». Esta voz quejumbrosa pertenece a Sócrates. Aparentemente los maestros del siglo IV a. d. C., como sus equivalentes modernos, tenían que enfrentarse con alumnos destructivos. Aun así, el fracaso en la disciplina se ve como un fenómeno relativamente contemporáneo y se le echa la culpa de muchos problemas actuales.

Sin embargo, el pediatra infantil A. Naouri, estima que «el vacío del lugar que ocupa el padre, es un tema que recientemente se ha vuelto a poner de moda, no es efecto del azar, sino el resultado de un largo proceso que se inició hace ya varios siglos y que se ha realizado a lo largo de los últimos años. Así están las cosas y el niño, izado a la cúspide de la pirámide de los valores sociales, se ha convertido en el tirano doméstico cuyas hazañas alimentan tanto las conversaciones de la calle como las de las comidas entre amigos».

Querido lector/a, estamos de acuerdo en que nos encontramos ante unas dificultades nuevas y crecientes que señalan tanto los padres como los profesores o los terapeutas (que cada vez hay más debido a esta fenomenología). Si bien en cuanto a la salud física de los niños se han cubierto expectativas en relación a épocas anteriores, hemos de hacer frente a problemas de comportamiento cada vez más preocupantes.

Los casos que hemos ido exponiendo sobre las diferentes formas en que un hijo «pequeño» perdonavidas hace de sus padres unas marionetas están ahí, en nuestra realidad cotidiana, cada vez en mayor número y, como ya hemos dicho en las páginas anteriores, responden a diferentes causas. M. J. Álava, añade otros factores: «La realidad que rodea a los niños de hoy, las fuentes de información que tienen a su alcance, el acceso a múltiples experiencias, a veces a pesar de sus cortas edades; la cantidad de tiempo que pasan solos, las prisas y condicionantes que agobian a los adultos que les rodean; la insatisfacción que produce nuestro sistema de vida... Todos estos factores posibilitan hoy, como nunca, la manipulación en los niños».

Profesores, psicólogos y sociólogos coinciden en un mismo punto: la falta de criterios educativos y tal vez de madurez en los padres actuales. Para Ch. Olivier, psicoanalista y autora de uno de los libros recientes sobre este fenómeno «hoy día, los hijos son esperados, deseados, pero sólo se busca su sonrisa y no los problemas que ocasionan y, para educar, hay que saber decir ¡no!».

> Una niña por la noche llamó a su padre: «Papá, ven». Y el papá fue y le dijo: «¿Qué quieres, hija?», y ella no contestó. Al rato gritó: «Papá, ven». Y el papá fue y le dijo: «¿Qué quieres, hija?», y ella no contestó. Así muchas veces, hasta que al final la niña exclamó: «Que me digas no».

Dar a los niños de todo —juguetes, dinero, objetos—, dejarles hacer lo que quieren, ceder ante sus deseos, es un error, pues haremos de ellos unos egoístas y caprichosos, unos consentidos. Los síntomas de los niños no aparecen por casualidad, A. Naouri pone un ejemplo:

> Llega a la consulta con 4 o 5 años y todavía enganchado al biberón, cuyo uso queda rápidamente justificado porque «no quiere dejarlo».

El afán de llamar la atención, de ser el centro y poner a prueba los límites es bastante natural en los niños de entre 4 y 8 años. El problema aparece cuando se convierte en una actitud permanente y sin frenos. En algunos casos se trata de niños a los que sus padres han rodeado de excesivas atenciones. Según explica la psicóloga P. Spencer, en la revista chilena *Hacer Familia* (noviembre 2003), «los límites para ellos han sido pocos. No les han enseñado a respetar tiempos ni normas». Por eso interrumpen las conversaciones de los adultos o hacen sus «gracias» para conseguir la atención de todos.

E. Prado y J. Amaya (2005) indican que el egocentrismo es una etapa de desarrollo normal que todo niño vive entre los 2 y los 7 años de edad: «Según Jean Piaget, psicólogo cognitivo, el egocentrismo es una característica de la etapa preoperatoria, y la define como la incapacidad cognitiva para distinguir entre su propia perspectiva y la de otro, pues el niño piensa que el mundo existe y se mueve en torno a él ("la luna me sigue", "la pelota me pegó", etc.). Por su parte, el doctor Thomas Lickona (1983) la define como la etapa cero del razonamiento moral porque los niños en este nivel de desarrollo reconocen un solo punto de vista: el propio. Ello no quiere decir que deliberadamente ignoren los puntos de vista de la gente, sino que su estado mental no les permite tomar conciencia de esas otras perspectivas.

»Esta etapa egocéntrica, según Piaget (1954), finaliza alrededor de los 7 años; sin embargo, puede prologarse más allá de esta edad, dependiendo de la dinámica de interacción entre los padres y sus hijos. El período egocéntrico puede extenderse a la adolescencia o, incluso, a la edad adulta.

»Los hijos tiranos extienden su etapa egocéntrica más allá de la adolescencia, y tenemos datos registrados de que algunos la prolongan hasta el matrimonio. Estos niños creen, firmemente, que los otros —padres, profesores, familiares y amigos— viven solamente preocupados por ellos. Piensan que ellos son los únicos actores de su vida y los demás son la audiencia que los apoya y les aplaude. Este comportamiento encierra un sentimiento de superioridad que los hace creer que son el centro del universo. Estas personas pueden ver a su madre cansada de cargar las bolsas del mercado y no mover un solo dedo para ayudarle, o ver a sus abuelos llegar a casa y no cederles su lugar para que se sienten, o pelearse a muerte por el último refresco que queda para la comida.

»Y aunque aparentan tener una autoestima muy alta y se creen capaces de enfrentar cualquier obstáculo, por desgracia ese concepto de autoconfianza no es fruto legítimo del esfuerzo personal o del aprendizaje ante el fracaso, sino que depende del excesivo apoyo paterno».

En muchos casos, la escasa presencia de los padres en el hogar, y la excesiva permisividad para compensar la falta de dedicación, juegan a favor del ego infantil; en otros, los progenitores, deudores de una cultura dialogante hasta el extremo y en la que no cabe ninguna imposición, pierden de vista su papel y son incapaces de transmitir mensajes coherentes a sus hijos; y, finalmente, con tal de evitar conflictos, más aún si se trata de familias desestructuradas o recompuestas, acaban negociándolo todo y también consintiéndolo todo. Como dicen E. Prado y J. Amaya (2005): «Pareciera que en la actualidad lo fundamental es complacer a los hijos para evitar enfrentarlos y contradecirlos, sin importar que eso pueda causarles confusión, y sea el origen de sus conductas egoístas, demandantes, impulsivas y hasta agresivas».

Estamos enfermos de hiperhedonismo.

J. M. Escudero[4] explica cómo la sociedad ha dado un giro radical, pendular, de un esquema de relación patriarcal autoritario a otro excesivamente centrado en el niño, sin represión. La familia se ha hecho más permisiva. Ha perdido ele-

---

[4] Juan Manuel Escudero, catedrático de Organización Escolar, *El País*, 26 de agosto de 2005.

mentos de contención que deben estar en la vida del niño. Éste se ha convertido en un déspota en su relación familiar y su comportamiento se extiende al colegio y afecta a los profesionales con los que se relaciona. Freud ya dijo que si al niño no se le canaliza bien, podría convertirse en una especie de perverso polimorfo. Esto lleva al despotismo del más pequeño.

En este marco, en el que suelen coincidir madres hiperprotectoras con padres formal o físicamente ausentes, el hijo adquiere una posición central y se convierte en el déspota de la casa: quiere imponer sus horarios y sus gustos, decidir los programas de televisión que se ven o las salidas y vacaciones familiares. Según la psiquiatra infantil M. C. Mouren-Simeoni, el pequeño tirano es un niño «sin experiencias ni aprendizaje, a medida que crece, sus padres son cada vez menos eficaces para protegerle y reacciona con cólera y agresividad».

El egocentrismo, que se le fomenta al hacerle el centro de las miradas en las familias y también de la sociedad de consumo, le lleva a no aceptar que los demás —padres, hermanos, compañeros, etc.— existen y tienen sus derechos. Por eso, al llegar a la adolescencia, «algunos reaccionan a veces con violencia o desarrollan otras patologías porque la realidad les parece intolerable. Pero son ellos los que no toleran la realidad».

Como dicen E. Prado y J. Amaya (2005), han de desarrollar la humildad, entendida como el proceso de la toma de conciencia de mi ser reflejado en el otro.

M. Herbert (2002) nos indica que «el desarrollo de una personalidad sana y con relaciones sociales satisfactorias puede describirse en términos de un balance entre la necesidad del niño de hacer demandas a otros, y su habilidad para reconocer las demandas que otros le hacen a él.

»Este proceso comienza durante el primer año de vida, un año que es fundamental pero no irreversible para el desarrollo del niño.

»La disciplina se convierte en un aspecto muy real en el segundo año de vida del niño, aunque las bases de unas buenas prácticas disciplinarias deberían haberse establecido mucho antes mediante el cuidado responsable y cariñoso y el establecimiento gradual de rutinas. Las nociones del bien y el mal, un código de conducta, un conjunto de actitudes y valores, la capacidad para ver el punto de vista de los otros —todas las cualidades básicas que convierten a un individuo en una personalidad socializada— son alimentadas en primer lugar por los padres.

»Se puede decir que el primero y más importante paso en la socialización del niño ocurre cuando se desarrolla una voluntad de hacer lo que se le pide. La relación de confianza y afecto del niño con sus padres es crítica, ya que asegura que el niño está esencialmente del mismo lado que aquellos que le están enseñando las lecciones sociales y morales de la vida. El niño se identifica con sus padres y, de este modo, es más probable que internalice los valores y reglas que le están transmitiendo. La socialización implica disciplina, algo que no siempre es bien acogido por los niños.

»Sin embargo, los niños que siempre hacen lo que quieren pueden interpretar esa permisividad como indiferencia; sienten que nada de lo que hacen es lo bastante importante para que sus padres se preocupen».

La mayoría de los padres utilizan métodos disciplinarios basados en unos enfoques básicos del entrenamiento: errático o permisivo, autoritario, sobreprotector y democrático. Estos modelos infieren sobre lo que los chicos entienden por cooperación, responsabilidad y un comportamiento aceptable o no. Veamos a continuación estas formas de disciplina y lo que cada una de ellas conlleva.

- **Modelo errático**

Tipo: indiferencia ante las actitudes y conductas del hijo. Permisividad y pasividad. Libertad sin límites. Descontentos con el hijo como persona. No se ofrece un modelo eficaz al que imitar. Ambivalencia. Variabilidad.

Creencias de los padres: los padres hemos de hacer felices a nuestros hijos y servirles. No son efectivas las consecuencias que les resultan molestas. Los niños cooperan si creen que es correcto.

Genera en los hijos: conductas poco adaptadas socialmente. Dificultad para incluirse en grupos no permisivos. Sentimiento de falta de cariño. Inseguridad y ansiedad. Baja autoestima y autocontrol. Desprecio a los educadores. Falta de normas (No son para mí, hago lo que deseo). Dependencia, falta de respeto, egocentrismo. Los niños entienden que los padres han de servirlos. Actitudes que ponen a prueba los límites, desafían reglas y autoridad. Agotan a los padres.

Responsabilidad: los problemas los resuelven los padres. Se solucionan mediante la persuasión. Los niños siempre ganan. Los hijos entienden que los padres deben solucionar sus problemas.

Poder y control: de los hijos.

- **Modelo autoritario**

Tipo: sometimiento temeroso a las exigencias de los padres. Trato estricto, imperioso, severo. Se utiliza la coacción, la fuerza, el chantaje emocional... ridiculizar, sobrecorregir y reprochar. «Aprenden si duele». Se presta apoyo instrumental pero desvirtuado por su crispación. El hijo no es libre para expresarse y conducirse. Límites sin libertad. No se refuerzan sus éxitos sino que se castigan los fracasos. Se ponen «etiquetas negativas» a la personalidad del niño.

Creencias de los padres: los padres ostentamos la autoridad y hemos de hacerla cumplir con o sin la colaboración de los hijos. Sus criterios se impondrán cuando ellos sean padres.

Genera en los hijos: percepción de los padres como hostiles. Resentimiento. Fracaso en las variables de competencia social. Falta de espontaneidad y de orientación propia. Atribución de su conducta a fuentes externas de control. Dificultad para internalizar valores morales y éticos. Escasa motivación de logro. Bajo rendimiento escolar. Pobre ajuste socioemocional. Agresividad y rebelión. Ira, testarudez. Venganza, rebelión. Introversión, sumisión temerosa.

Responsabilidad: los problemas se solucionan a la fuerza. Los padres siempre ganan. Ellos son los que deciden y resuelven. Los hijos piensan que sus padres deben solucionar los problemas de sus hijos. Sus métodos para solucionarlos son dañinos.

Poder y control: de los padres.

- **Modelo de monopolio/sobreprotección**

Tipo: exclusividad. Ansiedad paterna. Falta de confianza.

Creencias de los padres: los hijos deben ser cuidados en todo momento, protegidos y mimados mientras vivan en el hogar de los padres. Ya crecerán y se responsabilizarán de mayores.

Genera en los hijos: dependencia. Falta de iniciativa. Egoísmo. Intolerancia. Tiranía. Desadaptación social.

Responsabilidad: corresponde a los padres. Los hijos son una *tabula rasa*, son dependientes. La filosofía es: «Todo para los niños pero sin los niños».

- **Modelo inductivo de apoyo/democrático**

Tipo: autoridad basada en el diálogo. Amor. Sensibilidad. Comprensión. Busca la obediencia voluntaria, el control interno. Crea un clima de libertad dentro de unos límites. La familia es fuente de bienestar.

Creencias de los padres: los padres piensan que los niños pueden resolver problemas por sí mismos. Hay que dejarles elegir y tomar decisiones para que aprendan las consecuencias. Los hijos cooperan si se les induce a ello.

Genera en los hijos: individuos adaptados. Confianza en sí mismos. Comportamiento productivo. Independencia. Afirmación. Responsabilidad personal. Conductas socialmente valoradas. Responsabilidad. Cooperación.

Responsabilidad: los problemas se solucionan de manera cooperativa, padres e hijos participan en la resolución. Todos ganan. Todos se respetan.

Poder y control: según pueden manejar la situación así se les delega.

De los métodos disciplinarios señalados nos detendremos en dos de ellos, actualmente utilizados por los padres de los niños tiranos.

EDUCAR CON SOBREPROTECCIÓN

Crea personas inseguras y dependientes. Si sobreproteges a un niño lo haces vulnerable.

Se trata de niños inseguros, sin autonomía, con temores, con miedos inespecíficos y, desde luego, a lo desconocido. Tienen una baja autoestima, toleran mal la frustración, se mueven por impulsos y buscan satisfacciones inmediatas; no son capaces de terminar actividades que conlleven esfuerzo y recibir la gratificación después. No se responsabilizan de las consecuencias de sus actos.

J. M. Romera en su artículo «Menores», dice que son niños incapacitados para afrontar los problemas porque alguien se ha ocupado de resolvérselos siempre y les ha estafado haciéndoles creerse los dueños y señores de un mundo imaginario (*El Correo*, 18 de mayo de 2005).

M. J. Álava dice: «Nunca nos cansaremos de insistir en que uno de los mayores errores que se pueden cometer con los niños es sobreprotegerlos. Lejos de ayudarlos, les impedimos que elaboren sus propios recursos, que sean realistas, que desarrollen su sentido común, que, en definitiva, ¡se preparen para la vida!».

J. M. Romera señala «el adulto ha confundido el afecto con el confort. Tratando a los niños como muñecos de peluche los hicimos tontos».

Son niños que no maduran, más propensos para dejarse llevar por malas compañías y caer en conductas adictivas.

Las causas de la sobreprotección se encuentran en la tendencia a huir de las situaciones de conflicto, en la búsqueda de la tranquilidad. Esos padres «a un niño pegados» no son un modelo a seguir. Se trata de dedicar a los niños la atención necesaria, no de agobiarles ni de convertirse para ellos en una plaga omnipresente. E. Prado y J. Amaya (2005) dicen que «el hecho de que los padres se involucren demasiado en las actividades de sus hijos, sean éstas académicas, atléticas o sociales, con el fin de ayudarlos y procurarles el éxito, favorece la dependencia y la inseguridad e impide que los chicos sepan manejar situaciones de fracaso en sus vidas. Los niños sobreatendidos con frecuencia no logran ser independientes y "se aburren si juegan solos" (...). El niño requiere tiempo libre para que aprenda a responsabilizarse de sus propias actividades, y "es necesario que el niño se aburra para que genere otras ideas"».

Muchos padres adoptantes caen en la sobreprotección, por un equívoco empeño de proteger al niño. Los marcadamente sobreprotegidos pueden terminar sufriendo el llamado «complejo de Peter Pan». Son personas que desean no crecer jamás, no madurar y asumir responsabilidades. Ser un niño perennemente.

Hay algunos adultos (hijos muy vinculados a la madre) que siguen afectos que «dependen» de distintas formas de los padres. Éstos, en estas situaciones, han de cambiar. El niño, el joven, necesita cubrir sus necesidades, ser alguien en la vida por sí mismo y lograr su propio éxito personal, y también sentirse querido. Conseguir la autonomía es darse la ley a sí mismo. A su vez, los padres tendrán que dejar de ser ingenuos y ciegos ante las conductas de sus hijos, asumir su papel y dejar de ser tan permisivos.

EDUCAR EN LA PERMISIVIDAD

Hay adultos que comentan haber vivido bajo una educación muy autoritaria, que sabían desde muy temprana edad qué querían los padres solamente con ver el movimiento de sus ojos. Cuando crecieron y tuvieron hijos se dijeron que nunca los educarían de la misma forma. El resultado fue el extremo contrario: eran incapaces de poner límites y no se daban cuenta de que perdían poco a poco su posición de padres. Sus hijos crecieron sintiendo que los únicos que valían en la familia eran ellos; en pocas palabras, eran de un egoísmo absoluto.

«Hoy día se ha generado un sistema de derechos de los niños, sin que se hayan sabido marcar unos límites. Y a veces acaba en problemas con los chavales». (E. Calatayud, magistrado del Juzgado de Menores de Granada.)

Los niños que se salen siempre con la suya, a los que se les dice sí a todo lo que plantean, acaban creyendo que no son importantes para sus padres. Y, además, se convierten en pequeños tiranos. Con el tiempo se convertirán en grandes tiranos.

Hay padres menguantes que permiten sin límite, disfrazando esa permisividad de actitud tolerante, cuando en realidad encubre el miedo a ser adultos. La función protectora de los padres impide sufrir al hijo los huecos afectivos que no sabe cómo llenar. A. M. Femenia y M. T. Muñoz Guillén están de acuerdo con esta idea y matizan que «algunos adolescentes más adelante se cubrirán de una coraza para intentar cubrir la fragilidad interna y de paso aprisionar los sentimientos de culpa».

Dejar al niño «crecer libremente», para que disfrute de su infancia, sin seguir un método educativo organizado, puede ser una forma retórica de rendirse ante el esfuerzo que supone educarlo adecuadamente, o de proyectar en él las frustraciones que la vida adulta haya causado a sus padres, pero en ningún caso aporta algo positivo al niño.

«Me parece absolutamente paradójico, en el sentido de que se anula a sí mismo. Un sistema educativo que dice "dejar hacer" es como un reglamento de tráfico que dijera "artículo primero y único: vaya usted por donde quiera"». (J. A. Marina en RNE).

El hábito, el ritmo y la regularidad son generalmente útiles para los niños. Sólo se transforman en rituales irritantes y carentes de sentido si son demasiado rígidos u obsesivos.

Educar supone dar seguridad y afecto, transmitir valores, mandar y prohibir. Aunque estas últimas funciones de los padres no sean muy gratas, son necesarias.

De forma natural, la mayoría de las personas intentamos llegar a acuerdos; preferimos hablar antes que «pelear», consensuar mejor que presionar, y pactar para «vivir en paz». Tratamos de asumir posturas lógicas y que constituyan eficaces mecanismos de defensa; no obstante, cuando tenemos ante nosotros a chicos con bajo nivel de autocontrol y poco contacto con la realidad, a veces es necesario «ir contracorriente» y asumir papeles incómodos, que nos desgastan, pero que no podemos evitar si queremos ayudarles de verdad.

Si los padres ponen límites firmes a sus hijos, éstos crecen mejor adaptados y con mayor autoestima que aquellos a los que se les permite salirse con la suya y comportarse como lo deseen, sobre todo agresivamente. Sin embargo, es importante dar a los niños alguna libertad de elección.

«Vamos a dejar de criar niños tiranos, incapaces además de ser felices porque ni siquiera se sienten totalmente vivos», dice A. Naouri.

El tema de los niños despóticos ha saltado a los medios de comunicación, incluso a las viñetas de humor, citemos unos ejemplos.

A. Fraguas (*Forges*), desde hace años, los ve así:

Un niño está con una motosierra cortando una pierna a un viandante que le dice al padre de la criatura (progenitor tumbado leyendo el *Financial Times*): «¡Pero dígale algo!». A lo que el padre tranquila y flemáticamente contesta: «¿Para que se me traume?».

Se ve a un hombre muy mayor que camina hacia un parque infantil, llevando a cuestas a otro calvo y con gafas. Va pensando: «Dice el psicólogo que lo que pasa es que le tenemos sobreprotegido... sabrá ese enterado lo que es una tarde de berrinche... ahora, en cuanto saque notarías, esto se ha acabado».

Por su parte, Maitena nos cuenta:

Una profesora en conversación con una madre (*fashion*), detrás de ellas el hijo les saca la lengua. La madre dice: «¡Pero, por favor, qué le va a faltar si mi hijo ha tenido todo lo que ha querido!».

La profesora le contesta: «Tal vez necesite algunos límites». La madre concluye: «No creo. Pero bueno, si necesita límites, ¡le compro límites!».

CRITERIOS EDUCATIVOS

Autoridad

Transcribimos las palabras de un catedrático de la Universidad de Málaga sobre la necesidad de la autoridad para educar.

> «... una madre llorosa me contó que su hijo, que entonces tenía 14 años, le había dado una patada por taparle el televisor mientras marcaban un gol. La pobre había sido pateada en acto de servicio; ya que, en ese momento, depositaba ante su excelencia una bandeja con la cena. La señora me confesó además, que su hijo no admitía otro menú

que no fuera huevos fritos con patatas y que no había comido otra cosa en los últimos años. Ella no se había atrevido nunca a reñirle, y mucho menos a darle un buen cachete; pues, según había entendido a los psicólogos de las películas americanas, estaba convencida de que esto produciría en su hijo un trauma infantil irrecuperable.

Ayer me encontré por el barrio con el niño en cuestión. Ya ha cumplido 20 años, y caminaba bajo el peso de una capa adiposa exuberante: doble papada..., barriga descolgada... haciendo suponer un embarazo de mellizos (...). De la conversación saqué la idea de que se le había quedado el alma tan fofa como el cuerpo. Pensaba que tenía que ir a un gimnasio; pero... su principal deporte seguía siendo ver televisión. Pensaba que tenía que estudiar más para acabar la carrera, pero se quejaba de lo desmesurado del esfuerzo». (J. M. Esteve, 2003.)

La palabra autoridad tiene mala prensa, especialmente en el campo de la educación. Por un lado, los seguidores de la antipsiquiatría difundieron una teoría que sembró miedo y pasividad en muchos padres: «Había que tener cuidado con frustrar al niño». En España, esta teoría coincidió con la transición a la democracia y desde muchos medios, especialmente la TV, se nos hizo creer que toda la educación tradicional de la familia había sido autoritaria, nefasta, frustrante... Evidentemente que era mejorable, pero en este contexto se cambiaron los valores implícitos a aquel tipo de educación por «ninguno».

Como bien dice María Jesús Álava, en los años setenta y ochenta se extendió la idea de que ser progresista o liberal significaba educar a los niños «en libertad». Ser progresista significaba «educar a los niños sin límites», cuando a ellos pocas cosas les perturban tanto como ver a un «adulto inseguro».

«Aquí parece que nos ha dado miedo de llamar al pan, pan y al vino, vino por si nos llamaban fachas o nos decían que éramos unos padres dictadores —comenta el juez E. Calatayud—. Yo creo que hay que volver a ciertos principios de autoridad, de respeto, de derechos, de obligaciones. Lo que sucede es que no hemos marcado los límites y estamos sufriendo las consecuencias. No olvidemos que la autoridad paterna, el respeto, incluso la obediencia del hijo está contemplada en el Código Civil, en el artículo 115: los hijos deben obedecer y respetar a los padres. Pero de eso ya no se habla porque parece que nos da miedo llamar a las cosas por su nombre.

»Temerosos de aplicar la misma autoridad con que fuimos educados, en muchos casos no hemos hallado una forma más tolerante de transmitir valores que el silencio absoluto. Nuestros hijos no saben nada de lo que vieron y vivieron sus abuelos. Dudo de que sepan que a su edad a nosotros nunca se nos daba la razón; que para nuestros padres la razón siempre la tenía el maestro». (*Aulestia*, 2000.)

Los mensajes prohibitivos en demasía conllevan inhibición de la expresividad, la alegría, la creatividad, la sensualidad y la naturalidad. Un niño crecerá de distinta forma si es reprimido o si es educado en el diálogo y la reflexión (no en el silencio).

Para el psicólogo M. A. Cueto (CEPTECO, Centro Psicológico Leonés) tan perjudicial es el exceso de mano dura como todo lo contrario. Hay padres muy autoritarios, o que intentan serlo después de que han surgido los problemas, con lo cual lo que consiguen es aumentar la frustración y, como consecuencia de ella, la agresividad y la violencia. Otros son demasiado permisivos y dejan que sus hijos hagan lo que quieran, para protegerles. «La disciplina familiar resulta incoherente en muchos casos. "Menos dar y más estar": los padres tienen poco tiempo, cada vez hay más familias monoparentales, padres separados, divorciados... Es habitual que existan criterios educativos dispares o que incluso los padres se contradigan como lucha personal, lo que afectaría al menor. Habitualmente las necesidades básicas y materiales están cubiertas, pero en muchos casos las emocionales no lo están».

Para Sutter y Luccioni, dos psiquiatras franceses clásicos, «los hijos de padres autoritarios se rebelan y viven la aventura de transgredir las reglas hasta reorganizar sus propias normas, pero los niños criados sin normas carecen de referentes para organizar su propia vida. Acostumbrados a hacer su santa voluntad se sorprenden cuando alguien les plantea una exigencia, un esfuerzo o una obligación. Estos chicos terminan convirtiéndose en tiranos, primero con su familia, después con la escuela y, por último, en los grupos sociales en los que pretendan formar parte. La flexibilidad, un valor muy importante para educar, no puede confundirse con tolerancia generalizada o permisividad sistemática».

En muchos hogares y centros educativos hoy reina la permisividad, es necesario recuperar la autoridad, que no autoritarismo, para lo cual es preciso el empleo del esfuerzo y la disciplina. Y hacer uso de ella en todos los campos donde nuestros hijos aprenden, en los hogares, en los colegios, en los medios de comunicación.

Aldo Naouri se refiere en su libro a la necesidad del retorno a la ley. «La mano dura consiste en concienciarse y saber que el niño también tiene que sufrir en la vida y que no se le puede dejar simplemente al libre albedrío de sus propios impulsos. El niño es un individuo muy sensible a todo aquello que constituye su propio placer, es un ser profundamente egoísta y, por lo tanto, lo único que persigue es volverse bulímico de gusto y si se le deja que vaya por ese camino se convertirá en un dictador».

Educar en la comodidad, en la indolencia, en la falta de disciplina, desemboca en desastre. Si el niño no recibe disciplina en casa y en el colegio, acaba imponiéndose a todo el mundo. La disciplina no es sinónimo de crueldad sino de humanidad.

Autoridad, cuyo origen latino viene del término *auctoritas*, significa aumentar, hacer crecer, ayudar a ser más y mejor, acrecentar. Es una postura ante los hijos de ser y estar, de mostrar coherencia, de ser paciente y firme siempre, de no dejar de educar en ningún momento y estar disponible para ayudarles cuando lo necesiten.

Esta forma de autoridad se convierte en seguridad para los hijos. Hace que crezca su autoestima. Significa decir un no decidido en las ocasiones que sea preciso, y no ceder convirtiéndolo en sí; no halagar si no hay motivos, enseñar a esforzarse, a ser ordenado. Que aprendan desde pequeños que lo que realmente vale tiene un coste, y que lo que conseguimos a través de nuestro esfuerzo tiene mucho más valor que lo logrado gratuitamente, a cambio de nada.

Cuando educamos no cabe la permisividad ni la indiferencia, ni el mirar hacia otro lado para no discutir, para no complicarnos. Los hijos necesitan que los padres actúen como figuras de autoridad, que les dirijan inculcándoles valores y normas de convivencia. No se puede presentar un estilo educativo incongruente con lo que se quiere enseñar. Dice George Bernard Shaw: «En la medida que aceptamos obedecer a la autoridad acreditada, menos aceptamos las órdenes de personas sin autoridad acreditada».

Querido lector/a, los problemas se resuelven si los afrontamos. Defina lo que ha de cambiar y, con una actitud positiva, busque soluciones para hacerlo.

Fijar límites

Como bien nos indica M. Herbert, algunos padres se sienten demasiado avergonzados para admitir las dificultades que tienen con sus hijos, y así sus sufrimientos, a menudo, permanecen secretos. El fracaso para poner coto a los impulsos, exigencias y conductas de los niños, es la fuente de gran parte del dolor de los padres de hoy en día. Los niños tienen derechos, pero también ustedes, los padres y, sobre todo, ¡las madres!

M. J. Álava lo expone claramente: «Hay padres y profesores que literalmente se han dejado la vida en ello, han vivido por y para esos niños. Han supeditado sus ilusiones, sus alegrías, su tiempo, sus esfuerzos..., ¡todo!, en ese intento de conseguir una vida maravillosa para esos niños; una vida sin obstáculos, sin tragedias, sin preocupaciones, sin baches; una vida irreal, inexistente, donde esos niños terminan pidiendo lo imposible».

Para los especialistas, la mejor prevención consiste en establecer lo que se puede hacer, esto se considera necesario para dar seguridad, ofreciendo siempre razones coherentes que el pequeño pueda comprender. «La noción de lo permitido le acompañará toda su vida; si a un niño se le deja a merced de su voluntad se le coloca en una situación inviable tanto para los otros como para él mismo», asegura D. Guilbert, autora de otro estudio sobre la materia.

Cuando decimos que los niños necesitan pautas, normas, reglas, hábitos, no lo hacemos con ánimo de anularlos, sino todo lo contrario; lo argumentamos desde el convencimiento de que, gracias a este modelo educativo, el niño de hoy podrá ser un adulto auténticamente libre en ese mañana que le espera.

Veamos una adaptación de la comparación entre límites firmes y laxos de MacKenzie (1993).

	Características	**Posibles resultados**	**Repercusión en los niños**
Límites firmes	- Indicaciones claras, directas, hacia conductas concretas. - Palabras apoyadas con acciones. - Exigencia de obediencia. - Dar suficiente información para tomar decisiones aceptables y cooperar. -Proporcionar responsabilidad.	- Cooperación. - Disminución del incumplimiento de límites. - Comprensión de las normas y expectativas. - Respeto a las palabras de los padres.	- «No» significa «No». - Esperan y me exigen que cumpla las normas. - Las normas las hemos de cumplir todos. - Responsabilidad ante mi conducta. - Los adultos son consecuentes con lo que establecen.

	Características	Posibles resultados	Repercusión en los niños
Límites laxos	- Indicaciones sin claridad. Dobles mensajes. - Reglas sin apoyo en las acciones. - No exigir obediencia. Ésta es opcional. - Falta de información para tomar decisiones aceptables. - Falta de responsabilidad.	- Resistencia. - Aumento de los intentos de saltarse los límites. - Desobediencia, lucha de poder. - Ignoran las palabras de los padres.	- «No» significa «Sí», «Quizá». - No esperan que cumpla las normas. - Las normas no son para mí. - Los adultos son responsables de mis actos. - Los adultos no son consecuentes con lo que establecen.

J. Aldecoa matiza afirmando que «nada desconcierta más a los niños que la ausencia de normas».

M. Herbert propone que el «equilibrio ideal es un compromiso entre las demandas algunas veces mutuamente incompatibles, y un estilo de vida que maximice las posibilidades de refuerzo mutuas de la relación padre-hijo. Este punto medio, si se consigue, se establece durante un largo período de tiempo, durante el proceso de socialización (el proceso de adquisición de conocimientos, valores, lenguaje y habilidades sociales que permiten a un individuo integrarse en la sociedad). Empieza con el entrenamiento en obediencia».

Al ponerle límites, el niño puede quejarse de su suerte al compararse con otros niños, pero sabe que sus padres lo que están haciendo es preocuparse por él y asegurarle un aprendizaje y una experiencia seguros en la vida. Los niños que hacen todo lo que quieren creen que no son importantes para sus padres.

M. Herbert explica: «Si tiene que hacer frente a rabietas, recriminaciones y malos humos, apriete los dientes, cobre ánimo y considérelo a largo plazo. Permanezca firme y seguro; puede resultar difícil, pero merece la pena».

Hay que explicarle al niño por qué está mal su comportamiento y qué se espera de él, dice D. Guilbert. Es necesario establecer barreras. «Como están acostumbrados a conseguir todo lo que quieren, con una especie de coerción, los niños acaban por no soportar la frustración, pero la frustración es fundamental para la educación, porque hay que experimentarla para ser conscientes de que no se puede hacer todo».

Cuando establezcamos límites hemos de tener en cuenta la seguridad, el bienestar y el desarrollo del niño. Habrá que hacerle conocer las normas y las consecuencias de su incumplimiento. Éstas tendrán que ser claras, comprensibles, fundamentadas y, además habrá que aplicarlas de forma justa.

Será necesario controlar el cumplimiento de las normas, lo que conlleva una constante exigencia a los hijos y a los propios padres.

E. Prado y J. Amaya (2005) señalan que los padres y educadores han de ser consistentes, no cambiar las reglas, ser honestos con los niños y no contarles mentiras para lograr lo que queremos.

Siguiendo a D. Guilbert: «El estilo de crianza de nuestros hijos debe ser en términos generales: flexible, firme y consistente; el niño debe tener la certeza que lo queremos, a pesar de que lo retemos, a pesar de que no le digamos a todo que sí (aunque a veces esto nos cueste), con el tiempo entenderá que es necesario para vivir en comunidad, tener las reglas claras de interacción, que las personas tienen deberes y derechos, y que esta conciencia de ciertos límites básicos ayuda a una convivencia más armónica en casa, con sus amigos, etc.».

En la búsqueda de soluciones, J. L. Pedreira Massa, presidente de la Sociedad Española de Psiquiatría Infantil, que lleva estudiando el fenómeno desde 1998, aconseja una educación pilotada en torno a lo que él llama «las tres C. A saber: La primera C es coherencia, que se podría traducir como no llevarnos la contraria a nosotros mismos, tener siempre el mismo criterio. La segunda C es consistencia: el sí es sí, y el no es no. No vale decir "no" ahora y dentro de cinco minutos "sí". Y la tercera es la continuidad, que significa ser coherente y consistente de forma permanente». (*El Mundo*, 17 de abril de 2005).

Si a usted, querido lector/a, padre/madre le resulta difícil mantenerse firme con su hijo háblele con tono serio, de manera clara y mirándole a los ojos, o incluso buscando un apoyo físico como agarrarle por los hombros. Capte su atención y explíquele que ha de obedecer. Si el niño le ignora, bueno será que le respalde su pareja. Si sus instrucciones no son atendidas y el niño se salta los límites, ignore provocaciones, protestas, rabietas y gritos. Si es importante que le obedezca, vuelva a repetir los mismos pasos y, si fuera necesario, utilice un refuerzo negativo ante la desobediencia.

Para que una orden o instrucción sea eficaz siga las siguientes pautas:

- Dé sólo una instrucción cada vez (no repetir órdenes mil veces). Ha de especificar la conducta deseada de manera breve y clara.
- Debe ser acorde a la edad del niño. Sin amenazas. Con mano firme pero con el gesto suave.
- Darlas consecutivamente, no intentar imponer varias de forma simultánea.
- Usar esquemas tipo «hacer» y «si-entonces». (Si terminas tus deberes, podrás ir al parque).
- Dar oportunidades de obedecer mediante avisos y recordatorios.
- Apoyar las de su pareja. Comprobar la realización de la tarea si fuese necesario.
- Alabar la obediencia y establecer consecuencias para la desobediencia.
- Si el castigo está comprometido, es decir, si el niño sabe que una actitud o acción concreta conlleva sanción y la comete, hacérsela cumplir.
- Buscar el momento oportuno para darlas y razonarlas. Pero, ocasionalmente, se pueden realizar desde el prestigio ganado en el respeto adquirido en el día a día educativo.

Cuanto más claras sean las normas más probabilidad hay de que su hijo las obedezca. Las reglas carecen de sentido si no hay una base racional que las sostenga. Antoine de Saint-Exúpery dijo: «Exijo obediencia porque mis órdenes son razonables».

Los estudios demuestran que los niños normales no obedecen a sus padres una de cada tres veces. Los niños más pequeños replican, chillan o tienen rabietas cuando se les quita un muñeco o se les prohíbe una actividad deseada. Los niños en edad escolar discuten o protestan cuando se les prohíbe algo que quieren. Este comportamiento es normal y es una expresión irritante pero sana de la necesidad de independencia y autonomía del niño.

Todo esto está muy bien en el caso de un niño normal, pero el niño con trastornos de conducta se diferencia en que desobedece a las peticiones de sus padres dos de cada tres veces, es decir, el padre está en una lucha por el poder con el niño la mayoría del tiempo. Esta frecuencia de desobediencia les hace difícil socializar a sus hijos de manera adecuada.

Algunas pautas para tratar al niño «fuera de control».

- Aplicarle normas de orden y de convivencia en la casa que deberá cumplir.
- No permitir el maltrato a hermanos o a algún otro familiar.
- No darle caprichos impropios.
- No ceder ante pataletas, rabietas, lloros o enfados.

Explicarles siempre por qué las acciones que realizan no son correctas e indicarles las que sí son adecuadas.

En los adolescentes es fundamental que las normas de disciplina sean aceptadas por los miembros de la familia no como imposiciones sino como reglas de convivencia para todos ellos.

CÓMO CORREGIR AL NIÑO

Cuando es pequeño dándole muestras frecuentes de que se le quiere, alabando sus esfuerzos y logros, cooperando con él para inculcarle hábitos positivos y permitiéndole realizar lo que pueda hacer por sí mismo.

Resulta contraproducente no explicarle bien las cosas; consentirle que desobedezca (¡por aburrimiento!); no enseñarle a distinguir lo que está bien de lo que está mal; gritarle, pegarle o despreciarle; y perder los nervios. Por el contrario hay que transmitirle firmeza, demostrarle siempre que no conseguirá lo que pretende mediante las rabietas, la testarudez o el incumplimiento de normas. El niño tiende a ser manipulador. Si te dejas manipular en una ocasión, lo volverá a intentar con más fuerza.

Los padres y educadores no han de ceder ante los pequeños avances, pues con estas conductas tan arraigadas es fácil que vuelvan a esos comportamientos ante la primera duda o debilidad que vean. Igualmente se han de valorar los progresos que se van consiguiendo para no abandonar en las situaciones de crisis.

Reforzar los comportamientos positivos; estas recompensas —muchas veces verbales— se irán retirando poco a poco, cuando la conducta se haya instaurado. Es eficaz mostrar al niño las consecuencias de una actuación inadecuada, o sea, cuál será el castigo que va a recibir. Y también, cuáles son las de una correcta actuación.

Si lo que queremos erradicar son algunas conductas en niños mayores, preguntémonos cuáles son —con exactitud— las que deseamos modificar, definamos el problema y evaluemos el mismo (número de veces que se presentan, gravedad-intensidad) y contestémonos a las razones para propiciar su cambio. Es decir, hagamos un análisis objetivo de la situación, para lo que se pueden utilizar registros de conducta.

Una vez concretado lo antedicho valoremos con el niño cuáles han sido las causas que ha tenido para su comportamiento, y sus consecuencias.

A partir de aquí especifíquese lo que se pretende, establézcase un compromiso para el cambio de comportamiento y señálense las repercusiones que conllevaría su incumplimiento. Hay que enseñarle al niño a obtener información sobre su propio comportamiento y, cuando él solo no es capaz de hacerlo, esta información debe ser puesta a su disposición por los adultos.

La ausencia de castigo merecido puede ser interpretada por el niño como falta de atención hacia él, e incitarle a cometer estropicios cada vez mayores para reclamar la atención de sus padres o educadores.

Concluimos indicando que, siguiendo a M. J. Álava, «para que un niño empiece a cambiar su actitud o conducta previamente deberá ver que los adultos cambian la suya; deberá comprobar que ahora son capaces de llevar a efecto lo que tantas veces le habían indicado, que han empezado a actuar, y que ya no pararán hasta conseguir que ellos reaccionen, que cumplan lo que tantas veces habían pactado.

»Una premisa fundamental será creer en nosotros mismos. La mejor forma de transmitir seguridad es que nos sientan seguros. Los niños aprenden por modelado, a través de lo que ven, de lo que les enseñamos; ya nos decía Séneca que lento es el enseñar por medio de la teoría, breve y eficaz por medio del ejemplo».

Refuerzos positivos

Es frecuente que dediquemos excesivo tiempo intentando hacer disminuir conductas anómalas que se dan muchas veces al día, como, por ejemplo, las rabietas, cuando lo mejor sería hacer aumentar las «buenas».

Un ejemplo de cómo utilizar una secuencia de reforzamientos para modificar una conducta sería: usar recompensas primarias (alimentos, golosinas), después pasar, progresivamente, a recompensas sociales (elogios), y terminar en recompensas de actividad (cualquier cosa que le guste hacer al niño). El elogio consigue de forma positiva lo que a veces no se alcanza con el castigo, estimula y desarrolla algo esencial como es la autoestima. Es conveniente reforzar el elogio con sonrisas, contacto visual, palabras, caricias, besos y abrazos.

Hay que ser persistente, siempre que se vea la conducta positiva, sin esperar a que sea perfecta. Es muy importante administrar las recompensas en el momento justo, que siempre debe ser inmediato a la conducta.

Cuando demos un refuerzo como el elogio, habrán de evitarse comentarios hirientes o sarcásticos que, sin darnos cuenta, restarían todo el efecto que hemos querido producir, incurriendo además en una actitud perjudicial para nuestros hijos.

Si se trata de niños difíciles aumentaremos este tipo de refuerzos combinándolos con otros más tangibles (una sorpresa, privilegio o actividad que le guste), por ejemplo para fomentar comportamientos positivos como vestirse o comer solo, hacer los deberes y ordenar su habitación.

Los refuerzos positivos serán efectivos si los padres delimitan las conductas que los han de merecer, eligen las recompensas más efectivas, los dan de manera inmediata. Luego, de manera gradual, irán cambiándolos, pasando de los tangibles al elogio y aprobación social. No puede darse una inflación de premios, porque se devalúa el valor de los mismos. Y en todo caso la incentivación extrínseca no puede suplir a la motivación intrínseca. No hay mejor premio que la buena sensación del deber cumplido, del esfuerzo empleado para obtener un logro. Los refuerzos físicos y sociales deben dar paso al refuerzo interiorizado.

Otra forma de extinguir una conducta inapropiada es «ignorándola», es decir, no exteriorizando ninguna reacción ante ella.

La sanción

No siempre se pueden resolver las situaciones con el diálogo; ocurre con los adultos y la realidad nos enseña que también sucede con los niños.

Para E. Miret Magdalena (2003) «el castigo difícilmente consigue algo. Lo cual no quiere decir que no tenga que haber restricciones, que eso también es educación, acostumbrar al niño a que las hay. Así es la vida y no pasa nada. No se trata del castigo por el castigo, sino de aprender que si no se respetan los límites es peor».

Esto implica que ambos padres sean coherentes; no se puede poner un día una sanción y otro día, por el mismo motivo, hacer algo distinto. La falta de control y de consistencia en aplicar correctivos, la falta de acuerdo entre los padres o el castigo físico, favorecen la aparición de conductas agresivas y el que el niño aprenda a diferenciar en qué momentos debe acudir a un padre o a otro según lo que desee conseguir o evitar. No debemos prestar atención al niño sólo cuando realice comportamientos inadecuados, pues lo único que favorecemos es que siga llamando la atención de esa manera.

Como señala M. Herbert, «si un niño hace algo, y a consecuencia de esta acción, le ocurre algo no reforzante —una sanción—, entonces será menos probable que lo vuelva a hacer en el futuro. Un coste (una multa, perder un privilegio) por portarse de esa forma significa que es menos probable que se comporte así otra vez.

»Un niño aprende a comportarse de forma positiva (por ejemplo, no romper los juguetes) para evitar un castigo (como que le quiten todos los juguetes). Un aviso de castigo puede ser suficiente».

Iván mientras come no se está quieto en la mesa. Se levanta, va y viene. Se le puede indicar que la próxima vez que se levante la comida habrá terminado para él. No se le dará nada hasta la siguiente.

Marta ha estallado en una rabieta porque no quiere irse de casa de sus abuelos. Se le puede avisar que si continúa así no irá al parque por la tarde.

Rafa no para de saltar encima del sillón. Se le puede decir que en un minuto jugará su papá con él a las construcciones. Sólo se llevará a cabo si responde positivamente en ese tiempo, para que aprenda a reaccionar de forma rápida ante lo que le gusta.

En cualquiera de los ejemplos han de entender la firmeza de lo que se les dice. Han de aprender que no consiguen salirse con la suya ni llamar la atención.

Veamos lo que a propósito de esto apunta Aldo Naouri: «A cualquier edad se sabe que no se puede sacar al niño de esa propensión a ser tirano nada más que entrando en conflicto con él y estando decididos a no perder la batalla. Y eso, claro, implica el castigo. Pero entre los castigos no incluyo el físico. Sólo hablo de castigos de comportamiento como, por ejemplo, al niño que roba en una tienda, sus padres le obligan a devolver lo robado y le castigan a estar sin ver la televisión un mes. Durante ese mes, todos los días el niño repite "no lo volveré a hacer, dejarme ver la televisión". Me han preguntado si había que perdonarle ante estas señales de arrepentimiento y levantarle el castigo, y mi respuesta fue no: si han dicho un mes, es un mes, porque está en juego su credibilidad. Acostumbrarse al "lo digo y lo haces" puede llevar un día o un mes, pero esa victoria es para siempre y, además, es muy saludable para el niño».

El castigo conduce al autocontrol sólo cuando el niño está del lado de la persona que le castiga. Debe ser puntual, no frecuente e imponerse con inmediatez, proporcional a la conducta, justo, realizable y coherente. Debe cumplirse necesariamente y no ha de ser contradicho por el otro cónyuge.

Su hijo le quiere y desea complacerlo, por eso su disgusto constituye un verdadero castigo. La percepción de que el niño ha defraudado la confianza en él depositada, de que ha decepcionado a sus padres o de que su comportamiento ha sido indigno de él mismo, suele ser suficiente si la educación previa ha sido correcta.

Cuando los niños son agresivos y desobedientes muchos padres les dan unos azotes, les sermonean, les critican y les expresan desaprobación. Los sermones sólo sirven para aburrir. Son métodos poco efectivos que cada vez se tendrán que realizar con mayor intensidad para conseguir la obediencia de los hijos. Mientras los niños se están comportando mal, regañarles, criticarles, pegarles, gritarles o discutir con ellos refuerza ese mal comportamiento. Notan que llaman la atención de los padres de esta manera y aprenden a pegar, regañar, gritar o discutir para conseguirla.

La técnica del «tiempo fuera» busca erradicar una conducta (de negativismo, de llanto, de rabieta, de pelea) y evitar reforzarla con la atención. Es una forma extrema de ignorar.

Esta situación de alejamiento debe llevarse a efecto en un rincón o una habitación que no resulte atractiva al niño (sin juguetes, tebeos, TV, etc.). La privación estimular y de contacto debe ser clara, y no ha de acompañarse ulteriormente de discusión con el niño. La duración debe ser corta, aproximadamente cinco minutos, y puede alcanzar según la edad del hijo, la gravedad del hecho o la reincidencia en el mismo, los sesenta minutos.

Para que esta técnica sea efectiva, es preciso seguir las siguientes pautas que M. Herbert propone:

- No amenazar con el tiempo-fuera a menos que estén preparados para seguirlo hasta el final.
- Hacer períodos de tiempo-fuera de tres a cinco minutos con repeticiones si el niño rehúsa obedecer una orden razonable.
- Ignorar al niño mientras está en tiempo-fuera.
- Estar preparado a que su hijo ponga a prueba su resolución.
- Hacer responsable al niño del desorden durante el tiempo-fuera.
- Apoyar a la pareja cuando usa el tiempo-fuera.
- Limitar con cuidado el número de conductas en las que se usa el tiempo-fuera.
- No confiar exclusivamente en el tiempo-fuera. Combinarlo con otras técnicas, como ignorarlo, las consecuencias lógicas, y la resolución de problemas.
- Esperar ensayos repetidos de aprendizaje.

- Usar enfoques no violentos tales como la pérdida de privilegios como apoyo al tiempo-fuera.
- Utilizar el tiempo-fuera personal para relajarse y reponer su energía.
- Ser educado.
- Acumular una «cuenta bancaria» con elogios, cariño y apoyo.

La técnica de «aislar» al niño es profusamente empleada por los padres, «¡Al cuarto oscuro!», y es fácil abusar de ella. En los niños más sensibles, esta forma de deprivación sensorial extrema —como se ha visto, encerrar al niño solo a oscuras en un sótano— puede ser vivida como algo especialmente traumático. Por su eficacia incierta y el riesgo de equivocar la «dosis», la deprivación sensorial no es un tipo de castigo recomendable. Siempre es preferible dar la oportunidad de «sustituirla» con otras conductas.

Los jóvenes saben cuándo merecen una sanción, y la precisan (a veces, de forma indirecta, la demandan). Los adolescentes, psicológica y socialmente, precisan de límites.

Impongamos las menos sanciones «artificiales» posibles. Por ejemplo, si un niño llega treinta minutos tarde por la noche, primero se le levantará a la hora de siempre, segundo no habrá siesta y tercero el día siguiente habrá de llegar sesenta minutos antes de su horario habitual (así aprenderá que no le merece la pena llegar tarde).

Otras posibles alternativas son la reparación, que consiste, en la medida de lo posible, en resolver o arreglar lo dañado, y la compensación, que es hacer algo, por ejemplo una tarea doméstica, en beneficio de los otros.

En este sentido, M. Herbert establece como alternativa lo que él llama las consecuencias naturales y lógicas de los errores de los hijos, que son una manera de ayudarlos a ser más independientes y responsables. Una consecuencia natural es todo aquello que resulta de la acción o inacción de un niño en ausencia de la intervención de un adulto. Por ejemplo, si Roberto se queda dormido por la mañana o no quiere ir al colegio en autobús, la consecuencia natural es que tiene que ir andando. Si Carmen no quiere ponerse el abrigo, entonces pasará frío. En estos ejemplos, los niños aprenden al experimentar las consecuencias directas de sus propias decisiones y, de este modo, no se sienten protegidos de la posibilidad de un resultado indeseable.

Esto sí ocurre en otras ocasiones, pues, como indica este mismo autor, desde el punto de vista del propio interés de los padres, a los niños no se les deja experimentar las consecuencias de su propia mala conducta. Contra sus propios intereses y los del niño, intervienen para protegerlo de la realidad. El resultado, sin embargo, de esta permisividad es que las implicaciones (resultados) de la situación con frecuencia no llegan a ser evidentes para el niño y continúa cometiendo las mismas travesuras una y otra vez. En este caso es necesaria una profunda reflexión. ¿Hasta qué punto, especialmente con niños pequeños y adolescentes, se debe intervenir para proteger al hijo de los riesgos y golpes inevitables de la vida? ¿Hasta qué punto ha de permitirse al hijo aprender solo de la propia experiencia?

Si volvemos a posicionarnos desde la práctica de estas consecuencias, cuando así se realiza, M. Herbert nos pone estos ejemplos: una consecuencia lógica para un niño que rompe la ventana del vecino sería hacer tareas domésticas para reunir el dinero del arreglo. En otras palabras, cuando los padres usan esta técnica, hacen a los niños responsables de sus errores ayudándoles a compensarlos de alguna manera.

Para que las consecuencias sean efectivas, el autor establece las pautas que se deben seguir:

- Proporcionarlas inmediatamente.
- Que sean apropiadas a la edad.
- Que no sean hirientes.
- Que sean breves.
- Implicar al niño siempre que sea posible.
- Ser amigable y positivo con el niño.
- Dejar al niño elegirlas por adelantado.
- Asegurarse de que los padres pueden vivir con las consecuencias que han establecido.
- Ofrecer rápidamente oportunidades de aprendizajes nuevos para tener éxito.

Hay que animar a los padres a perseverar. M. Herbert incide en que algunos comportamientos tardan mucho en cambiar. Si siguen la ley del mínimo esfuerzo, si ceden aunque sólo sea una vez, se encontrarán en una situación peor que cuando empezaron.

Veamos por último el castigo físico.

De verdad, la bofetada no es pedagógica para quien la recibe ni terapéutica para quien la propina. Su riesgo está en que es muy fácil, en que es autoritaria. Por saturación se puede llegar a la situación de que a algunos niños les dé igual que les peguen o no. La formación de un ser humano es compleja, no se puede ligar a esporádicos «refuerzos negativos».

¿Por qué se pega a los niños y no a los jóvenes? ¿Es que los niños se portan peor que los adolescentes o es que el adulto tiene miedo a la respuesta de este último que también puede aprender a ser violento? Algunas personas que acostumbran a dar bofetadas explican: «Me duelen más a mí». ¿Es eso verdad? Los hay que expresan que «la bofetada es el electroshock del pobre». Muchas explicaciones, alegaciones, que se incluyen en la amplia «quien bien te quiere te hará llorar». Y yo me pregunto, ¿por qué? ¿Por qué los seres humanos que poseemos la palabra, la razón, la sonrisa, no utilizamos el respeto, la participación, la enseñanza del modelo, la reflexión, la libertad? Hay niños que tras chocar contra una farola y echarse a llorar reciben una bofetada, ¿por qué? Los hay que con miedo en los ojos se protegen la cabeza y la cara cuando son llamados por adultos con los que viven, que teórica y posiblemente le quieren y protegen. No es admisible el conducirse instintiva y primitivamente, ni la comunicación verbal y gestual indolente, grosera, o a gritos. No se puede aceptar el argumento de que el castigo corporal es una técnica de disciplina.

La actitud cruel y castrante se puede mostrar con golpes o con desafección, privando a los niños de afecto y cariño y rechazándolos o también a través del maltrato psíquico del niño, una especie de lavado de cerebro, sádico y sistemático, que incluye los insultos, los menosprecios, las ridiculizaciones...

Hay muchas formas de transmitir intergeneracionalmente la violencia, de «usar» a los hijos. Se parte de un principio erróneo, creer que la paternidad es sinónimo de posesión.

Muchos tutores argumentarán en contra de lo aquí expuesto, utilizarán mecanismos defensivos del tipo «a mí mis padres me pegaron y no estoy traumatizado por ello» o «¡donde esté una bofetada a tiempo!» o «es mejor un tortazo que seguir aguantando y estallar».

Un mundo mejor precisa más tolerancia, más disfrutar de nuestros pequeños. No se trata de perseguir a los padres, o de dejarles sin recursos, no nos posicionamos bobaliconamente a favor de preservar a los niños dentro de una campana de cristal, no clamamos por los derechos de los niños olvidando sus obligaciones, pues uno de ellos es el de la responsabilidad, no queremos un mundo de niños sobreprotegidos que se conviertan en tiranos.

Entendemos que la sanción es parte de la educación, pero la sanción no es sinónimo del castigo físico. No debemos perder el con-tacto con nuestros niños, y además éste ha de ser cálido, afectivo.

Haremos bien en preguntarnos por un hecho que no es irrelevante, ¿cuántas veces una bofetada ocasiona un accidente o es el primer paso en el lúgubre camino del maltrato? Requerimos una sociedad en positivo, que modifique algunas ideas y conductas. Precisamos una legislación clara, concreta, que defienda a los niños en su integridad.

España ha mejorado bastante en este ámbito. La promulgación en 1978 de la Constitución consagró la protección especial a la familia y garantizó a los niños una atención específica de acuerdo a sus necesidades. En 1990 ratificamos la Convención de los Derechos del Niño. El año 1995 nos trajo un Código Penal claro y suficientemente punitivo respecto a los delitos y faltas por lesiones y maltrato a hijos o a los sometidos a tutela. En 1996 la Ley de Protección Jurídica del Menor dotó a la infancia de una mayor defensa al tiempo de incidir en su autonomía.

En 1991 las «bofetadas» eran rechazadas por el 32 por ciento de la población; en 2005 era el 57 por ciento quien las repudiaba.

Entendemos que nuestro Código Civil debe incluir específicamente la prohibición del castigo físico. La legislación española prohíbe el castigo corporal a los niños en escuelas y centros de acogida, pero no contempla esta prohibición en los hogares como requiere la Convención de los Derechos del Niño. Solamente Austria, Dinamarca, Finlandia, Noruega y Suecia incluyen esta última prohibición.

La Voz de Galicia publicaba el día 19 de noviembre de 2004: «El Gobierno estudia modificar el artículo 154 del Código Civil, que permite a los padres "corregir razonablemente y moderadamente" a los hijos, con el fin de reforzar la protección del menor y evitar el castigo físico o cualquier otra violencia, anunció hoy la Secretaria de Estado de Servicios Sociales, Amparo Valcarce», propone añadir que el «ejercicio de la patria potestad se llevará a cabo con pleno respeto a la dignidad e integridad del niño».

Confiamos en transmitir a nuestros hijos, para bien de nuestros nietos, que educar no es pegar. Pensémoslo, pegar a un niño es cobarde y humillante.

Querido lector/a, hemos visto criterios educativos aplicables para corregir las conductas incorrectas de nuestros hijos y también algunos instrumentos educativos. Pero, queremos ir más allá. ¿En qué hay que educar?

Cada uno ha de aprender el autodominio, a ser sereno, a razonar de forma objetiva, a dialogar, a ser equilibrado. A admitir que los problemas, las frustraciones, son parte de nuestra vida. A utilizar el pensamiento alternativo. A ser sincero con uno mismo y con los demás. A intentar unificar el ser con el deber ser. A pararse a realizar autointrospección. A conocer lo positivo y negativo de uno mismo, las limitaciones. A desarrollar el sentido del humor, la autocrítica. A autodirigirse en el estoicismo, la voluntad, la aceptación del sufrimiento. A darse un objetivo, una meta. A atribuir sus conductas a causas estables e internas, a responsabilizarse de sus consecuencias.

EDUCAR EL PENSAMIENTO

Al niño se le ha de indicar con reiteración lo que debe o no hacer (incluso decir o callar), pero es fundamental que sepa manejar sus pensamientos.

Si no controla el pensamiento, le es difícil concentrarse en cada actividad; puede perderse en fantasías; imaginar que todo lo que desea lo va a conseguir —con los consecuentes fracasos—; ser incapaz de erradicar ideas obsesivas; no superar recuerdos traumáticos; desvalorizarse y generarse dudas e inseguridad con automensajes negativos.

Los pensamientos condicionan las emociones y sentimientos, son una magnífica herramienta para lograr un posicionamiento optimista y un alto grado de equilibrio emocional.

La envidia, el rencor y la ansiedad, hunden su etiología en las comparaciones, en la persistencia de ideas que se recrean en sentimientos ofensivos, en pensamientos inquietantes.

Hay que enseñar al niño a reconducir el curso de sus ideas, a pensar de manera alternativa, a no ofuscarse, a desarrollar habilidades metacognitivas, a practicar el buceo introspectivo.

Nos manejamos con tópicos que nos impiden pensar. Pensar en traspasar esos tópicos.

¿Qué significa: «¡Me da la vena!», «¡Me da el punto!», «¡No puedo dominarme!»? ¿Dónde «aparcamos» las autoinstrucciones?

Estamos siempre hablando con nosotros mismos. Es fundamental educar en el pensamiento creativo, con capacidad crítica, abierto, dialogante, positivo, que no se ofende, que sonríe, que se inyecta ilusión y agradecimiento por vivir y por conocer a los otros.

ACEPTAR LA FRUSTRACIÓN. EL «NO»

Hay que enseñar a los hijos a aceptar las situaciones que les incomodan y disgustan, a convivir con algunos fracasos.

El éxito es efímero, la felicidad completa no se puede garantizar. Mostremos a nuestros descendientes cómo crecer personalmente desde lo que nos disrumpe y pone en duda nuestra seguridad y equilibrio. Aceptar y afrontar frustraciones forja una personalidad más sana, equilibrada y madura.

Aldo Naouri estima que la mejor herramienta para educar en la frustración es, sin duda, el uso del no, «porque durante el embarazo el cuerpo de la madre está diciendo siempre que sí al niño, si necesita azúcar le da azúcar, si oxígeno toma oxígeno. Una vez que sale a la vida aérea, los síes ya son más raros. Cuando de niño pide una cosa siempre hay una connotación sexual, sea niño o niña. Cuando la madre contesta que no a un niño, ella es el objeto de la petición y ella es la que niega. El niño acepta ese no. ¿Por qué? Pues porque si el que dice no es el padre, al niño siempre le cabe la posibilidad de decir "él ha dicho que no, pero ella habría dicho que sí". Y en la madre está el "te digo no en nombre de tu padre porque a él le dije que sí y así es como te hemos hecho". El sí de la madre en la vida del niño es el sí que ella le dice al padre».

I. Loyácono, presidenta de la Sociedad Argentina de Terapia Familiar apunta: «La frustración es parte de la vida, y en algún momento hay que enfrentarla. La baja tolerancia a la frustración en realidad es un déficit, y está ligado a la aparición de gran sufrimiento emocional y a conductas de cortocircuito. El riesgo es que un chico al que nunca se le dice que no luego no tolera sentirse frustrado, y eso puede dar lugar, más adelante, a debilidad, inmadurez, violencia, adicciones».

EL AUTOCONTROL. TÁCTICAS PARA CONTROLAR LA AGRESIVIDAD

La agresividad hace que los demás nos teman y se alejen de nosotros.

El aprendizaje del control de la ira es fundamental desde los primeros años de la vida del niño. Entendemos que hay que educar en valores, por ello es esencial que los padres enseñen a los hijos a desarrollar estrategias para reducir el enfado o la ira. Para ello han de averiguar cuál es la funcionalidad de esa conducta y cuáles son las consecuencias que hacen que el acceso de ira se mantenga, para así poder controlar el estímulo que sostiene ese inadecuado comportamiento.

Una de las posibles consecuencias de la rabia y de la furia es que provoca que la persona actúe sin pensar. La cólera consigue que se consumen actos que en un estado de calma o de tranquilidad no se hubieran cometido: gritar, insultar o agredir físicamente.

Estas conductas inadecuadas se pueden prevenir o solucionar si los padres enseñan a sus hijos a mantener el control con los medios apropiados.

1. Ha de ayudarse al niño a ser consciente de las circunstancias en las que se enfada. Inculcarle la idea de que las personas no podemos conseguir siempre y en el momento esperado, lo que deseamos. En unas ocasiones, nos veremos obligados a demorarlo en el tiempo y, en otras, deberemos admitir de buen grado no lograr nuestros objetivos. Parte de este entrenamiento consiste en aceptar que unas veces se gana y otras se pierde, y que tan difícil es saber ganar como reconocer una derrota.

2. Adiestrarle para que en el momento en que note aumentar el sentimiento de la ira se detenga a pensar sin actuar impulsivamente. Se le ha de sugerir que espere un ratito sin reaccionar, hasta que, poco a poco, cese ese sentimiento de ofuscación.

En esta parada de pensamiento, contamos con determinadas estrategias: pensar antes de actuar, contar hasta diez y pensar en un chiste o en una anécdota divertida. Decírselo con afirmaciones positivas para que practique con las mismas frases primero y para que luego las interiorice como autoinstrucciones.

3. Una vez calmada y apaciguada la rabia, la furia o la irritación, se ha de analizar lo más objetivamente posible la situación: si es tan grave o no, si merece la pena enfadarse, si tiene solución, si hay otras alternativas factibles o viables

y, como consecuencia, generar otras posibles respuestas de actuación.

4. Se le deben plantear las consecuencias ante esas posibles manifestaciones.

5. Se le debe ayudar a eligir la alternativa más acertada en base a las posibles consecuencias.

6. El último paso de este entrenamiento, es hacerle poner en práctica esta actuación meditada y controlada, con el objeto de que no se exceda y no cometa ninguna necedad, simpleza o torpeza.

Los padres pueden enseñar las técnicas de la parada del pensamiento y la de generación de alternativas de solución ante la situación. Es recomendable el uso además de técnicas de relajación para que cuando note los primeros síntomas de alarma, de ira, se tranquilice utilizando una de esas estrategias, como la del «muñeco de nieve», que consiste en que el niño se imagine que es un muñeco de nieve que se está derritiendo bajo los rayos del sol. Él nota cómo se va convirtiendo en agua desde la cabeza a los pies. Es una sensación que produce la relajación de los músculos tensionados en el proceso de angustia y nerviosismo. A su vez no pensará en la intranquilidad, en la excitación o la preocupación que siente ante ese determinado estímulo, y se reducirá la ansiedad.

MANEJARSE EN EL CONFLICTO

Vivir conlleva cooperar, unirse, convivir, separarse. Sin creer que uno está en posesión de la verdad, buscando convencer sin imponer. El totalitarismo nace en el ser humano, como el resentimiento y el putrefacto odio. Desde lo más racional, se es capaz de tiranizar, y desde lo más instintivo de humillar, de vejar, de herir.

Precisamos antídotos contra la epidemia del maltrato hacia uno mismo y hacia los demás. La vacuna consiste en estimular la sensibilidad ante las plantas, los animales, las personas. En conocer y ayudar a quienes están enfermos y sufren. En ponerse —de verdad— en el lugar del otro, tratar de saber cómo siente, piensa, interpreta. En aprender a dialogar, debatir, argumentar, discutir sin acalorarse (es fundamental el bagaje verbal como vacuna preventiva). En admitir frustraciones, relativizar la trascendencia de las situaciones y aceptar el no como respuesta. En reírse de uno mismo. En repudiar la violencia. En comprender que lo más importante no es lo que me pasa a mí. En entender que nada que tenga vida nos pertenece. En pensar de forma amplia, aborrecer cualquier gesto agresivo, manejarse en la duda. En no sentirse demasiado importante y saber quedarse en un segundo plano. En captar el maltrato (físico o psicológico) y rechazarlo públicamente. En arrancarse de raíz los incipientes y asfixiantes celos y gozar con la libertad del otro. En asumir críticas, desarrollar la compasión y utilizar el humor como imán prosocial. En abolir la fuerza como recurso. Ésta es la asignatura vital, que ha de ser transmitida en el hogar, en la escuela, por la ciudadanía y los medios de comunicación. La Dignidad Humana lo exige.

Y es que la contraposición de intereses, ya sea por nuestro equipo deportivo, de la empresa o del compañero nos acarrea conflictos, como el armonizar los comportamientos de los propios familiares, o conducir un vehículo. Todo es susceptible de convertirse en un conflicto, una bronca, un disgusto o un fracaso.

Nos cuesta entender al otro: ¿nos interesa?

El yo y los otros, una necesidad que genera lo mejor y peor de la existencia.

Las variables de tiempo y espacio son relativas. Mientras unos mueren, otros nacen. Interrogantes, angustias. Atisbamos lo sublime, lo sobrenatural y el agujero oscuro de la nada.

Nos enseñan a sobrevivir, a competir, a buscar el placer, pero adolecemos de instrumentos y posicionamientos mediadores. Desde la más tierna infancia debe fomentarse el pensamiento alternativo, desarrollarse la inteligencia emocional, potenciar la reflexión, la capacidad para diferir gratificaciones, comprender que el mundo, los horarios, el resto de viandantes, no están para servirnos, ni son ni serán como nos gustaría que fueran. Desde la niñez debe uno repetirse mentalmente estas ideas. En la adolescencia ya es tarde. Ideas que desde el primer momento deben traducirse en hechos.

Un minuto es distinto para quien está dentro del W.C. y para quien espera fuera. Es cierto. Nos falla la percepción, miramos al mundo según vayamos dentro del avión o lo veamos desde tierra. No se explica lo suficiente que la subjetividad de cada uno no coincide con la del otro.

EDUCAR EN EL ESFUERZO

Los que de pequeños se esfuerzan lo mínimo, harán lo mismo de adultos. Son niños que siempre argumentan excusas. Las causas del relajamiento del esfuerzo para aprender, entre otras, se encuentran en la menor exigencia genérica sobre los hijos; asimismo influye el que hoy con sólo ponerse delante de la televisión se obtiene información de forma pasiva, todo es fácil, se arrincona la voluntad: «Aprenda alemán sin esfuerzo».

Por cierto, R. Kubey (2002) descubrió que el cerebro reacciona más pasivamente al ver televisión que al leer. Este investigador ha demostrado que la exposición a la televisión disminuye el funcionamiento cerebral y provoca un bajo rendimiento cognitivo en actividades posteriores.

Los medios de comunicación desempeñan un papel negativo; hay programas basura que crean a los jóvenes unas falsas expectativas de alcanzar sin esfuerzo unos objetivos ambiciosos. Ellos, sin embargo, comprueban que en la vida real hay que trabajar duro para poder alcanzar las metas, y que no siempre van a tener lo que deseen.

Todo pareciera «venir dado» por los videojuegos, Internet, etc. Un mundo cada vez más cómodo que exige menos esfuerzo físico, casi reducido a lo digital, a la orden dada con la voz, conlleva lasitud.

Hay que buscar el dominio de uno mismo, educar en el esfuerzo cotidiano, en el creciente fortalecimiento de la voluntad referida a todos los ámbitos, ya sean afectivos, intelectuales, deportivos, culturales, psicológicos o espirituales.

Hay que desarrollar el nivel de logro que los hijos se marcan y exigirles autonomía y responsabilidad. No se les debe solucionar todo, tenemos que propiciarles que se esfuercen para que aprendan a resolver sus dificultades. Que fracasen alguna vez, que aprendan a respetar las normas y reconozcan la autoridad.

La pintada «Vive a costa de tus padres hasta que puedas hacerlo a costa de tus hijos» se hace en muchas ocasiones realidad, y ello porque en multitud de hogares a los niños se les muestra que estar tirados en el sofá viendo la televisión o escuchando música del disk-man es tan provechoso como estudiar, ayudar en las tareas domésticas, practicar deporte o esforzarse por los demás asociándose para ello...

El esfuerzo se aprende si se enseña y valora. Si el hijo en edad adolescente presenta alguna crisis de pereza, atajemos cuanto antes la situación. Hablemos con él y miremos nuestros propios comportamientos. Hay que exigir desde muy pronto la colaboración, y la voluntad de superación. Hemos de educar en el esfuerzo colectivo, empezando con el nuestro, y asociarlo con la recompensa. Y ejercer la autoridad.

Como dicen E. Prado y J. Amaya (2005): «El esfuerzo y la tenacidad son lo que da valor real a la vida; lo que se logra con trabajo y empuje, se valora, y por tanto, se respeta».

LA SOCIALIZACIÓN

A veces no conocemos en profundidad el pensamiento de nuestros hijos y la realidad de sus conductas. Bien es cierto que tampoco ellos, en muchas ocasiones, conocen el sentir íntimo de sus padres. No deja de ser una paradoja para quienes no hace tanto éramos jóvenes. Y es que los niños, los adolescentes, son en sí mismos una identidad, no son adultos pequeñitos o un proyecto, tampoco se les debe concebir como angelitos inermes sin imaginación o sin capacidad de obrar mal.

Debemos preguntarnos cómo se está socializando, es decir, cómo va el proceso por el que nace y se desarrolla su personalidad en relación con el medio social. Tenemos que facilitar el «vivir con», y para ello se ha de propiciar la inmersión en la cultura, el control de los impulsos, la experiencia, el desarrollo de la afectividad y la motivación de logro.

Somos sabedores de que la infancia busca ser ella misma, desea romper el cordón umbilical con los padres, ser libre, autónoma. Y así ha de ser.

Existen ritos iniciáticos de independencia para mostrarse ante sí mismos y al grupo de referencia que «ya son»; algunos lo hacen por medio de la ingesta de alcohol, de anfetaminas, con fugas o rotura de objetos o transgrediendo las normas. Los tutores hemos de propiciar los pasos iniciáticos, adecuándolos a su edad y características (ir a un campamento, viajar por Europa en grupo...), debemos canalizar sus impulsos y necesidades, no cercenarlos. Pero para ello hay que haberse ganado su confianza, estado a su lado desde pequeños, acariciado con nuestra escucha, haberlos valorados.

Es fundamental comprometer al adolescente (¡y al niño también!) socialmente, de lo contrario se abre «una brecha» entre la maduración biológica y la social.

Competencias necesarias para alcanzar una correcta socialización

ILUSIÓN Amar la vida, disfrutar junto a quien te rodea. Buscar el equilibrio como placer. Desear aprender, conocer. Descubrir a los demás y seguir descubriéndose a uno mismo.
RECURSOS Para sacar provecho de sus potenciales. Para elegir amigos duraderos.

VIVENCIAS POSITIVAS En el hogar familiar. En la institución escolar. Con el grupo de referencia (amigos). En el ámbito pre y/o laboral (si lo ha tenido).
CAPACIDAD DE ANÁLISIS Introspectivo. Para valorar las perspectivas de los demás. Anticipatoria de las consecuencias de sus actos. Para evaluar la realidad.
EMPATÍA Capacidad para ponerse en el lugar de otra persona, tanto desde el punto de vista cognitivo como afectivo.
AUTOESTIMA Correcto auto-concepto. Buena valoración personal. Sentimiento de eficacia. Capacidad auto-crítica.
HABILIDADES INTERACTIVAS Uso apropiado de los mediadores verbales. Correcta comunicación no-verbal. Ser asertivo (saber defender derechos o posiciones personales). Poseer facilidad para expresar los sentimientos, realizar cumplidos... mantener conversaciones. Utilización apropiada del humor.
DESEABILIDAD SOCIAL Crecimiento del altruismo. Auto-estima y auto-eficacia social contrastada.

Comprensión y asunción de reglas, actitudes y conductas de los grupos sociales.
FLEXIBILIDAD COGNITIVA Comprensión y elaboración de distintas soluciones ante situaciones sociales cambiantes y complejas. Capacidad de auto-diálogo. Recursos para la solución de problemas interpersonales. Asunción de la demora de la gratificación.
LOCUS DE CONTROL INTERNO Confianza en sus propias fuerzas para cambiar los acontecimientos que les sucedan.
DESARROLLO MORAL Valoración de la amistad. Asunción de la responsabilidad. Convicción de que «los valores guían las conductas».
CONCEPTUALIZACIÓN Desarrollo de la capacidad de pensamiento abstracto. Incitación a la reflexión como contrapeso a la acción («pararse a pensar»).

EDUCAR PARA LA CONVIVENCIA

El informe Delors, elaborado por la UNESCO por una Comisión Internacional, sobre la educación del siglo XXI señala los cuatro pilares de la educación: «Aprender a hacer, a conocer, a vivir juntos y a ser».

Educar en el ser

Hay que educar: en el honor; en la palabra dada que se cumple; en la fidelidad; en la verdadera amistad; en la dignidad; en el dominio de sí mismo. La interiorización de reglas, valores y juicios es una parte importante del desarrollo individual, social y moral.

Ser (persona) es mucho más importante que tener (objetos). Motivarse para vivir el día a día, ilusionarse con las pequeñas cosas, tener afán de superación, compartir buen humor, resulta fundamental.

Ser (persona) supone adquirir y cumplir los compromisos, interesarse de verdad por los demás, entender lo esencial de la vida, ser respetuoso consigo mismo y con los otros, vivir en igualdad a pesar de las diferencias aparentes y disfrutar del ocio y del trabajo bien hecho. Ser (persona) conlleva no ocultar los errores o acciones mal realizadas aunque como consecuencia de ellos se reciban sanciones.

Ser es solidaridad, sensibilidad, apreciación de las artes, de los animales, de la naturaleza. Capacidad para perdonar, interés por lo grupal, búsqueda de la armonía y el equilibrio. Ser es emocionarse con un gesto, mirar la historia, contemplar las distintas culturas. Ser es aceptar nuestra finitud, entender el papel del ser humano en el amplio mundo, relativizar la importancia del yo. Es buscar la felicidad en lo sencillo, aceptar los malos momentos. Ser es crecer.

Educar en los sentimientos

Hay que educar en los sentimientos, en la apreciación de la riqueza de los mismos, en expresar los propios y en captar y entender los de los otros. Uno de los grandes fallos de la educación es no enseñar desde pequeños el juego de «Ponerse en el lugar del otro» o el de «El que no sabe lo que siente, pierde».

Hay que aprender a conducir la propia vida y a manejar las relaciones que se mantienen con los demás.

Los niños deben saber dirigirse a los otros para consultarles sus dudas y también deben saber decir que no cuando solicitan de ellos algo que creen inadecuado. Expresar las emociones y necesidades, facilitan el equilibrio psíquico.

Inteligencia es un concepto global, cognitiva y afectivamente. ¿Cuántas personas vemos que son sobresalientes profesionalmente, pero desequilibradas emocionalmente? Su vida es un fracaso.

Los sentimientos son un material inflamable. Se ha de priorizar que sean socializados, por todos y en todos los ámbitos.

Educar en la ética

A los jóvenes no se les ha enseñado a preguntarse e intentar responder: ¿quién soy yo?, ¿por qué el bien y el mal?

Desde el nacimiento y mediante el fuerte vínculo emocional entre los padres y el hijo se ha de ir transmitiendo la conciencia moral que aflorará hacia los 6 o 7 años (como nos indicaron Piaget y Freud, y hemos reflejado en páginas anteriores).

Hay que educar a los niños en el respeto, la sensibilidad y el cuidado hacia los animales, los ancianos, los bebés y, en general, hacia toda forma de vida.

Habrá que predicar con el ejemplo en las situaciones cotidianas (respetando al desvalido, no colándose en los espectáculos, cumpliendo las normas) y explicarle lo que está mal, ayudándole a razonar por qué no se debe de hacer.

Si nos reímos cuando un viejecito tropieza y se cae, ¿qué esperamos?

Permitir a un hijo que moleste a las personas de su entorno o reírle sus palabrotas y bromas pesadas son buenas maneras de viciar su educación. Los valores cívicos arrancan del respeto al prójimo.

Tenemos que erradicar la crueldad con los animales, la saña, hemos de hacer ver el sufrimiento de las otras especies, de las plantas.

Aprovechemos las noticias para realizar valoraciones éticas. Expliquemos nuestras conductas de adultos y comprometámonos éticamente con nuestros hijos.

Educar en la igualdad

Hay que desarrollar el aprendizaje afectivo.

Es con la educación desde los primeros momentos de su vida y, sobre todo, con el modelaje y el ejemplo que les demos, con lo que niños y niñas deberán comprender lo que nos diferencia, pero siempre desde la igualdad en los derechos.

No está mal que niños y niñas jueguen con muñecos y muñecas, para ir adiestrándose en el hábito del cuidado de los demás. Y, desde el juego, no hemos de cercenar sus posibilidades de desarrollo ni intentar doblegar sus tendencias y querencias. Lo cual no impide que, desde el respeto a las diferencias, se busque alcanzar la igualdad en derechos y obligaciones.

Obviamente, los niños y las niñas se deben educar juntos. Dentro del hogar habrá de establecerse un reparto igualitario de las tareas.

En la escuela tendrá que modificarse el proyecto curricular para que de verdad se valore el papel jugado por las mujeres en la historia, en el arte, en la cultura, en la política.

La educación no sexista busca obtener que las niñas y mujeres alcancen plenamente las metas que se propongan, teniendo por techo su propia capacidad, y sin estar condicionadas por su sexo.

Ha de erradicarse el mecanismo frustración-agresión. Formar en la ética sexual. Eludir la pornografía que identifica sexo y violencia. Enseñar la sexualidad de forma no traumática, con asertividad. Cortar de raíz la vivencia del sexo como forma de dominio.

Debe ayudárseles a que comprendan la naturaleza de la violencia de género. Hay que desarrollar en ellos habilidades interpersonales alternativas a la violencia, que les permitan expresar los conflictos y resolverlos de forma constructiva.

Se debe dar la intervención en todos los contextos: familia, escuela, grupo de amigos, medios de comunicación, ocio.

Se han de erradicar las discriminaciones sexistas (que excluyen a las mujeres del poder y a los hombres de la sensibilidad).

Educar en la tolerancia

En la nueva realidad multiétnica han de plantarse semillas no sólo de tolerancia sino también de solidaridad.

Hemos de saber transmitir a los pequeños que lo distinto enriquece, que el arco iris es bello por su policromía.

España está viviendo la llegada de un importante número de emigrantes del norte de África, de Iberoamérica y del este de Europa y debe adaptarse tanto estructuralmente —lo precisa y demanda, pues tendrá poca población activa y hay puestos de trabajo que los españoles rechazan—, como mentalmente. Habrá que dedicar un gran impulso y, sobre todo continuado, para educar a los jóvenes en el valor a la aceptación y el enriquecimiento del mestizaje.

Hay que explicar lo que significa la inmigración a los hijos, mostrar a la persona, a los niños de otros países, para erradicar los prejuicios (por raza, sexo, color, religión...). Debe explicarse la dificultad de abandonar su tierra y a los suyos y de integrarse en el país de acogida.

Por otra parte, el número proveniente de niños inmigrantes del norte de África en búsqueda de trabajo seguirá en aumento. Habrá que desarrollar la red social que les acoja y atienda, contando con educadores de sus propios países, y aumentar el número de acciones que favorezcan su integración respetando su cultura.

Por su parte, los inmigrantes han de hacer un esfuerzo para insertarse en una cultura diferente y respetar el legítimo derecho de las sociedades occidentales a preservar su identidad. La intersección de culturas exige adaptaciones mutuas. Hemos de evaluar con qué criterios se formará el niño que ve una realidad en su hogar absolutamente distinta de la de sus compañeros de clase.

Los sistemas educativos han de atender a la diversidad del alumnado y enseñar a respetar las diferencias, a valorar símbolos universales.

Enseñar a ser solidario

Hay que vivir la solidaridad o, lo que es igual, ensanchar el «nosotros».

Hay que fomentar los mejores sentimientos y conductas hacia y con quien lo precisa: emigrantes, personas económicamente desfavorecidas, niños enfermos, ancianos con limitaciones, discapacitados.

Debemos facilitarles que desde pequeños se relacionen con personas de estos colectivos y de otras culturas, que se impliquen, que compartan sus juguetes (¡que regalen alguno nuevo!), que les dediquen tiempo (¡su tiempo!) sin obtener ningún pago sino por el placer de hacerlo, que desborden el significado de la limitada tolerancia, para disfrutar ayudando, comprometiéndose, sintiéndose interpelado.

Hay que incentivar la disposición para ayudar a los otros, lo que propiciará sentirse bien (en muchas ocasiones debiéramos dar gracias por esa eventualidad). Dar es una virtud y una suerte. Hay gente que lo tiene todo, ¿todo?, y se siente vacía. Y es que, como dijo R. Tagore, «Buscas la alegría en torno a ti y en el mundo. ¿No sabes que sólo nace en el fondo del corazón?».

Hay que educar en la amabilidad, en el altruismo, en el tú; promover la solidaridad, es decir, inculcar que nuestras acciones repercuten para bien o para mal en los demás. Sentirse partícipe de este mundo, de este momento, convencerse de que los problemas, por muy planetarios que sean, nos atañen y de que somos parte en su posible solución.

La solidaridad se ha de practicar desde que se posee «uso de razón». A los niños les enorgullece pensar que pueden ser útiles de verdad, hay que exigirles colaboración en las tareas domésticas, fomentarles labores pro sociales y de ayuda a ONG.

Capítulo 5

El entorno familiar

Lo que más moldea la personalidad del niño es el aprendizaje en la familia. Lo observado, lo experimentado en el hogar, en el microcosmos familiar, predispone hacia los demás y hacia sí mismo.

La familia es una micro-sociedad donde el niño comienza a utilizar los valores de interrelación social que le van a marcar las pautas de conducta a utilizar cuando se vea inmerso en la sociedad en general. Relacionarse con un amplio número de miembros familiares favorece la correcta socialización y aporta un amplio espectro de modelos.

Respecto al tipo de familias, el siglo XX ha tenido tres: el clan: amplia, extensa; nuclear: padres e hijos; y dispar: nuevas uniones, separaciones, agrupamientos.

Hoy es bastante común ser hijo único, vivir en familias monoparentales, o convivir con hermanos de uno de los padres y de su nueva pareja. Todo ello ha modificado la estructura social y la percepción cognitiva que los niños tienen de sus iguales, respecto a las generaciones anteriores.

Se precisará redefinir el ámbito familiar. Que el Estado apoye a las familias monoparentales.

Cada vez aumentará más el número de homosexuales con hijos (ya sea en pareja o no), adoptados o concebidos por uno de ellos.

Las familias del futuro probablemente serán nacidas de una unión consensual. Cada vez serán más complejas, dado el ingente número de personas que se van interrelacionando por sucesivos matrimonios o relaciones de pareja.

También han cambiado los valores y realidades familiares, principalmente por las modificaciones en el enfoque de género que han conllevado cambios sociológicos, ideológicos, legales, económicos y demográficos.

Respecto a los cambios biológicos, las familias son más longevas y largas, coexisten cada vez más parientes de diferentes generaciones. Se ha pospuesto la edad de contraer matrimonio o formar pareja, ha disminuido el número de ellos, se ha retrasado la edad de tener descendientes y se ha reducido el número de hijos y, con ello, han ido disminuyendo las relaciones de parentesco dentro de cada generación. En los años veinte la media de hijos en la familia era de cinco; en los setenta de tres hijos y en el 2005 la media se situaba en el 1,2 por familia.

En estos últimos años, hay un porcentaje importante de familias extensas formadas por matrimonios jóvenes que permanecen en el hogar de los padres, casi siempre de forma provisional, mientras alcanzan los medios para una vivienda propia.

Han cambiado los valores que mantienen las familias; la igualdad entre los sexos y la democratización interna de las relaciones entre sus miembros han sustituido a los de la autoridad y la jerarquía interna.

E. Prado y J. Amaya (2005) escriben: «*El País* publicó, el domingo 3 de febrero de 2002, un artículo que describe la nueva tendencia social de regresar hacia los valores esenciales para mantener el equilibrio y la paz familiar. Este artículo también reflexiona sobre el nuevo papel que los hombres están desempeñando en las familias, donde ellos están tomando una mayor conciencia acerca de su participación, no sólo en el ámbito económico sino también en el campo afectivo. En una investigación realizada por el Institut Scan, en París, sobre las actitudes de los ciudadanos con respecto al éxito, se establece que lo prioritario para ellos es disfrutar de una buena familia y lo secundario es obtener riqueza o convertirse en una persona famosa. Esto es un reflejo de la transformación que se está dando en la actuación del hombre en relación con sus funciones de pareja y padre.

»Asimismo, la mujer ha adquirido nuevos papeles en la dinámica familiar; por ejemplo, ahora posee nuevas oportunidades para obtener una educación profesional y ejercerla sin descuidar sus responsabilidades como esposa y madre. Sin embargo, a pesar de esta versatilidad de funciones, la mujer continúa siendo el centro de la vida familiar, pues suele pasar más del doble del tiempo con sus hijos que el padre.

»No obstante, esta dinámica familiar se complementa cada día más; por un lado el hombre se incorpora más directamente a la familia y busca estar más presente participando en las múltiples actividades de sus hijos, y, por otro lado, la mujer se incorpora a la vida profesional y productiva aportando a la economía de su hogar.

»Gregorio Marañón (1972), en su obra *Ensayos de la vida sexual*, sostiene que en la década de los cuarenta se inició una tendencia a "masculinizar lo femenino", porque la mujer comenzaba a desempeñar funciones hasta entonces específicamente masculinas en la sociedad occidental».

Se pueden apreciar cambios de aspectos psicológicos, hay más igualdad entre padres e hijos, ya no se trata de usted a las figuras parentales, las distancias se acortan. En casa se habla como en la calle, con el argot socialmente común. Se busca el ser amigo de los hijos, el coleguismo que conlleva el abandono del papel de padre.

E. Prado y J. Amaya (2004) hablan de este cambio no sólo en nuestro país, «los valores de la familia mexicana se han transformado drásticamente en la última década: en el patrón educativo del núcleo familiar se ha pasado de la figura de los padres imperantes a los excesivamente permisivos, lo que a su vez ha derivado en la formación de hijos tiranos, quienes se caracterizan por ser individuos apáticos, individualistas, demandantes, egocéntricos y hedonistas».

Explican también en su última obra «las diferencias generacionales que ha sufrido la familia, que van desde la transformación de la "generación oyente" de nuestros abuelos (con el arribo de la radio a los hogares), a la "generación visual" (producto de la televisión), que es la actual. Otros cambios socioculturales han contribuido también a estas diferencias, cuyos resultados son tres generaciones que cambiaron la dinámica de la familia, a saber: la generación silenciosa, la generación de padres obedientes (o *baby boomers*) y la generación de hijos tiranos.

»La primera es la generación de personas nacidas entre 1935 y 1950; es ésta la "generación silenciosa", que vivió una disciplina estricta y procreó seres obedientes, incapaces de cuestionar decisiones, tanto en el área laboral, como en el seno familiar. En la familia, los hijos siempre obedecían y respetaban tanto a los padres como a los abuelos y tíos; en suma, se trata de una generación en la que tanto los padres como los hijos eran silenciosos.

»Son aquellas personas que aprendieron a ahorrar con base en su trabajo, a ser empleados obedientes y a aceptar una disciplina estricta.

»Hacia 1960 empezaron las transiciones sociales. Las personas nacidas entre 1951 y 1984, los *baby boomers*, crecieron en una época de rebeldía, con el rock and roll, la televisión, la liberación femenina y el gran impacto de la información y la tecnología; todo ello provocó grandes cambios en los valores, y lo pragmático reemplazó a la lealtad y el compromiso. Al grupo de personas que nacieron durante estos años y que hoy son padres, les hemos llamado la generación de padres obedientes. Es decir, en esta generación identificamos hijos rebeldes que ahora son padres obedientes.

»¿Por qué generación de padres obedientes?

»Les llamamos así, porque cuando eran pequeños obedecían a sus padres y a las demás personas adultas, como familiares cercanos y profesores. Y ahora que son padres, obedecen y se someten al mínimo capricho de sus hijos. Padres permisivos, sumisos, volubles e indecisos.

»A partir de 1985, se inició el nacimiento de la generación que hemos denominado "generación de hijos tiranos".

»Los hogares de estos niños ya no tienen, necesariamente, la forma tradicional de familia nuclear, es decir, aquella conformada por padre, madre e hijos; ahora, por lo general, ambos padres trabajan, o bien la cabeza de familia la conforma el padre o madres solteros, divorciados o separados; algunos niños —incluso— viven con otros familiares cercanos (...). Estos niños "esperan ser guiados, pero no supervisados u obligados a obedecer sin razón alguna; el trabajo lo perciben como un mal necesario y la vida como algo que debe disfrutarse cada momento y que realizar cosas exija el mínimo esfuerzo. Para ellos, el futuro está en el presente y el pasado no interfiere o no influye decisivamente en el hoy".

»El niño tirano vive en familias pequeñas, suele ser intolerante, individualista, demandante de acción inmediata, y tiende hacia el aislamiento y el hedonismo. Y los padres, al preocuparse por satisfacer cualquier capricho de los hijos, se convierten en "padres obedientes de sus hijos".

»Los "padres obedientes" prefieren que se les vea como amigos y compañeros y no imponen reglas por temor a que sus hijos "sufran" y "se frustren", sin valorar las implicaciones que esto pueda tener en la formación de los niños».

A pesar de los cambios generacionales, los lazos personales, ya sean de afecto o de obligaciones sentidas mutuamente entre padres e hijos, se mantienen como una de las líneas de relación más frecuentes en la sociedad española.

Y es que, lector/a, vivir en familia no es permanecer juntos por obligación, que se viviría como una opresión, una pérdida de libertad.

Una función primordial es la de acoger y transmitir seguridad al tiempo de permitir liberarse de tensiones y problemas. El seno familiar debe enriquecer a cada miembro y coadyuvar a su correcta sociabilidad.

La familia facilita el diálogo, es cooperativa y respetuosa, se compromete con cada miembro, le hace crecer.

Una familia sana es aquella en la que se puede hablar con libertad, en la que hay disgustos y se aceptan, en la que impera la sonrisa. La que comparte iniciativas y afectos y transmite motivaciones. Asistir a manifestaciones culturales, practicar deporte, comentar lo leído, ir a la iglesia —si se practica la religión—, son algunas de las muchísimas actividades que dan sentido a la vida en familia (o hacer excursiones, visitar ciudades, ir de compras...).

Está abierta al exterior, pero permite un clima de organización, de equilibrio, de calidez.

A veces, la familia se convierte en una tela de araña, que sostiene sin duda pero que también atrapa. Hay familias que pareciera que sólo pueden estar unidas si los hijos tienen problemas, y los convierten en «la cenicienta de la familia».

El ambiente en el hogar se acaba trasladando al exterior. Y, a veces, sucede a la inversa.

Hay quien refleja en «su cara» las vivencias de su hogar. Y a veces se envidia por ello «la simpatía» de algunos y da pena la tristeza que dejan traslucir otros. Si en la casa el ambiente es negativo, difícil es trasladar alegría fuera de ella.

No perdamos nunca de vista que en muchos casos los trastornos de conducta del niño son «mantenidos» por la propia familia. A veces es la «cabeza de turco» de las propias desavenencias familiares.

Hay algunas familias, en las que existen unos riesgos externos para la salud mental de los niños, como trastornos psicopatológicos (posible transmisión genética y/o influencia psicológica distorsionante). Hay también familias desestructuradas con graves fallas en la comunicación, o familias marginales (o no tanto), dependientes de drogas, e implicadas en conductas delincuenciales. Estos tipos de familia dificultan una correcta y saludable maduración de los niños.

Las psicólogas A. M. Femenia y M. T. Muñoz Guillén nos dicen: «Es central considerar que el sufrimiento del niño y del adolescente tiene que ver con el impacto global que representa su grupo familiar como el grupo social primario, y desde ahí, lo que emergen son situaciones en las que niño o adolescente aparecen cumpliendo el rol de portavoz de las complejas tramas de esos vínculos, tejidos en configuraciones de violencia y de no simbolización de la violencia primaria tal como fue explicitada por J. Bergeret».

Es fundamental tener un posicionamiento alegre y positivo en la familia y transmitirlo a sus miembros y a la sociedad.

- Hay familias cuyos miembros sonríen juntos, buscan y encuentran el sentido del humor del otro; conocen las frases o gestos que provocan la complicidad en la sonrisa; arrinconan los recelos, los posicionamientos negativos, el rencor; se incitan y provocan esos momentos (compartiendo la comida, los comentarios ante la TV); se cuentan anécdotas o hechos simpáticos que les han acontecido durante el día; intercambian chistes, disfrutan sonriendo; interiorizan que ser serio no es sinónimo de triste o aburrido.
- Hay familias serias, que hablan poco y no se ríen; viven bajo el mismo techo, pero no comparten las situaciones del día a día; el silencio se convierte en una compañía difícil de romper; cualquier risa resulta extemporánea; ¿son los miembros de la familia así, cuando salen a la calle?, ¿se comportan así, cuando vienen invitados (si es que invitan a alguien)? ¿Cómo romper ese esquema de comportamiento? Hablándolo. Esforzándose por compartir, por ir juntos (al cine, a una exposición...), por tener temas de los que hablar. Reunién-

dose con otras personas y otras familias que sean simpáticas.

- Hay familias casi siempre mal-humoradas. Conviven mal, están siempre reprochándose (lo que hace el otro o lo que no hace). Imperan los gritos, los malos gestos, los portazos. En ocasiones hay causas incitadoras: enfermedades, paro, escaso ingreso económico, drogas. Hay quien aprende el mal-humor como forma de conducirse (se siente protegido, adopta ese rol también fuera del hogar: se queja del sol o de la lluvia; protesta a todos los camareros...). Debemos ser asertivos y, con afecto, hacerles ver que esta forma de mostrarse los convierte en poco «apetecibles» para el contacto y la conversación (los eternos criticones).

  Si uno se muestra feliz ante estas personas, es atacado por la envidia, hay que realizarlo con «mano izquierda», dándoles posibilidades de disfrutar también a ellos.

Quisiera reseñar otra realidad actual en nuestro país, el fenómeno de los hijos tiranos en las «nuevas familias venidas de otros países».

La inmigración llegada de Latinoamérica, del norte de África, del sur del Sáhara, de Oriente, del este de Europa, está modificando a gran velocidad el mapa social de España.

En ocasiones vienen adolescentes solos, que casi siempre se convierten pronto en un riesgo para sí mismos y en un conflicto para la sociedad.

Otras veces llega la madre acompañada de algún, o algunos hijos, y dado el horario laboral al que generalmente están obligadas, el desplazamiento de la vivienda al lugar del trabajo y las múltiples tareas administrativas y de todo tipo a las que se ven forzadas, mantienen una escasa supervisión sobre ellos, los cuales no siempre se integran en la comunidad educativa, dando lugar a un absentismo escolar que les induce a puntuales conductas disociales. Apreciamos que si son varones y según el país de procedencia pueden llegar a imponer las normas de la casa y sus caprichos. La madre no cuenta con apoyo, ni parental ni social, específico. El riesgo de tiranía es alto.

Por fin, hay familias que emigran a España con todos sus miembros, en estos casos el padre varón es respetado y aun temido. Lo que acontece es que al llegar a nuestro país, que en ocasiones pasa a ser también el suyo, se encuentran con otras prácticas educativas, con el repudio del castigo físico, con una autoridad diluida y discutida y pierden las referencias. Añádase la presión de consumo sobre los jóvenes, su fácil acceso a las drogas y entenderemos la desestabilización y desequilibrio que se produce. En estos casos es difícil, muy difícil, que el hijo llegue a tiranizar físicamente a la madre —o padres—, pero sí se da la pérdida del control sobre el joven.

La reflexión que quizás hemos de formular es: padres de otros países, con otro sostén social, viajan al denominado primer mundo, democrático en sus relaciones, donde el diálogo y el debate son la forma de interrelacionarse, y los hijos aprecian lo que estiman o interpretan como una laxitud normativa y se produce un choque generacional, cultural, religioso, que puede fracturar lo que comúnmente es una evolución progresiva. El riesgo de hijos tiranos vuelve a hacerse presente.

Veamos por el contrario las familias gitanas españolas con sus tradiciones, su cultura milenaria, su fe religiosa, su interiorización de respeto al cabeza de familia, su entronización de la madre, su acatamiento al más mayor. Sólo la droga rompe esta estructura tejida en el devenir del tiempo. Un hijo no tiraniza a una madre gitana; es impensable, su grupo de iguales reaccionaría con tal virulencia que correría peligro su integridad física, su grupo de pertenencia le repudiaría.

Los gitanos tienen cosas buenas y no tan buenas, quien esto escribe los conoce bien, pero son un ejemplo en el respeto a la madre, a los adultos, su realidad nos sirve de contraste a la de los payos. Cuando veo a una gitana viuda, me percato del cariño y apoyo de los suyos —un grupo extenso—, de la gratitud, admiración y defensa de sus hijos por sus desvelos. En este tema, los gitanos son admirables.

HIJOS

«Si bien es cierto que engendrar un hijo es una manera de consolarnos de nuestro estatuto de mortales, el deseo que experimentamos hacia él no resulta nunca indemne del proyecto que se acaricia para su futuro. Aunque antes el asunto no fuese tan flagrante, porque había que contentarse con asumir los numerosos hijos que se tenían, hoy en día sólo se procrea por este motivo: para tomarse la revancha del infortunio y con la convicción de poder preservar al hijo del error del que uno estima que ha sido víctima». (A. Naouri.)

Hijo único

Cada día es mayor el número de hijos únicos y ésta es una de las características que convergen en los hijos tiranos.

Se tienen menos hijos, sí; hay quienes desearían tener más, pero la exigencia agotadora que la educación del hijo conlleva en la actualidad les hace desistir. Únanse a esto las limitaciones económicas y de tiempo y tendremos la explicación de tantos hijos únicos que, dada la pérdida de la calle para el juego y la convivencia, tendrán que pasar mucho tiempo solos, a veces ante una pantalla, llámese TV, videojuego o internet. Muchos niños crecen de esta manera.

Así lo estiman también E. Prado y J. Amaya (2005) al decir que «la tecnología, en especial los videojuegos y la internet, ha propiciado que los niños sean más individualistas. Anteriormente, pasaban horas jugando con otros amiguitos, desarrollando su socialización y practicando la colaboración; ahora, el niño pasa horas frente a un monitor interactuando artificialmente con amigos y realidades simuladas, o viendo la televisión. Así, el niño crece en un ambiente solitario, donde él es el que regula y controla su ambiente y fija sus normas de interacción.

»El peligro radica en el hecho de que el niño crezca en una casa de cristal, tan protegido que no sea capaz de tener otro tipo de experiencias, limitando su sensibilidad y compasión sólo hacia sí mismo. ¿Qué sucederá en un mundo donde prevalezca el individualismo?».

Por cierto, estos autores indican que «las tres condiciones para facilitar la formación de personas individualistas son concederles todo, concederles inmediatamente y concederles sin esfuerzo».

Si bien ser hijo único no tiene por qué ser un problema, es más rico tener hermanos. Quizás sea más fácil educar a varios hijos, los propios hermanos se autoeducan.

Estiman E. Prado y J. Amaya que «la familia pequeña —de uno a tres hijos— desarrolla una dinámica familiar muy distinta de la numerosa, lo cual se observa en aspectos como la distribución del gasto, la asignación de responsabilidades y participación en tareas cooperativas. La familia pequeña tiende a invertir más en sus hijos, los adultos se inclinan a tomar sobre sí casi todas las responsabilidades dejando a sus hijos a un lado, y la participación se mueve hacia la segmentación».

Siguen argumentando que «el acto de darles a cumplir algunas obligaciones además de las escolares, los hace más humildes, responsables y bondadosos, y por consiguiente menos tiranos.

»Haber vivido en una familia numerosa y ser uno de los hermanos mayores permitió que desarrolláramos actitudes de atención y cuidado hacia los hermanos menores. Era común vestirlos, alimentarlos, cuidarlos en la calle y en la alberca; en pocas palabras, éramos como los segundos padres. En cambio, los padres de hoy absorben todo tipo de responsabilidad sin dar oportunidad alguna a que sus hijos la vivan».

Aun así, la doctora T. Falbo[5], que ha viajado numerosas veces a China para determinar si los hijos únicos allí son pequeños emperadores tiranos y egoístas, nos dice que en

---

[5] La conferencia titulada Little Emperors in China, acerca del tema de los hijos únicos, fue impartida por la experta y doctora Toni Falbo, profesora titular de Psicología Educativa, Sociología y Estudios Asiáticos en la Universidad de Texas en Austin. Es experta, internacionalmente reconocida, en el tema de hijos únicos, es decir, niños sin hermanos. Junto con el doctor Dudley L. Poston Jr. es autora de *The Academic, Personality, and Physical Outcomes of Only Children in China* (Repercusiones académicas, físicas y de personalidad de los hijos únicos chinos). El estudio de Falbo y Poston fue publicado por la Society for Research in Child Development, Inc. (wwwold. ufme.edu.gt., 1 de abril de 2004).

conjunto los resultados sugieren que la política de hijos únicos en China no está produciendo una generación de pequeños emperadores, tiranos y egoístas.

Los niños precisan dialogar, compartir, discutir con iguales, eso es algo que deben tener en cuenta los padres de hijos únicos. Es fundamental que el niño juegue, que pase ratos con otros niños, que no esté siempre con mayores. En el desarrollo madurativo se ha de pasar del egocentrismo al altruismo. Aprender a dar el salto de la finalidad de hacerme feliz solo a mí, a poder hacer feliz a los demás, descubriendo así otra forma de felicidad. Lo dice el evangelio: «Es más feliz quien da que quien recibe».

La educación preescolar proporciona hoy a los niños una relación temprana con sus iguales. Un hijo único se beneficiará especialmente de ella. Le ayudará a descubrir que él puede ayudar a los demás. El orden, la tolerancia, la autorresponsabilidad adquirida en la convivencia con hermanos, han de ser inducidos en los hijos únicos (en ocasiones será positivo que se quede a comer en el colegio).

Abrumado por atenciones tan constantes puede reaccionar haciéndose exigente. Hemos de evitar sobreprotegerlo, mimarle, hacerle débil o caprichoso. Para fomentar una actitud de desprendimiento y cortesía, la familia pequeña se extenderá hacia otras familias: a los primos, sobrinos y abuelos y, si es posible, fuera de la familia.

Otro riesgo de ser hijo único es que se sienta sobrevalorado, perdiendo la percepción real de sus propias limitaciones. El hijo único recibe todas las atenciones, alegrías y disgustos. La relación de rivalidad o celos con los padres puede ser más acusada.

Antes se achacaban todos los problemas, si se sabía que eras hijo único, a esa causa. Hoy, dada la mayoría estadística de hijos únicos, nadie cita como causa de problemas esa situación, si bien es cierto que al crecer en un ambiente de adultos, ésos suelen ser sus únicos modelos de identificación.

Bueno será matricularlo en actividades que le gusten junto a niños de su edad (pintura, kárate, danza, música...) y, cuando aún es pequeño, en actividades de ocio deportivo, campamentos, etc.

Por otro lado, no hemos de cargarle de responsabilidades impropias de su edad como si de un pequeño adulto se tratara. Ni hacerle blanco de exigencias. Caigamos en la cuenta de que antes era común tener bastantes hijos, por ejemplo cuatro, y a uno se le asignaba el rol de «estudioso», a otro de «colaborador», a otro de «simpático» y a otro de «deportista y guapo», ahora, generalmente, se tiene sólo uno y se espera que aúne lo positivo de todos.

Ser hijo único no ha de significar un estigma si se desarrolla el sentimiento profundo de amistad, si se contacta con cotidianidad con primos y otros niños. El hijo único se identifica como tal cuando los padres lo designan de esa manera y lo convierten en el vértice sobre el que pivota todo el triángulo familiar. El riesgo para el hijo único se acrecienta cuando coincide también con que es nieto único.

Sabedores de cuáles son los vicios conductuales que se suelen cometer con estos niños, evitémoslos y propiciemos sus antagonistas.

¿Por qué son tan diferentes si son hermanos?

Se dan casos de familias en las que uno de los hijos presenta este tipo de conductas tiránicas y los demás hermanos no. Puede que usted se pregunte la razón. Coincide en que son los hermanos pequeños, en familias donde los hijos mayores ya han abandonado el hogar.

Obviamente no se educa igual a todos los hijos y ello no nos debe conducir a ningún sentimiento de culpabilidad. Piénsese en la edad con que se es padre en cada ocasión, en las distintas expectativas, en la diferencia de tener o no tener un hermano mayor, en la experiencia previa. Nunca dos niños tienen infancias iguales (aunque intentemos educarlos con los mismos criterios). Aunque se quiera igual a cada hijo, no es natural comportarse exactamente igual con todos.

Hay que educar desde la individualidad. Decía el insigne psicólogo G. W. Allport: «El mismo fuego con que se endurece un huevo derrite la mantequilla». Es cierto.

Cada niño es especial y único, con sus propias características como persona. No se trata de darles a todos lo mismo, sino «a cada uno lo suyo».

Cuidado con las hermanas mayores, a las que muchas veces se convierte en auténticas niñeras sin sueldo, con la merma de libertad para ellas que esto conlleva.

Puede delegárseles alguna responsabilidad, pero de forma puntual y sin hacerlas asumir el rol de «padre sustituto».

Cosa distinta es la cuestión de si se quiere igual a todos los hijos. Cuantitativamente quizás, pero cualitativamente es poco probable, pues la relación con cada hijo es distinta. Debemos saber que esto acontece normalmente y no vivirlo como algo antinatural, siempre y cuando no se produzca una injusticia comparativa.

Estamos hablando del posicionamiento sano y normalizado, no de esos casos graves que puntualmente encontramos en el gabinete psicológico, en los que un padre varón dice «la verdad es que no tengo claro que el tercer hijo sea mío». (¡Acabáramos!)

Tampoco es lo mismo tener un hijo que una hija. Va a depender de si se tiene otro u otros hijos varones o hembras y, en todo caso, de la carga de expectativas que ponga cada uno de los progenitores en que el descendiente sea de un sexo u otro.

Esto es así, hasta el punto de que algunos padres viajan a clínicas especializadas para elegir el sexo de su descendiente, lo cual puede entenderse cuando, por ejemplo, se tienen tres varones, pero produce grandes reparos éticos, tanto por atribuirse una capacidad que en algo desborda la del ser humano al cargar la suerte del azar de la naturaleza y por la relación que se establece con un hijo al que se ha en alguna medida seleccionado.

Es cierto, por otro lado, que hombres y mujeres se relacionan de distintas formas con los hijos, ya sean niñas o niños. En primer lugar, en muchas ocasiones se transmiten de forma muy acusada los roles distintivos del varón y de la fémina, asignándoles papeles marcadamente diferenciados, hasta llegar a caer, a veces, en la discriminación. Puede que desde el nacimiento el trato que se da a niños y niñas sea muy distinto.

E. E. Maccobby y C. Jacklin (1974), señalan que «un padre se inquieta más si su hijo se pinta los labios que si su hija se dibuja un bigote o se pone unas botas de vaquero».

Por otro lado, se dice que los padres varones «babeamos» con la hija, que «nos ganan» con facilidad, que «vemos por los ojos de la niña» y, como la mayoría de los tópicos, se comprueba cierto, encantadoramente real.

Al convertirse en mujer el padre vive momentos difíciles, entiende que la está perdiendo, siente decepción, tristeza, celos. Éstas son emociones admisibles si no entorpecen la voluntad de emancipación de su hija. Con el hijo la relación del padre es diferente. Es el modelo masculino, un ideal y también un rival. ¿Y las madres? Pues a cierta edad se apoyan en las hijas, pero, en ocasiones, muestran su admiración cuando no predilección por el varón. Quizás estos distingos en la relación obedezcan al propio sexo y al atractivo que, mayoritariamente, ejerce el otro. Que la relación con el hijo o hija sea distinta, no quiere decir que se quiera más a uno que a otro. Hijo o hija, lo importante es que lo son.

Hoy se demuestra el profundo amor a los hijos aun cuando no hayan estado nueve meses en el seno materno. Y se quiere mucho (en ocasiones con una dedicación continua) a los que nacen con problemas.

PADRES

Relaciones de padres e hijos

Hijos y padres coinciden al señalar como el valor más importante el «mantener buenas relaciones familiares» (subrayemos que el 94 por ciento de los hijos manifiestan la gran importancia que conceden a este objetivo).

Se aprecia que los sistemas de valores de los hijos coinciden en gran medida con los de sus padres. Las discrepancias en los puntos de vista se refieren a la enfatización de los conflictos domésticos que verbalizan los padres y que no comparten los hijos, mientras que los jóvenes señalan problemas en la calle (drogas, prostitución, violencia), que los padres desconocen. En estos casos de falta de sintonía se detectan problemas más o menos graves.

Si analizamos distintos factores, observamos que lo más valorado por hijos y padres respecto a las pautas educativas es que éstos tengan y muestren criterios claros, que impongan límites, que responsabilicen a los hijos y que sean flexibles con ellos.

Los padres exponen que hay temas que entienden problemáticos pero se sienten incapaces de resolverlos, es el caso de los horarios nocturnos o el alejamiento de los adolescentes.

Por otro lado, los padres se manejan en una continua ambigüedad entre establecer límites y darles un alto grado de libertad (mayor que el que disfrutaron cuando ellos eran hijos).

Hay un 8 por ciento de padres que refieren sentimientos de impotencia y desesperación.

Las madres tienen una visión más favorable de la realidad familiar; pareciera que la edulcoraran, pero además se adaptan mejor a los cambios que acontecen en la familia y en su entorno.

En lo relativo a los amigos de los hijos, aproximadamente un 8 por ciento de los padres verbalizan un claro rechazo a las características de dichas relaciones.

Respecto a las opiniones de los hijos se constata que en un 25 por ciento se imponen sobre las de los padres. Si se debaten temas genéricos se tienen en consideración las de los hijos en un 50 por ciento de las veces y si les atañe a ellos mismos se tienen en cuenta en un 70 por ciento.

Los adolescentes y jóvenes que consideran que sus criterios se imponen en el hogar, valoran como fuente primordial de su socialización al grupo de amigos y, mucho menos, a los padres y maestros.

El porcentaje de hijos que considera que a los miembros familiares les gusta disfrutar del tiempo libre juntos no alcanza el 40 por ciento.

Al hablar con los padres, se aprecia en ellos un gran esfuerzo por democratizar su relación con los hijos, por adoptar posiciones protectoras y permisivas, pero añorando las relaciones de autoridad que facilitaban que las normas se cumplieran.

Los padres se quejan de la inhibición de las instituciones en la educación de sus hijos. También proyectan responsabilidades en la figura del maestro que entienden no impone la necesaria disciplina. Junto a ello los padres culpan a la sociedad de manera genérica por transmitir auténticos anti-valores, por ser tan competitiva y rendir culto al dinero, por impedirles con los horarios laborales dedicar el tiempo necesario a la educación de sus hijos. Esa crítica se tiñe de indignación al referirse a los espacios emitidos por las televisiones.

Dentro de la pareja, de forma conjunta, se percibe angustia por la inseguridad de si son unos padres que actúan correctamente y, en bastantes casos, sentimiento de culpabilidad por pensar que no cumplen los mínimos que el rol paternal exige.

Las madres acusan a los padres de abandono de sus funciones y los padres a las madres de excesivamente permisivas. Hay un porcentaje elevado de madres que manifiestan que se sienten solas en la función educativa y bastantes madres y padres que transmiten que se sienten privados de sus derechos dadas las obligaciones que el rol familiar les exige.

Aproximadamente un 40 por ciento de los padres dicen sentirse desbordados en la función educativa, es más, entienden que no educan bien porque no saben hacerlo. Un 20 por ciento de los padres se sienten agobiados por las exigencias económicas de sus hijos.

Los padres entienden que requieren apoyo del exterior (incluyendo a las fuerzas de seguridad y operadores jurídicos), un 8 por ciento reconocen que su hijo les insulta o amenaza cuando se enfada.

Los hijos se relacionan más y mejor con las madres.

Los hijos que dicen tener buenas relaciones con sus progenitores entienden que sus agentes de socialización son la familia, el centro de enseñanza y los libros, mientras que los que tienen malas relaciones valoran primordialmente a los amigos y los medios de comunicación.

Se aprecia que los padres que admiten más comportamientos incívicos de los hijos y mantienen el criterio de «dejar hacer» acaban teniendo peores relaciones con ellos.

Se detecta que mayoritariamente los padres transmiten (o lo intentan) a sus hijos ilusión por alcanzar puestos laborales reconocidos, amor al estudio, desarrollo del esfuerzo y asunción de responsabilidad.

Los padres inciden muchísimo menos en valores ideológicos, sociales, políticos o religiosos. Claramente los padres transmiten pragmatismo (quizás miope).

Dentro de los múltiples tipos de familia actuales en España, hemos de destacar por su importancia numérica las «familias *light*», aproximadamente un 40 por ciento, son aquellas donde se da a la amistad la valoración máxima, por lo que se estima esencial el grupo de referencia (los amigos) del hijo, dado que la educación es del tipo horizontal. Los padres han dimitido de su función socializadora, y tampoco se potencian otras instituciones como la escuela o la iglesia.

Otro grupo importante es el de las familias cooperativas, aproximadamente el 25 por ciento; sus miembros buscan estar juntos, son autosuficientes, dan valor no sólo a la capacitación profesional sino al desarrollo ético, moral y ciudadano. Todos los miembros transmiten ideas y opiniones y crean un correcto y cálido clima en el hogar.

Hay una nueva familia española que podríamos denominar «de puertas abiertas», se caracteriza por tener una comunicación fluida, en ella se tienen en cuenta las opiniones de los hijos. Existen conflictos derivados del ajuste de roles en las nuevas estructuras socio-familiares y en las actuales demandas laborales y de ocio. Los padres con más formación buscan dotar de autonomía a los hijos, intentando inculcarles principios de solidaridad, lealtad y honradez y un adecuado nivel educativo. Este grupo de correctas y novedosas familias alcanza un porcentaje del 20 por ciento.

Por último está la familia conflictiva que supone un 15 por ciento del total. En ella la relación padres/hijos es mala. Aquéllos tienen un universo de valores muy distinto del de éstos. Los padres desean mostrarse rígidos, pero son reiteradamente desbordados; los comportamientos de los hijos acaban siendo conflictivos.

En general, las relaciones padres e hijos son buenas, afectuosas, cálidas. Tanto padres como hijos tienen una positiva vivencia de sus relaciones. No hay que dejar de fomentarlas. Hay que animar a los niños a tener confianza en los padres, y viceversa, a compartir las alegrías y frustraciones. Los lazos más que de consanguinidad, han de ser de afectividad. Decir de vez en cuando «te quiero» es una terapia mutua.

Cuando no ha existido antes el hábito de la relación es muy difícil llevarlo a cabo cuando el niño alcanza la adolescencia. Los primeros años son preciosos, pasan rápido y no vuelven. La importancia de la relación paterno-filial está en proporción inversa a la edad.

En algún momento de su vida dirán o valorarán que no nos quieren. Es imposible no hacerles sufrir puntualmente. A veces pareciera que sólo recuerden las peores situaciones que han vivido, como si no se les hubiera concedido tiempo, ilusión y dedicación. Lo importante es que sepan que estamos a su lado siempre y que lo hacemos lo mejor que podemos.

SER PADRES

Queridos lectores, llegados a este punto estarán de acuerdo conmigo en que los padres han de cumplir su papel. Ser padre supone esforzarse en educar bien, para ello lo que se requiere es amor, lógica, técnica, arte y conocimiento. No es fácil, pero tampoco imposible.

Es un acto ininterrumpido, pues, para educar bien a los hijos, hay que educarse bien como padres; es un gesto continuado de generosidad, pues implica amar sin intentar poseer.

Ser padres es un alarde de optimismo, de confianza en los otros, de conocimiento positivo de sí mismos. Es incentivar la libertad de los pequeños, ejerciendo con responsabilidad la propia. Es buscar ser, siendo, y pensar y actuar en búsqueda de una mejoría diaria.

Ser padres es asumir que se educa en todo momento, más con actos que con palabras, que la educación es el combustible del alma, que se precisa autoeducarse en el altruismo, autocontrol y autodisciplina, que hay que enriquecer la competencia emocional.

No deseo en estas páginas dar unas píldoras pedagógicas, pues nada se aprende realmente si no se compromete en ello la propia persona. Y, además, lo importante, creo, no es aprender muchísimo, sino aprender sobre todo lo útil, lo esencial, lo positivo, lo que acerca a ser una mujer o un hombre completo; aunque, es cierto que sólo a través de la educación se alcanzan esas cotas emocionales y racionales, por eso se precisa la disciplina, que viene de *discere*, aprender, algo muy opuesto del erróneo *laissez-faire*, dejar hacer.

Estaremos de acuerdo en que un hombre es la suma de sus actos, y coincidiremos con aquel noble español del siglo XVII, que puso en la inscripción de su escudo: «Mis hechos, no mis abuelos, me han de llevar a los cielos».

Hemos de conformar el currículo de nuestros niños con los latidos de nuestro corazón, sabedores de que, como dijo M. Montaigne, «el niño no es una botella que hay que llenar, sino un fuego que es preciso encender». Es cierto, un niño, si posee los mínimos puede llegar muy lejos si le proporcionamos los medios.

Ahora bien, el joven, que no se dude, debe ser indócil y rebelde, debe aprender «la parábola de la paloma que creía que sin la resistencia del aire volaría con más libertad. Pero esa resistencia es, precisamente, la que le mantiene en vuelo» (I. Kant).

Resulta alegremente constatable que las familias hoy son más democráticas y simétricas en cuanto a ostentación de poder y responsabilidad, que buscan, además, una más pronta autonomía personal de los hijos, aunque no siempre la consiguen.

Y, sin embargo, en ocasiones se confunde la tolerancia con la permisividad. Hemos generado una sociedad de padres *light* que no quieren asumir el rol de autoridad, que exigen del Estado la adopción de un papel tuitivo y castrador de derechos.

Derechos para los niños, todos, pero educándoles en el respeto y la autorresponsabilidad, motivándoles para el acceso escolar, para que adquieran hábitos de atención y escucha que les faciliten ulteriores adquisiciones.

No se olvide que científicamente hemos constatado que la familia es la institución primaria de socialización más reconocida por los jóvenes. Tan es así, que la transmisión de valores educativos se queda en un diálogo de sordos cuando el joven no encuentra elementos adecuados para adaptar a su realidad cotidiana esos valores que recibe. Y es que, al final, un maestro puede llegar a enseñar, pero precisa a un alumno que realice el difícil acto de aprender.

Algo importante falla. Si preguntamos a los niños, nos dirán que no son suficientemente escuchados ni queridos. O llevan razón, o les hemos enseñado sólo a exigir y reclamar. Hemos de mostrarles nuestra entrega y que también nosotros poseemos debilidades inevitables y muy humanas.

Tenemos que erradicar la patética falta del sentido del humor, debemos rescatar y exaltar la cotidianidad como una parte de nuestra vida y, en lo posible, conversar con nuestros antecesores, como los antiguos griegos, que tanto sabían de práctica pedagógica. Importante será lo que enseñemos, pero más el gusto que transmitamos por aprender.

En conclusión, la relación de padres y madres con sus hijos debe ser de amor y enseñanza a la par. Por eso tenemos que aprender y, posteriormente, enseñar a contemplar y percibir la realidad.

Hay que educar en el afecto, la tolerancia, la empatía, y a administrar la capacidad para planificar, para demorar los impulsos; ésta es la auténtica prevención. Enseñar a labrar el propio ser con amor, sembrándolo de generosidad. Transmitir una fundada sospecha de la perduración de las cosas, algo con lo que convivimos, pues cuando se nos mueren los nuestros, anticipamos nuestra propia muerte. Hay que domar el sentido de la vida, incluyendo un componente vital, como la espiritualidad, y es que en muchas existencias humanas se detecta el brote o la revolución mística.

En todo caso el hombre debe trascender sus limitaciones y miserias, debe dar un sentido longitudinal pero también vertical a su «nacer, crecer, desarrollarse, reproducirse y morir».

Una opción personal es la de formar parte de una religión, recordando lo que dijo Mahatma Gandhi en sus cartas del *ashram* «las religiones son como caminos distintos que convergen en un mismo punto. Qué importa que sigamos itinerarios distintos, si llegamos a una misma meta».

Ciertamente la paz sólo puede empezar en los niños, pero a algunos les enseñamos a ser mentirosos compulsivos o de conveniencia, y no nos referimos a la «mentirijilla», sino a primar el propio interés sobre la verdad, y es porque ven esa actitud a su alrededor. La mentira, en muchas ocasiones, debe ser más sancionada que la causa que la ha generado.

Las graves y continuadas faltas educativas y las vivencias traumáticas ocasionan que algunos niños, cual deflectores, desvíen emociones y sentimientos. Otros jóvenes caen en la indefensión aprendida, la cual aparece cuando la persona cree que los sucesos son incontrolables, que no puede hacer nada para cambiarlos, pues no puede influir sobre ellos.

Es natural que el trato que se dé a «los reyes de la casa» sea de afecto, cariño y mimo y es comprensible que los abuelos estén para «mal educar» a los nietos, pero tenemos que saber que entre los objetivos de la educación es prioritario el formar para vivir en sociedad y hacerlo democráticamente, sabiendo escuchar y respetar.

«¿Qué estamos haciendo mal los padres? Fundamentalmente, el intentar seducir a los hijos. Los padres quieren que sus hijos les amen, y por ese deseo se crean los niños tiranos, que se convertirán en adultos individualistas, no tendrán nunca buenas relaciones sociales y acabarán haciéndose la guerra los unos a los otros. El problema, por tanto, no es sólo que los niños tiranos hacen imposible las relaciones familiares, sino que además alterarán en el futuro la convivencia social». (A. Naouri.)

Por eso el trato no puede ser como entre algodones, sino desde el niño autogobernado, autoposeído; mostrémosle sin miedo que le enseñamos para que se emancipe y hagámoslo desde las cosas que pudieran parecer intrascendentes, como la asignación económica, formémosle para que sea responsable ante la toma de decisiones, lo que conllevará su posicionamiento ante la oferta de drogas o su opción para mantener relaciones sexuales.

Y cuando decimos que deseamos familias democráticas, nos referimos al conjunto de individuos que respetan la intimidad del otro, sea o no niño, claro que, respecto a éste conviene saber con quién va, qué le interesa, en qué riesgos puede meterse, pero eso no da licencia para abrir su correspondencia o revisar sus cajones.

A los niños tenemos que intentar enseñarles las verdades de la vida y las utopías; mostrarles su capacidad para llevar su existencia en sus propios brazos, no debemos colocarlos ante los acontecimientos sin haber formado previamente su capacidad crítica, de iniciativa; no podemos sentarlos ante una televisión que les «muestra» sin darles oportunidad de participación ni exigirles esfuerzo, de manera pasiva, sin diferenciación de estadios, rompiendo el tradicional currículum escolar e impidiendo o dificultando la motivación por lo desconocido, el aprender mediante la explicación, el estudio, la lectura (algo más costoso que ponerse a ver la TV).

Tener hijos no es lo mismo que ser padres. La familia educa por «presión osmótica», los niños aprenden de los modelos, no de la crítica destructiva. En el hogar se han de transmitir valores éticos, educar en los ideales, en la no-violencia, en la apreciación de lo distinto, en la reflexión. Hay que retomar la charla, el sentimiento de vecindad, el interesarse por el otro. Transmitamos la idea de R. Tagore: «Yo dormía y soñaba que la vida era alegría. Desperté y vi que la vida era servicio. Serví y vi que el servicio era alegría».

POSICIONAMIENTOS DE LOS PADRES

Algunos influyen de manera muy negativa en el comportamiento que su hijo pueda tener hacia usted padre/madre.

Yo no quiero ser padre

«¡¡Es tan difícil!!». Esta expresión empieza a generalizarse entre algunos jóvenes. Debiéramos replantearnos qué estamos transmitiendo a nuestros hijos para que este pesimismo

(¿objetivo?) se generalice. Educar es difícil, pues sí, pero es tan precioso, tan natural, tan vital. Todo esto y mucho más lo ha sido siempre. Nos encontramos con jóvenes que aprecian un gran cambio en la generación que les sucede. Es más, no se reconocen en ella.

Lo cierto y verdad es que los jóvenes empiezan a dejar de serlo cuando se plantean abandonar el hogar de los padres. Verdad es que resulta difícil encontrar un trabajo con garantías de continuidad, y casi imposible acceder a una vivienda. Pero también repercute en esta decisión de vivir con los padres, la comprensión de éstos y cierta actitud acomodaticia de algunos jóvenes. En fin, que para cuando abandonan el nido (que ocasiona en algunos progenitores lo que se denomina como «síndrome del nido vacío», dada la habituación que los muchos años de convivencia proporciona), los jóvenes son menos jóvenes y, hasta que deciden ser padres, ya ha transcurrido otro espacio de tiempo. Lo dicho, la biología tiene un reloj que no siempre es compatible con las decisiones más o menos racionales.

Disyuntiva: ¿Ser padres? Hay quien no se ve capacitado. Haberlos los hay que no quieren complicaciones. También quien anticipatoriamente se responsabiliza tanto que se bloquea ante tamaña decisión. Un grupo, no pequeño, se plantea: ¿y si luego las cosas no van bien, y queremos separarnos cuando ya tenemos un hijo? Como dice A. Naouri, «¡No podemos llegar al límite de obligar a los padres a sacarse el carné para tener hijos!». Por fin, menos mal, los que se ponen a la tarea entendiéndola como misión y ocasión de disfrutar, de ilusionarse con la vida y transmitirla.

Dada la cronología referida y otros aspectos, no es infrecuente la necesidad de inseminación artificial, lo cual, que se sepa, no es ningún problema (convendría escuchar las vivencias sinceras y sentidas de los padres, tras el ejercicio de su función parental).

Hay quien opta por la adopción, bien como una decisión solidaria para convertir a esos niños en hijos del corazón, o bien, por el riesgo que supone engendrar para una madre de edad avanzada. Me pregunto: ¿hay quien adopta para evitar el embarazo y el parto?

Ya tenemos unos nuevos, esperanzados y, en ocasiones, atribulados padres. Según les vayan las cosas, no es infrecuente que regresen solos o acompañados a su propio hogar familiar. El «nido vacío», se reconvierte en «puerta giratoria».

Hay muchas teorías e hipótesis sociológicas y económicas que pretenden explicar la bajísima tasa de natalidad que desde hace años se ha establecido en España. Pero deseo compartir con usted lectora o lector, si no habremos transmitido tal grado de «vida muelle», de instalarse en la comodidad, que a algunas les cuesta quedarse embarazadas y dar a luz y a otros y otras ser padres.

Por cierto, ahora que estoy pisando distintos charcos, sabedor de algunas críticas de aquellos a quienes más que indagar en la realidad de las cosas les gusta barnizarlas, me interrogo junto a ustedes: ¿Cómo van a educar los hijos pirañas?

¿Querrán tener hijos sabedores de que pueden convertirse/tirlos en «monstruos»? ¿O preferirán no arriesgar? ¿Pudiera darse el caso de que para evitar riesgos se conviertan en unos padres duros, autoritarios e inflexibles?

A. Naouri también se pregunta: «Las generaciones futuras. ¿Llegarán éstas, eliminando todo rastro de obligación, a aliviar la suerte del hijo que tendrán? ¿O bien, muy al contrario, lo dejarán solo para enfrentarse a la angustia que siempre ha conocido y que está en el principio mismo de la constitución de sus síntomas?».

Respecto a cómo tratarán los hoy hijos tiranos a sus parejas, no tengo ninguna pregunta que hacer ni hacerme, lo sé. Serán unos insufribles y peligrosos maltratadores.

Padres inmaduros

Se dice que quienes nacieron entre 1950 y 1970 no disfrutaron de todo lo que hoy dan a sus hijos. Es cierto, ¿pero tuvieron entonces una percepción de carencia? No, rotundamente no. Los «años del hambre» habían sido superados.

Recibían algunas bofetadas en casa y en el colegio. ¿Pero se traumatizaron? Mayoritariamente no, aunque algunos después de recibirlas en el cole comprobaban que su padre las ratificaba.

¿Y entonces? Quizás sea que algunos «expertos» difundieron en los años setenta, que a los niños había que darles toda la libertad, que no debía cercenárseles iniciativas, que decirles «no» les podía traumatizar... El «dejar hacer» se enquistó en la conciencia colectiva, en una ciudadanía que anhelaba disfrutar de la democracia e interpretó que la autoridad debía ser desplazada, que la disciplina era algo obsoleto, enmohecido, caduco.

La religiosidad ha ido en claro retroceso, el sentimiento de lo que está bien y lo que está mal está en desuso. Aquella generación fue educada en la obediencia, en la conciencia de pecado, y todo ello se ha diluido sin haber llegado a aflorar otros puntos de enganche, otras referencias.

Uno a uno, persona a persona, grupo a grupo, cundió el desánimo, la incapacidad colectiva y compartida, hasta llegar a un punto en que nadie se siente apoyado para ejercer la educación ya sea en el hogar, la calle o la escuela. Hay miedo a ser reprendido, recriminado por algún ciudadano que en aras del libre albedrío, del respeto a la individualidad, se pondrá estúpidamente del lado del tirano, haciendo flaco favor al niño, victimizando a sus padres y a los miembros de la sociedad.

Hay hombres y mujeres que aspiran a ser, a alcanzar, a disfrutar del tiempo, sin percatarse de que son adultos, que son padres, que de ellos se demanda madurez personal, de pareja y colectiva, capacidad de análisis, de reflexión, de cuestionamiento, de afrontamiento, de asunción.

Madurez para entender que las soluciones —como los problemas— vienen de uno mismo, del entorno del que formamos parte.

Se está generando un tipo de violencia hacia los hijos por omisión, por defecto. Es la violencia de dar demasiado para no tener que dar. Permitir sin topes. Ir de tolerantes, para no dejar ver el miedo de algunos padres a ser adultos y veraces.

Progenitores con personalidades infantiles que no propician que sus hijos maduren o que desde un estatus infantil hacen a sus hijos asumir el papel de «padres de sus padres».

Como poner a los hijos en situaciones crónicas en las que son ellos los que tienen que consolar y apoyar a los padres con problemas, los convierten entonces en «el hijo que quería salvar a sus padres».

Nacho se ocupaba junto a su esposa de buena parte de los cuidados de su hijo. Mantenía con él una buena relación, y le había convertido en su confidente llegándole a decir que le quería más a él que a su madre. Al hacer crisis la pareja, Nacho hizo al niño desahogo de su tristeza, llegando a compartir con él la cama por las noches. El pequeño niño, consolaba a su padre porque estaba muy «triste».

¿Padres o amigos?

Ahora se oye mucho: «Soy amigo de mis hijos». Qué bueno es aspirar a ser amigo de nuestros hijos, ¡y conseguirlo!, ¡pero es irrenunciable ser padre!

«La actual generación de padres considera que no debe existir una relación formal entre padres e hijos, sino una amistad informal, que rompa las barreras de seriedad y se lleve a cabo en forma más espontánea y estrecha», dicen E. Prado y J. Amaya (2005).

Debemos recordar la infancia, no añorarla. Es bueno que los niños tengan padres amistosos que quieran jugar con ellos. Sin embargo, tendrán muchos amigos, pero sólo un padre y una madre y necesitan que actúen como tales.

«Hablando en general, no hemos sabido ejercer correctamente la función de la paternidad y de la maternidad. A nuestra generación no se nos introdujo la corriente psicológica y dialogante, y como no tenemos término medio no hemos sabido hacerlo. Hemos pasado del autoritarismo excesivo que había antes a una gran permisividad y a querer ser amigos de nuestros hijos. Y yo creo que un padre nunca puede ser el amigo de su hijo: tiene que ser su padre y punto. El autoritarismo puro y duro no era bueno, pero tampoco es bueno este "coleguismo". Ahí nos han comido terreno». (E. Calatayud, magistrado del Juzgado de Menores de Granada).

El modelo de padre-colega deja mucho que desear a la hora de los resultados prácticos. En este momento, los padres tienen un problema de ubicación. La estructura familiar ha cambiado, sobre todo por la incorporación al trabajo de la mujer, que era quien se ocupaba fundamentalmente de la casa y la educación de los niños. En los manuales sobre educación, principalmente los relativos a las relaciones con los adolescentes, recomiendan dedicar tiempo a la comunicación con los hijos, a hablar con ellos e interesarse por sus problemas. Pero los chicos saben distinguir entre un interés puntual, obligado por las circunstancias o por un problema concreto, y un diálogo fluido y continuo que ha generado una confianza ganada con el tiempo. Hablar de «padre a hijo» cuando ya ha surgido el conflicto no da resultado, más bien todo lo contrario. «Ni que fuéramos gilipollas —comenta N., de 16 años—. No hay nada más ridículo que un padre queriendo acercarse y ejerciendo de colega en plan "qué guai nos lo vamos a montar tú y yo esta tarde, tío". No cuela».

Querido lector/a, sepa que los hijos no necesitan padres-colegas-permisivos. Les sobran amiguetes. Lo que de verdad les falta son padres educadores y padres maestros.

J. M. Romera recela de los padres que se ufanan de ser amigos de sus hijos: por lo general no tienen el coraje suficiente para ejercer de padres. (*El Correo*, 22 de mayo de 2005).

Los niños pasan a ser jóvenes y un día se emancipan. Sin embargo, hay padres que no saben aprender a distanciarse.

Hay mucha gente que dice que la adolescencia, la juventud, es una etapa difícil; que no se preocupen, es corta y hay que vivirla con intensidad. No es tan complicada como se dice, es algo convulsa e intempestuosa, exige disciplina y flexibilidad, autoridad y afecto, seguridad y comprensión.

En el mejor de los casos, los padres «hacen lo que pueden». En otros, sencillamente se lavan las manos porque a su hijo «no hay quien le tosa». Muchos padres tiran la toalla en cuanto aparecen los primeros encontronazos. Prefieren esperar a que a su hijo se le pase la «edad tonta». No piensan que una adolescencia conflictiva es fruto de una infancia con deficiencias.

No hemos de esperar a que llegue el futuro sino disfrutar del presente (que pronto será pasado).

Cuando los hijos son adolescentes, intentar seducirlos, buscar siempre su complicidad, es lo que menos precisan y, en el fondo, desean, esta tonta actitud les impele a huir, a liberarse de tan equívoca relación.

Otros padres desean identificarse y aun parecerse al adolescente (en ocasiones hasta en su forma de vestir, relacionarse y hablar), obviamente, de este modo se dificulta su proceso de autonomía.

Los adolescentes tienen un profundo sentido del ridículo y a veces los adultos les dan razones para agrandarlo (¡quién no ha visto a un padre o madre joven recién separado de su pareja que se comporta en sus relaciones con el otro género como lo hacen sus hijos —cuando no compiten con los mismos!).

Dice F. Savater: «Para que una familia funcione educativamente es imprescindible que alguien en ella se resigne a ser adulto. Y me temo que este papel no puede decidirse por sorteo ni por una votación asamblearia. El padre que no quiere figurar sino como "el mejor amigo de sus hijos", es algo parecido a un arrugado compañero de juegos, sirve para poco; y la madre, cuya única vanidad profesional es que la tomen por hermana ligeramente mayor que su hija, tampoco vale para mucho más».

Hay que erradicar el discurso problemático y de lamentaciones existente en la relación con los adolescentes. Compadecerlos por sus dificultades es otra forma de equivocarse, como lo es pertrecharse en añoranzas o comparaciones «históricas».

Padres agobiantes

Éstos son padres —generalmente madres— que están en todo momento «encima» de sus hijos: «¿qué haces?», «¿adónde vas?», «¿con quién?»... No permiten el crecimiento de los hijos, los ahogan, son definidas/os por los niños o jóvenes como «histéricas».

Padres equívocos «abogados de sus hijos»

Los ciudadanos —y entre ellos los maestros— tienen miedo de corregir a un joven que lo merece por si sus padres adoptan un posicionamiento de defensa a ultranza, también les ocurre a los que van en el autobús cuando el joven hace el «Tarzán» y hasta a los miembros de los cuerpos y fuerzas de seguridad que son increpados cuando les comunican que llevan a su hija o hijo a un hospital, por estar bajo los efectos de una ingesta masiva de alcohol (en ocasiones en delirium tremens).

No se dude, el reproche social es necesario y, sin embargo, muchas veces la sociedad «baja los brazos».

Las formas de autoridad están en entredicho. ¡Craso error!

«¡Nos falta tiempo!»

Nos hemos —o nos han— organizado una vida activa, intensa, llena de agendas, de viajes, de comidas, de encuentros, llamadas, actos, que no nos permiten el descanso, la reflexión, el disfrute del tiempo.

Desde que nos levantamos vamos con retraso y llegamos por la noche rotos, reventados. Allí está el hijo —a veces más de uno— que ha pasado la tarde solo, dormitando ante la TV, conectado en internet, con su videojuego o «dando una vuelta con los amigos». Queremos, precisamos descansar, ponernos cómodos y dejarnos llevar. Lo opuesto al diálogo, la escucha activa e interesada, el debate.

Queremos saber cómo educar, pero que sea como la cocina para «precalentar»: una educación ultrarrápida de «microondas». No puede ser, no funciona. Educar bien, como la buena cocina, requiere tiempo, «al amor de la lumbre».

Hombres y mujeres han conseguido la igualdad en el acceso al mundo laboral fuera del hogar (en casa la desproporción de la carga de trabajo sigue siendo manifiesta en detrimento de la mujer).

Bueno es poder elegir, no quedarse todo el día en el hogar. Pero es malo que los horarios laborales sean absolutamente irreconciliables con las responsabilidades parentales. Las llamadas «madres *missing*» son las que no pueden estar todo el tiempo que desean con sus hijos por la incompatibilidad de sus horarios de trabajo.

Los convenios firmados entre empresarios y trabajadores (sindicatos) deben anteponer la conciliación entre vida familiar y trabajo.

Ahora bien, hay quien se queja de que no tiene tiempo para estar con los hijos y en el fin de semana tampoco lo encuentra para disfrutar de ellos. ¿Valoramos suficientemente el ser padres o hay falta de reconocimiento como ocurre con las amas de casa?

Prioridad, éste es el vocablo; deseo es el sentimiento que conducirá, sí, a un tiempo de calidad con los hijos, pero un tiempo suficiente. Y es que el tiempo de la infancia es corto, la necesidad que tienen de nosotros es grande y cuando nos demos cuenta habrá quien exclame: «¡¡Se me ha hecho mayor sin darme cuenta!!». Qué pena.

Los padres que no pueden, no saben o no quieren dedicar más tiempo al contacto con los hijos los matriculan en múltiples actividades, así los convierten en los llamados «niños-agenda», con todas las horas programadas en actividades funcionales y exteriores.

Una sociedad cada vez más compleja requerirá niños más preparados en técnicas, idiomas... pero no hemos de formar esponjas de conocimiento.

E. Prado y J. Amaya (2005) ven en este sentido un nuevo patrón: los padres hiperactivos. «Son producto de nuestro tiempo pues están rodeados de tecnología, de altas expectativas y de un mercado que les dice qué hacer para ser "buenos padres"; en este contexto, el término promedio ya no es aceptable y los incita a la búsqueda de la excelencia.

»La idea rectora de los padres hiperactivos es darles a sus hijos una niñez perfecta. Sin embargo, los estudios demuestran que la exposición a una saturación de actividades organizadas tiene efectos negativos en la personalidad y el desarrollo intelectual de los niños. Uno de estos efectos consiste en perder la capacidad de tomar decisiones propias, así como el no poder desarrollar la creatividad y la individualidad. Los padres deben propiciar un balance entre los quehaceres y las tareas de sus hijos. El niño debe de tener la oportunidad de organizar y elegir algunas de sus actividades, para poder desarrollar confianza en sí mismo y mejorar su autoestima en relación con su percepción de logro, individualidad y creatividad».

Hemos acelerado la vida, exigimos un aprendizaje precoz. Estamos robando a los niños su tiempo. El niño siempre tendrá derecho a aburrirse en algunos momentos.

Consecuencia también de la falta de tiempo y dedicación a los hijos son los llamados «niños-llave» (muchos hijos únicos) que al regresar a casa pasan muchas horas solos, sin pautas, sin normas, viendo series de televisión, hasta que llegan los padres, dándose así muchos casos de depresión, de fracaso escolar, de rebeldía y de violencia, de tiranizar a los progenitores y maestros.

Otros son los casos de muchos niños que pasan gran parte de su tiempo al cuidado de personas, que además cumplen como empleadas de hogar, a veces de culturas diferentes, sin unas pautas educativas claras que aplicar.

Las denominadas «canguro» deben ser bien elegidas, han de ser de total confianza. Es conveniente solicitar referencias, mantener una profunda entrevista en la que nos enteremos de sus motivaciones, criterios, donde se capte su carácter, que debe ser abierto, jovial, sus hábitos de limpieza, su salud mental, su interiorización de la prevención de accidentes. Ver cómo se desenvuelve con el hijo y qué reacción provoca. No está de más aparecer sin previo aviso en el hogar para comprobar que todo funciona con normalidad. Se debería tener la certeza, con sólo verla en acción con los hijos, que entiende y quiere a los niños, que puede manejarlos con bondad y firmeza. Ulteriormente, se hablará sobre las distintas situaciones que la evolución del niño provoca, para transmitir criterios y pautas de actuación.

Los padres quieren lo mejor para sus hijos y se preocupan por su educación, pero algunos han errado en sus prioridades; la educación de sus hijos ha de ocupar los primeros puestos.

«Buscan para ellos lo mejor en términos de centro escolar, actividades extras, idiomas, libros, recursos informáticos, profesores particulares. Pero han desaprendido —hemos desaprendido— que todo es secundario, mientras que lo fundamental se nos escapa como agua entre los dedos. Lo fundamental no es que los hijos cuenten con recursos abundantes, ni con otras ayudas, sino con nuestra implicación permanente en su vivir diario y muy especialmente en su formación. Olvidamos que la función educadora no es algo que pueda ejercerse de modo directo, en algún ratillo suelto, sino que se aposenta sobre otras acciones y funciones... Si no somos sus padres quienes atendemos personalmente a sus necesidades e inquietudes diarias y no compartimos de modo habitual sus espacios y sus tiempos de ocio, difícil lo tenemos. Si hemos transigido con que se aburran en casa y se diviertan fuera, más nos valdría pensar un poco a qué conducen nuestras inhibiciones», dice E. Garrido (2002).

Los niños necesitan ser escuchados, demandan atención, tiempo, dedicación, ilusión, que se disfrute con ellos. Precisan normas, conceptos, que se les enseñe a debatir, a aceptar la crítica, a reírse de sí mismos; y esto no es factible si el padre y la madre están siempre ausentes, o cuando están no se dedican al niño. Bañar al niño, darle de cenar, contarle un cuento, es establecer vínculos interactivos de gran solidez.

La necesidad de estar con los hijos es mayor cuanto más pequeño es el niño. Los padres son los verdaderos responsables de la educación de sus hijos y ésta no puede ser delegada en los demás. ¿Sabe usted quiénes son los amigos de sus hijos? ¿Cómo estudia, si hace los deberes? ¿Sabe cómo se divierte? Si usted no conoce las respuestas sepa que «si esto ocurre es que estamos perdiendo el hilo educativo de nuestros hijos». (Mendiguechía, 2002.)

No estar con ellos significa delegar, por defecto, en la calle, en el ordenador, la videoconsola o la televisión, con toda la carga manipuladora y violenta que ésta transmite.

«A los niños de la sociedad moderna les sobran las computadoras pero les faltan caricias de los padres... Si persiste el fetichismo de los medios técnicos nuestra civilización podría perder paulatinamente el sentimiento humano, hasta el punto de convertirse en una sociedad de espectadores saciados que renuncian a ser protagonistas de su propia existencia». (F. Mayor Zaragoza, 1999.)

Ninguno de los padres ausentes logra transmitir la imagen positiva que esperan y necesitan los hijos... Éstos se van educando inacabados, dolientes, resentidos, hambrientos de autoridad y sedientos de la seguridad que el padre ha proporcionado siempre. (L. de Molina, 1997.)

El futuro exigirá no sólo profesionales sino padres cualificados, efectivos y eficaces que sepan disfrutar de un mayor tiempo de ocio y retomar las relaciones humanas, ya sea con miembros familiares o con amigos.

Madre sola volcada en su hijo

Es una situación insana; es necesario que se dé una relación triangular y que la madre se relacione con otra persona además de con su hijo.

En ocasiones es originada por la insatisfacción amorosa en la pareja. Conlleva trasladar emociones y tipos de afecto que no son propios ni adecuados de la saludable relación madre e hijo.

La expresión «me he sacrificado por ti» es inaceptable y tras escuchar repetidas veces «Éste niño es toda mi vida», no nos sorprenderá que el niño esté perturbado y se haga depresivo o caracterial.

Se crea una hipertrofia atencional. Son madres que llenan su rol con todo lo relacionado con la atención del niño, como las visitas al pediatra.

Hay mujeres que por ser viudas (las menos), por constituir una familia monoparental o porque el padre se inhibe o está poquísimo en casa, designan al hijo varón como el «hombrecito de la casa» y éste, obviamente, asume este papel, que no le corresponde. Las hay que desprecian o ningunean a su pareja y se apoyan, proyectan e identifican con el hijo. El padre se ve desplazado de la tríada. El hijo planta sus reales. A veces, el síntoma psicosomático desvía el problema de la relación de pareja, sería «el tercer elemento».

Inducir a confusión, sobreproteger al hijo contra el otro o permitirle que duerma en la cama con la madre son errores que pronto se pagarán caros, pero que además revertirán muy negativamente en el futuro adulto que hoy es niño, su identidad quedará zarandeada, su ubicación desplazada. La pareja es y debe ser la pareja, el hijo, hijo, ni más ni menos. Tener un hijo supone dedicación, pero no la extinción de la vida individual y de pareja. Los hijos son importantes pero, por su propio bien —y el de los padres—, nunca han de convertirse en lo «único», lo central, aquello sobre lo que todo gira.

> «¡Mamá, estoy aburrido!», gritaba el hijo. «Tu mamá está ocupada haciendo la comida. Ve y juega tú solo», contestaba la madre. «Pero mamá, estoy aburrido y quiero que juegues conmigo», insistía el niño. «Pero, hijo, tu padre va a llegar y no está lista la comida. Termino y voy a jugar contigo», le decía nuevamente la mamá. «No, quiero que juegues conmigo», exclamaba el pequeño, y entonces empezaba a escenificar sus rabietas y corajes. La madre cedía e iba a jugar con su hijo «porque le podrían hacer daño tantos corajes». La pareja nos confesó que toda la vida de su hijo, siete años, había recibido total atención, ya fuese por parte del papá o de la mamá, y sólo descansaban cuando él iba a la escuela o dormía. Consideraban esencial su presencia y participación en las actividades del pequeño y pensaban que dejarlo jugar solo era una actitud de padres sin responsabilidad.

E. Prado y J. Amaya (2005) exponen este caso como ejemplo de progenitores que confunden ser buen padres con ser esclavos personales de sus hijos, e indican que «organizar nuestra vida alrededor de los horarios y requerimientos de nuestros hijos nos hace aparecer como padres no egoístas e interesados por ellos; sin embargo, esto no es bueno ni para ellos ni para nosotros mismos. Recordemos que el ser padre no significa olvidarnos de que tenemos nuestra vida o nuestra pareja; siempre es necesario balancear nuestras actividades».

Querido lector/a, reflexione sobre el momento vital en que se encuentra y ubique dónde sitúa a su hijo.

¿Es correcto el criterio «los hijos son lo primero»? No, lo fundamental es la relación equilibrada de los distintos miembros familiares.

Subir al niño a un pedestal, que sea el «rey», le posibilita el asedio a los progenitores, lo que resulta negativo para el niño, los padres, los abuelos. Puede acabar manipulando el mundo de los adultos. Cada uno debe asumir su rol. El adulto es adulto, debe ser adulto, eso es lo que espera, demanda, exige y precisa todo niño.

El hijo tirano suele pertenecer a familias pequeñas (de menos miembros cada vez), con una tendencia al aislacionismo e individualismo. Hijos hedonistas, con gran autoestima por el excesivo apoyo que reciben de sus padres. A los que éstos convierten en el centro de la casa y de sus vidas, dándoles todos los caprichos para que no sufran, olvidando que de los errores también se aprende. Son padres obedientes de los hijos. Las consecuencias: hijos egoístas, caprichosos e insensibles.

«¿Cuál es el modelo ideal de familia? Usted lo ha dicho: es un ideal, algo que uno quiere poner en marcha, quiere implantar, pero que como todas las utopías es muy difícil lograrlo. El modelo ideal está formado, para empezar, por unos padres que ante todo son una pareja, y el hijo, que ocupa un estatus inferior, y que no interfiere en esa relación. Eso permitirá hacer del niño un adulto de calidad». (A. Naouri.)

No se ha de renunciar a la propia vida (lo que hacen muchas madres para entregarse por completo a su familia), ni a las necesidades de la pareja. Los padres no pueden convertir su vida en algo monótono, han de cuidarse, mostrarse atractivos, recuperar sus pasiones (lectura, música, pintura, deporte, idiomas...).

Hay que ilusionarse, mantener la motivación, darse satisfacciones. Se es mujer u hombre, no sólo madre o padre.

Al niño hay que educarle a tener independencia emocional, ha de aprender a entretenerse solo, a desarrollar su imaginación, a saber que en algunos momentos ha de jugar en su habitación, sin presencia de adultos (aunque se «aburra»).

Probablemente el tener varios hijos permita disfrutar de más tiempo «sin niños», pues juegan solos.

Igualmente, siguiendo a E. Prado y J. Amaya, «es probable que las personas que tuvieron la oportunidad de crecer en una familia numerosa hayan vivenciado algunas deficiencias en cuanto a atención o carencias semejantes, sin embargo, gracias a ellas desarrollaron habilidades que les han ayudado a formar un carácter fuerte y decidido hacia el logro, y les permiten no desanimarse ante los fracasos y frustraciones. Desarrollaron una serie de habilidades y actitudes que, en general, son más difíciles de adquirir en una familia pequeña. Por lo común, la familia numerosa permite desenvolver capacidades como la tolerancia, la aceptación, la generosidad y la espera».

No es bueno que los niños sean absorbentes (se harán celosos), han de valorar el tiempo que sus padres encantados comparten con ellos.

Se debería ofrecer una fuerte resistencia a la tentación de dejarse absorver por completo por el niño. Después que han hecho los necesarios sacrificios de tiempo y esfuerzo, los padres nivelarán las cosas saliendo juntos. Las familias muy apegadas, con padres volcados en sus hijos, han de trabajar la emancipación del hijo.

Hablamos mucho de la madre, pero, ¿y el padre?

«No puedo pensar en ninguna necesidad más fuerte en la infancia que la de sentirse protegidos por el padre». (S. Freud.)

El estudio realizado por D. J. Eggebeen (2001) de la Universidad Estatal de Pensilvania, Estados Unidos, concluyó que «los hombres que se casan se "civilizan" y reducen aquellas conductas que pueden dañarlos, como beber alcohol, fumar o practicar pasatiempos (*hobbies*) peligrosos». Según este autor, «el padre se abstiene de estas actividades porque adquiere una nueva perspectiva de menos tiempo con sus amigos, participa más en actividades religiosas y asocia su papel de padre con valores cívicos, morales, éticos y educativos».

Los hay amantes de sus hijos, comprometidos, felices, van al pediatra, se entrevistan con los profesores, pasean con ellos. Nunca hubo padres varones tan preparados e implicados.

E. Prado y J. Amaya (2005) explican que «en la década de los ochenta se inicia una nueva tendencia familiar, la maternidad de la virilidad. Los hombres están transformando sus conductas de agresividad e impulsividad en respuestas afectivas, es decir, están adoptando actitudes más maternales, más cariñosas y comportamientos de ternura y compasión similares a los que, hasta hace poco tiempo, eran exclusivos de la relación entre madre e hijo».

A. Naouri, explica la figura de quien él llama «nuevo padre»: «Apareció en el momento en que el contexto social, después de mayo de 1968, decidió acabar con la figura paterna confundida con una férula de la que ya nadie quería saber nada. Era una época de alabanzas y de puestas en práctica de los verdaderos valores que son la libertad, la igualdad y la fraternidad, evidentemente, pero también el intercambio, la alegría y la verdadera democracia que tenían que acabar con el capitalismo desigualitario y fuente de todos los males.

»Como los padres tradicionales habían abusado a menudo de su poder, no era demasiado conveniente valerse de su herencia. Era necesario inventar una nueva manera de ser padres cuando se tuvieran ganas de serlo. El que tuvo el valor suficiente se abalanzó con generosidad sobre las reivindicaciones maternas legítimas para compartir las tareas domésticas.

»Y hay quien acaparó terreno y terminó sobreprotegiendo y encumbrando junto a la madre creadora del útero virtual al hijo, futuro tirano».

Hay «padres *light*», suaves, incapaces de discutir, de imponer normas, de hacerlas cumplir. No ejercen el papel de padres. Los hijos viven muy cómodos con ellos, pero crecen con carencias, desubicados, sin metas ni criterios. Satisfechos hasta la náusea, se convertirán en los esclavistas que todos conocemos.

Pablo está enfadado, triste, desorientado. Su hijo le ha robado un billete de la cartera. No sabe si debe regañarle o hacer como si no se hubiera dado cuenta. Cree que debe castigarle pero teme el «qué dirán» y, sobre todo, la reacción de su pareja, que ha minimizado el incidente y decidido que no es necesario hacer nada.

Otro grupo de padres varones conforman los que denomino «*missing*» (desaparecidos), ya sea porque abandonaron el hogar (o fueron expulsados del mismo) o porque están siempre trabajando o con amigos —dicen que resolviendo problemas laborales—. Comodidad, desinterés y miedo a educar son las razones más notorias y reales.

El caso es que no se ocupan ni mucho ni poco de la educación, del tira y afloja, de la constante evolución de alguien que no es que viva bajo «su» techo, sino que es su hijo, una realidad, un presente, una esperanza, que le precisa para ganar en libertad, en autonomía, en autogobierno.

Elías se pregunta qué ocurrirá con su hija de catorce años, coleccionista de amiguitos que trae a casa para pasar la noche. Hasta ese momento había creído que podía jugar «a los coleguis» y salir de escena deseando a la pareja un buen «lote» antes de que la puerta del cuarto de la adolescente se cerrara en sus narices... Pero le cuesta mucho, y le inquieta todavía más.

El padre es una figura esencial y no suficientemente valorada.

La sociedad no se ha apercibido de que la ausencia del padre (tanto física como psicológica), tan común en la actualidad (hay mucho padre en paradero desconocido o que adopta el papel de «espantapájaros»), es uno de los factores primordiales de que parte de ella se desmorone.

La mayoría de los niños que se implican en hechos delictivos hunden su etiología en la búsqueda del padre-grupo por ausencia del real.

A. Naouri estima que «si en un proceso terapéutico queremos distinguir dónde se encuentra el lugar del padre de un niño, siempre tendremos que ir a buscarlo en el discurso de la madre».

El padre no puede estar ausente de la estructura familiar (padre, madre e hijo), su figura es necesaria y trascendental. Tiene una función fundadora de la personalidad futura del hijo y es indispensable para el buen desarrollo de su adolescencia.

Dice A. Naouri: «En los últimos veinte años hemos visto cómo se instalaban entre los niños diversos trastornos nuevos y preocupantes que van desde los problemas de sueño a los de desarrollo afectivo, pasando por los retrasos en el lenguaje y otros trastornos del comportamiento.

»Todo este conjunto de trastornos se relaciona directamente con la modificación considerable de las relaciones intrafamiliares y, en particular, con la expulsión del padre, privado en estos momentos de todo apoyo social e invitado subrepticiamente por su entorno a convertirse en una segunda madre para su hijo».

Algunos hombres han perdido su rol, su espacio, ante la mujer; quieren ser duros y sensibles, metrosexuales y...

No son pocos los hombres que siendo padres también están en tierra de nadie, sin saber qué se espera de ellos, cuál es su papel.

Naturalmente que hombre y mujer pueden intercambiar roles, que la autoridad no es patrimonio de nadie. Pero resulta innegable que la «carencia» de padre enmaraña las conductas de los hijos, las desquicia, sobre todo cuando existe pero no está presente.

Bien distinto es el caso de las viudas, que asumen toda la carga y responsabilidad y la llevan con esfuerzo, dignidad y, casi siempre, con éxito.

Padres malvados

Madres malvadas son las menos. El amor de las madres es inigualable. Es, como dice el texto que se suele leer ante los contrayentes de matrimonio —la Epístola de San Pablo a los Corintios—, constante, comprende y perdona sin límites.

¿Qué ocurre cuando una madre —excepcionalmente— no ama a sus hijos?

Existen algunas madres que, en el proceso de separación, utilizan de forma bastarda al hijo/a.

Escasas pero reales son las madres que con sus expresiones y conductas exigen una compensación al hijo: «Me debes la vida».

Apreciamos maldad y/o patología al oír reiteradamente a una madre decir a su hijo «no me quites tiempo» o «no vales para nada».

Hay madres castrantes, que continuamente ridiculizan a sus hijos.

Y las hay que con su comportamiento inducen a equívocos, dando pie a la fantasía del denominado «Gran

Edipo» (relaciones incestuosas madre-hijo, de consecuencias funestas).

También hemos encontrado a madres, presas en la cárcel, que conviven allí con sus hijos hasta que éstos cumplen los tres años y algunas de las cuales aprovechan la situación, para esconder droga en los peluches.

Algunos padres no son mejores. Los hay perversos, que utilizan al hijo en los procesos de separación para arremeter contra su madre y ponerlo contra ella. Los hay que abusan sexualmente de sus hijos pequeños.

Silencio. Oscuro.

COMPENSACIÓN DE «PAPELES» ENTRE LOS PADRES

Se da el caso del padre «*light*», muy liberal y consentidor, y la madre «sargento». Cuando el padre es compañero y amigo de los hijos y la madre intenta transmitir disciplina, rigor, equilibrio. Este serio desequilibrio conlleva la descalificación de la madre que es vista como «anticuada», «rígida» o «histérica».

Los padres han de formar un equipo, si uno de ellos se alía con los hijos y desautoriza al otro progenitor surgirán severos conflictos. Es necesaria la labor de compensación de roles, entre la figura del padre y de la madre. Afecto y límites (lo que no quiere decir adscripción específica de cada «papel»). Los padres deben ser coherentes y mostrarse como tales ante los hijos.

A veces pueden apreciarse preferencias por alguno de los padres. Éstos deberán hablar con naturalidad sobre el tema. Habrán de erradicarse celotipias que en nada mejoran la situación.

Se objetivarán los roles que desempeñan los distintos miembros familiares. El adulto «preferido» buscará ceder protagonismo, compartir actividades que faciliten la relación.

En ocasiones se crean patológicas simbiosis y se establecen lazos entre algún hijo y algún padre que dejan «fuera de juego» al otro progenitor. Estas desviaciones han de ser atajadas de inmediato en el seno familiar y, cuando el contexto o la distancia no lo permiten, se acudirá a un especialista que desde su óptima neutralidad buscará restablecer la salud relacional.

A veces un progenitor y un hijo mantienen una comunicación marcadamente preferente, mientras que el otro y otro hijo hacen lo mismo, generando un desmembramiento. Los hijos no han de ser utilizados nunca para ocupar los vacíos relacionales o las carencias de los adultos.

Cuando uno de los padres pasa más tiempo con los hijos que el otro progenitor es importante la colaboración del padre/madre que dispone de más tiempo para estar con los niños. Éste debería hacer presente la figura de su pareja en el día a día de los niños, así como intentar que durante el tiempo en que estén los dos presentes, el que pasa menos tiempo pueda dedicarse a realizar las tareas cotidianas con ellos. Exige altruismo y motivación conjunta.

ROLES EN LA FAMILIA MONOPARENTAL

En una sociedad donde lo corriente ha sido vivir con dos progenitores, vivir con uno sólo afecta al niño o niña. Las madres que viven solas con sus hijos sufren grandes dificultades, pero con su tesón y el apoyo de familiares y amigos pueden establecer una familia feliz y sin perturbaciones afectivas que resulten extremadamente significativas.

Hay que evitar el acercamiento excesivo y la tendencia a conceder menos independencia al hijo, así como procurar no exigirle que madure antes de tiempo.

La familia monoparental requiere apoyo de la estructura social, ya sea de otros miembros familiares o de personal de servicios sociales, para facilitar un necesario desahogo. Se precisa un cambio de legislación laboral que permita compatibilizar el trabajo fuera de casa con las labores en el hogar monoparental. Crecer en una familia monoparental no debe significar un lastre para los hijos.

Respecto al hijo, tiene derecho y necesidad de la verdad. Que se le explique la realidad, que no le queden sombras o dudas. Un posible pequeño sufrimiento es mejor que la duda permanente, la desconfianza o una fantasía sustitutoria.

Tenemos muchas de estas familias, tendremos cada día más, debemos apoyar desde la sociedad (el conjunto de los ciudadanos) su difícil labor educativa.

Nos hacen falta paliativos para estas familias que parten de un déficit, pero que con apoyo externo, con dedicación y amor pueden perfectamente compensar esa singular situación.

PAREJAS SEPARADAS CUYOS MIEMBROS SE VUELVEN A UNIR CON OTROS DIFERENTES. ¿QUIÉN IMPONE LOS CRITERIOS, LAS NORMAS?

J. A. Marina llama «familias mercuriales» a aquellas que se componen y se recomponen con mucha facilidad, que dan lugar a niños enormemente flexibles, acomodaticios, escépticos, de manera que no se rompen con nada, que se encajan con mucha facilidad a las nuevas circunstancias si son buenas.

El papel del nuevo progenitor no es fácil. (Es más complejo aún que el del yerno —en algunas circunstancias familiares). Es padre o madre, o debe adoptar ese papel, no siempre con el total apoyo de su pareja. La no complicidad de ésta desvirtúa la asunción del papel progenitor. Es más, ¿quiere educar, implicarse en el trabajo que conlleva, en el día a día, la transmisión de pautas educativas?

Y el hijo, los hijos, ¿cómo acogen al recién llegado? Unos lo aceptan, otros se revuelven en contra, no lo consideran padre «auténtico», biológico, no le dotan de *autóritas*.

La llegada de un nuevo miembro a la familia, lógicamente lleva un tiempo para que sea admitido por el niño, si es que finalmente lo va a hacer. Puede verle como un competidor por el amor de sus padres o creer que va a intentar suplantar el papel del padre/madre ausente.

En unas ocasiones, los adolescentes se posicionan de forma hostil, otras adoptan un comportamiento más neutral. Los padres deberán pasar tiempo a solas con los hijos, transmitirles que su afecto no será menor, que su otra figura parental no dejará de existir. No deberá obligarse a los niños a que llamen «papá/mamá» a quienes realmente no lo son, pues les puede generar serios conflictos.

Estos nuevos miembros, parejas del padre/madre, pueden sentirse no queridos, comparados desfavorablemente con el padre/madre verdaderos o taxativamente rechazados. No se debe intentar sustituir al padre o la madre, no se ha de forzar la amabilidad, ni intentar seducir.

Hay que ganarse el afecto antes de intentar ejercer la autoridad, para evitarse frases del tipo «tú no eres mi madre (padre), entonces, ¿qué derecho tienes a mandarme?». Se favorecerá el contacto del descendiente con el nuevo cónyuge. Éste debe propiciar que los niños mantengan relación con el otro progenitor y demás parientes. Se ha de ser paciente y respetuoso, permitiendo que continúen con su ritmo en la forma de relacionarse. Resulta lógico que cuanto más aceptados son por uno mismo, más cómodos estarán y se mostrarán.

Lo antedicho se amplía exactamente igual a la situación en que el que aporta hijos a la actual pareja es el otro y la actitud también receptiva es exigible a uno mismo.

Si ser padre no es fácil, serlo de un hijo que no es propio, que ha asimilado otras pautas, a veces durante muchos años, y que no siempre nos recibe con los brazos abiertos se convierte en una tarea ardua, titánica.

Si el hijo se relaciona cotidianamente con su primer padre, lo siente como único y recibe influencias negativas respecto al nuevo progenitor, la convivencia resultará dañada, quebrada. El nuevo progenitor quiere querer, pero ¿puede? Cuando no hay reciprocidad, la relación se viciará, pudiendo llegar a ser insostenible.

Pese a todo, nuevos progenitores muestran desde la realidad su capacidad para superar el seísmo de las rupturas familiares. Caben, pese a las dificultades, las familias reconstituidas y el éxito relacional de los nuevos padres-hijos.

A. Naouri aporta como «un efecto positivo que tiene sobre los niños el entendimiento sobre su educación entre el padre y el nuevo compañero de la madre, lo que implica que deban superarse las susceptibilidades narcisistas».

La relación se hace más compleja si el nuevo progenitor aporta también hijo o hijos que convivan con el hijo o hijos de su pareja (celos relativos a la dedicación). Los niños aportados por ambas figuras parentales en la nueva familia reconstituida deben ser tratados con igualdad dentro de las características y adecuación de edad (permiso de salir, ropa, asignación de dinero de bolsillo...). Téngase en cuenta que estos niños se muestran muy, muy sensibles, ante desigualdades manifiestas respecto a los otros.

El progenitor al que no se concede la guarda y custodia sigue siendo madre o padre y por eso mantiene la patria potestad compartida o, lo que es lo mismo, está obligado/a a alimentar a los hijos y a decidir junto al otro cónyuge respecto a las cuestiones trascendentes que les afectan. Al tiempo tiene derecho a visitarlos y relacionarse con ellos en la forma que el juez de familia haya establecido. Se sigue siendo y ejerciendo como progenitor.

En un mundo en el que las parejas cada vez se separarán más, se está convirtiendo en una peligrosa moda el llevarse al hijo lejos del otro por no estar de acuerdo con el régimen de visitas estipulado por el juez. Este in crescendo de la denominada sustracción de niños debe entenderse y legislarse como un secuestro emocional, pues al niño no sólo se le usurpa el contacto con uno de los padres sino también con toda la línea familiar, sean primos, tíos, abuelos.

En este punto, el artículo 160 del Código Civil posibilita las relaciones de los abuelos con los nietos en los procesos de separación, divorcio o nulidad de las parejas, haya o no acuerdo. El régimen de visitas entre abuelos y nietos será potestativo y no infringirá las resoluciones judiciales que restrinjan la relación de padres e hijos, especialmente en casos de violencia doméstica. Es más, la custodia de los menores podrá ser encomendada a los abuelos por decisión judicial, en caso de desacuerdo entre los cónyuges. La norma busca establecer el derecho de los abuelos a relacionarse con los nietos y, añado yo, el derecho de éstos a no verse privados del contacto con aquellos.

Habrá problemas, piénsese que los abuelos lo son por parte de padre o de madre y pueden tomar un equívoco partido, ¡uf!, también encontraremos abuelos separados de sus propias parejas, pero, en general, antepondrán el interés de los nietos en busca de su felicidad. Les aportarán equilibrio y seguridad.

¿PADRE «MAYOR»?

Hay una edad propicia para ser padre que está entre los veinte y los treinta y cuatro años aproximadamente. Con menos edad y de forma genérica son demasiado jóvenes y, por ello, escasamente maduros para afrontar la gran responsabilidad que supone ser padres. La excesiva edad dificulta la relación entre padres e hijos y, desde luego, la dedicación que exige un bebé requiere la fortaleza que se posee en la juventud. Hay muchos padres (biológicos o adoptantes) mayores que se comportan como abuelos.

Hoy ya existe la posibilidad de retrasar la menopausia y, de alguna forma, podríamos decir, detener el «reloj biológico» de las mujeres. El hecho de poder realizar autoinjertos de ovarios permitirá, de forma hipotética, concebir hijos sin límite de años, lo cual puede plantear problemas, pues alumbrar a un hijo a la edad de tener nietos supone no sólo un avance tecnológico, sino un riesgo para los derechos del niño, que precisa una madre no sólo (y no necesariamente) biológica, sino que juegue y se agache, corra y tenga la vitalidad propia del momento vital natural de ser madre (lo mismo se puede decir en el caso del padre).

En España y por las dificultades para independizarse, encontrar un trabajo y poder pagar una vivienda, la edad de los padres se está retrasando excesivamente.

Ciertamente, la madurez de cada miembro progenitor y el apoyo familiar que reciban marcará diferencias significativas en las valoraciones anteriormente realizadas.

Ser padres jóvenes permite una relación y entendimiento más fluido con los hijos.

No ha de minimizarse el riesgo de tener un hijo con alteración cromosómica (como el síndrome de Down) que se incrementa de forma exponencial con la edad y también algo cuando la madre es muy joven (dicho sea para el mejor conocimiento, sin minusvalorar su derecho a la vida y el nuestro a compartir la ternura que nos regalan).

¿Y LOS ABUELOS?

Bastante han hecho con educar a sus hijos, ahora desean y merecen disfrutar de sus nietos.

Algunos buscan transmitir valores y cuidados, y lo hacen en consonancia con las pautas y normas que dan los padres. Otros se sorprenden por la laxitud y permisividad de éstos con los niños, pero, naturalmente, se ven incapaces de modificar esa deriva. Hay también quienes, contra el criterio de sus hijos, malcrían a sus nietos. Su posicionamiento —aunque no verbalizado— es, «si me dejas a tu hijo, me dejas hacer». Lo que supone una incontinencia en la compra de «chuches», unos horarios de regreso a casa que se dilatan en el tiempo, una aportación económica para el «gasto de bolsillo» que desborda la asignación propugnada por los progenitores...

Hoy hay muchos niños que pasan muchas horas con los abuelos o «la señora que está en casa», que por variadas razones, algunas obvias, son figuras que no desean enfrentarse con el niño, adolescente o joven, cuando éste solicita, demanda o exige.

Así las cosas, se precisa una educación coordinada, donde los padres marquen las pautas de forma clara, explícita, flexible y coherente. El resto de los actores, sin perder su autonomía, han de ceñirse al papel que los propios padres les marquen. De no ser así, el niño o joven encontrará grietas por donde alcanzar sus apetencias, generando al mismo tiempo desavenencias entre quienes comparten su educación.

Desde el nacimiento del niño, las relaciones entre familia nuclear y global deben partir del respeto y la «porosidad». No deben ser próximas al punto que se confundan, ni alejadas o negadas. Un riesgo es la vivencia de invasión, por el contrario también lo es vivir de forma aislacionista y egocéntrica.

Los abuelos no deben desprestigiar a los hijos ante los nietos. Tampoco tratar a sus hijos como tales, sin percatarse de que ya son padres, de que han creado su propia familia.

Por cariño, por no hacerles un feo, por agradecimiento, por comodidad (se les pide a los abuelos que vengan a ayudar, que se queden a cuidar al niño alguna noche para que la pareja pueda salir), hay padres que no hacen respetar su papel, el de padres.

Una cosa es ser pareja y otra vivir la experiencia compartida de ser padres (no se debe abdicar de la misma).

Los abuelos pueden y deben visitar al niño con regularidad, pues tienen que desempeñar un papel muy importante en la vida del pequeño, pero no han de invadir la privacidad de los padres, ni usurpar sus funciones y responsabilidades o, lo que es igual, lo gratificante que resulta cuidar y educar.

Capítulo 6

El imperio de la adolescencia

COQUETEANDO CON LA DROGA

Caso: receta médica

El 20 de noviembre de 1999, la menor Tania, de 15 años es denunciada por su padre, médico de profesión, por falsificar recetas médicas en las que ponía la palabra Centramina e imitaba su firma. Declara que desde hace dos meses nota que le faltan recetas, unas 35 o 40 aproximadamente, y que haciendo un registro en la cartera de su hija, encontró una de estas recetas.

La menor en su declaración reconocía el hecho, indicando que había sustraído a su padre alguna receta médica, y después de rellenarla con la palabra Centramina y firmarla con el nombre de su padre, se la entregaba a un chico del que sólo conocía su nombre y que le había insinuado en alguna ocasión si podía hacerlo.

En el informe psicológico de 23 de enero de 2000 realizado en la intervención, consta una entrevista al padre que aporta los siguientes datos:

Él padre es médico, de 40 años y la madre secretaria de 39 años. Tania estudia 7º de EGB y es la mayor de dos hermanos. Los padres se separaron hace nueve años, renunciando la madre a la tutela, y los niños se quedaron con el padre; ven a la madre fines de semana alternos y vacaciones compartidas. El padre está casado civilmente en segundas nupcias, tienen una niña de 7 años. «La segunda esposa, a raíz del parto, ha padecido crisis psiquiátricas, con depresiones, angustias, agresividad...; estas crisis cíclicas han supuesto una relación difícil con Tania». Explica que ha dedicado mucho tiempo a la familia, y considera que ha supervisado la evolución tanto de Tania como de sus hermanos. No refiere ningún dato significativo en la historia clínica de Tania. Relata que desde hace cuatro años la niña comienza a tener problemas escolares, se enfrenta verbalmente a los profesores; esta lucha dialéctica se generaliza a casa, llegando a incumplir normas (hace «pellas» en ocasiones, cuando está con su madre, pasa noches sin decir dónde...). Tras fracasar escolarmente, el padre la ayuda pedagógicamente, pero Tania pone excusas y no colabora; ulteriormente, los llaman del colegio Estella, informándoles que van a expulsarla; en ese momento tiene la idea de llevarla al centro Sagrado Corazón, de Sigüenza («pero interfiere la madre»). La niña ha jugado con los padres (separados), optando por el padre no sancionador en cada momento. Se matricula a Tania en Nuestra Señora del Puy, fracasando prontamente. Llama el director informando que la van a expulsar. En esas fechas, Tania vive con su madre, e interpone una denuncia por maltrato físico contra el hombre que vive con su madre. Tania vuelve con su padre. Se matricula en el instituto, siendo su motivación respecto al estudio nula; dice que quiere ser peluquera, mensajera, etc. Respecto a los amigos, entiende que engancha con lazos fuertes, otra cosa son las relaciones sexuales eventuales, esporádicas... su hija pone medios anticonceptivos, etcétera. En el momento presente, va con amigos punkies, que considera no son conflictivos; comenta que, con anterioridad, se ha relacionado con otros muchachos más complicados (que consumían drogas; algunos de ellos estaban en tratamiento de desintoxicación, muy próximos al mundo de la delincuencia). El padre considera que Tania no consume alcohol en exceso, sí porros; le han realizado cuatro analíticas, dando negativas. Respecto al carácter de Tania, expresa: «puede ser muy cariñosa, muy amable, otras veces muestra gran dureza. Es bastante manipuladora de situaciones y personas, está escudada, no quiere sufrir daños, es sensible, pero no lo demuestra. No es deportista, es más de conciertos y discoteca...». «Mi hija miente con total tranquilidad, pone cara de niña y te cuenta una película». A raíz de los hechos, el padre la vigila más, pero dice que esa medida se rompe cada fin de semana cuando está con su madre, que no se responsabiliza de su hija.

Como observación a la entrevista se deja constancia de la preocupación del padre por la evolución de su hija, manifiesta riesgo en Tania que la menor no es consciente de valorar. Solicita ayuda de la instancia judicial para realizar un seguimiento de su evolución.

De igual modo, Tania es entrevistada. Verbaliza que cada progenitor tiene su parte positiva y negativa, que lleva bien la separación de los padres. Antes aprovechaba la situación para estar con quien quería en cada momento. Comenta que con la segunda esposa de su padre no se lleva ni bien ni mal, no la considera madre en ningún sentido, «esta señora a veces realiza actos llamativos como cortarse las venas, romper cristales, a veces no puede controlarse, está enferma...». «Mi padre se ha preocupado de mí lo suficiente». «A mí el colegio no me gustaba nada, los profes se metían un poco conmigo, por mi forma de ser, y yo me reía de los profes (...), cuando hacía "pellas" me quedaba en casa con mi madre viendo la televisión». «Al día de hoy, he aprobado dos asignaturas de ocho que componen el curso». «Hace dos años conocía a chicos/as de 20 años, que consumían drogas». «Yo no pertenezco a ningún grupo definido, si bien me gusta la música heavy, las cosas de calaveras, llevar en la camiseta frases escritas como la que llevo ahora "y tú qué miras"». «He consumido porros y coca, pero no soy drogadicta, he podido caer, pero no lo he hecho; a veces he bebido mucho, pero no es un hábito». Relativo a los hechos, explica (obviamente muy poco creíble): «hice sólo una receta, era para probar cómo se hace, no la iba a utilizar, las otras que le faltan a mi padre las utilicé como papel para escribir en sucio»... «Yo nunca he consumido centraminas, sé que hay gente que las utiliza para no dormir».

Tras la realización de diferentes pruebas objetivas el diagnóstico indica que sus problemas nacen de una carencia normativa homogénea, con marcada diferenciación en las pautas educativas transmitidas por cada padre (separados). Tania es la típica niña que ha hecho chantaje afectivo a cada progenitor (dado el sentimiento de éstos de no estar cumpliendo todas sus obligaciones parentales) para conseguir un mayor grado de independencia. Vive bajo el lema de mi libertad, o el de vive y deja vivir, lo que le conduce a tener relaciones con muchachos y grupos de la calle que bordean lo disocial ocasionalmente y entran de lleno en lo calificable como delito en otros momentos. El padre grupo es vital para Tania, como lo es su independencia. Es una menor que va contra las normas (ya sean escolares o de otro tipo). Es muy segura de sí misma (buena autoestima...) y, sin embargo, se detecta un marcado desequilibrio afectivo, pues busca fuera el apoyo, la seguridad y comprensión que como núcleo no ha tenido en casa. Si a ello añadimos los problemas psiquiátricos que padece la compañera de su padre, entenderemos su impulso hacia la calle. Tania adolece de asunción de responsabilidades. Junto a ello, cabe calificarla como vaga y dejada. Su inestabilidad conductual y afectiva, próxima al grupo de referencia, hace su futuro imprevisible de no intervenirse prontamente.

La orientación psicolegal indica que Tania precisa madurar, responsabilizarse, adecuarse a las normas sociales. Se ha de evitar su descontrol conductual (horarios, falta de estudio, noches fuera, etc.). «En ese sentido, y si así lo estima S. S.ª, precisa límites. Entendemos que sería conveniente la medida de libertad vigilada por ocho meses». El contenido primordial de la medida es el contacto próximo en las fechas con la menor, para que ella se sepa apoyada, controlada, haciéndola conocedora de que, de incumplir sus obligaciones (escolares, familiares, tales como informar de dónde va a pasar la noche, analíticas, etc.), esta medida podría ser revisada.

JUGANDO CON FUEGO. CONDUCTAS DE RIESGO

El caso que usted acaba de leer presenta diversas conductas de riesgo. Se han de diferenciar las que son propias de los adolescentes que intentan vivir situaciones al límite, percibir su propia identidad e individualidad, de las que son de riesgo cierto, o puramente tanáticas.

Una cosa es la tendencia impulsiva, la situación inestable y el posicionamiento de oposición y otra bien distinta, dada no sólo la intensidad sino la tipología de las conductas, aquellas que ponen en riesgo evidente su vida, su futuro físico, psicológico o relacional.

Las fugas dilatadas en el tiempo, los robos continuados o con intimidación, el consumo habitual de drogas o una actitud que propicia situaciones reiteradas de riesgo de sufrir accidentes, han de significar sin duda que se ha traspasado la frontera de la normalidad, para internarse en la psicopatología que debe ser abordada con urgencia.

Debemos mencionar también a jóvenes que sufren trastorno «límite» de la personalidad, pues pueden ser más propensos a comportarse de manera tiránica aunque no necesariamente.

Se caracteriza por la impulsividad; aceptan muy mal las frustraciones, exteriorizan mal-estar y agresividad hacia los demás. No son capaces de mantener relaciones estables, pasando de idealizar a desvalorizar al otro. Se implican con suma facilidad en conductas disociales y delictivas. Son muy susceptibles de consumir droga. Sus reacciones dependen en gran medida del entorno, de los otros.

Los padres deben pedir apoyo psicológico y en ocasiones psicojurídico, pues el comportamiento agresivo de los hijos genera mucha angustia. Estos jóvenes precisan límites y asumir responsabilidades para mejorar su autoimagen.

ADOLESCENCIA. ATRACTIVA Y PERTURBADORA

No hemos, por tanto, de confundir las conductas de «¡Aquí mando yo!» de algunos jóvenes, con comportamientos puntuales que pueden presentarse en el período de la adolescencia. Hay que tener en cuenta que el niño vive una crisis de crecimiento, de adaptación a una nueva situación. Se siente perturbado porque en él urge la llamada de los otros, el instinto sexual que despierta y porque se siente rodeado de una ensordecedora soledad. Vive cambios físicos, sociales, psicológicos y emocionales. Tiene nuevas sensaciones, se siente inseguro, se compara, se valora, expresa temor. El adolescente se desprende de normas, cambia de pensamientos y creencias, aprende a ser él mismo.

Tiene que asimilar sus cambios físicos. Su imagen corporal se convierte en trascendente. Transita por un período de narcisismo, modifica su imagen «ante el espejo». Se hace egoísta y megalómano. Al adolescente le importa mucho lo que digan de él, el autoconcepto se encuentra en esa fase a la deriva, con cambios bruscos, tiene mucho miedo al ridículo. Le es difícil aceptar consejos e indicaciones de los adultos, por esa necesidad de probar y descubrir. Le cuesta tomar decisiones porque aún no tiene suficientes recursos.

Querido lector/a si es usted un padre/madre de un hijo adolescente es normal que sienta ciertos temores sobre cómo vivir esta etapa de vida de su hijo y se preguntará: ¿cómo actuar con él?

Hay que hablar con el hijo y tratar de escucharle, entender cómo se siente y aceptar sus emociones, aunque no las compartamos. Ver lo que quiere comunicar realmente, no la forma o el dato puntual. Está atravesando un período de cambio en el que debe afrontar nuevos retos y tomar decisiones.

Sus sentimientos, actitudes e intereses los puede comunicar no sólo a través de las palabras, sino mediante sus gestos o el tono de voz. No intentemos cambiar todas sus conductas, hemos de ir a lo verdaderamente importante, a lo que sea negativo para él o inaceptable.

Tener conversaciones sobre sus cambios físicos, los nuevos hábitos de higiene, alimentación y salud que ha de llevar. Sus gustos y opiniones no coincidirán con los nuestros; no hay que tomarlo como un ataque personal, está descubriéndose. Necesita diferenciarse de los demás, de su familia, y a su vez reconocerse en una historia sin que su personalidad se disuelva.

Si recurre a otras personas (amigo, profesor, hermano) para poder solucionar sus problemas, no es porque le esté excluyendo de su vida, sino porque, a veces, puede identificarse y enriquecerse mejor con ellas. Y, sin que usted deje de ser importante, sus amigos compartirán con él dudas, alegrías, temores y apoyos.

Se hace más independiente pero necesita a la familia, sentirse querido e identificarse con el adulto, normas que ayuden en el clima familiar, que sus padres estén disponibles siempre y que se enorgullezcan de él.

Ante los conflictos de intereses que se presentan en las relaciones padres-hijos, cabe la negociación, sobre todo si se trata de adolescentes.

Se realiza con mucha paciencia, con simpatía, con flexibilidad, con criterio, con límites preestablecidos.

No todo es negociable (consumos, forma de comportarse, asistencia a la escuela...).

¿Se debe negociar o es mejor hacerles copartícipes de las decisiones? ¿Realmente se negocia cuando una parte —el adulto— tiene la última palabra?

«A río revuelto ganancia de pescadores». Los límites entre los padres y el hijo/a adolescente han de ser trabajados. Se trata de llegar a acuerdos, de escuchar los distintos planteamientos, de no imponer sin razones. Transmitir que lo importante no es discutir sobre quién tiene la razón, sino reflexionar sobre qué es lo correcto.

Los encuentros con los adolescentes no han de ser una continua disputa, un intento de convencer, un pulso interminable. Valórese que los conflictos suelen ser por asuntos menores.

Las normas de la convivencia han de estar claramente establecidas, cabe ir adaptándolas a la edad del hijo y a la asunción de responsabilidades por parte del mismo. Hay una edad —progresiva—, a partir aproximadamente de los catorce años, en la que hay que otorgar una mayor libertad a los adolescentes, sin por ello olvidarse de la supervisión.

E. Prado y J. Amaya (2005) afirman que el niño debe aprender que la libertad tiene un precio de respeto y responsabilidad, y su incumplimiento trae consecuencias negativas.

Piénsese en positivo que el escenario familiar cumple una función catártica; en nuestra civilización occidental el ambiente familiar soporta la expresión espontánea de todos los sentimientos. Debemos recordar que, no hace tanto, nosotros también éramos jóvenes.

Pero no siempre se consigue un acuerdo. La decisión paterna prevalece —ésa es una de las funciones esenciales de los padres—. Sin embargo, las diferencias están en las formas y actitudes; no se puede caer en el autoritarismo del «porque lo digo yo», ni en lo opuesto, «haz lo que quieras, pero déjame en paz». Se precisa explicar y razonar el porqué de las decisiones. Pero, al fin, éstas han de tomarse.

E. Prado y J. Amaya (2005) explican que hay que mantenerse cerca de los adolescentes y de los niños: no dejar de confiar en nuestros hijos, pero jamás dejarlos sin supervisión y sin control.

Informan cómo los estudios de Longmore demuestran que el apoyo afectivo, la confianza y la apertura de todos los canales de comunicación entre padres e hijos, no son suficientes para prevenir problemas como la drogadicción, el alcoholismo o la iniciación de relaciones sexuales tempranas o no deseadas. La investigación sugiere que el control familiar, y la supervisión ayudan a prevenir las adicciones en los hijos.

PADRES AL BORDE DE UN ATAQUE DE NERVIOS

Proponemos algunos aspectos de sus hijos que no debe descuidar:

- Posibles conductas adictivas: alcohol u otras drogas, videojuegos, TV, pornografía, sexo, compras...
- Amistades: características, edades, utilización del tiempo libre...
- Horarios. Confirmar su asistencia al colegio. Comprobar el horario y estado en que regresa al hogar tanto en los días laborables como en el fin de semana.
- Imagen, cuando ésta resulte incitadora por su exceso —tipo de adornos, *piercing*— o por ser llamativa —ropa— o por su simbología —tanática, nazi, etc.
- Videojuegos, juegos de rol, revistas que utiliza (cuando son monotemáticos).
- Internet.
- Objetos que entran en casa y no son de su propiedad.
- Alimentación, que sea suficiente, no excesiva. (A corta edad el consumo de «chuches»).

  Los hábitos alimentarios de nuestros hijos, las restricciones: hacer régimen puede conllevar fatiga intelectual y física y crear frustraciones que desemboquen en una anorexia o bulimia.

Prado y Amaya son claros: «Nuestros hijos, más que nunca, se enfrentarán por ellos mismos con la pornografía, el satanismo, el materialismo, la drogadicción, la vulgaridad y la glorificación de la violencia. Necesitarán de una familia valerosa que pueda decir "no" y mantenerse firme en sus reglas y normas familiares, a pesar de la presión psicológica que pueden ejercer hacia sus padres para obtener sus deseos».

El adolescente tirano emplea estrategias de distinta índole para conseguir lo que se propone; quiere seguir siendo el centro de atención sin importarle nada ni nadie. Aprendió años atrás a conseguir lo que quería. Ahora utiliza otras formas en el hogar (y en ocasiones las traspasa a la escuela). Dejan de ir al instituto, o consumen drogas, o roban, mienten, chantajean, entran y salen de casa cuando quieren, como si fuera un hotel, sin dar explicaciones, están con los amigos todo el día en el parque bebiendo, se encierran en su cuarto y no hablan a nadie, algunos insultan a sus padres y otros les maltratan física y psíquicamente.

Siguiendo a R. T. Bayard y J. Bayard (1998), afirmamos que los padres lo viven de una manera dolorosa y frustrante, piensan que su hijo va a acabar mal, que no les quiere, que han fracasado como padres, se sienten vencidos, incluso en algunas ocasiones se ven obligados a vivir sin remedio con esa persona, su hijo, sin saber muy bien durante cuántos años más.

Algunos padres ni siquiera saben si pueden hacer algo para que la situación que están viviendo pueda cambiar ya que han probado algunas estrategias pero nada ha dado resultado. Una acusada supervisión: «Te despertaré para ir al colegio, y te acompañaré hasta allí, a la salida te estaré esperando para traerte a casa». O bien de tipo disciplinario: «No saldrás el fin de semana». Hablando y transmitiéndole algún consejo: «No se debe robar, no está bien hacerlo, harás daño a los demás y tú puedes acabar con graves problemas». Proponiendo alguna recompensa: «Si recoges tu habitación durante esta semana, te doy diez euros». Hablándole como a un amigo, dándole apoyo y comprensión: «¿Qué te está pasando? Sabes que te quiero y que puedes contar conmigo». Si usted se ha sentido desbordado por la situación, puede que haya terminado por llevar a su hijo a la consulta de un psicólogo, y ver cómo las cosas mejoraban durante un tiempo solamente o puede que no cambiaran o incluso que su hijo se negara a asistir.

Es probable que si nada de lo aquí apuntado le ha dado resultado pueda sentirse culpable y pensar que el fallo se encuentra en usted porque no pasó más tiempo con su hijo cuando era pequeño o porque es padre/madre separado y el hijo ha crecido sin la cercanía diaria del otro de los tutores, o puede que ni siquiera sepa cuáles son las razones.

R. T. Bayard y J. Bayard encienden una luz con sus palabras cuando dicen: «La mayoría de las familias atraviesan un período durante la adolescencia de su hijo en el que a padres e hijos les resulta difícil la convivencia. La mayoría de los adolescentes, incluidos los que se portan como antes decíamos, dan más tarde un giro psicológico —normalmente entre los dieciocho y los veinticinco años— y se hacen amigos de sus padres.

»No está usted solo. Miles de padres están pasando por lo mismo que usted, y otros miles pasaron por ello y salieron bien».

Los adolescentes son fuertes, su buen desarrollo en diferentes entornos así lo demuestra. En América Central viven aislados en cabañas oscuras durante los primeros años, en algunas tribus son educados por otros adultos sin ver prácticamente a sus padres.

En todo caso, más adelante tratamos de la intervención en particular con adolescentes y jóvenes que mantienen conductas tiránicas y de cómo usted tiene derecho a la libertad, a la consideración y al amor de su hijo y a su felicidad.

Veamos ahora los diferentes tipos de conductas tiránicas que un adolescente puede adoptar.

ESTUDIAR, TRABAJAR O LA SOPA BOBA

> No quiere ir al instituto. No ha ido más de tres o cuatro semanas este año.
> (En referencia a Sergio, 15 años.)

Con el comienzo del instituto empieza una época de zozobra, de cambios, de riesgos reales, donde el hijo se va a independizar más y va a contactar con otros jóvenes de todo tipo.

Lo cierto es que le sirve para prepararse para la vida profesional, permitiéndole un aprendizaje personal y social de desarrollo. Por otro lado, la escolaridad, el estudio, son por sí mismos preventivos.

No hay que bajar la guardia como padres; el contacto con los profesores sigue siendo necesario, no de forma tutelar, pero sí interesada. El profesor cumple su función educativa, pero además adopta el papel de referente y a veces de confidente/consejero.

En esta etapa de la vida, hay horas de estancia en el hogar, en el instituto y también otras dedicadas al ocio que se llenan de encuentros e intercambios. Así debe ser, siendo necesario constatar que las actividades en el tiempo de ocio son sanas y se realizan junto a compañeros o amigos aconsejables.

En ocasiones el absentismo escolar en el instituto se multiplica (pasan el día en «el parque» o «los recreativos»). ¡Atención!

A veces el hijo explica que desea abandonar el instituto, ya sea porque sus aprendizajes son escasos, por nula motivación o por conflictos en la familia (utilizándolo en este caso como amenaza).

Los padres han de escuchar las razones, pero desde un criterio irrenunciable, cual es que ha de obtener los estudios básicos. Tener a un hijo en casa «sin hacer nada» es inadmisible, significa hipotecar su futuro y situarle en grave riesgo en el presente.

Mas no se puede obligar a amar y no se puede obligar a estudiar (a ponerse delante del libro sí, pero eso es otra cosa).

En España, la educación obligatoria lo es hasta los 16 años, es un derecho y un deber, un acierto, verdaderamente. Pero la realidad, terca, que a veces no se pliega al mandato de las normas, leyes, reglamentos, nos muestra a los «objetores escolares», a los absentistas. No tienen edad para trabajar, no quieren estudiar y no estudian.

Algunos dicen que cuando tengan edad trabajarán, otros no. No piensan estudiar, ni trabajar, desean vivir. Sí, vivir bien, cómodamente, exigir de los otros, ser un parásito, un vago que culpabiliza a los demás.

¿Y qué hacer con un hijo de 14 años que no asiste al colegio o suspende todas las asignaturas; que está todo el día tumbado salvo cuando sale con los amigos? ¿Qué hacer?, porque, lo dicho, no tiene edad para trabajar, es un menor que demanda, que exige, que no tiene a bien hacer su cama, ni poner la mesa, que si un día compra el pan lo cuenta casi como una proeza, como quien se digna a realizar una labor que no le compete. Lo que hay que hacer es imponer la autoridad (¿pero alguien la ostenta? ¿alguien se atreve?), decir hasta aquí hemos llegado y exigir apoyo, comportamiento cívico, implicación en las labores y objetivos familiares y sociales.

Los internados rígidos son en estos casos recomendables, como lo es que se pongan a trabajar en cuanto tengan la edad laboral, si es que se muestran incapaces de superar las exigencias del estudio, o cursar Garantía Social.

Otra realidad se concreta en la llegada de menores de otros países no motivados por nuestra educación obligatoria hasta los 16 años, lo que conllevará abandono escolar y conatos de violencia en colegios e institutos.

El absentismo escolar es síntoma de riesgo y resulta ser el mejor «predictor» de implicación en conflicto social.

No deben confundirse con los que muy puntualmente hacen «novillos» o con quienes deseando ir a la escuela, no pueden hacerlo por un problema fóbico.

Es en los ambientes marginados y en ocasiones degradados (familias con problemas de drogadicción) donde los niños llegan al colegio sin capacidad para mantener la atención; aquí nace un desfase que cursará en vivencia de incapacidad y abandono de metas; hacia los 12 años adoptarán actitudes rebeldes en el aula, y el siguiente paso suele ser el abandono prematuro de los estudios.

Además las expectativas de logro no son iguales cuando los padres poseen estudios, que cuando no es así; la influencia del grupo de iguales ratifica esas diferencias.

Coincidiremos en que el aumento de presupuestos, su mejor reparto, así como la lucha contra el paro, son fundamentales para resolver esta injusticia. Se deberán subsanar las carencias de instalaciones de muchos centros y optimizar la utilización de las existentes; por ejemplo, los campos de deporte han de ser aprovechados por las tardes.

El absentismo escolar se produce más en los distritos menos favorecidos de las grandes ciudades que en los pueblos con una economía débil y esto es así porque en las urbes hay un sentimiento de impunidad, de no-implicación del ciudadano en las conductas del otro; nadie va a decirle a un chaval, ¿por qué no estás en la escuela?, ni se lo va a comunicar a sus padres. Pero hay otro factor fundamental, las dotaciones. Estos barrios desfavorecidos precisan de educadores que «enganchen» con los muchachos. Hay que intervenir en la realidad contextual de cada uno de ellos de forma global con su familia, con su grupo de iguales, con sus intereses y actividades, y constatar cuáles son los otros factores de socialización (billares, vídeos, revistas, etc.). La actuación debe ser interdisciplinar.

Pero además precisamos más profesionales y nos referimos a maestros, psicólogos, trabajadores sociales, pedagogos, que desde los colegios, institutos y servicios sociales, prevengan el riesgo del «no hacer».

La realidad es que hay niños que no quieren ir a la escuela, otros a los que a sus padres les viene bien que se queden en casa cuidando al pequeño y algunos con los que en el colegio se mira hacia otro lado, pues al fin son «niños problemáticos, niños que distraen a los demás». Lógicamente hay que erradicar el residual y nefasto método «sal de clase al pasillo, del pasillo al patio, del patio a la calle».

Al respecto, las asociaciones de padres de alumnos, en muchas ocasiones, resultan insolidarias y hasta marginadoras cuando, ante algunos problemas, responden: «Ese niño es conflictivo, que no esté con nuestros hijos».

Los centros y las aulas deben respetar la diversidad y conformar agrupaciones flexibles. Y es que cuando las normas de los colegios entran en contradicción con lo que el niño percibe en su hogar se crea una fuerte tensión, una dicotomía conducente al absentismo escolar, englobada en el más amplio fracaso escolar.

Cabría hasta preguntarse si se enseña a los profesores de secundaria a educar, a socializar o específicamente a formar en sus materias.

Los profesores, como marca la ley, deben informar a los padres del proceso educativo de los hijos y han de coadyuvar a inculcar el placer que supone esforzarse por llegar a conocer. Hemos de transmitir que estudiar conlleva esfuerzo, pero que es benéfico, que, como dijo M. Heidegger: «El aburrimiento, el tedio, es similar a la angustia, a la nada, al no ser».

Respecto a los padres, hay familias presididas por la despreocupación, donde no existen horarios ni para comer, dormir o salir. En estos casos todos los hijos se ven marcados por el escasísimo nivel de formación académica. Otros padres no muestran autoridad, son impotentes ante sus hijos.

Constituye una tarea familiar cumplir y hacer cumplir la educación obligatoria, así como informarse del aprovechamiento y conducta de los hijos en la escuela.

No estaría de más, como dice J. A. Marina en mi libro *Charlando sobre la infancia,* «que los jóvenes conozcan lo que cuesta cada plaza escolar, ponerlo en la puerta de cada clase».

La policía local puede y debe detener a los niños que en horas escolares vagan por las calles, y lo harán en aplicación de la Ley de Protección Jurídica del Menor y de la Ley de Bases de Régimen Local, la cual también dispone que «los alcaldes velarán por el cumplimiento de la obligación escolar y sancionarán con multas la falta de asistencia a la escuela». Asimismo los padres, tutores o guardadores de niños con ausencias escolares continuadas deben ser citados a declarar en Fiscalía, pudiendo incurrir en responsabilidades penales. En ocasiones, estos padres están recibiendo becas de comedor, ayudas para libros y otro tipo de apoyo por parte de la Administración.

Complementariamente debe frenarse el deterioro social, se debe prestar atención a los procesos de integración, se han de fomentar las ofertas de ocio sano, se facilitará la creación de escuelas de padres y el desarrollo de programas de recuperación para los niños con fracaso escolar, junto a los de formación laboral. La escuela debe actualizarse más, ha de enseñar aprovechando los avances tecnológicos, tiene que ser atractiva. La ciudadanía no puede consentir que se arrincone el saber de los ancianos y mucho menos el de los maestros.

Los centros educativos realizarán acuerdos con los servicios sociales de los ayuntamientos para erradicar el absentismo escolar. Será necesario seguir incrementando el número de plazas de garantía social, de formación prelaboral, de manera que los jóvenes aprendan actividades tales como hostelería, carpintería (desde los 14 años la educación obligatoria habrá de flexibilizarse). Claro que también se precisa una razonable expectativa laboral. «El que no da un oficio a su hijo, le enseña a ser ladrón». Proverbio turco.

NUEVAS TECNOLOGÍAS. EL BIEN Y EL MAL

¡Está enganchado!

Las conductas adictivas son un intento defensivo y de regulación contra determinadas deficiencias e insuficiencias tanto de la estructura emocional como de la relacional. Ponen de manifiesto la existencia de dificultades importantes en la estructura de la personalidad.

Entre los factores de riesgo encontramos: la facilidad en el acceso a las sustancias; el fracaso escolar; los problemas de relación con compañeros y profesores; los antecedentes de conductas adictivas en las figuras parentales; enfermedades mentales en los padres; violencia familiar; rupturas familiares traumáticas; el padre varón *light* o *missing* y la madre sobreprotectora.

Respecto a factores individuales, son de riesgo: la personalidad bordeline (límite) y la narcisista. Así como los trastornos de vinculación.

Los signos que han de dar la alarma son los cambios de hábitos y conductas.

Hoy es muy fácil encontrar a chicos pasar largas horas delante de videoconsolas o de la televisión. La violencia que en ellos ven los jóvenes se encuentra trufada de acción y sensaciones. Respecto a los que están colgados de los móviles o frente a Internet, diremos que buscan algo más que las relaciones interpersonales que a través de los mismos se realizan.

Ante una sociedad virtual hace falta imaginación para proteger al menor de unos contenidos nocivos generados por el desarrollo de una tecnología de la información que tantas oportunidades ofrece. El menor carece de defensas ante contenidos de violencia, pornografía, etc., que pudieran resultar nocivos para su desarrollo psíquico, y es que siempre podría explotarse su ingenuidad.

Ciertamente el tema de Internet y los menores plantea variadas preocupaciones. Pornografía y prostitución infantil, captación de menores (al conectarse a la red, el menor puede divulgar cierta información a extraños), acceso a páginas de contenido lesivo (terrorismo, ideologías nazis...), adopción vía Internet.

Desde luego, las mejores garantías institucionales e incluso la posibilidad de instalar un chip antiviolencia en todos los aparatos, siempre necesitará de una buena educación audiovisual, con la colaboración estrecha entre las familias y la escuela, pero la realidad es que bastantes de ellas regalan a sus hijos un ordenador o una consola, sin que los adultos sepan manejarlos, es más, sin que ni siquiera lo intenten, porque los consideran artefactos ajenos a su cultura.

Nuestros adolescentes pueden aprender a matar, cómo conseguir armas o incluso ser inducidos al suicidio, simplemente entrando en una de las páginas web que ciertas sectas poseen. Hay que enseñar a los padres cómo proteger a sus hijos, sin ignorar los beneficios de Internet, entre otras cosas como herramienta educativa.

Para que los niños hagan un uso adecuado de Internet los padres deben formarse para orientar a sus hijos. Dar buen ejemplo en su uso. Navegar con los hijos. Si estos son pequeños sería conveniente poner filtros al ordenador. Enseñarles a ser críticos en la red. Advertirles de los riesgos de algunos chat, concienciarlos de que no den datos personales, hacerles ver que encontrarse físicamente con quien se ha conocido virtualmente, tiene muchos riesgos. Marcar un horario de uso y hacer hincapié en que se entre en Internet cuando se tenga un objetivo concreto.

Internet se ha convertido en una herramienta imprescindible de socialización y entretenimiento para los jóvenes. De su buen uso depende que siga siéndolo.

> Siempre está hablando por el móvil o, si no, todo el día están sonando las llamadas «perdidas». Él no paga las facturas.

Tener un móvil se ha convertido en parte del proceso de iniciación en el grupo de pertenencia y en el paso a la edad juvenil. Normalmente lo suelen regalar los padres.

> A Patricia, de 8 años, su padre le ha regalado un móvil para poder hablar con ella cuando quiera pues sólo la ve los días dictaminados en el régimen de visitas. La madre le ha denunciado por regalarle un móvil a la niña.

Otras circunstancias que han hecho proliferar este fenómeno es la existencia de muchos hijos únicos o que no tienen hermanos del mismo género y que pasan además muchas horas solos por los horarios de sus padres. Buscan llenar ese vacío con esos otros hermanos «virtuales» a ser posible de manera económica utilizando los SMS de forma compulsiva.

Y, por supuesto, el uso del móvil y los SMS supone una independencia de los padres, para reforzar su identidad personal y colectiva con un espacio propio y privado y una comunicación en la que pueden dar rienda a sus propios valores, normas y comportamientos. Sin olvidar que el móvil es también objeto de emociones y a veces se utiliza para superar timideces, pues no existe la conversación cara a cara. Los padres quieren que sus hijos tengan móvil para poder controlarlos y los hijos quieren el móvil para tener libertad respecto a sus padres (que les recargan la tarjeta).

¡ALARMA! HA ROBADO

Paloma roba dinero, bebidas, joyas de su casa (14 años).
Julio ha sido detenido por robar en unos grandes almacenes (12 años).

En el hogar podemos comprobar que el hijo sustrae pequeñas cantidades del monedero. Sin inducir de ello que inicia un proceso delincuencial y asumiendo el hecho puntual, sí se ha de ser severo en la respuesta, al entender que menoscaba la necesaria confianza. Deberá devolverlo o, si lo ha gastado, se le deducirá de la paga y, además, deberá realizar labores en beneficio del hogar.

La mayoría de los adolescentes vive alguna experiencia relacionada con hurtos en grandes almacenes. Esto, en principio, no debe ser preocupante porque nace de su necesidad de transgresión y búsqueda de emociones, característica de esta etapa de la vida. No obstante, habría que ver si ese comportamiento responde a otro problema más grave o es una forma de llamar la atención.

Cuando se roban cosas que no se quieren o que luego se rompen o devuelven, lo que podríamos definir como un robo estúpido, hay que abordar su motivación, que es de origen inconsciente. Puede ser alarmante si se realiza de forma frecuente y compulsiva, pudiendo llegar a tratarse de una cleptomanía. En todo caso hay que enfrentarle al hecho y sancionarle con rotundidad (no reñida con el afecto) por el mismo. Reparar el delito; que el adolescente devuelva lo que ha robado.

AMOR. AMORES Y DESVENTURAS

> Mantiene relaciones con diferentes chicas. Es promiscuo.
> (En referencia a Jorge, 16 años).

Si nuestro hijo/a tiene muchas novias/os (a la vez o de forma continuada), ¿debemos pensar que es incapaz de amar o que subyace en él/ella un trastorno psicoafectivo?

Vayamos por partes. No es lo mismo ir cambiando de novias/os que tener varios/as a la vez.

Una cosa es ser un inconstante, «un pica flor» y otra un caradura, un egoísta irrespetuoso. En todo caso hacer de «Don

Juan» (o su paralelo femenino) nos muestra una marcada inmadurez.

Hay que transmitir que el amor es fundamental, que conlleva no sólo pasión, sino tiempo, futuro, respeto, intercambio afectivo. Pero estamos hablando del amor que conlleva compromiso. Es cierto que los niños para conocer y conocerse contactan con otros/as muchos, pero digo cuando son pequeños.

Cambiar de novio/a puede significar una forma de que el adolescente se sienta como una persona con deseos y aspiraciones a una relación más satisfactoria. También conlleva saber soportar las separaciones. Ulteriormente demostrarán su salud mental vinculándose afectivamente de forma continuada, de no ser así habrá de abordarse el tema, hablándose de forma abierta y realizando cuestionamientos (que no interrogatorios).

Cuando se tienen relaciones sexuales múltiples, se puede acabar reduciendo las relaciones al simple coito, pasar a una dimensión utilitaria del otro, a veces como consecuencia de depresiones, decepciones o incluso malos tratos infantiles.

Hay que evitar el «*zapping* emocional», en ocasiones muy utilitarista, que es dañino para quien se «queda enganchado» afectivamente y para quien muestra una incapacidad de implicación afectiva.

> Noemí ha tenido dos abortos y está de nuevo embarazada (14 años).

Del mismo modo hay que inculcarles responsabilidad en sus relaciones sexuales; la necesidad de usar el preservativo de manera continuada para evitar el contagio de enfermedades de transmisión sexual (ETS), y hablar profundamente (conociendo sus fantasías/miedos...), sobre medios preventivos de embarazo, y sobre la gran diferencia entre métodos anticonceptivos y la «píldora del día después».

Hablar con ellos de sexo es algo natural, amplio, precioso; hay que erradicar de raíz cualquier sombra de sentimiento de culpa, de irracionalidad, de pecado. Estaremos atentos y dispuestos a entender y apoyar cualquier orientación sexual en nuestros hijos (salvo que sean patologías o ilegales), pero, sin duda, hay que apoyarles para que puedan sentir y expresar su homo o heterosexualidad.

No demos por hecho que los chicos «saben lo que hay que saber». Mostrémosles que aceptamos su sexualidad y que, como en todo, estamos a su disposición. Ni los hijos son tan infantiles como algunos padres desean creer, ni, por el contrario, son tan precoces como otros padres piensan.

LAS COMPAÑÍAS DE NUESTROS HIJOS

> Carla sale con chicos mayores que no estudian. No hacen nada, están siempre en el parque (13 años).

En la adolescencia no hay nada con lo que disfrute más su hijo que estando con sus amigos, ya sea practicando deporte, hablando, jugando con videojuegos o «tomando» (con alcohol, o sin alcohol). Los chicos precisan de zonas y tiempo para comunicarse, siendo ésta tal vez una de las motivaciones para participar en el «botellón» (compartir bebida en sitios públicos). En ocasiones la relación del grupo se agota en el rito de ingesta de alcohol y el consumo se convierte en compulsivo, no se bebe por placer. El alcohol se ingiere como cohesión, como vínculo social. La borrachera es casi buscada como muestra de pertenencia al grupo de iguales. Conocedores de esta lamentable realidad que puede ampliarse al consumo de «pastillas», los padres hemos de educar a los hijos para que elijan a sus amigos, para que aprendan a divertirse sin el consumo bárbaro de alcohol, para que sepan aguantar la presión del grupo, para que busquen sentirse bien consigo mismos.

Hay que enseñarles a ser independientes de los amigos. Hay que capacitarlos para reflexionar individualmente, para exponer los propios criterios sin miedo a la valoración de los otros, a decir «No» cuando no se comparte lo que proponen los amigos, a no dejarse manipular, a decidir con libertad; a no perder las posiciones ante los retos y desafíos; a visualizar, como paso previo, las consecuencias de las propias acciones.

Si su hijo se relaciona con compañías que le parecen perjudiciales para él, querido lector/a, padre/madre, hará bien en preguntarse y preguntarle si son tan nefastas y, en su caso, dialogar e intentar que desista de mantener esas relaciones. Si es necesario, cabe prohibirlas en defensa de la función tutelar y desde la convicción, desde la autoridad moral, y, si no es así, confirmándolo por la autoridad judicial, tras haber sido solicitada. Otra posibilidad es llenar los espacios de tiempo con otros contenidos como asistencia a gimnasios, danza, obras de teatro, etc.

Los campamentos son un gran preventivo para no caer en la apatía y en el capricho, para respirar a pino y llenarse con el soplo de vida de la naturaleza, para que la ociosidad no permita anidar todo tipo de vicios en los períodos de vacaciones. Trabajar en equipo, compartir, entender que la única manera de poseer un amigo es serlo.

En esta sociedad tan comodona, tan de que me lo den todo hecho, que crea estos niños estúpidamente tiranos, los pueblos, los campamentos, son vivencias necesarias, imprescindibles para formarse como personas, no sólo para saber, sino para ser. He llevado a jóvenes muy conflictivos a campamentos y en ese nuevo entorno han cambiado radicalmente a mejor. Ésa es la vacuna, el antídoto contra la intolerancia y la vivencia negativa de intenciones ajenas. En Dinamarca, a los adolescentes cómodos, vagos, conflictivos o déspotas, los embarcan durante tres meses con pescadores. Magnífico.

Cuando veo a monitores jóvenes en campamentos y a los acampados, sanos, nobles, altruistas, alegres, me revelo contra la caricatura de la juventud que esperpénticamente nos transmiten de forma reduccionista y sesgada.

En ocasiones, además de buscarles actividades que faciliten la relación con jóvenes sanos, se precisa la implicación en algunas actividades de los padres con sus hijos, como asistir a espectáculos deportivos, etc.

Puede ser que, a veces, ni siquiera sepa realmente con quién se encuentra su hijo, quiénes son sus amigos. No saber nada sobre ellos manifiesta un problema de confianza mutuo.

Conocer las compañías de su hijo y fomentarlas debería de tenerse en cuenta desde las primeras edades. Si le permitimos —y facilitamos— desde pequeño que traiga a casa a los amigos, tendrá así la posibilidad de poder aconsejarle sobre ellos.

Buen momento también para reforzar el valor de la amistad, que supone lealtad y dedicación a los amigos.

Es positivo conocerlos, pero existe un riesgo al relacionarse con los amigos del hijo, puede acontecer que se les valore más que a éste, que la relación que se establezca sea más permisiva y esto provoque el rechazo del hijo («Son muy simpáticos y comprensivos con las visitas, pero no conmigo»).

Las familias de los amigos de nuestro hijo también son un referente para él, y para nosotros, aunque, dadas las peculiaridades de los núcleos familiares actuales, podemos llegar a sentir cierta falta de control. En todo caso es de gran utilidad que los padres de los amigos de los hijos se conozcan entre ellos y puedan compartir actividades conjuntas.

También es lógico que tenga ese amigo insustituible, del alma, que lo es todo para él. Se comprenden mutuamente, viven las mismas situaciones, se apoyan y dan respuesta a múltiples preguntas. Se vive como único, perfecto, se comparte todo con él. Es imprescindible. No tener un verdadero amigo debe ser motivo de preocupación, pues la personalidad se forma también a través de sus relaciones amistosas.

LOS CONFLICTIVOS HORARIOS

> No sabemos nunca a qué hora va a llegar. A veces pasa la noche entera fuera de casa. (En referencia a Claudia, 15 años).

El horario de llegar a casa y salir por las noches ha sido y será uno de los temas que más conflictos genera entre los padres y los adolescentes. ¿Es correcto que un adolescente esté solo en la calle de madrugada? ¿Por qué sus padres lo permiten, aun sabiendo que con ello se expone a riesgos innecesarios?

La respuesta es bastante simple en la mayoría de los casos: por no discutir. Otros lo consideran sencillamente «lo normal», «lo que hacen todos», «la forma de pasarlo bien».

«Nosotros hemos diseñado una vida nocturna para nuestros jóvenes y hemos permitido que avance. Pero la vida está hecha para el día —afirma rotundamente E. Calatayud—. Hoy se considera normal que un crío de quince años esté a las tres de la mañana en la calle, sobre todo los fines de semana, pero no es normal en absoluto».

Los hijos, los jóvenes, no entienden el miedo de sus padres, estiman injustificadas las franjas horarias establecidas para salir.

«Una encuesta realizada por la ONG Save The Children y la Universidad Autónoma de Madrid arroja los siguientes datos sobre la infancia española: el 56 por ciento cree que le imponen limitaciones a la hora de disfrutar del ocio, el 32 por ciento siente un trato irrespetuoso por parte de los adultos, el 25 por ciento no se siente libre...». (*El Mundo*, 17 de abril de 2005.)

En la noche se establecen más relaciones personales, se vive con más desinhibición, a lo que ayuda el alcohol o el consumo de otras sustancias de fácil accesibilidad. La música envuelve y no hay límites ni de adultos ni de tiempos.

Algunos padres, por su parte, admiten esta etapa como algo por lo que hay que pasar, otros no hablan del tema para no generar discusiones. En general, los padres preguntan poco. Pero sí hay un estereotipo de padres que se quedan en casa pendientes del reloj, pensando en lo que puede estar haciendo su hijo, sin dormir en todo el fin de semana hasta que el joven llega a casa.

Los horarios exigen unos «contratos no escritos» pactados y necesariamente cumplidos. Poco a poco y con el aumento de la edad y la responsabilidad se podrán ir ampliando. Acordar juntos su hora de regreso significa que no hay límite concreto e inamovible, sino que realmente se concede al adolescente la capacidad para participar en la decisión. Pero si no se respeta el horario sin causa justificada, la próxima salida puede ser anulada o reducida por «incumplimiento del compromiso adquirido».

Hay que saber dónde está el hijo y con quién, lo que piensa hacer y la hora en que debe volver a casa. Si él realiza algún cambio deberá decirlo. Es un contrato claro e indiscutible que implica una confianza mutua.

Aunque sea independiente respecto al transporte y gane su propio dinero para salir, no disminuye la responsabilidad como padres ni tampoco ante la ley, ni limita la autoridad sobre el adolescente.

MENTIRAS Y DUDAS

> Siempre nos cuenta mentiras. Ya no la creemos cuando nos habla. (En referencia a Julia, 14 años).

Los adolescentes, ocasionalmente, emplean la mentira de forma calumniosa, y ello por celos o equívoca competitividad. Puede ser una forma de preservar su universo íntimo y mantener a sus padres al margen de sus relaciones o actividades personales.

Cuando un hijo miente y nos consigue engañar no se trata de saber si el niño es muy hábil o el adulto muy ingenuo, lo que denota es que estamos lejos del niño.

Los niños (y los adultos) mienten como sistema defensivo ante un eventual castigo, para disimular la ignorancia, para evitar la vergüenza, para parecer mejor de lo que en realidad es, para recibir atención. La mentira se dispensa al por mayor. Se trivializa.

Los padres han de hacer comprobar al hijo que es mucho más ventajoso decir la verdad (aunque suponga el reconocimiento de algo mal hecho). Como siempre, se basa en el ejemplo de los adultos, en la responsabilización, en evitar la complicidad o «entender» la mentira. No debe reprenderse de forma exagerada, pero sí ha de manifestarse que la mentira cercena la confianza.

Cuando la reincidencia en la falsedad es continuada estamos ante un auténtico embustero, un verdadero farsante que llega a confundir lo real con lo falso. Un enfermo de la mentira, un mentiroso patológico que precisa tratamiento.

ADOLESCENTES DEPRIMIDOS Y HUIDIZOS

> Sofía siempre está encerrada en su cuarto (16 años).

Los padres harán bien en preocuparse y abordar —con ayuda de especialistas— a los hijos a los que ellos mismos no saben definir, de los que no conocen sus motivaciones y ansiedades, a esos hijos que son unos desconocidos, encerrados en sí mismos, en sus silencios, en miradas huidizas, muchas veces en su música (con sus auriculares), en su ordenador o videojuego. Precisan ayuda, pero la rechazan, interprétese esto como un síntoma.

Otros niños no pueden definirse como introvertidos y se comunican con fluidez, si bien en casa no transmiten nada. Habrá que preguntarse si lo cuentan a sus amigos, a otros adultos, si los padres no se han ganado su confianza, si se abortó la primigenia escucha. Si es así, habrá de intentarse mostrar receptividad y disposición.

> No le puedes decir nada porque se deprime. (En referencia a Violeta, 15 años).

Hay que diferenciar. Hay niños con características depresivas. Hay algunos que ante una llamada de atención de sus padres les contestan con frases del tipo: «Me quieres hundir», «Me persigues». Son expresiones inaceptables.

Los adultos, aunque nos cueste admitirlo porque tenemos idealizada en muchos casos la etapa infantil de nuestras vidas, debemos tomar conciencia de que los niños padecen enfermedades mentales y es lógico, puesto que tienen vida psíquica, por eso se deprimen, se angustian.

Esa verdad etiológica se incrementa por la falta de escucha; muchos padres buscan un psicólogo como «padre sustitutorio». La falta de con-tacto, de relación, de afecto es muchas veces la espoleta de serios problemas emocionales que florecen en la adolescencia.

Asimismo, y como asevera la American Psychiatric Association, «el divorcio de los padres representa una experiencia altamente estresante para los hijos». Eso es así si utilizamos a los niños como correa de transmisión de los conflictos de los mayores.

Tenemos enfermedades consecuencia de la «moda» y son graves, nos referimos sin ir más lejos a la anorexia, a esa muestra contumaz en los anuncios y pasarelas de modelos esqueléticas cuyo ejemplo hace que niñas de nueve años se pongan a régimen.

Los intereses económicos (la publicidad que utiliza a los niños como sujetos consumidores) pueden dañar el equilibrio emocional de los pequeños. Hay otros factores desencadenantes de estos trastornos, son las malas relaciones con los compañeros y las bajas calificaciones escolares.

Piénsese que además hay niños que viven con enfermos mentales, con alcohólicos y drogadictos. Los hay que tienen que tomar todas las decisiones porque alrededor no hay referencias, ni ambiente estructurado.

Muchos problemas conductuales, de tiranía, de comunicación, son las más de las veces producto de factores sociofamiliares.

Y no olvidemos que hay niños y no tan niños que se adscriben a situaciones autodestructivas o conductas de riesgo, que se muestran dependientes del alcohol, de otras drogas, o del juego, que buscan la penosa gratificación de la violencia.

Hay algunos que son diana de malos tratos, explotaciones, abuso. Son el reflejo de la impotencia de adultos, proyecciones de quien fracasó en la infancia, de exigencias para mostrar «esponjas de conocimiento».

Otros sufren trastornos del sueño, bulimia... No enterremos una realidad, el suicidio adolescente.

En la segunda infancia, el fracaso escolar y el rechazo de los compañeros son los causantes del mayor índice de depresión y de algunas tentativas de suicidio.

La profunda tristeza alcanza al niño cuando está solo, se aprecia en él desinterés general y específicamente del estudio, dificultad para concentrarse, así como trastornos del comportamiento e irritabilidad.

La depresión en los niños es mucho más frecuente de lo que la gente cree. En líneas generales, podemos decir que aproximadamente el dos o tres por ciento de todos los niños con un comportamiento alterado presentan depresiones de grado medio o severo.

La depresión endógena se asocia habitualmente a la sucesión de estados eufóricos y de profundos decaimientos anímicos que suelen ser causados por conflictos infantiles no resueltos. Influye que los padres sean depresivos. Hasta los 4/5 años repercute mucho que la madre lo sea. Madres con altos niveles de depresión, revelados por ellas mismas, son más propensas que otras a comunicar que sus hijos presentan problemas de comportamiento.

Las que manifestaron incrementos en los niveles de su sintomatología depresiva no interactuaban tan positivamente con sus hijos como lo hacían las madres con bajos niveles. Este hallazgo puede deberse a varias razones asociadas con la sintomatología depresiva, que incluye letargo, anhedonia, irritabilidad y sentimientos de tristeza y baja autoestima. Esto puede hacer que el niño reaccione a la depresión de la madre siendo menos sensible a sus demandas (probablemente porque no hay demandas efectivas) y menos gratificante en la interacción (probablemente en respuesta a la falta de gratificación de la madre).

Hoy en día estamos en condiciones de poder ayudar a los niños depresivos, ya que disponemos de modernos fármacos específicos para esta entidad. Sólo hace falta saber diagnosticar a tiempo.

En la adolescencia, la depresión cursa en muchas ocasiones como irritabilidad —hay que discriminar los bruscos cambios de humor transitorios, propios de la adolescencia, de la irritabilidad persistente.

Resulta fundamental hablar con sus amigos, para ver si ellos también captan ese cambio, si el hijo, cuando sale con ellos, no disfruta, se muestra abstraído, aislado, en su mundo.

El adolescente deprimido adopta un ocio pasivo, se coloca delante de la televisión horas sin prestar atención o se muestra apático y permanece encerrado en su cuarto escuchando música. No contiene explosiones de violencia y se expresa con frases del tipo «nadie me quiere», «no valgo para nada», «tengo un nudo en la garganta», «siento opresión en el pecho». Se altera mucho si los padres intentan sacarle de ese aislamiento. Otros síntomas que pueden aparecer son fatiga exagerada y cansancio, ralentización en las acciones, iniciativas y pensamientos o, por el contrario, una agitación vana, sentimientos de culpa y pérdida de autoestima, trastornos del sueño como el insomnio o hipersomnio y pérdida del apetito.

El trastorno depresivo conduce al fracaso escolar, lo que genera sentimiento de culpa y conflictos con padres y maestros.

Existe el riesgo de que el adolescente descargue toda su agresividad contra los demás, contra los más próximos, o incluyéndose en grupos disociales que se rebelan ante lo normalizado y constituido por la sociedad (se siente mal, muy mal consigo y lo vomita al exterior). También puede buscar la ayuda en las drogas (incluido el alcohol), pues de ese modo cree sentirse mejor cuando en realidad sólo es un punto de fuga.

Es de destacar que en la mayoría de las ocasiones la terapia a aplicar a los niños y jóvenes afectados pasa por una actuación con el núcleo familiar, lo que no contradice el tratamiento individual.

Esta sociedad, en vez de instalarse en el tiempo desapacible debe fomentar las vacunas psicológicas y debe ayudar a pensar en positivo como antídoto de la depresión; los niños requieren salud mental.

Y, digámoslo sin ambages, los programas de salud mental para niños y jóvenes están de manera genérica escasamente desarrollados en las distintas comunidades autónomas.

Dichos programas se han iniciado desde una perspectiva limitada y ambulatoria, implementando pocos recursos específicos necesarios, que incluyen centros de día y unidades hospitalarias para su tratamiento residencial.

Es imprescindible establecer una red asistencial específica que permita una detección precoz y una intervención efectiva basada en la coordinación entre servicios sanitarios, sociales y educativos.

> Alberto no participa en nada con la familia. No quiere ir con nosotros a ningún sitio. A veces tampoco nos habla (16 años).

Vemos casos de afecto paterno-filial muy superficial, ya sea bidireccional o en un solo sentido, también nos encontramos con situaciones de distanciamiento afectivo, pero últimamente quedamos impactados por hijos que nos explican con naturalidad que «simplemente» no quieren a sus padres, que no les odian, que no están resentidos contra ellos, pero que no les quieren, que nunca les han querido.

Y uno se pregunta, ¿cómo es posible? La desvinculación afectiva, llevada a su máxima expresión se convierte en inhumana, gélida, inabordable.

¿Qué ha acontecido para que la relación padre-hijo no haya germinado?

Escuchando a estos jóvenes uno siente la angustia de la nada, percibe el inquietante vacío y se ve sacudido por el distanciamiento desde el que se comunican.

Tras la perplejidad, llega la fase de la desconfianza diagnóstica, de la búsqueda de explicaciones que afloren a la superficie. No es fácil, hay que llegar a sustratos profundos para empezar a entrever dónde se generó el seísmo que ha acorchado una relación que se convierte en proximidad pero no en interacción.

Apunto esta realidad numéricamente no muy común, pues pudiera tratarse de un brote de patología relacional que debiera abordarse, no vaya a ser que se propague.

Y es que a querer también se enseña, transmitiendo amor y escucha, manteniendo contacto, mostrando cómo se comunica el afecto y se dominan los sentimientos y las conductas.

Hora a hora, día a día, el niño, el joven debe captar, interiorizar lo que es el comportamiento emocional, cómo se reconducen los sentimientos, cómo se expresan, cómo se verbalizan y se comunican gestualmente.

Tenemos analfabetos emocionales, pero es que hay quien no les ha mostrado desde la palabra y el ejemplo lo que significa autodominio, autocontrol, capacidad para ser entendido y apreciado por los otros.

Hay quien fracasa reincidentemente en lo fundamental, en la interrelación con los demás, y es que no ha recibido la socialización precisa, los elementos necesarios para ser equilibrado y facilitar la relación y el bien-estar a (y con) los otros. (En páginas anteriores indicamos las competencias necesarias para una correcta socialización).

La educación emocional es el a, b, c, de la vida, el seguro de felicidad, la mejor inversión para prevenir dolor y sufrimiento a quienes sí tienen sensibilidad.

CHANTAJISTAS

> Nos chantajea con amenazas: «¡Voy a prender fuego a la casa! Cuando estéis dormidos os voy a cortar el cuello».
>
> Y con actitudes: «Siempre está enfadada». «Cada vez que digo algo, me hace un gesto como si me fuera a pegar».
>
> «Si me cruzo con él se encoge como si le fuera a pegar sin haberlo hecho nunca. Me hace sentir fatal».

Si se les deja, son chantajistas, juegan con ventaja, «¡hay que protegerlos!».

¿A que me voy de casa?, es una frase que puede ser lanzada como un dardo. Algunos llegan mucho más lejos, «me hacéis la vida imposible, no vale la pena vivir» (el latigazo está dado, la angustia empieza a roer). Estas amenazas son inadmisibles; pasa como con los anónimos, existen, pero hay que desecharlos.

Afrontemos el chantaje, hablemos con rotundidad (no confundir con rudeza), dejemos claro que no vamos a admitir el juego perverso.

Usted también podría desaparecer de la vida del hijo, ¿y entonces? Educar conlleva también asumir riesgos. No claudicar, no ser dubitativos. No al chantaje, por parte de nadie.

Otros hijos dirán, «pues cuando sea mayor me independizaré»; cabe contestarles: «Ese día podrás valorar y optar, nosotros te apoyaremos sea cual sea tu decisión».

De un tiempo a esta parte hay distintas instituciones que defienden los derechos de los niños. Créame, querido lector/a, son absolutamente necesarias, de hecho están desbordadas de casos graves y gravísimos. Es perfectamente comprobable. Fui el primer Defensor del Menor y trabajo desde hace más de veinte años en Fiscalía de Menores, que tiene entre sus competencias la protección de la infancia. Conozco bien de lo que escribo.

Pásense por los servicios sociales, o por las urgencias y servicios de traumatología hospitalarios, corroborarán el maltrato infringido a tantos niños, en ocasiones recién nacidos, los que están en riesgo, los que sufren desamparo...

Y confirmado que se precisa una red social que, incluyendo miembros de fuerzas de seguridad, juristas, psiquiatras, psicólogos, maestros, médicos, sanitarios en general... periodistas, defiendan a los niños y promuevan su buen trato, tengo que decir con el tono de voz alto: ¡¡La impunidad de los adolescentes y jóvenes no se debe a estos profesionales y organizaciones. Tampoco los niños tiranos les son achacables!!

Ciertamente algunos menores pueden decir y dicen: «Te voy a denunciar»; es el momento de contestarles: «Vamos»; e ir.

¿Alguien cree que los psicólogos forenses, los fiscales, los jueces son estúpidos, que se les elige por serlo, que es uno de los requisitos de su oposición? ¿O que no tienen hijos? Saben de la realidad, se manejan con ella, es más, algunas realidades ni se las imaginan el resto de los ciudadanos.

La presunción de inocencia impera. Los chantajes no se admiten. Si el niño o joven va «de farol» o empieza a ser un tirano, se encontrará con la horma a su medida.

Me preocupa sobremanera la redundante, reiterada, cansina expresión, ¿quién defiende a los padres? Las instituciones. Bien abordadas, las mismas instituciones que tienen como máxima «el mejor interés del niño».

El mejor interés del niño puede ser protegerlo, apoyarlo, retirarlo temporalmente de la familia, pero también sancionarlo y decirle: «Fuera de tu hogar hay unos topes que no se pueden saltar. Es más, apoyamos a tus padres. A partir de hoy, tus padres saben que no están solos».

R. T. Bayard y J. Bayard nos comenta: «Con frecuencia cuando vemos a un padre disgustado por lo que dice su hijo, nos parece que es como una corrida de toros, en la que el hijo torea al padre. A veces nos gustaría decirle al toro unas palabras; él tiene el poder, pero el torero le controla. Basta con que se agite la franela roja para que acuda al engaño. Sin duda el toro cree que el problema es el torero, o al menos la muleta; pero, tal y como lo vemos, su problema es su propensión a irritarse y embestir a una señal del matador. Nos gustaría poder decirle al toro: prueba a no embestir».

Detenido en la Ribera por maltrato psíquico a su madre y su abuela.

Agentes de la Policía Foral han detenido en una localidad de la Ribera a un joven de 18 años como presunto autor de un delito de malos tratos psicológicos cometidos sobre su madre y su abuela, según informó el Gobierno de Navarra en un comunicado.

Los hechos ocurrieron el domingo. Poco después, el centro de mando y coordinación del cuerpo policial autonómico recibió una llamada en la que se alertaba de un posible caso de violencia doméstica. Hasta el lugar se desplazó una patrulla de atestados con base en Tudela, quienes después de valorar la situación planteada procedieron a la detención y traslado del joven hasta dependencias policiales.

Después, la madre del detenido acudió con una abogada del Servicio de Atención Jurídica a la Mujer para presentar una denuncia. En su declaración, relató que desde hace varios meses ella y su madre vienen soportando continuos episodios de vejaciones, insultos y amenazas. También había ocasionado daños en el mobiliario del domicilio.

Tras completar las diligencia policiales realizadas por miembros de la brigada asistencial, el detenido fue puesto en libertad y quedó a disposición del Juzgado de Instrucción número 2 de Tudela, el Ministerio Fiscal y la Fiscalía del Servicio de Violencia Familiar.

Publicado en el *Diario de Navarra*. Jueves, 26 de mayo de 2005.

LA COARTADA DEL AMOR

¡Me voy a suicidar! (José, 17 años).

Las amenazas de suicidio deben ser consideradas como alarmantes y se debe acudir al psicoterapeuta. Siempre hay que ocuparse de un niño o joven que verbaliza esos temas, que fantasea con la muerte como forma de resolver un problema. La idea generalizada de que quien dice que se va a suicidar no lo hace es un mito erróneo. Recordemos que los adolescentes son drásticos, muy tendentes al «todo o nada». Las tentativas de suicidio son siempre una llamada de atención y una petición de ayuda.

Por desgracia, ésta es una realidad no por callada menos verdadera, hay jóvenes, y los habrá, que se sienten desdichados, bien por recibir maltratos en casa, por ser rechazados, por no atreverse a enfrentarse con unas malas notas escolares, por haber sido abandonados por la persona que quieren... y también por padecer patologías mentales.

El suicidio es la muerte intencional de uno mismo (Baldwin). Atañe a un acto volitivo individual, que se basa en la disponibilidad de la propia vida y, por tanto, de la propia muerte, lo que choca frontalmente con la concepción social del carácter absoluto con que se inviste el derecho a la vida y del necesario engarce humano.

En todo caso, suicidio y eutanasia, constituyen hechos marcadamente distintos.

La historia ha contemplado posturas intransigentes y aberrantes que consideraban el suicidio como un pecado, un «delito», un trastorno psicopatológico; estos posicionamientos han periclitado definitivamente. Por el contrario, resulta ser también un enunciado peligroso y erróneo el del respeto a la libertad del suicida a morir, y ello porque, en la inmensa mayoría de los casos, en la fase presuicida la libertad psicológica está nublada o condicionada.

Sabedores de que el ser humano nace y muere solo, somos muchos los que pensamos que el derecho a la vida debe interpretarse como una libertad positiva —y no como un derecho de simple disposición—. Es decir, los otros, la sociedad, el Estado, deben (están obligados) a ayudarnos, a defender la vida, a propiciarla, a erradicar en lo posible los factores predisponentes del acto suicida, pero sin poder obligar a vivir.

Nuestro Código Penal —al igual que la práctica totalidad de los ordenamientos jurídicos de nuestro entorno cultural— no castiga la tentativa de suicidio cometida por quien intenta quitarse a sí mismo libre y voluntariamente la vida, sino sólo a aquellos terceros que inducen o cooperan con actos necesarios al suicidio de una persona: ya sea sin llegar a causarle la muerte, ya hasta el punto de ejecutarla.

Hombres y mujeres desde que nacen son conocedores de su propia muerte, ésta es su dolencia crónica, este conocimiento es motor de sus actividades, los hace originales ante el resto de especies animales, pero les inviste de angustias, miedos y melancolías.

De ahí que haya quien interprete que todo suicidio es un chantaje, sobre todo si se ha llevado a término, porque entonces la responsabilidad de los que quedan se hace perpetua. Desde la personal, única y subjetiva vivencia y pensamiento de cada individuo, hay quien, como Madame Butterfly, asevera: «con honor muere, quien no puede conservar la vida con honor». Otros piensan que el suicidio constituye una salida posible, sentida como única, en la evolución de un síndrome depresivo.

Albert Camus, con más atrevimiento, exclama: «Todos los hombres sanos han pensado en su propio suicidio alguna vez».

Ciertamente los países con índices de suicidio tradicionalmente elevados (Japón, Hungría, Suecia, Noruega, Islandia, Suiza y Austria), están teniendo un incremento de los mismos.

De igual manera, el suicidio infanto-juvenil transciende localizaciones geográficas o épocas históricas; el término muerte es moneda corriente en el discurso adolescente. Sin embargo, ni en el Infierno de Dante se incluye el suicidio de niños. Y es que el suicidio, dentro de la etapa juvenil, trastoca los conceptos sociales que asocian a los niños y jóvenes con frases como «divino tesoro», «llenos de vida», o «tienen la vida por delante».

Lleva consigo una dimensión de violencia, para el propio joven (es la expresión extrema de la conducta autoagresiva) y para su entorno.

La realidad es que el suicidio constituye una de las primeras causas de muerte durante la adolescencia; en España el incremento en la banda de edad de 14 a 18 años, es del trescientos por cien y los intentos de suicidio se han disparado dramáticamente en los últimos años.

En la adolescencia se calcula que se producen tres suicidios consumados por cada cien tentativas, los varones llevan muchos más a término, las mujeres triplican el número de intentos; para ellas, la tentativa suicida es una de las formas de expresar sus protestas.

Afortunadamente, la frecuencia del suicidio desciende sensiblemente por debajo de los 15 años de edad. En los menores de 10 años es realmente excepcional, porque antes de esa edad la concepción de la muerte es todavía muy confusa, y cuando se produce es debido a celos, o bien a la imitación de algún acto visto por ejemplo en televisión (volar, con lo que su imaginación le confunde), o por una reacción emotiva realizada sin control. Lo antedicho no es óbice para constatar que los niños desde los 6 años verbalizan en los gabinetes psicológicos que a veces piensan en la idea de muerte, tanto en la posible de sus padres, como en la suya propia.

El suicidio infanto-juvenil es un hecho individual, sumamente complejo, con etiologías psicológicas, emocionales, afectivas, evolutivas, conductuales y situacionales.

Bastantes niños y adolescentes, después de un intento de suicidio, nos han señalado que no sabían si realmente querían matarse o no; esto es propio de estas edades, más cuando los niños son educados, en nuestro país y en otros muchos, en el concepto cristiano de que «no se muere», se abandona el cuerpo, pero para llegar a un mundo mejor e inacabable.

«La depresión infantil existe. El niño no se suicida para morirse. El niño quiere suicidarse y seguir viviendo. Se suicida porque no le gusta esta vida que está viviendo. Quiere vivir otra y la manera de salir de ésta es hacer lo que cree que debe hacer. Pero se suicida siempre para vivir más» (A. Gala).

Hay niños que no son queridos por sus familias, que son rechazados, que aprenden a rechazarse a sí mismos; así se inicia el primer paso de la autodestrucción; estos protoclimas familiares llevan ocasionalmente en los niños a posicionamientos autísticos de huida, y la muerte es el máximo aislamiento.

Las relaciones poco amistosas entre padres e hijos crean un terreno abonado para la germinación de los actos suicidas, actos que aparecen como comportamientos reactivos al conflicto interpersonal, envueltos en rachas huracanadas, de cólera y violencia. En bastantes casos, se puede considerar que el intento de suicidio del adolescente es una imposición paradójica en la que busca el cambio familiar; trágicamente, amenazar con matarse puede convertirse en una última oportunidad para ser escuchado.

Son muchos los autores que coinciden en estimar que la patología familiar de los niños que trataron de matarse es del 60 por ciento; estas familias están perturbadas de forma evidente o soterrada, los padres o bien superprotegen y miman al niño o son rígidos y poco sensibles a sus problemas. También es innegable que las separaciones y divorcios conflictivos aumentan el índice de alto riesgo de suicidio para niños con ciertas características.

Aproximadamente el 70 por ciento de los niños suicidas no residen con los dos padres (por separación, muerte, abandono del hogar, ausencias repetidas). Hay quien da gran importancia a la ausencia del padre como desencadenante del suicidio.

Asimismo, niños y púberes cuyos padres se suicidaron encontraron gran identificación con los impulsos que llevaron a aquellos a la muerte y tenían una fuerte convicción de que morirían de la misma manera.

Al contrario de todo lo antedicho, muchos niños y adolescentes en riesgo de cometer suicidio no lo hacen debido al amor que sienten por sus padres, porque no quieren dejarles solos.

Hemos reflejado las problemáticas familiares y debiéramos incluir la pérdida de algún ser querido como factor de riesgo asociado al suicidio, pero también hay otros, tales como los desengaños amorosos.

El fracaso escolar, en algunos casos, se detecta como un desfase entre las exigencias intelectuales y la seguridad afectiva y, si bien no parece suficiente para que un niño quiera quitarse la vida, esto puede depender de las características de éste, de la presión que ejerzan los padres o de la tiranía que impongan los compañeros (este tipo de agresiones se incluyen más adelante).

Otros tienen ideas suicidas porque ante ciertas situaciones no son capaces de elaborar actitudes alternativas ante la vida y la muerte, necesitan escapar de su escenario de vida, sienten que el problema está en él o incide específicamente sobre él, por lo que lo corta de raíz eliminándose a sí mismo.

El consumo de drogas es otro factor de riesgo asociado al suicidio, pero hay que interpretar cada conducta como una tipología de carácter distinto, nada tiene que ver la ingesta masiva de fármacos por un fracaso amoroso con la continuada adicción y riesgo de sobredosis o mezcla letal, o el ponerse y poner a otros en riesgo con una conducción temeraria, consecuencia de una ingesta incontrolada de alcohol.

Por tanto, la exposición a conductas suicidas y la disponibilidad de instrumentos que pueden ser utilizados para tal conducta suponen otro predeterminante.

Entre los factores de riesgo muy significativos se encuentran los problemas psicopatológicos (psicosis, depresión —la depresión mayor y los trastornos de ansiedad unidos a personalidad límite o narcisista). Se valora que de cada cuatro niños deprimidos, uno ha tenido pensamientos suicidas y la mitad de ellos han realizado intentos, también es cierto que muchos jóvenes que pensaban en el suicidio no estaban deprimidos en absoluto; concluyamos que la depresión contribuye al intento de suicidio, pero, desde luego, no como causa-efecto, no es una condición ni necesaria ni suficiente para ello.

Son sujetos de riesgo los impulsivos con alto grado de ansiedad subyacente unido a distorsiones cognitivas, lo que les hace propensos «al paso al acto» (denominado *acting-out*).

Los seguimientos ulteriores de niños que han intentado suicidarse nos aproximan a un horizonte oscuro, dado que bastantes reinciden en el intento (en el año siguiente entre el 30 y 50 por ciento), y aproximadamente un 75 por ciento muestran graves problemas de inadaptación, con recurrentes problemas psicopatológicos.

Genéricamente, el suicidio infanto-juvenil es un acto erróneo de autoafirmación, una búsqueda de comprensión; por eso, si analizamos sus intentos suicidas, apreciaremos que cuando son «demostraciones» ingieren demasiada cantidad de veneno y por el contrario cuando son «concluyentes» toman, por decirlo a título de ejemplo, cantidades pequeñas. Las autopsias psicológicas han mostrado en muchas ocasiones niveles altos de conducta hostil en los suicidas.

Es manifiesto que se pueden elaborar escalas que sirven para diagnosticar el riesgo de suicidio.

Asimismo existe unanimidad a la hora de recomendar una limitación en la difusión por los medios de comunicación de noticias sobre el suicidio, hasta el punto de que anuncios publicitarios como el que transmitía una realidad innegable «la droga mata», conllevó la extensión de las drogodependencias hacia sectores de jóvenes tanáticos.

El intento de suicidio, por leve que sea, se puede ir transformando en un diálogo vida-muerte, lo cual es una plataforma idónea para llegar a su consumación. Debe considerarse como muestra de una alteración y signo de una necesaria y urgente ayuda psicológica.

Cuando se produce un intento de suicidio es necesaria la implicación de toda la familia; no hay que hacer de ello un secreto pero tampoco trivializar el problema o ignorarlo. Hay que vivir sin olvidarlo, pero sin estar en cada momento recordándolo. Hay que aceptar al adolescente, construir puentes de comunicación hacia él, y ayudarle a encontrarse consigo mismo.

La prevención de estas dramáticas conductas pasa por la salud mental, por fortalecer el bienestar psicológico de los niños y desarrollar sus competencias personales, de auto-estima/valía/eficacia, y su capacidad para aceptar frustraciones y obtener equilibradamente y con calma lo mejor que este mundo puede ofrecerle.

Es difícil, pero habremos de elaborar unos protocolos de qué cambios conductuales, qué frases, qué silencios nos pueden poner en la pista de un intento autolítico, porque generalmente quien va a suicidarse emite algunos avisos previos. Sin duda, el haber ganado la confianza de ese niño, la aptitud óptima de escucha pueden prevenir algunos hechos irreparables. Que sus marcas no lo sean en el aire.

SECUESTRADO POR UNA SECTA

¡Estoy porque yo quiero! (Camilo, 16 años).

No es fácil delimitar cuando un hijo se ha incluido en un grupo sectario, fanático, que le priva de su capacidad para obrar libremente.

Existen asociaciones, grupúsculos que alienan el pensamiento de los jóvenes, que los hacen dependientes.

Resulta difícil comprobar su implicación en estas sectas, pero más apearles de la idea de que lo están por propia decisión.

Aquí surge el grave problema, del libre albedrío, el de la capacidad de obrar que queda sutilmente cercenada, pero el joven explicará lo contrario, que su deseo es la pertenencia a este grupo al que calificará como no peligroso.

Los adolescentes pueden encontrar claves y respuestas a sus preguntas (o así lo viven, en su relación consigo mismos y su forma de relacionarse con la sociedad) con la adquisición de mitos idealizados o líderes incontrovertibles tanto en sectas religiosas como formaciones políticas radicales, sin percatarse de que las certezas son ilusorias.

El joven que se siente ocasionalmente dependiente de su entorno emprende un camino de búsqueda de libertad del que es muy difícil salir. El peligro se encuentra en que las sectas establecen modos de pensamiento y conducta sencillos, en ellas el joven se encuentra «arropado» por otros miembros y además las angustias personales se exorcizan atribuyéndolas al diablo, a un poder extraño... (al poder externo).

Ante esta situación, que puede resultar dramática, en la que el grupo se convierte en «el padre del joven», le dicta mandatos, le despersonaliza, no cabe otra acción que la inmediata denuncia ante el fiscal de Menores, sin demoras y con el mayor aporte de datos que se puedan obtener.

Piénsese que en la lucha entre un grupo sectario y los padres, la batalla resulta desigual. Los fanáticos van a emplear medidas de coacción y un «lavado de cerebro» que convierten al joven en un pelele sin capacidad de emplear un razonamiento crítico y con una voluntad secuestrada. Es más, puede acontecer que el grupo busque enfrentar al hijo con los padres, que le inculquen que los abandone, que los extorsione económicamente...

Hay que apoyar a las familias para que sus hijos no sean captados por bandas y sectas. Los iluminados, los fanáticos, los que buscan intereses pecuniarios, seguirán haciendo sobrevivir a las sectas, muchas de ellas destructivas.

Padres, sociedad, administración, no deben ser neutros ni tolerantes ante unas actividades que dinamitan la libertad de elección del niño o joven. Contra las sectas se exige beligerancia y valor, no cabe conceder, o, mejor dicho, suponer libertad a quien ha sido desposeído de ella, porque supone un abandono ético grave.

Sin vacilaciones, por bien de todos, hay que personarse en la Fiscalía de Menores y denunciar y realizar un seguimiento próximo del recorrido judicial por el que transita la denuncia.

FUGA, RIESGO INMINENTE

> Lleva tres días fuera de casa. (En referencia a Sandra, 14 años).

Hemos de saber que cuando un hijo se fuga, cuando abandona el hogar durante varias horas o días sin dar noticias de su paradero, suele tratarse de un fenómeno impulsivo y solitario, que pareciera tener una doble motivación: la búsqueda de libertad y la agresión a los padres (cuando son sentidos como opresores). Es una forma de reclamar interés ligada a un conflicto interno. Se da en todas las clases sociales.

En ocasiones, los padres muestran una gran ignorancia respecto a los problemas del hijo. Hay que escucharlo, hay que saber qué le condujo a realizar esa señal de alarma. A veces actitudes hostiles, incontroladas, empujan al hijo a huir de casa. Al fin, si vuelve, es que no ha encontrado en la realidad lo que buscaba en el imaginario.

Compartir sí, reconducir también, pero dejarse chantajear ante el riesgo de una posible fuga futura, jamás.

Caso: fuga y drogas

La menor Griselda María, de 17 años es detenida con anfetaminas, 42 pastillas de éxtasis. El padre, don Agustín, de 53 años trabaja en una empresa y la madre doña María Manuela, de 56 años, es profesora de Educación Física.

En la entrevista que se realiza a los padres, respecto a las pautas educativas, cuentan que «Hasta los 15 años no ha habido problemas con la niña». «Después cuando se le imponía un castigo no lo cumplía, se rebotaba y se iba fuera de casa».

Indican como conductas preocupantes: «Desde junio se fuga de casa, pasando noches fuera». «Generalmente no arremete físicamente contra los padres, pero sí psíquicamente».

Respecto a conductas disruptivas: «Desde junio se relaciona con jóvenes de más edad, que posiblemente se implican en tráfico de drogas». «Abusa del teléfono». «Mete a personas en casa».

Ante ciertas preguntas: «Quiere la emancipación y trabajar (pero no está concienciada)». «Se le realizó analíticas, dio positivo en cannabis». Consideran que: «Bebe alcohol, fuma y toma éxtasis.» Entienden que «trapichea con droga, aunque no maneja mucho dinero. Pero gasta bastante en peluquería, comidas…».

«Cursó hasta la fecha 1º de Bachillerato en el Colegio Calasancio, pero no terminó».

«Ha asistido durante 9 meses al psicólogo. Entiende que tiene un problema de afecto (relación con los padres)».

Los padres consideran que «estamos perdiendo a nuestra hija con rapidez». «Queremos ver la forma de ayudarla». «Últimamente no escucha a nadie».

En la entrevista que se realiza a Griselda María, se define como «Extravertida, impulsiva». ¿Qué dirías positivo de ti?: «Soy sincera». «Lo negativo mío… Estoy a la que salto con mi familia (...). Siempre he tenido un afecto bajo hacia mis padres, y ahora es nulo (...). Mi forma de ser es incompatible con mis padres».

Define a su padre como: «Es muy bueno, le cuesta asumir que su hija única no es muy pequeña. Yo me considero una mujer (...). Siempre he ido con gente más mayor». Define a tu madre: «Para ella, lo primero es ella, es muy mandona. Mi madre me mandó ir a piano durante 4 años y a Irlanda durante 5. Ahora como reacción soy libre y hago lo que quiero».

Motivación: «Irme de casa y trabajar (pero no acepto órdenes injustas)».

Consumos: «Anfetaminas, cocaína, pastillas, hachís (...). Creo que aunque me fuera de casa seguiría consumiendo».

Grupo de amigos: «A usted unos les parecerían buenos y otros malos (los que son consumidores)».

¿Qué harías tú con una hija así?: «Hablaría con ella y si quiere seguir consumiendo la dejaría porque nadie va a conseguir cambiarla».

El futuro: «Es difícil cambiar, porque todos tus amigos están en la misma línea de comportamiento».

«La vida es un riesgo. Yo busco el riesgo. No quiero quitarme la vida pero tengo una forma de vida». «No creo que mis padres deban abrir mis cajones, mi cartera».

¿Y si tus padres no hicieran nada?: «No me parecería bien, es el otro extremo».

Otras ideas: «Mis padres son muy mayores, y ese cambio generacional influye mucho (...) ellos sufren mucho y yo también, por eso lo mejor es irme de casa».

Como valoración, entendemos que nos encontramos ante un caso de personalidad reactiva ante los padres y primordialmente ante la figura materna, la menor entiende que se le han impuesto normas injustas cuando tenía pocos años y ahora reacciona buscando una libertad que entiende externa y que sabe llena de riesgos en contacto con personas de más edad y con diversas drogas que consume y vende.

Dada su edad y circunstancias, entre otras es inteligente, ha vivido bastante, pero aún se siente más inteligente de lo que es y las características parentales, de un padre afectivo y lábil en sus normas y una madre por el contrario nerviosa e impositiva, consideramos irreal reestablecer esas relaciones que desde hace tiempo se han deteriorado.

Cosa bien distinta es el hecho que se le imputa y que de demostrarse nos aproximaría a una conducta que en el caso de adultos está gravemente penada, por lo que de quedar sin respuesta conllevaría un aprendizaje con un riesgo futuro que aún sería mayor.

Por lo antedicho estimamos que no hace falta una medida cautelar y sin embargo precisa una respuesta sancionadora que bien pudiera ser la imposición de una dilatada libertad vigilada al tiempo de una continuidad de analíticas que indicaran que ha dejado de consumir sustancias siempre lesivas y más para una chica joven como de la que entendemos.

No hemos de obviar que el futuro sería más esperanzador si encuentra un trabajo y se mantiene en el mismo emancipándose de un ámbito familiar que le es reactivo.

Resulta duro, pero es muy significativa su expresión: «Siempre he tenido un afecto bajo hacia mis padres».

El caso cursa, orientado por el psicólogo forense, en la solicitud por parte de los padres y de la menor de la emancipación de ésta (tras encontrar un trabajo de cajera).

La defensa llevada por el amigo Fernando Oliete se vio desbordada y superada por Griselda, pues la misma deseaba «salir del hogar lo antes posible» y empezó en una conducta de «revancha vivida como abandónica» a romper objetos...

El psicólogo forense ha mantenido bastantes entrevistas con el padre de Griselda que le explica que sólo sabe de la hija por medio de un tío biológico. La madre de la menor continúa presionando de forma obsesiva para que se «encierre a su hija durante mucho tiempo» (la madre es claramente parte del problema).

El abogado contacta en varias ocasiones con el psicólogo y valora que la relación padres/hija es absolutamente imposible, al unirse: Padre débil. Madre súper impositiva («sargento»). Hija «libre».

El psicólogo se pone en contacto con la menor que le comunica que vive con unos jóvenes «gays», que odia a sus padres y que no piensa volver con ellos. Asimismo informa que sigue trabajando en un supermercado (se comprueba que es cierto).

Antes de entrar a la Sala la madre le explica al psicólogo «mi hija precisa ser castigada por mucho tiempo...».

La menor en la Sala, ante su abogado, la fiscal, el psicólogo y la magistrada informa que no desea que sus padres estén presentes dada la emancipación firmada ante notario que muestra. Obviamente la magistrada-juez entiende y respeta este posicionamiento.

La menor y su defensa aceptan la medida propuesta por el psicólogo y presentada por el Ministerio Fiscal que se concreta en una Libertad Vigilada temporalizada en 12 meses que conllevará asistencia a actividades psico-educativas en el Centro Trama, al tiempo que al C.A.D. (Centro de Atención al Drogodependiente), donde se le practicarán continuadas analíticas para comprobar su desintoxicación y alejamiento del mundo de las drogas.

El seguimiento del caso permite apreciar que Griselda María reside fuera del hogar familiar, continúa trabajando, ha abandonado —aunque con hechos episódicos de ingesta— la droga. La menor ha agradecido a este psicólogo la medida adoptada, entiende que está mejorando (poco a poco) su percepción de sus padres.

Respecto a los progenitores manifiestan la liberación que ha supuesto la emancipación de la hija, al tiempo que un alto grado de ansiedad por los riesgos que conlleva.

Ciertamente el que esto escribe comparte la preocupación, pues Griselda le ha verbalizado que ha realizado alguna excursión a Ibiza con ánimo lúdico (y por ende de riesgo).

En ocasiones la complejidad relacional imposibilita asesorar una medida con la que quedarse satisfecho, por lo que se valora la que se considera más favorable estimando las características individuales. No siempre se acierta, quizás no sea posible.

Griselda consume drogas, trapichea con ellas, se fuga de casa... el vínculo afectivo con sus padres es defectuoso... La intervención judicial es la que adopta medidas para una situación que ya era insostenible. En páginas posteriores exponemos de manera detallada las medidas de intervención con estos menores. Ahora busquemos las razones por las que un chico/a llega a verse envuelto en esta adicción.

¿Por qué se droga una persona?

Hay quien quiere explicar el problema de la infancia y la droga como individual, asociado a una personalidad pretoxicómana. Quien así se posiciona actúa como aquel borracho al que se le cayó una moneda en un callejón oscuro y fue a buscarla lejos, debajo de una farola porque allí había mucha más luz.

Las causas del consumo de drogas pueden ser sociales, familiares y personales. Unos jóvenes no entran en contacto con ellas, otros las prueban de vez en cuando y otros se vuelven consumidores habituales. El consumo de drogas se da en todas las clases sociales y ya no es privativo de barrios periféricos de grandes núcleos urbanos.

¿Cualquier joven puede llegar a ser toxicómano? No. La motivación y la susceptibilidad psicológica a la droga es muy distinta en las personas. Los diversos estadios evolutivos y de desarrollo conforman una personalidad que en interacción con factores sociales y familiares puede ser o no receptiva a la droga.

Los adolescentes más predispuestos a convertirse en drogadictos son los que sufren problemas de salud mental o tienen alguna estructura psicopatológica, sobre todo depresión, una organización límite de la personalidad, una personalidad profundamente narcisista o una esquizofrenia paranoide. Esta explicación es válida para un 10 o 20 por ciento (doctor Francisco Alonso Fernández); el resto, cuando se hace drogadicto, no tiene ninguna estructura psicopatológica. Son los que huyen de la cruda realidad de la vida diaria y los que persiguen una experiencia más profunda.

Es cierto que los adolescentes se orientan a la experimentación de sí mismos, de sus propias posibilidades, en la búsqueda del placer y la gratificación, pero la droga nada puede hacer contra una personalidad madura y estable. Así lo confirman distintas investigaciones y la realidad de todos los que las abandonan cuando han satisfecho su curiosidad, cuando el reclamo de «lo nuevo» deja de serlo.

El patrón de consumo de drogas dominante sigue siendo experimental, ocasional, vinculado al ocio y al fin de semana.

En la actualidad se trata de un drogadicto joven, grupal y politoxicómano (lo que le confiere mayor prestigio) e inmerso en corrientes contraculturales.

El alcohol y el tabaco siguen siendo las sustancias más consumidas, seguidas del cannabis entre jóvenes de 14 y 16 años. Ha habido un aumento de consumo de cannabis y de cocaína, cuyo consumo habitual es del 3,1 por ciento entre jóvenes de 16 a 18 años.

Las toxicomanías tienen algo de contagiosas, de manera especial en momentos álgidos de socialización, cuando la inseguridad hace más necesario el grupo de amigos, cuando se hace perentorio el sentirse aceptado e integrado, en plena búsqueda de la identidad y de la liberación del yo frente al adulto. Esto es cierto si y sólo si se da una causa favorecedora situacional y una cierta personalidad predispuesta.

Es en el grupo y en el sentimiento de amistad donde nace la droga, pues junto a la carga de rito iniciático que conlleva (por el riesgo implícito que le es inherente) es un gesto normativo prohibido. Sirve como afirmación de la propia personalidad y siempre con la vista puesta en alcanzar un estado de mayor felicidad.

Asimismo, se da en la adolescencia una carencia motivacional y un narcisismo que inducen al grupo como factor para salvaguardar la autoestima y enfrentarse al mundo de los adultos.

Ciertamente, el adolescente aprende a experimentar con drogas en el hogar, no en la calle; con los bocadillos de pastillas de mamá para la cefalea, para no engordar, para dormir... todo bien regado por el cubata de papá, el porrón del abuelito, y, por si algo faltara, el armario convertido en caja fuerte de medicamentos. Y es que desde el bautizo del niño, pasando por su boda y hasta su momento final, el alcohol nunca debe faltar. Es difícil encontrarse con un consumidor de drogas ilegales que no lo haya sido antes de las legales.

Respecto a su infancia y relaciones familiares, partimos de una realidad. El toxicómano no tiene capacidad para resistirse al placer, su vida es instintiva, carece de la sujeción de su propio «yo», su «yo» no pone ninguna cortapisa a sus instintos. Deducimos que en la más temprana infancia, la maduración del yo se vio alterada.

La otra instancia de la personalidad, el «superyó», que ejerce la función de juez del hombre, requiere para su correcta constitución la identificación del niño con la persona del mismo sexo. Este proceso de identificación ha fallado en las personas que llegan a la toxicomanía, porque el padre no existía, estaba siempre ausente o no se responsabilizaba, o porque al hijo no le parecía un modelo digno de ser imitado.

El hijo necesita también el reconocimiento del padre, sin éste puede surgir un complejo de inferioridad que le dificultará la conversión de adolescente en un ser maduro.

La figura de la madre (genéricamente) suele aparecer como sobreprotectora, pero en ocasiones distante, con muchas frustraciones y propensa a la depresión. Es la típica madre omnipresente que ofrece un amor «tipo aspiradora», y que se refugia en los hijos ante sus problemas de pareja. Provoca un estancamiento de la personalidad del niño.

Existen, como vemos, padres incongruentes que descargan frustraciones, que sobreprotegen y abandonan, que no aceptan los pasos lógicos de la evolución madurativa de sus hijos, con su progresiva emancipación, y caen en una dependencia mutua, lo que va cercenando la personalidad premórbida. No son casos, en general, en que el muchacho viva situaciones muy traumáticas o extremas, pero todos estos comportamientos acarrean neurosis infantiles (entendidas como alteraciones de la conducta), que posteriormente dificultarán la adaptación al mundo normal y la superación de sus propias tensiones interiores. Pueden surgir, además, dificultades de aprendizaje y/o cambios en el sistema familiar; necesitará un terapeuta y el sustituto que tiene más a mano es la droga; la buscará fuera del hogar, en el grupo, cuya característica es la propia droga, el tipo de relaciones, la jerga... poca verbalización y poca profundización en sus conflictos. Pero este grupo tan escasamente comunicante no le solucionará sus problemas, con lo que se encontrará aislado, incomunicado con su familia y con el grupo; ante ello, comenzará la escalada empleando alucinógenos y drogas más duras. Se ha cerrado la trampa, pues desaparece la comunión con el grupo y se entra en la dependencia de la droga como única vía de evasión.

La soledad arrastra a la persona hacia las drogas y las drogas le hacen sentirse más solo. Es el drogadicto que carece de fuerza interior y no encuentra apoyo en el mundo que le rodea.

Causas principales inductoras del consumo de drogas

Éstas son las causas principales:

— Los desequilibrios, conflictos y rupturas familiares, las crisis psicológicas que producen (neurosis infantiles...).
— Los fracasos escolares y de aprendizaje. Escolaridad demasiado prolongada —joven siempre dependiente.
— La necesidad de socialización y la falta de relaciones interpersonales conducen a la búsqueda del grupo, para pertenecer a él, para ser aceptado. En ocasiones este grupo es un grupo de droga. Miedo a la soledad.
— La experimentación con lo desconocido, el satisfacer la curiosidad sobre los efectos de las drogas. Deseo de vivencias emocionantes o peligrosas.
— El deseo de placer y distracción, antítesis del aburrimiento. Estamos en una sociedad hedonista que requiere el placer por el placer de forma inmediata.
— La búsqueda de la autotrascendencia, del sentido de la vida y de la razón para la propia existencia en una sociedad carente de ideales.

— El intento de adquirir un estado superior de «conocimiento» o de capacidad creadora.
— La influencia del grupo en la actitud del sujeto, siguiendo las teorías de Asch y otros autores sobre la conformidad.
— Pensar que pueden suponer un sistema de escape. Forma de evadirse de los problemas reales.
— Utilizarlas como símbolo de protesta, de inconformismo contra esta sociedad.
— El querer romper con la moderación y expresar independencia y en ocasiones hostilidad.
— El deseo de escapar de unas condiciones infrahumanas de vida, ya sea por carencias (económicas, culturales, de albergue) o por las constantes frustraciones y fracasos que la sociedad provoca. El ser humano requiere ser aceptado y amado para desarrollar su autoestima y realizarse emocional y psicológicamente.
— La falta de oferta de trabajo.
— El contacto constante con drogas legales (medicinas inservibles, tranquilizantes, alcohol, etc). La medicalización de nuestra cultura (toxicomanías «con receta»).
— La influencia de otras personas consumidoras y que actúan como modelos de conducta para tomarlas (padres fumadores o consumidores de otras drogas).
— Una sociedad consumista, que incita a probarlo todo y que empuja a la población joven y adolescente al consumo de drogas.
— Otra causa que por obvia en ocasiones es olvidada, es la disponibilidad de la sustancia.
— Los desequilibrios y lagunas en la maduración de la personalidad.

Es cierto que la persona nace con una cierta disposición, pero la manera como se desarrolle dependerá de los estímulos e influencias del medio ambiente circundante.

Las distintas tipologías de toxicómanos

Siguiendo a J. Oughourlian en su libro *La persona del toxicómano* podemos distinguir entre toxicomanías grupales, ya se utilicen como medio (hippies, punkis...) o como fin (yonquis), las de masas, que están legalizadas o al menos admitidas, y las individualistas que son minoritarias y desde luego no son las desencadenantes del alarmante fenómeno de droga actual, que cada día es más grupal (en el inicio del contacto con la droga), se produce a edades cada vez más tempranas y son más lesivas (desde inhalantes hasta el crack).

1. *Droga del explorador*: son los toxicómanos individualistas, para quienes la droga es un medio de llegar a otra realidad: creación artística, introspección y análisis, etc. No existiría servidumbre. Les atraerán especialmente los alucinógenos, tipo LSD, mescalina o psilocybina, pudiendo ser consumidores de hachís. Estos toxicómanos están perfectamente integrados en la sociedad.
2. *Droga de los epicúreos*: los toxicómanos solitarios para quienes la droga es un fin. Se ciñen al placer que procura o al dolor que alivia. Se inclinan esencialmente y tradicionalmente por los opiáceos y actualmente por los barbitúricos. Una de sus características esenciales es el sentimiento de culpabilidad. Plantean el proble-

ma de la toxicofilia, es decir, de la estructura psicopatológica del sujeto y de su posición con relación al placer.

3. *Droga de los hippies, punkis...*: toxicómanos de grupo para quienes la droga constituye un medio de alcanzar un cierto número de objetivos psicológicos y filosóficos, y en el plano sociológico para mantener la cohesión del grupo. La droga es un medio de comprenderse y de estar juntos.
4. *Droga de los yonquis*: toxicómanos de grupo para quienes la droga no es un medio, sino un fin. El yonqui se entrega, se abandona, en manos de la droga. Es un deseo de muerte, una conducta suicida. Recientemente ha aparecido una variedad muy particular de yonquis, son los niños o adolescentes que inhalan disolventes volátiles; quieren morir antes de haber vivido y eludir el problema de la elección entre vivir en sociedad o apartarse de ella.
5. *Droga etnológica*: puede tomarse una droga con fines rituales, sagrados o religiosos, en estado puro y sin que el placer se mezcle en ello en modo alguno. Son importantes en el momento de iniciación de los jóvenes, en el paso a la virilidad.
6. *Droga social*: el alcohol como bebida divina original es el cava, los grandes vinos, los alcoholes preciados, que sirven en nuestros días y en nuestra cultura para celebrar lo excepcional. «Beber a la salud» sigue siendo un medio para el individuo de integrarse en la sociedad, de manifestar su solidaridad hacia un grupo social.

En los jóvenes el inicio al consumo semanal de alcohol era en 2004 de 14,7 años, son niños que toman los fines de semana grandes cantidades, en ocasiones de más de 20º, lo que ocasiona puntualmente reyertas, en otros casos embarazos no deseados, en algunos, accidentes de tráfico. La presión para beber, para sentirse adulto, para evadirse de la realidad, es poderosísima.

Hemos de situarnos contra la formidable presión para el consumo, la ingente aceptación social y la inconsciente banalización de los adolescentes y sus consecuentes errores perceptivos (no creen tener problemas «bebo esporádicamente; sólo tomo alguna pastilla»).

Si su estado de embriaguez comienza a ser habitual, tiene un aliento característico.... hay que valorar su grado de alcoholismo, formular preguntas del tipo:

— ¿Has sentido ya la necesidad de disminuir el consumo?
— ¿Te han aconsejado tus amigos que moderes el consumo?
— ¿Has tenido ya la impresión de que bebías demasiado?
— ¿Has sentido la necesidad de beber alcohol por las mañanas?

Buscar las causas de esta dependencia: depresión, timidez, presión del grupo... Es fundamental entablar un diálogo, que entienda su situación, que sea él quien admita que necesita ayuda. Si la situación no es muy grave se pueden establecer contratos con él en casa e ir logrando su desintoxicación. Requerirá gran voluntad y motivación. En caso contrario, es mejor la ayuda de centros especializados en estos tratamientos.

7. *Droga del día a día*: son las toxicomanías que no están destinadas a celebrar lo excepcional, de pueblos que no reconocen en la droga algo divino, trascendente o mágico y que sólo la utilizan por lo que materialmente es. En el Tercer Mundo, la coca es el ejemplo típico, el «coquero» la consume a diario y le ayuda a soportar su vida.

   En Occidente hemos tomado la cola de África y la coca de América del Sur para hacer una de nuestras «drogas» de todos los momentos: la coca-cola, que posee unos efectos ligeramente estimulantes que hacen de ella la bebida de la juventud.

   La gran toxicomanía de Occidente es, sin discusión, el tabaco. Al lado el café y el té son las drogas menores pero cotidianas. Occidente conoce también dos toxicomanías mayores: el alcohol (vinos comunes y licores baratos) y los barbitúricos. La droga en este caso no integra al sujeto en la sociedad.

   Los jóvenes comienzan a fumar con 13 años, con un consumo diario de ocho cigarrillos —por cierto que el consumo por parte de las chicas es mayor (¿presión social para demostrar(se)?).

   Frente al consumo de tabaco, la mejor vacuna es que los padres no fumen, que hagan deporte y transmitan el amor a la práctica de éste a los hijos.

No está de más explicar que el consumo de tabaco es lesivo gravemente para la salud física (consulte el material editado por profesionales de la salud, como asociaciones de neumólogos) y que resta libertad, al generar dependencia psicológica.

Estimamos que en el hogar debe existir una clara prohibición del acto de fumar, para ratificar el criterio y evitar que se adquiera un hábito diario. Si un día descubrimos al hijo fumando y nos explica que es un hecho puntual, hablemos seriamente con él, y hagámosle ver la inconveniencia, lo fácil que es habituarse y lo difícil que resulta dejarlo.

Eliminemos mitos; el tabaco no hace más comunicativo, ni socializa más en el grupo al compartir un cigarrillo (ofrecerlo o aceptarlo).

> Los agentes se personaron en la vivienda después de que la abuela alertase de que su nieto la había amenazado «gravemente» y destrozado parte del mobiliario después de mantener una disputa con su hermano por el volumen del televisor.
>
> Según la mujer, estos hechos se venían repitiendo desde hace una serie de meses debido a que el consumo de marihuana tenía a su nieto «fuera de control». De hecho, los agentes policiales hallaron ocho macetas de esta sustancia, por lo que detuvieron al menor, que continuó amenazando a sus dos familiares.
>
> Así, fue puesto a disposición de la Fiscalía de Menores.
>
> (*Cádiz Información*. 18 de mayo de 2005).

Síntomas del consumo de drogas

- Incremento de las necesidades económicas.
- Utilización de las mentiras de forma habitual.
- Trastornos en los ritmos sueño-vigilia.
- Deterioro en la comunicación familiar.
- Fracaso en el rendimiento escolar (absentismo, desmotivación).
- Dejadez en la higiene personal.
- Pérdida del apetito.
- Deterioro físico (halitosis, pupilas dilatadas, enrojecimiento de los ojos, somnolencia, cansancio persistente).

Cuando el hijo llega a casa drogado algunos padres no saben cómo actuar. En ese mismo momento es mejor no hacer nada, tan sólo comprobar si corre peligro físico. Al día siguiente, sentarse y profundizar en lo que ha pasado, decidir si se requiere la ayuda profesional de un psicólogo, médico o CAD (Centro de Ayuda contra la Drogadicción).

Deberá obligársele a que se le realicen analíticas sin previo aviso.

Habrá de vigilar cuáles son sus conductas en su tiempo de ocio y recabar las características de su grupo de amigos (que puede ser más de uno).

Si se está atento se descubrirá el consumo por sus cambios conductuales, de humor, sus gastos... Serán instrumentos necesarios el diálogo y la supervisión.

El tema es suficientemente preocupante como para exigir una respuesta inmediata y continuada en el tiempo (en este caso existe el riesgo de que las mentiras se sucedan de forma insidiosa).

Existe una tendencia bastante extendida entre los consumidores de drogas a negar, o al menos minimizar, la presencia de problemas, «Yo controlo», incluso ante la evidencia. Hay que saber reaccionar a tiempo ante consumos de drogas que acaban siendo problemáticos (no se puede dejar de fumar, las salidas con amigos siempre terminan en borrachera, se mezclan más sustancias, se piensa de vez en cuando en dejarlo...). Y en otras ocasiones actuar con rapidez ante la gravedad de la situación poniéndose en contacto con los profesionales de urgencias (intoxicación aguda de alcohol, coma etílico, «mal viaje» con pensamientos paranoides y pánico provocado por alucinógenos, taquicardia, hiperactividad, trastorno delirante, depresión reactiva derivada del consumo de cocaína y anfetaminas, o golpes de calor producidos por el éxtasis entre otros).

En España contamos con centros de Asistencia a drogodependientes en todas las comunidades autónomas, y ONGs especializadas. Hablar con un profesional ayuda a revertir un consumo de drogas que empieza a amenazar la capacidad de control del joven o es ya una dependencia.

Pero también requerimos centros de desintoxicación y deshabituación para menores de edad donde la voluntariedad no sea requisito imprescindible.

De nuevo traeré a colación la importancia de la educación que reciben nuestros hijos para saber posicionarse ante las drogas.

La drogadicción es una enfermedad social, culturalmente heredada, que se asienta en la angustia ontológica y cósmica del ser humano y en la libertad de elección que le conlleva ansiedad.

A muchos niños, luego jóvenes, no se les ha mostrado que la vida tiene que llenarse de objetivos, de sentido, tiene que ser interpretada en sí misma.

La educación no siempre consigue ser verdadera educación. Por eso la vida de algunos jóvenes es tan aburrida y se narcotiza; no se les ha enseñado a jugar con su imaginación, a disfrutar de un buen libro, a sentir el placer de la música, la pintura, el teatro, las artes, de encontrarse y descubrir la naturaleza, de desarrollarse mediante el deporte.

No se les ha hecho ver el valor de la amistad sino la apatía del gregarismo, no se les ha formado en la capacidad crítica sino en el consumismo temprano que les hace dependientes.

A veces formamos jóvenes, cuya vida ya es obsoleta, que tienen por horizonte la fuga de sí mismos en el cotidiano fin de semana, que confunden su ciudad con suciedad.

¡Qué terrible que un menor abdique de su vida!

El diagnóstico certero es que tenemos una sociedad convaleciente que ha quebrado el apotegma latino «la salud pública es la suprema ley».

Conocemos niños que nacen con adicción a drogas, bebés que en su inocencia exploradora ingieren y se intoxican con esos polvos blancos que sus tutores dejan a su alcance. Sabemos de adultos que utilizan a adolescentes como «camellos». Vemos jóvenes cerebros dañados, convertidos, en un puré de guisantes por efecto del pegamento y otros inhalantes. Y sabemos de muchas otras formas y productos que por distintas vías consiguen lo mismo: la enajenación.

De la agresiva aguja a la, en apariencia, inofensiva pastilla hay un continuo deterioro, un ataque a la autoposesión de cuerpo y mente y por tanto a lo que la OMS entiende como salud.

Los avances higiénico-sanitarios han hecho casi olvidar la mortalidad infantil y, sin embargo, una sociedad a la deriva con riesgo de ahogarse ha propiciado que algunos jóvenes zarandeados cual peleles por el entorno sufran el latigazo mortal de los accidentes de tráfico, de las drogas, del sida y del suicidio; en diez años se ha duplicado el número de víctimas.

Hemos de ganar parámetros de reflexión y dar la vuelta al forro de la realidad. No debemos confundir la tolerancia con la indefinición.

Hemos de formar niños y jóvenes psicológicamente sanos, que posean un correcto nivel de conciencia de sí mismos y del entorno, que sean adaptables, que cuando les surja un conflicto estén capacitados en la medida de lo posible para resolverlo, que cuando les ofrezcan algo que les daña sepan decir desde su libertad: NO.

VACUNA CONTRA CONFLICTOS PERSONALES Y SOCIALES

Hay que abordar todo lo que resulte ser un antídoto contra el conflicto personal en que podrá encontrarse el hijo o contra el malestar social que le induzca.

Enseñar a tolerar la frustración es la mejor receta preventiva. Al tiempo habrán de abordarse las dificultades de comunicación del niño, los pensamientos distorsionados, los fracasos escolares, el exceso de hedonismo y nihilismo, la ausencia de sentido crítico, la incapacidad para resolver conflictos, la dificultad en el manejo de la ansiedad, la baja autoestima y la carencia de responsabilidad.

Una buena relación con los padres es una magnífica protección del riesgo, como lo es enseñarles a ser asertivos (defender su derecho y criterio personal).

Explicar a los hijos el interés de mucha gente que vive del consumo de droga de otras personas. Hacerles saber que hay otros niños que son explotados en las labores en los países productores, otros que trapichean en la venta y otros que consumen. Es más hay niños-soldados que consumen *crak* o *blue-boat* porque así se sienten invulnerables.

Por otro lado, la incitación al consumo de drogas, y obviamente incluimos el alcohol, es una forma perversa de oscurecer el horizonte de niños y jóvenes. Hay que erradicar la publicidad favorecedora del consumo de alcohol que llega sin filtro a los niños, con mensajes de triunfo y belleza. Deberá legislarse no sólo la prohibición de la venta de alcohol a jóvenes, sino del consumo a niños. Se precisa educación preventiva, oferta de ocio sano, normas claras y ejemplo positivo por parte de los adultos.

Será fundamental educar a los niños en los beneficios de la salud, del deporte, del contacto con la naturaleza, el autodominio, del saber rechazar ofertas y apreciar el equilibrio más que la subida de adrenalina.

El fácil acceso en las discotecas a las «pastillas» como euforizante y potenciador del divertimento tiene que ser controlado. La inhalación de pegamento (tolueno), el consumo de cocaína, heroína... son métodos que el ser humano siempre ha buscado para huir de su fragilidad y de sus miedos; por ello se precisa formar a los niños para convivir con sus características personales, para disfrutar del entorno, para eludir el vuelo errático.

DIGNIDAD PISOTEADA

Víctor nos insulta con fuertes expresiones y palabrotas (13 años).

No se puede vivir en medio de situaciones que atentan contra la dignidad. El respeto de los hijos se consigue respetándoles a ellos y dando ejemplo continuado del respeto a los propios padres (a los abuelos o bisabuelos de nuestros hijos; por ejemplo, cuando vengan a vernos, dándoles nuestra atención).

Hay chicos que no saludan a sus padres cuando llegan a casa, que si a su madre se le cae algo al suelo no se agachan a recogerlo, que no se levantan si hay que ceder el asiento. Algunos se burlan y mofan sin ninguna consideración de todo aquel que está a su alrededor.

Es muy humano reírse cuando alguien se cae (se pega un «trompazo» y se levanta como si nada), pero preocupante cuando se trata de un defecto de los demás.

Puntualmente la calumnia, la insidia, se reviste de un equívoco sentido del humor, también en el trabajo o en la escuela (*mobbing*). Es muy distinto reírse de los otros delante de ellos, que a sus espaldas. Hay gente «tan sincera» que te machaca: «Estás más gordo».

Hay que transmitir el valor de la compasión. E. Prado y J. Amaya (2005) afirman que crecer sin esta virtud es como sentenciarnos a nuestra propia autodestrucción.

Por otro lado aceptar que los otros también pueden reírse de ti forma parte de un juego recíproco. Es necesaria una correcta autoestima, suficiente asertividad para indicar lo que nos molesta, reinterpretar las «caricaturas», no ser hipersensibles.

Un aspecto criticable específico no nos hace vulnerables en la globalidad. «A más, a más, sonreírnos con lo que nos indican "desarma" a quienes se ríen de uno».

> Hay niños y jóvenes que con el fin de perturbar y mostrar su dominio entran en el baño cuando su madre se está duchando o realizan otras conductas que atentan contra la intimidad y el respeto que toda persona merece.

Inaceptable, rotundamente reprobable. No ha de permitirse ni el atisbo de semejante intromisión. Si por desgracia ya se produce, debe cortarse de raíz, asumiendo las repercusiones que suponga y las medidas que hayan de emplearse (que alcanzan a la denuncia).

> Dani no hace nada en casa. No recoge su habitación, todo lo deja tirado. Tampoco limpia el baño o la cocina cuando los usa (tiene 17 años).
>
> Se apuntó a clases de baile y después de comprarle las mallas y las zapatillas lo ha dejado (en referencia a Claudia, 13 años).
>
> Cuando está solo trae amigos a casa y hace fiestas con alcohol, drogas, y relaciones sexuales (en referencia a Quique, 16 años).
>
> Ana tiene plantas de marihuana en su habitación, o guarda otras sustancias, y fuma en la cama. Ya ha quemado algún mueble (tiene 16 años).
>
> La última vez que se enfadó rompió la mesa del salón (en referencia a Ángel, 15 años).

Como dicen R. T. Bayard y J. Bayard, le indicamos ejemplos que si fueran conductas realizadas por su compañero de piso todo el mundo diría que está abusando de usted.

Algunos padres harían bien en hacerse esta pregunta: ¿con quién vivo?

VIVIENDO CON EL ENEMIGO

Hay quien se recluye en «su» habitación y la defiende como un castillo y no se le ve el pelo salvo cuando llegan sus amigos, que se introducen en ese espacio cuasi desconocido para los padres. Algunos jóvenes hacen del hogar familiar un espacio para la ocupación. Me refiero a que entran cuando quieren y se van cuando les da la gana. Es más, aparecen con grupos de desconocidos que asaltan la nevera, se tumban en los sofás ante la televisión y se quedan a dormir tirados por cualquier esquina.

¿Que cómo se puede llegar a este desmadre?, pues habiendo permitido al hijo todo, entre otras cosas que en su habitación haga lo que le «pete» (o «se le ponga») y, más tarde, dejándole que lleve a casa a quien le sale de las narices.

Tener un «okupa» en casa puede resultar de zarzuela del XXI, pero he constatado que es trágico. Llega un día que los padres tienen que llamar a la policía para que desalojen a los allí «yacientes». El sentimiento de pérdida de espacio, de intimidad, es total (los robos comunes).

Son casos contados, estadísticamente no significativos, pero sirven de referencia para saber hasta dónde se puede llegar cuando no se ha tomado la decisión debida en el momento adecuado.

Más increíble, pero no por ello menos cierto, fue cuando hace unos años el magnífico Emilio Aragón, hijo del inefable payaso, me solicitó que escribiera trece guiones para su serie *Javier ya no vive solo* producida por Globomedia. Yo me basé para ellos en casos reales relativos a adolescentes. Y uno fue rechazado; se refería a la siguiente situación:

> Los padres llegan a casa y se encuentran con que no pueden entrar porque su hijo ha cambiado la cerradura.

Se me dijo: «No es creíble». Contesté: «Cierto, pero es verdad».

El hogar no puede convertirse en un hotel donde unos entran y otros salen, donde se surten de alimentos y se deja la ropa para lavar y planchar.

Usted ha de plantar cara a su hijo, dígaselo claro: «Y, si perturbas el clima familiar, te irás. No tienes ninguna necesidad de nosotros. Si te quieres quedar en nuestra casa, procura participar en un clima familiar agradable. Si no lo consigues, porque nosotros te resultamos demasiado desagradables para vivir, te irás a vivir a otra parte». Esto no ha de decirse como un reproche, sino como un hecho.

Hay que hablar, hay que interactuar. Crear una atmósfera a favor de la relación.

El distanciamiento relacional no puede instaurarse. Antes se han tenido que acomodar horarios y conductas para debatir sobre lo que alegra y preocupa a padres e hijos, para generar canales de apoyo mutuo. No hemos de perder la palabra, ni el contacto; no basta con instituir una cantidad de «dinero para el fin de semana» y un horario de regreso al hogar, hemos de compartir las obligaciones y el sostén de los puentes de comunicación.

Cuando los hijos crecen, la función de estar sobre ellos se diluye hasta desaparecer, pero han de establecerse algunas actividades comunes que vayan desde la práctica deportiva a la compra en el mercado. Tiempos y actividades comunes conforman un etimológico hogar pleno.

¿ESTUDIAS O TRABAJAS? NADA, VIVO DE MIS PADRES

> No quiere estudiar, ni trabajar, ni hace nada en la casa ni por los demás. Es un parásito. (En referencia a Óscar, 18 años).

En muchos de nuestros jóvenes en busca de identidad se aprecia hastío.

Dice F. Mayor Zaragoza: «Los jóvenes. El gran error ha sido que, muchas veces, con la mejor voluntad, hemos hecho cosas para ellos, pero nos hemos olvidado de hacerlas con ellos, y, sobre todo, que las hagan ellos mismos».

Dada la dificultad para encontrar un trabajo fijo, un hogar, una pareja estable y gracias a que los hogares se han «democratizado» y son más permisivos, muchos jóvenes que empiezan a dejar de serlo, siguen conviviendo en casa de los padres sin intención de independizarse o de colaborar al mantenimiento de las cargas familiares.

Resulta una magnífica experiencia, a partir de los 16 años (previa autorización paterna), incorporarse al mundo laboral aunque sea temporalmente; es una forma de adquirir conocimiento y experiencias, de contactar con otros compañeros, interiorizar lo que significa obedecer, asumir responsabilidades, despegarse de los padres y ganar en autonomía. Además va abriendo vías en la orientación laboral y posibilidades para su integración. Añádase que facilita el ganar dinero, lo que supone valorarlo, y no tiene por qué poner en riesgo su rendimiento escolar.

Ganar dinero para sus gastos siempre es positivo, pero debe poderse compatibilizar con las exigencias académicas y los ratos de ocio. Pero alcanzar algunos ingresos dota de cierta independencia, hace sentir al joven que su vida privada y su relación con los padres mejora (se modifica su posición), ya no depende al cien por cien de ellos.

Dar clases particulares, trabajar de «canguro», ayudar en «pequeñas chapuzas», suelen ser las primeras incursiones laborales de los jóvenes. Algunos, a partir de los 16 años, incluso compatibilizan el estudio con un trabajo de horario laboral normalizado.

El factor integrador por excelencia es el trabajo. Supone la realización para la que el joven se ha formado, proporciona autonomía, relaciones sociales y mejora del autoconcepto.

Si usted se pregunta si deben ayudar económicamente en casa la respuesta es sí, para que todos los miembros familiares se sientan más cómodos, para que el joven se perciba como coadyuvante. Lo ideal es que esta aportación nazca de la propia iniciativa del hijo, que no sea una imposición u obligación. El criterio es que también se le haga muy consciente del costo que conlleva la vida. No se trata de un pago por hospedaje y alimentos, sino de una oportunidad de contribuir, sin con ello hipotecar su futuro, que ha de prever de independencia.

ABANDONAR EL NIDO

> Sigue sin querer estudiar, ni trabajar, ni hace nada en la casa ni por los demás. Es un parásito. (En referencia a Óscar, 27 años).

«¿Cuántos de entre nosotros, aprovechando la longevidad y la disponibilidad, dos fenómenos nuevos, de sus padres, no se repantigan indefinidamente en el confort prolongado de una infancia que les ha dejado definitivamente aturdidos?», nos pregunta A. Naouri.

Como dicen E. Prado y J. Amaya (2005): «También es factible que exista una codependencia, es decir, los padres aceptan continuar amparándolos con la intención de que, a su vez y en un futuro, sus hijos no los desamparen». Hoy por ti y mañana por mí, criterios de familias atrapadas en pautas de transmisión multigeneracional, a lo que estos autores califican de truco sucio, que promueve el infantilismo, el individualismo y los hijos tiranos.

La media que los hijos pasan en el hogar familiar según los datos del Instituto Nacional de Estadística (2004) son: hasta los 25 años, el 73 por ciento; hasta los 30 años ¡sí 30!, el 35 por ciento.

Sí, exactamente, en casa de los padres, porque es su casa, lo que no significa que el joven-adulto se sienta desplazado, rechazado o de prestado. El joven ya menos joven no es una carga, pero debe acomodarse a las normas establecidas por los padres. O, dicho en román paladino, el joven no puede hacer en casa todo lo que quisiera. Su comportamiento se adecuará a los criterios de los padres; por ejemplo, si éstos consideran que no es admisible que mantenga relaciones sexuales en el hogar, así será (lo cual, de manera genérica, no parece aconsejable). Si, dada su madurez y la estabilidad de la relación, lo hacen admisible, habrán de aclararse los aspectos que preserven una absoluta intimidad (para ello resulta imprescindible la complicidad de su pareja). La sexualidad, cuando alcanza a los hijos no puede ser vivida como una amenaza a la de los padres; tampoco es de recibo la intromisión en su vida. Cabe y es exigible el respeto mutuo.

Diálogo, afecto y pautas de convivencia son precisos para evitar confrontaciones. En todo caso, hay una edad para abandonar el hogar de los padres, para bien de todos. Habrá ocasión para encontrarse, desde la independencia del hijo, en el hogar familiar, en la nueva vivienda del hijo, y ya con otro tipo de relación, más propia de esa edad adulta.

Tras el denominado «complejo de Peter Pan», hay adultos que no han evolucionado, que siguen siendo niños.

Lo grave es que han perdido la ingenuidad, el tiempo, y, sin embargo, no han madurado, no han asumido responsabilidades, no se han posicionado en su devenir. No se han enriquecido con su psico-historia.

NIÑOS MAYORES

Los «postmodernos» coleccionan objetos de su pasión (cómics; muñecas eróticas...). No quieren crecer. Son tímidos, les encanta la interacción virtual en foros y chats que les permite una desconexión inmediata y un cambio constante de identidad. Establecen relaciones muy superficiales con los demás. La mayoría se quedan solteros y sin descendencia.

Su preferencia sexual es el voyeurismo (acorde con la cultura de la imagen). En muchas ocasiones el onanismo se convierte en la única práctica sexual.

En Japón tienen ya mucho éxito los cómics de contenido erótico (*ComiX*), los vídeos de dibujos animados eróticos y el coleccionismo de muñecas con caracteres sexuales.

En ese país, el 60 por ciento de los varones menores de 40 años y el 40 por ciento de las mujeres pueden ser considerados *otakus*, o, lo que es igual, que huyen de toda obligación social. Lo fundamental es la diversión, el juego constante (en los teléfonos móviles, en la red...).

La diversión es entendida como búsqueda de sensaciones (deportes como el *puenting*, la moda creciente de los parques de atracciones lo ratifican). El bienestar ha de ser inmediato. Se aborrece el esfuerzo con visión de futuro. El trabajo se entiende como ocupación temporal para poder conseguir algo de dinero.

Sí, en Japón la pauta de suicidio colectivo se va convirtiendo en una regularidad. El pacto con la muerte se hace en grupo por medio de Internet, así se apoyan unos a otros en su decisión. Quizás estos seguidores de Peter Pan se quitan la vida al verificar que la sociedad no les permite seguir siendo niños, porque ellos no quieren estudiar, ni trabajar, sólo desean que les dejen divertirse constantemente.

Los jóvenes postmodernos tienen pasión por lo nuevo (moda, marcas). Además gustan de adquirir objetos. Les importa el breve presente. Son marcadamente hedonistas. Exaltan el «Yo».

No rechazan la violencia, es más, la valoran positivamente. Está claro que, más allá del consumo, hemos de educar a los niños y jóvenes en otros valores.

Los postmodernos aceptan y valoran su destino de fragmentación y pluralismo.

Hoy, y siguiendo a J. Baudrillard, «se pierde el horizonte histórico, las coordenadas orientadoras, el sentido de totalidad. La catarata de acontecimientos creada por los medios de comunicación, nos anega a un presente sin marco de referencia».

La sociedad postmoderna promueve nuevos fines y legitimidades sociales: hedonismo, respeto por las diferencias, culto a la liberación personal, humor, sinceridad, psicologicismo y libre expresión.

Todas las instituciones, así como todos los grandes valores y finalidades que organizaron las épocas pasadas, se están vaciando progresivamente de sustancia. El saber, el poder, el trabajo, el ejército, la universidad, la familia, la iglesia, los partidos... todos ellos han dejado globalmente de funcionar como principios absolutos y, en diferentes grados, ya nadie invierte en ellos. El individualismo y la liberación del espacio privado lo absorbe todo: cuidar de la salud, mantener los ingresos adecuados, desprenderse de «complejos», etc.

No hay estándares universales ni, por lo tanto, una moral universal.

TODO ES RELATIVO

En la sociedad postmoderna, la personalidad de todos nosotros deja de ser algo tan definitorio e inmutable, para hacerse algo más voluble, cambiante. Podemos ser varios, pero no como diversas manifestaciones de un mismo yo, sino como realmente varios yoes.

Los grandes usuarios de la comunicación (chats, *mud's*...) es decir, los jóvenes, están recibiendo constantemente una formación en saber manejar las impresiones de los demás, en considerar la verdad y la mentira como simples juegos del lenguaje, claro que, como decía La Rochefoucauld, «los hombres no vivirían mucho tiempo en sociedad si no se dejasen engañar unos por otros».

En el presente encontramos soledad, junto a una huida hacia adelante en la búsqueda de experiencias emocionales fuertes. G. Lipovestsky habla de la «era del vacío».

En la radio, a veces recibimos llamadas de oyentes ya entraditos en años que buscan una mano que les guíe, un adulto.

A los niños hay que ir delegándoles responsabilidades, transmitirles que asuman las consecuencias de sus actos o de su no hacer. El niño no sólo es el futuro, es el presente y en éste, hoy, debemos formarlo para que sea independiente, autónomo, al fin, libre.

Hay quien habla de su hijo como «el niño» y lo trata como tal. El panoli que dice esto no se percata de que «el niño», tiene ya 57 años (tenemos anécdotas en la radio absolutamente desternillantes, aunque si se piensa bien son patéticas).

Lo más triste es ver un niño envejecido; pero observar a un adulto infantilizado, esclavo de sus impulsos y deseos, incapaz de planificar, dependiente, resulta descorazonador.

La denominada postmodernidad se sustenta en la debilidad.

Cuando no se crece, o no se desea crecer, me pregunto: ¿es que el tiempo de la infancia es tan feliz? ¿o es que la idealizamos?

A los mayores se nos escapa el tiempo del que se compone la vida y la inocencia se va golpe a golpe contaminando. Por eso se envidia a los niños, porque son como son, directos, claros, sin subterfugios. Viven con intensidad, sonríen con ganas, duermen plácidamente. J. M. Romera la define como la edad de la ensoñación, de la alegría, de la espontaneidad y de la ilusión (*El Correo*, 22 de mayo de 2005).

Pero no olvidemos que los niños también sufren sus angustias, que vivencian el miedo, que lloran. No hablo de los niños maltratados, ni de los desamparados o no queridos, me refiero a esos niños que corren, que juegan, que disfrutan.

¿Qué acontece en la vida para que se pierda ilusión, para que algunos deseen «matar el tiempo», para que otros estén simplemente a la espera de su final? Perdemos fuerza, ganas, igual que se cae el pelo y se pierden piezas dentales, dejamos en el recorrido muchas utopías, se nos hacen girones las fantasías.

Se esperan las vacaciones para ser felices, pero, cuando llegan, ya se intuye el regreso al trabajo. Marcamos objetivos personales y laborales mirando al futuro, buscamos en el recuerdo, el pasado, pero se nos escapa el presente, ese ahora intenso de los niños.

Sí, la infancia, un anhelo, una etapa sin retorno, que se vive sin ser muy consciente de lo que significa —y quizás sea eso lo que la preserva.

No, ciertamente ni todos los niños son felices ni, los que lo son, lo son siempre. El mundo rico ha eludido muchos problemas pero no ha erradicado la incertidumbre, el sufrimiento que afecta a todos, también a los niños.

Pues bien, sin sublimar e idealizar la etapa infantil, sabedores de sus problemas y preocupaciones, no es menos cierto que cuando un adulto mira a sus pequeños sonríe, cuando posa sus ojos en sus mayores se invade de melancolía, de tristeza y a veces de desesperanza.

Gusta vivir, no se sabe o no se puede vivir bien y se siente en las sienes el pálpito de la vida que avanza y se aleja de la estación de partida, para llegar a vía muerta. El ser humano es consciente de su finitud, de que salvo la Fe estamos rodeados por la Nada.

La conducta de muchos casi podría explicarse como una regresión, una búsqueda para volver al útero materno, a la cuasi ingravidez rodeados de líquido amniótico, alimentados sin esfuerzo. Una vez que se sale de la madre, se descubre que vivir es difícil, entre otras razones porque hay que hacerlo junto a los demás.

DICES QUE TE VAS, DICES QUE TE VAS, PERO…

> Me voy de casa pero volveré cuando quiera (Fran, 32 años).

¿Puerta giratoria? Dícese de la que hay en cada casa donde un hijo ya entradito en años dice un día que se va, que se independiza (han pasado aproximadamente treinta años de protección, de desvelos, de pediatras, maestros, duermevelas...). El «niño/a» se aleja.

Queda el vacío. Pero no se les ocurra a los mayores (necesariamente ya mayores) cambiar la habitación que el descendiente ha utilizado durante tres décadas, pues es más que posible, probable, que vuelva, una o varias veces, en función de cómo le vayan las circunstancias personales, de pareja, laborales. Nada que ver con épocas anteriores (recientes). Es más, a veces vuelve con un hijo. De esta forma los ya abuelos, se convierten en sostén afectivo, educativo y económico. Lo que exige buenas condiciones, también físicas y psíquicas.

Este equilibrio inestable se quiebra si los ahora abuelos tienen padres (en muchas ocasiones con demencias seniles).

O sea, que cuando se atisbaba la angustia de la soledad, la ansiedad de la propia nada, la incertidumbre de encontrarse con quien desde hace años cuasi dejó de ser «lo más importante», resulta que vuelve el hijo/a, y a veces acompañado.

E. Prado y J. Amaya (2005) dicen conocer a adultos mayores de treinta años, casados y con familia propia, que todavía exigen a sus padres que los sigan manteniendo.

Pero un día, sí, las habitaciones quedan definitivamente vacías. Los recuerdos, la añoranza, se apoderan de los padres. El pasado quiere imponerse sobre el presente y el futuro. No ha de permitirse.

Retomaremos a nuestra pareja «de hecho y a conciencia» pues es la razón de todo lo que nos continuó. Padre y madre, solos, matrimonio que tiene de nuevo que buscar el encantarse, el cuidarse mutuamente. Así ha sido y será, de generación en generación.

Lo que acontece en el presente es que el «síndrome de Peter Pan» conlleva que los «adolescentes» abandonen mucho más tarde el hogar que ya no es específicamente de sus progenitores y que, en todo caso, se ha liberado de reglas y normas.

No es infrecuente oír a unos padres un viernes por la noche: «No sabemos a qué hora volver, porque está la hija con el novio, ¡y por no molestar!».

En ésas estábamos, pero el hijo, la hija, ya se fueron, cuidado con dejarse abrazar por el aburrimiento, por embarcarse en la nostalgia, o condenarse con la incomunicación. La casa se hará grande, habrá de reacondicionarse. Siempre existirá el riesgo —que habrá de ahuyentarse— de intentar tutelar a los hijos. Éstos han de ejercer su libertad y autonomía.

Cosa bien distinta son los nietos, que tanto precisan del engarce genealógico (también si son adoptados). El encuentro de generaciones rejuvenece a los abuelos, ayuda a madurar a los nietos y proporciona descanso a los padres. La urdimbre familiar se enriquece.

Quienes hoy son mayores se encontrarán con una novedad que les resultará difícil por insospechada: «¡Tengo el marido metido en casa todo el día como un pasmarote!». La solución es salir a leer el periódico, a hacer gestiones, ir a la compra, encontrarse con los amigos. En pocos años este problemilla dejará de serlo, pues los hoy jóvenes de ambos sexos practican el «cuidado mutuo del nido».

La pareja tendrá tiempo para practicar sus aficiones (o adoptarlas por primera vez) y mantener relaciones con los amigos que se han constituido con los años. Y, sobre todo, de retomar la felicidad personal, desde la reconquista del otro.

SANGRE QUE HIERE: SUS HIJOS

Usted ha podido leer en estas páginas distintas formas en las que un hijo déspota manifiesta actitudes tiránicas hacia sus padres; de manera cronológica, desde que son pequeños hasta su edad adulta hemos ido desgranando situaciones diversas. Veremos ahora el abuso de un hijo en su mayor gravedad, el maltrato psíquico y físico, que, como usted comprobará, es más frecuente de lo que piensa; las denuncias y los medios de comunicación lo atestiguan; en nuestros días hay padres víctimas.

> Ha sido mi hijo. Creo que acabará matándome. (En referencia a un joven de 16 años).

Nos es difícil percibir el maltrato porque convivimos con él, porque es tan cotidiano en la vida social, ya sea dentro del núcleo familiar o desde la norma y legalidad institucional que conforma nuestra cultura.

En los últimos años, en los juzgados y Fiscalía de Menores hemos constatado un preocupante aumento de las denuncias a menores por malos tratos físicos (conllevan psíquicos y afectivos) a las figuras parentales (casi exclusivamente a la madre).

Estas realidades afloran ahora porque existe una fiscalía, un Defensor del Menor, unos servicios de protección a la infancia, una policía de menores donde denunciarles (antes no había nada de esto). Antes, el hijo conflictivo (y en muchas ocasiones quien no lo era) salía a muy corta edad de casa, a trabajar y buscarse la vida.

Dichas inculpaciones son presentadas por vecinos, partes médicos de los hospitales y, puntualmente, por la víctima, la cual cuando llega a la Fiscalía de Menores a pedir ayuda, es que ha sido totalmente desbordada y derrotada, trae la honda sensación de haber fracasado como padre y un dolor insondable por denunciar a su hijo, sabedor de que la justicia pudiera domeñar esa conducta, pero difícilmente equilibrarla.

La sórdida cotidianeidad de estos abusos en el seno de lo que debiera ser un hogar cercena cualquier convivencia. Sin embargo, este «cáncer relacional» sólo despierta la alerta colectiva cuando salta a los medios de comunicación un parricidio, entonces, como en todos los hechos que concluyen en muerte, la sociedad vuelve a sorprenderse por la frialdad con que los niños cuentan sus actos violentos y por la aparente falta de móviles o razones para efectuarlos (recordamos el joven que mató a sus padres y a su hermana disminuida psíquica con una catana, el caso de Rabadán).

Lo que ocurre es que esa realidad no se visualiza, porque ninguna madre va a televisión a decir «mi hijo me golpea en la cabeza porque quiere hablar por teléfono cuando lo estoy haciendo yo» y, desde luego, ningún niño/joven lo dice públicamente, ni cuando llega a un centro de reforma dice que lo han enviado allí por agredir a su madre —una figura sublimada en dichos centros con expresión propia «amor de madre»—, antes comentará que ha agredido a un policía (lo que da «más caché en el currículum»).

Caso Sayonnara

La policía recibe una llamada telefónica para personarse en el domicilio de doña Inmaculada, requeridos por una hermana de ésta, doña Dolores, que había sido agredida por parte de su sobrina de 14 años, sin mediar motivo aparente, con un cuchillo, por la espalda, asestándole una puñalada y causándole lesiones, haciendo entrega del cuchillo a la dotación. Presentándose un equipo UVI del hospital de La Paz, trasladó a la lesionada y a la menor al centro hospitalario, quedando internadas para observación, ya que la menor había estado anteriormente sometida a tratamiento psiquiátrico. La lesionada manifestó su intención de no formular denuncia del hecho.

Parte médico: «Herida incisa (por arma blanca) en zona dorsal de hemitórax derecho, neumotórax más hemotórax derecho, causada por agresión. Pronóstico: grave».

El 1 de julio de 1998, se realiza el informe psicológico de urgencia. A las 13.30 horas se realiza la entrevista a los padres de la menor, con presencia de su abogado. El padre don Fujiro Kato, de 46 años, regenta un restaurante japonés. La madre, doña Inmaculada, de 45 años, es representante de un laboratorio químico. Tienen dos hijos, Inés que es la menor acusada y Juan de 11 años, que estudia 6º de EGB. Poseen una vivienda en propiedad. Viven en un barrio de clase media, ganando ingresos económicos suficientes.

Los padres centran la problemática de Inés en rasgos de carácter (apatía, dejación, etc.), que brotan un año posterior a la aparición de la menarquia. Estas desviaciones de la conducta, psíquicas, conducen a los progenitores a llevar a su hija a distintos servicios de psicología y psiquiatría. Se la empieza a tratar con psicofármacos, tema central al que la madre se refiere obsesivamente con auténtica verborrea.

En relación a los hechos, entienden que la posología farmacológica ha sido la causante, dadas las variaciones en la intensidad de administración. Expresan: «Inés, actualmente, está en contra de todo, padres, hermano... Fuera de casa se siente feliz».

Hacen entrega de una copiosa documentación, que posteriormente se extracta.

A las 14.30 horas se pasa a realizar la entrevista clínica con Inés.

La menor impresiona por su aspecto aniñado y algo descuidado. Se presenta a la Instancia desinhibida, sin mostrar inseguridades, miedos, etc.

Mediante preguntas sencillas, se aprecia un buen potencial cognitivo, con facilidad de comprensión, elaboración de ideas, pensamiento alternativo y causal. Se confirma un correcto enclavamiento espacial y temporal.

Entiende, y así lo expresa con fluidez, claridad y distanciamiento, que no es una enferma mental, si bien lo ha intentado por programas de televisión relativos al tema y tras consultar en enciclopedias (lo que resulta ser cierto, dado el conocimiento del tema que demuestra a preguntas del entrevistador), se mostró víctima de anorexia (patología psicosomática que cursa con la no ingesta de alimentos), no oscilando a bulimia (comida compulsiva, sin límite para saciarse). Lo significativo y reseñable es su manifestación de que, de hecho, comía, siendo todo una maniobra para preocupar a sus padres.

Relata que ha intentado confundir a psicólogos y psiquiatras, «que se dejan engañar fácil», para que concluyan que padece trastornos mentales. Verbaliza que nunca ha ingerido los fármacos en forma de cápsulas, escondiéndolos debajo de la lengua para luego escupirlos. Sin embargo, manifiesta una clara dependencia de los psicofármacos: «es ideal porque estás todo el día gilipollas».

Centra el tema así: no tiene problemas, salvo que no tiene amigos (no es capaz de elaborar el porqué de estas dificultades socializadoras), y no quiere a sus padres, así de claro, no los quiere; le es igual que sufran, es más, prefiere causarles dolor y sufrimiento, aunque para ello se autosancione o flagele.

Dice cosas que impresionan, del tipo «no soporto a los chinos» (referido a su padre japonés). No es capaz, o no lo hace, de explicar el porqué de esa desvinculación.

Respecto a los hechos, niega cualquier influencia farmacológica o trastorno mental, transitorio o no, razonando que clavó el cuchillo a su tía igual que lo podía haber hecho a otro miembro de su familia, conducida por la rabia e impotencia que le supuso el trato que le proporcionaron: «no me dejaron escaparme de casa», «mi tía me dijo que había que tratarme como a una niña», «que tenía que obedecer a mi madre, y no lo aguanté».

Comenta que en el momento anterior a su conducta pensó fríamente lo que iba a hacer y en sus consecuencias, intentando que no fueran excesivamente graves, «clavar poco el cuchillo»; respecto al instante ulterior y momentos posteriores, expresa que no ha sentido ningún tipo de remordimiento, si bien le llamó la atención la reacción de su tía y de su madre, «lloraban, me gritaban, estaban histéricas».

Respecto a si necesita o requiere algún tipo de tratamiento, manifiesta que no, y menos un manicomio, sí le gustaría que le administrasen «píldoras».

Relativo a si merece una sanción, expresa: «no sé, en todo caso me es igual cualquier centro de castigo; si no me gusta, me escaparé».

Por último, comenta que no está segura de si volverá o no a realizar algún hecho del tipo que le ha conducido a esta instancia judicial. Y, sin más, se despide correctamente.

En las observaciones queda constancia de que el tono de voz, la comunicación gestual, etc., nos enfrentan con una dureza y distanciamiento del grupo de pertenencia impresionantes. Su frialdad y capacidad de racionalización explicativa de los hechos bien pudieran ser mecanismos defensivos hipertrofiados, o una constante llamada de atención mediante conductas que van en aumento, como forma de ser «atendida» y «querida» por sus progenitores...

Resulta cierto que existe un claro daño psíquico, habiendo desarrollado unas conductas psicopáticas. La «racionalización» de sus conductas y actitudes reafirma la hipótesis de un marcado cuadro patognómico.

Del extracto de la documentación aportada por los padres (hasta junio de 1998) destacamos como datos significativos: en la clínica de López-Ibor es vista en consulta en mayo, junio y septiembre de 1997, diagnosticada entonces de fobia escolar y rasgos de anorexia, no hizo correctamente los tratamientos e ingresó de urgencia en noviembre por acentuación de sus trastornos de conducta; permaneció en una planta de régimen cerrado y se comportó con normalidad, se la medicó con propericiacina, por vía oral, según tolerancia. Fue dada de alta en diciembre de 1997 y se la vio posteriormente en revisión, volviendo a presentar dificultades de convivencia en la familia y mostrándose fóbica y sobre todo manipuladora. Tomará en el desayuno y la comida una cápsula de Prozac de 20 mg y un Trankimazin de 1 mg.

Hospital La Paz. Niega trastornos de la sensopercepción y SPR. No trastornos en el curso del pensamiento... Gran indiferencia afectiva. No trastornos del sueño.

Hospital Ramón y Cajal. Exploración psicopatológica: consciente, orientada... Indiferencia afectiva. No conciencia de enfermedad. Trastorno de la personalidad. ¿Conducta manipulativa? Dada la negativa familiar a ingresarla en el Alonso Vega, se remite a la paciente a Sanitas. La paciente se niega a ingresar en «un psiquiátrico», dice que ella no está enferma y «lo más fácil es que mi madre me meta en un manicomio», «pero tampoco quiero ir a casa porque no quiero a mis padres».

Se concluye el informe indicando que se estima como situación grave y de alto riesgo la situación de Inés. Conviniendo proseguir en la exploración iniciada por este facultativo, junto a la del compañero educador, en aras de acotar posibles patologías en la menor, así como la etiología de las mismas, se solicita a S.Sª, una ampliación para elevar informe definitivo, orientando una medida cautelar de internamiento.

El 13 de julio de 1998, se vuelve a entrevistar a los padres que acompañan dos informes, de los que extractamos:

Sanatorio San Miguel. Estudió hasta 8º de EGB con rendimiento escolar medio-alto. En 1º de BUP, año 1996, decide dejar los estudios, lo que motiva la primera consulta psiquiátrica: intenso retraimiento, ausencia y otras alteraciones conductuales. Mayo de 1997, diagnóstico de depresión y fobia escolar, tratamiento con Fluoxetina y Alprazolan. Diciembre de 1997, ingesta masiva de medicamentos, siendo dada de alta con medicación neuroléptica (Nemactil y Biperideno). Junio de 1998, ingresa de urgencia, traída por los padres y contra su voluntad, tras haber pasado por varios servicios de urgencia. A los dos días se escapa de la clínica, siendo encontrada y traída por la policía al día siguiente. Junio de 1998.

Gabinete de psicología Psique. Entrevistas con padres y niña. Aplicación de Rorschach. Tests proyectivos gráficos. Bender. Philipson. Inés presenta un desarrollo evolutivo normal para su edad cronológica en los aspectos intelectuales. Callada y tímida. Psicológicamente es una niña muy débil con grandes problemas de comunicación y de relación con otras personas, ya sean adultas o niñas. Hay un conflicto latente en su historia de relaciones sociales con dificultades a la hora de adecuarse con objetividad a la realidad. Se diagnosticó una anorexia nerviosa. Inés tiene una gran frialdad afectiva. Se observaron ilusiones recurrentes, relaciones inadecuadas en la interacción cara a cara debido a su afecto restringido y frío, suspicacia o ideación paranoide y ansiedad social indebida, con hipersensibilidad a las críticas reales o imaginarias. Se practicó un tratamiento de psicoterapia de apoyo, que se vio interrumpido tras la agresión violenta que realizó a su tía. Fechado en junio de 1998.

Conversación con los padres: «Es muy fría, calculadora y práctica». «No creemos que sea un problema de culturas». «Está rebelde, en su infancia no se ha expansionado». «Su hermano es normal, no la entiende». «Creemos que puede repetir estos graves actos y que puede volver a tomar drogas, consiguiéndolas por su parte» (drogas igual a fármaco). «Deseamos que esté en un centro todo el tiempo que se necesite, si lo precisa, hasta que se independice».

El diagnóstico indica: trastorno antisocial de la personalidad. Trastorno esquizoide de la personalidad. Trastorno reactivo de la vinculación en la infancia. Posible dependencia de fármacos del tipo neurolépticos. Bloqueo afectivo. Autoimagen negativa. Susceptibilidad, con ideas autorreferenciales.

En la orientación consideramos que, si así lo estima S. Sª., precisa ser internada en Centro de Reforma (durante espacio temporal amplio) como lugar de contención, donde asuma responsabilidades, reflexione sobre sus conductas y las varíe; para ello, y junto a la ejecución de las actividades programadas, requiere una psicoterapia profunda y dilatada en el tiempo.

Debe acompañarse el presente informe y la múltiple documentación aportada por los padres al centro donde quede internada, de forma que dispongan de toda la historia clínica de la menor.

Estimamos que nos encontramos ante un caso de tratamiento clínico, siendo benéfico el alejamiento temporal de los padres.

El 17 de julio de 1998, ingresa en el centro de reforma RENASCO con una duración de 6 meses. El 1 de septiembre del mismo año se emite un informe en el que se expone: los primeros días presenta bloqueo general. Habla de su experiencia de manera fría y racional. No muestra interés por nada. No mantiene relación con los menores. Está siendo visitada por un psiquiatra del Centro de Salud, existe seguimiento continuo por parte de la psicóloga del centro. Objetivos: trabajar su autoestima, expresión de afectos y relación con sus padres (los cuales muestran colaboración). Inés habla de su preocupación por estar gorda y explica que no desea tener contacto con su familia.

En octubre, noviembre, diciembre de 1998, los siguientes informes indican que evoluciona positivamente. Los padres acuden semanalmente a visitarla. Psicológicamente, va encontrando explicaciones a sus comportamientos. Bloqueo en el trabajo en grupo. Comienza a salir los fines de semana a casa. Los padres y hermano vienen todas las semanas a psicoterapia.

El 17 de enero de 1999, el informe indica evolución positiva, colaboradora y activa. Tanto Inés como su familia contemplan su reincorporación con gran optimismo. Excelente relación con el resto de chavales. La relación con su familia está ya normalizada. Inés sigue siendo manipuladora y poco afectiva, castiga al adulto, infravalora la figura paterna. Los padres se sienten más seguros y desean su retorno; Inés muestra ilusión por volver con sus padres. Continúa su gran rechazo ante las intervenciones por parte de profesionales de salud mental. Se ha trabajado con ella en aspectos de autovaloración en relación con experiencias familiares y sociales.

CRECE LA VIOLENCIA DE MENORES

En el año 2004 hubo 5.100 denuncias de padres agredidos por sus hijos. En 2005 la cifra ascendió a 6.886. Un fenómeno real que comienza ahora a dejarse ver después de años silenciado tras los muros del hogar.

«"Cualquier estadística —a decir de Javier Urra, psicólogo de la Fiscalía de menores de Madrid, asesor y patrono de UNICEF—, es sólo un reflejo minúsculo de la verdadera realidad". "Madres que denuncien hay poquísimas —explica—, sólo lo hacen si la situación se ha descontrolado mucho o es el médico quien presenta la denuncia por ellas". Más evidencias de la dimensión del fenómeno: en una macroencuesta del Instituto de la Mujer (1999),

80.000 españolas reconocían ser maltratadas por sus hijos. Mayoritariamente atribuyeron la conducta agresora de sus vástagos a la educación permisiva, la crisis de valores y la pérdida de autoridad en la familia». (*El Mundo*, 17 de abril de 2005.)

«La Fiscalía de Valencia recibe en dos meses 55 denuncias de agresiones de menores a sus padres... La fiscal de Menores de Valencia Teresa Gisbert exponía: "La violencia de hijos menores hacia sus padres ha pasado de ser un episodio minoritario a convertirse en un verdadero problema al que hay que prestar atención específica.

»Eso se explica por dos razones: porque la gente denuncia más al comprobar que existe una institución que se ocupa de ello; y que cada vez hay más casos, teniendo en cuenta que lo que sale a la luz es una minoría en la que la angustia, la situación es ya insostenible"». (*El País*, Comunidad Valenciana. 21 de marzo de 2005.)

«Es difícil denunciar a un hijo, reconocen en la Fiscalía de Menores del Tribunal Superior de Justicia del País Vasco. Por eso, sospechan que los casos reales son más que los denunciados y que éstos sólo son la punta del iceberg de un problema que va en aumento. "Resulta novedoso que los padres denuncien a sus hijos. Desde luego, nos llama mucho la atención el aumento de 7 a 22 casos en el año 2003. Además, hay que tener en cuenta que prácticamente todos se dieron en los tres últimos meses, que fue cuando se empezó a considerar como un delito lo que hasta entonces sólo era falta", asegura la fiscal de Valencia.

»El incremento tiene que ver con la reforma legal de octubre de 2003, que establece que en el ámbito de la violencia familiar un solo hecho supone automáticamente un delito, mientras que hasta entonces, se requería una reiteración». (*El País*, 31 de enero de 2005.)

Y no sólo en España, en países como Francia o Estados Unidos ya se ha convertido en un problema de dimensiones preocupantes.

Vicente Garrido (2005) expone esta cuestión: «¿Por qué no habría de estar aumentando la violencia hacia los padres si aumenta la delincuencia juvenil, el acoso en la escuela hacia los compañeros y la violencia hacia los profesores? Por otra parte, ¿puede ser una casualidad que todo ello acontezca a la vez que los adolescentes se inician más precozmente en el consumo de las drogas —se ha multiplicado por cuatro el consumo de cocaína por los menores de 16 años en el último decenio, según el Plan Nacional de Drogas?».

EL «PEQUEÑO» GRAN DICTADOR

Antes de llegar a la agresión física, muchos padres soportan vejaciones, insultos, gritos, chantajes emocionales, amenazas. Algunos jóvenes emplean los métodos más retorcidos que se nos puedan ocurrir para hacer chantaje psicológico a unos padres inmaduros, temerosos y fácilmente manipulables. A veces los hijos se convierten en una pesadilla cotidiana que los padres no comentan con nadie, principalmente por vergüenza. Son situaciones que se silencian porque parecen demasiado rocambolescas como para resultar verosímiles. Pero lo son. Las presiones pueden comenzar a edades muy tempranas, a veces a los 8 o 9 años, pero es más adelante cuando el hijo puede convertirse en un auténtico dictador en casa. En un principio se le disculpa alegando que «tiene mucho carácter» o que soporta mucha presión en el colegio. Más adelante muchos padres se ven obligados a admitir que la situación está completamente fuera de control. El hijo no tolera un no por respuesta y utiliza todos los medios para lograr lo que quiere. La figura del padre aparece desdibujada y falta de autoridad. La madre es la que más sufre la irascibilidad del hijo. En algunos casos la tensión es tal que se llega a la agresión física.

«Se trata, fundamentalmente, de niños malcriados en la primera infancia. En los últimos tiempos se le ha dado al niño un poder inaudito, es el dueño del hogar, el que decide desde que llega del colegio qué se ve en la tele, si los padres salen de casa o no... La sociedad está entronizando a los niños». (Nora Rodríguez, pedagoga, autora de *¡Quién manda aquí!*)

El juez E. Calatayud indicaba: «Justo hace un momento que acaba de salir del despacho el padre de una chica de 15 años, que dice que no hay forma, que no puede con ella». Y continua: «Efectivamente tenemos muchos niños dictadores que hacen lo que les da la gana y obligan a los demás a seguir sus pautas..., al final llegamos a que en determinados casos el chico se convierte en el dictador de la casa. Hace lo que quiere, no respeta las normas y origina una situación de estrés completa en el matrimonio, los hermanos, en la familia en general. ¿Por qué? Porque no hemos sabido poner las normas desde pequeños».

La responsabilidad es, por tanto, de los mismos padres, que acaban pagando con creces su propia falta de madurez para educar. «Y también —añade Calatayud—, por la excesiva permisividad. No hemos sabido decir "yo soy yo y tú eres tú". Siempre nos han comido el coco diciendo "es que yo soy el único que viene a estas horas por la noche". Se han organizado ellos, con unos canales de información muy buenos, y los padres no hemos sabido decir "hasta aquí hemos llegado y punto". Claro, eso se lo puedes decir a un crío de tres, cuatro o cinco años, pero, si no se van estableciendo límites, cuando llegue el chaval a la rebeldía propia de la adolescencia nos encontramos con que ya es un tema imposible».

A. Pérez, responsable del Servicio de Atención a la Familia de la Jefatura Superior de Policía de Oviedo apunta como causas de estos comportamientos: «Influye sobre todo la ingesta de alcohol por un lado y, por otro, la crisis de autoridad que sufre hoy en día esta sociedad, que pasó de ser muy férrea a una libertad casi absoluta. Además, desde mi experiencia, el 80 por ciento de los chavales que pasan por comisaría tienen problemas en casa. La violencia tiene su origen en la falta de disciplina que hay en todos los órdenes, principalmente en el hogar, que es por donde había que empezar. Les dan televisión, videojuegos, consolas, pero no hay conversaciones. No es suficiente con darles dinero y comprarles lo que les gusta, los hijos tienen que saber que sus padres se preocupan por ellos. No pueden estar acostumbrados a tenerlo todo, porque cuando lleguen a la edad rebelde no van a poder echar el freno. Hay casos de chavales que arrastran a su madre de los pelos por el pasillo, y no los denuncian para no marcarlos».

> «El caso de M.J. L., madre de dos hijos, que apenas hace un par de años alcanzaron la mayoría de edad, no es excepcional. "Siempre he tenido problemas con mis hijos. Sobre todo, con el mayor. Pero, nunca me decidí a denunciarles. No tuve valor. ¡Es que son mis hijos! Pero, sí deseé

que salieran de casa un día para olvidarme de ellos. Hay situaciones que son insoportables. No puedes más. No sabes qué hacer. Es tu vida o la suya", relata esta mujer que no ha cumplido cincuenta años.

Su historia es una de tantas. Se quedó embarazada recién salida de la adolescencia. Se casó. Tuvo dos hijos y años más tarde se divorció, aunque la sombra amenazante del marido nunca se alejó de su vida. Los niños crecieron bajo su custodia mientras el padre les llenaba la cabeza de cizaña. Con la adolescencia llegó la rebeldía, aunque en el caso del hijo mayor se transformó en agresividad. "Me asusté el día que me empujó y me vi contra la pared y su cara gritándome a escasa distancia de la mía". Ese día, la madre, acostumbrada al sufrimiento, empezó a tener miedo. Ya no era sólo la desobediencia del hijo; llegó a temer por su integridad física. "Vive en otra ciudad y eso lo hace más fácil. Con el pequeño también tengo problemas pero intento resolverlos", reconoce». (*El País Vasco*, 31 de enero de 2005.)

LAS VÍCTIMAS

Otra madre impotente. Acaba de denunciar por segunda vez a su hijo de 16 años, su verdugo desde que cumplió los 12. En su última salida de tono ha destrozado todos los muebles de la casa. La desesperación de la madre es tal que está dispuesta a dejar su trabajo y trasladarse allí donde le ofrezcan alguna cura para el vástago.

Paradójicamente, las víctimas (los padres) son, según los especialistas, los involuntarios causantes de la agresividad que exhiben sus hijos. Hace tiempo que soltaron las riendas de su educación y dejaron ésta en manos de un entorno totalmente dominado por el consumo y el ocio, donde los progenitores pueden resultar hasta un estorbo. «Los padres son vistos como parásitos, elementos molestos que limitan la vida de máxima libertad que los chicos quieren. Son enemigos a los que muchas veces hasta se quiere destruir». (*El Mundo*, 17 de abril de 2005.)

«Esta misma mañana has acudido al centro educativo en el que estudia tu hijo. Preguntas por la psicopedagoga, por aquello de que siendo psicóloga y además del mismo género, podrá ponerse en tu lugar y comprenderte mejor. Pero en ese momento no puede recibirte. Decides entonces hablar con el director. Entras en el despacho, te ofrezco asiento, unas gafas oscuras ocultan tus ojos, que de otras ocasiones recuerdo hermosos e intensamente azules. Te encuentro inquieta y muy nerviosa. Comienzas a hablar de manera compulsiva y atropellada sobre temas diversos, que no guardan relación entre sí. "¿Qué te ocurre?", se me escapa. Te quitas las gafas y tus ojos, ahora enmarcados en dos enormes manchas verde-azuladas, estallan en lágrimas que resbalan por un rostro demacrado y repentinamente envejecido. "Ha sido mi hijo", me confiesas. Me cuentas que te viene maltratando desde hace tiempo, que ya lo hacía de palabra en vida de su padre, pero desde que éste falleció en aquel accidente sufres además sus maltratos físicos. Te invito a desahogarte, me parece que lo necesitas, te hará bien, y además, a eso has venido. Me relatas entre sollozos y con todo lujo de detalles las mil y una perrerías a las que te somete ese mocoso de apenas quince años, el niño de tus ojos, por quien sacrificaste tus espléndidos dieciocho años y por el que ahora estás a punto de anularte como persona. Me hablas del chantaje y control emocional al que te somete, de los métodos de los que se vale para castigarte, no dirigiéndote la palabra durante días, hasta que se sale con la suya, de cómo se pule más de la mitad de tu exigua pensión de viuda en sus salidas de fin de semana, de las noches que te pasas en vela sin saber qué hace, ni con quién ni por dónde anda, de tu terror a que sufra un accidente o que alguien le agreda, de tu inmenso alivio, cuando, ya cerca del alba, regresa al domicilio familiar, casi siempre bastante borracho, aunque sea para gritarte y maltratarte una vez más.» J. Espiño Collazo.

«Sí, queridos chicos y chicas, sin duda sois unas pobres víctimas, tanto más lamentables cuanto mayor es vuestra vulnerabilidad. Pero, por una de esas extrañas paradojas de la vida, sois también verdugos. Como demuestra una vez más el testimonio que hoy me llega, con la mayor de las habilidades habéis sabido aprovechar el vacío instalado en el seno de la familia para haceros con el trono y con el látigo enmohecido, que en otro tiempo representaba lo peor de vuestros mayores.

»La madre protagonista de este relato terminaba nuestra conversación preguntándome qué podía hacer. Difícil respuesta para tan ardua y angustiosa pregunta. Se me ocurre decir que la solución a este complejo problema, si es que existe, dadas sus alarmantes dimensiones y consecuencias, pasa por un cambio radical de nuestras actitudes y nuestros esquemas de conductas y por un rearme moral y ético de nuestra vida personal y familiar. Ya es hora de asimilar y llevar a la práctica esos cuatro o cinco valores esenciales que definen toda existencia humana que se aprecie. Dejemos de culpar a la sociedad, al estado, o a la escuela de todos nuestros males, y enfrentémonos, como adultos responsables, con nuestros propios fantasmas. Dejémonos de jugar a ser unos padres modernos, permisivos y colegas, y seamos, de una vez, lo único que realmente necesitan nuestros hijos: unos buenos padres». J. Espiño Collazo.[6]

EL SENTIMIENTO DE LA VÍCTIMA

Es de impotencia, de incapacidad de afrontamiento, de hábito y asunción del papel de esclavo.

M. Seligman nos mostró lo que es la indefensión aprendida, y cómo una persona normal acaba acurrucada esperando el siguiente golpe. Es lo que ocurre con las mujeres maltratadas ya sea por el hombre con el que vive o por el hijo, o por los dos.

Piensa que se le ha ido la situación de las manos, que debió haber intervenido antes. Que en algo se ha equivocado.

Sufre y lo hace en silencio. No cree que compartir su dolor vaya a mitigarlo. Siente vergüenza por obedecer a un hijo y rendirse a su tiranía. Cree que recibirá consejos, recetas y reproches pero no una ayuda eficaz.

---

[6] José Espino Collazo, *Nuestros hijos: víctimas y verdugos*. El autor es catedrático de Lengua Castellana y Literatura y director del I.E.S. Valle de Turón.

Quiere tener fe en el cambio, por un momento piensa que la situación mejorará pero inmediatamente se sume en la desesperanza.

Padece y teme. Sí, tiene miedo visceral, real, anticipatorio. Sus conductas varían, intenta que los demás no se percaten del fracaso vivencial, de la sinrazón, y musita para sí que la vida se terminó, que no hay luz al final del túnel.

Come mal, duerme peor, somatiza, llora a escondidas. Y claudica ante el tirano. Se pregunta si padece el denominado «síndrome de Estocolmo». Quisiera conocer otros casos, pero, sobre todo, alcanzar soluciones. Llega a relativizar lo inaceptable por lo común, por habituación. En ocasiones culpa al otro adulto.

Se pregunta: ¿qué puedo hacer?, pero sabe que el tirano ha crecido, en edad, en tamaño, en exigencias, en incapacidad para la reflexión, la duda, el debate, la matización. Sabe que su pequeño (o no tan pequeño) tirano no abandonará su pedestal ganado desde el despotismo ejercido con constancia.

Se sabe víctima y busca explicaciones: ¿estará enfermo? ¿Será su carácter innato?

Le oye llegar y le teme. Evita la discusión, la bronca, le concede, le da la razón, todo antes de alterarlo, de ponerle en el disparadero. El círculo se cierra.

La angustia se adueña de la víctima. Quiere «tirar la toalla» pero no puede. Ama a su hijo y lo aborrece. Lo detesta pero se siente unida a él.

No tiene ninguna asociación de iguales a la que acudir.

Es víctima solitaria que se siente culpable (en parte). Sus expectativas se han truncado. Un hijo, un tirano, inconcebible, una pesadilla diaria, inaceptable, insoslayable.

CARACTERÍSTICAS DE QUIEN VIOLENTA A SUS PADRES

Resulta inviable apuntar una estadística cuantificadora fiable, dado la más que incalculable pero segura amplia cifra de conductas de este tipo no denunciadas, y que sólo se interviene judicialmente en aquellas en que hay constancia de secuelas físicas de agresión.

Cada vez son más jóvenes

> El diario *El Mundo* del 17 de abril de 2005 publicaba el artículo «Tiene siete años y ya es maltratador». LA VÍCTIMA: su madre.
>
> La abuela, que vive en Granada, no quiere contar personalmente la historia porque le da vergüenza que se sepa que su familia vive atemorizada por un niño de 7 años: su nieto.
>
> La pesadilla comenzó cuando el nieto tenía sólo 3 años. Los insultos, las amenazas y los manotazos que ya propinaba entonces a su madre fueron interpretados como la reacción comprensible de un bebé inmerso en la traumática separación de sus padres. Pero con el tiempo, lejos de apaciguarse, su instinto de destrucción ha derivado en violencia insólita, totalmente impropia en un niño de tan corta edad. No se cansa, por ejemplo, de decirle a su madre que quiere que se muera, que la va a matar incluso y, buena muestra de sus intenciones, es que haya llegado a darle un manotazo mientras conducía para provocar un accidente».

Hay padres, muchos, que están viviendo un infierno en casa, maltratados por sus hijos adolescentes e incluso niños. Entre los denunciados en 2004, un niño de 12 años que echó mano de un cuchillo para acorralar a su madre porque no le dejaba salir el viernes por la noche.

Trastornos del comportamiento. Conductas violentas

Cada día son más los chicos que presentan patologías relacionadas con conductas violentas y/o agresivas. Los padres no saben qué hacer con sus hijos. Los psicólogos clínicos apuntan como sintomatología conductas o actos de carácter disocial, cuando no delictivos. Son chicos con dificultades en las relaciones interpersonales.

A. M. Femenia y M. T. Muñoz Guillén hablan de la realidad de este trastorno también a nivel social: «Son chicos/as con una absoluta intolerancia a la frustración, con la irritabilidad que ello conlleva, y sin apenas capacidad para la espera. Con un funcionamiento mental más propio de proceso primario que ya de un pensamiento más secundarizado y elaborado, por lo que predominan mecanismos mentales en los que se utilizan recursos tales como: omnipotencia del pensamiento, negación, autopercepción de un yo grandioso, etc. Las relaciones interpersonales que establecen son de una gran intensidad pero también de una gran superficialidad, reclamando constantemente aportes narcisistas.

»Niños/as que adolecen de una importante deficiencia afectiva, en ausencia de figuras paternas suficientemente sólidas y estables que permitan poder hacer buenas identificaciones que den paso a convertirse, posteriormente, en adultos con capacidad de entender al otro, como otro Yo, capaz de sentir y de padecer lo mismo que él mismo, y vivir esta diferenciación Yo-Los Otros, como un enriquecimiento en lugar de vivir a los demás como elementos peligrosos y amenazadores para su frágil identidad.

»En el *Compendio de psicoanálisis* dice Freud que "el Yo debe su origen y más importantes características adquiridas a la relación con el mundo exterior real..." de manera que, en ese intercambio del niño con su entorno —y en el que las relaciones afectivas con los objetos amorosos primarios son de una importancia crucial— se va organizando y consolidando la estructura de ese Yo. Si el niño ha recibido los suficientes aportes de contención y de receptividad afectiva, podrá organizar un Yo suficientemente estable y seguro como para no sentirlo amenazado.

»Unos apoyos narcisistas sólidos, sin dudas ni fracturas por parte de los padres en lo que están transmitiendo a sus hijos, con un fondo de placer y de confianza que el niño percibe como suyo, y no como algo que "debe", es lo que constituye la base de una relación segura. Cuanto más sólidos son estos apoyos, que recargan el narcisismo estructurante del niño —no el narcisismo maníaco/omnipotente—, más fácil le es entrar en contacto con un objeto que no amenaza su Yo. Diferente es la situación del niño que se siente vacío de una aportación y transmisión afectiva que le haga sentirse "apegado" (teoría del apego) a un objeto suficientemente bueno que pueda tolerar esa "violencia de vida" que el bebé dirigirá hacia la madre, para que ésta recoja esa violencia, la metabolice y la desactive, devolviéndosela transformada en ternura generadora de seguridad. Es muy frecuente encontrarnos en la actualidad con padres "asustados", padres frágiles narcisísticamente, que no son capaces de incluir a sus hijos en una normativa que organice límites (externos e internos) con los que el niño pueda sentirse protegido y seguro».

Estos menores agresores se caracterizan por su susceptibilidad emocional.

El niño, el adolescente violento, es inseguro, frágil, dependiente y se siente amenazado en sus límites y su identidad. Mediante la conducta violenta trata de desarrollar y mostrar un yo fuerte que le proteja de los duelos de fondo que a veces ni se han planteado.

Los comportamientos violentos pudieran venir marcados por la búsqueda de sensaciones. Ph. Jeammet dice que existen dos vías de sentirse existir. La de las emociones que da lugar a la interiorización de los afectos modulados por la calidad del intercambio relacional que haya habido y al establecimiento de vínculos y la vía de las sensaciones que se origina como sustituto de los fracasos relacionales y la sensación de hacer contactos pero no vínculos.

PERFIL DEL HIJO HOSTIL, DESAFIANTE Y NEGATIVISTA

Distintas opiniones de expertos, y desde diferentes puntos del país, confluyen en sus rasgos. Así se refleja en la prensa.

El periódico *Ideal*, de Granada, publicaba el 22 de febrero de 2005: «Hacen lo que les sale de la entrepierna y ni siquiera pierden tiempo en dar explicaciones. Conforman un grupo difícil de cuantificar, pero en todo caso cada vez más numeroso. Son lo que en argot sociológico se conoce ya como los nuevos "jóvenes dictadores": hijos —generalmente adolescentes— extremadamente conflictivos capaces de destrozar con su comportamiento la vida familiar. Chulos, cambiantes, maltratadores, apáticos, irrespetuosos y con cierta frecuencia también delincuentes, estos chavales llevan de cabeza a sus progenitores y a todo su entorno».

«Son menores caracterizados por absentismo y bajo rendimiento escolar, que protagonizan agresiones verbales y hasta físicas, irresponsables, que incluso llegan a cometer hurtos y mantienen una actitud tiránica hacia sus padres». (*Ideal*, Granada, 21 de mayo de 2005.)

Se trata de un menor varón (uno de cada diez son chicas) de 12 a 18 años (con una mayor prevalencia del grupo 15-17), de personalidad impulsiva, que arremete primordialmente a la madre. Adolecen hasta del intento de comprender qué piensa y siente su interlocutor «domado». Poseen escasa capacidad de introspección y autodominio: «me da el punto/la vena...».

R. Hare expone que los rasgos de la impulsividad, irresponsabilidad y la falta de sentimientos de culpa, son rasgos propios de la psicopatía y nuestra sociedad promueve una cultura que los refuerza; sin embargo, países como China o Japón tienen una baja presencia de psicópatas, tal vez porque en ellos se enseña a reparar la ofensa producida con su propio comportamiento. Se induce el sentimiento de culpa. En nuestra sociedad solucionamos el problema derivándolo a los expertos, no se ayuda a desarrollar la moral, la interiorización del mal que se ha hecho.

La jueza M. F. García lo cataloga de «fenómeno sociológico nuevo» y está de acuerdo al afirmar que mayoritariamente es varón —aunque más de un tercio son mujeres—, con 14 y 15 años de edad y estudiantes de 2º o 3º curso de ESO. «Lo más frecuente es que sea el hijo menor de la familia, que habitualmente además resulta ser la familia biológica», añade. (*Ideal*, Granada, 22 de febrero de 2005.)

En el mismo periódico, el 21 de mayo de 2005 se corroboraba este dato: «La franja de la adolescencia se manifiesta por tanto como una de las etapas más conflictivas y, colocando al joven en su entorno familiar, parecen que se dan más problemas con el menor de los hijos».

«El 70 por ciento de los menores adolescentes altamente conflictivos que fueron tratados durante 2004 por la Delegación de Igualdad y Bienestar Social y por la Asociación Hogar 20 son los benjamines de la familia, los hermanos pequeños. Son menores que muestran un rechazo total hacia el sistema y las autoridades, violentos con sus compañeros, padres y profesores, sin ilusiones y con problemas judiciales en muchos casos. Sin embargo, no proceden de una familia marginal: sus padres tienen titulaciones universitarias, altos ingresos y madres trabajadoras». (*Granada Hoy*, 22 de febrero de 2005.) Este último dato respecto al entorno familiar en el que viven es común en mucho de los casos.

«La mayor parte de los padres cuenta con trabajo, de modo que no sufre los rigores del desempleo. Además, muchos de los padres son médicos, profesores, abogados, empresarios o funcionarios». (*Ideal*, Granada, 22 de febrero de 2005.)

«La mayoría de los conflictos se dan entre progenitores entre 41 y 50 años... Esto ocurre en familias normalizadas, no en las que están en riesgo de exclusión social». (*Ideal*, Granada, 21 de mayo de 2005.)

«En las familias no hay antecedentes delictivos en los padres, que en la mayoría de los casos trabajan ambos progenitores», apunta la jueza M. F. García (*ABC*, Sevilla, 30 de enero 2005).

E. Calatayud, juez de menores de Granada, así los refleja: «El perfil es el de un joven de entre 15 y 16 años de clase media. Se trata en muchos casos de niños bien», dice el magistrado que asegura que este tipo de violencia no prolifera tanto en niños de familias marginales por una sencilla razón: «Si el niño marginal le pega a su padre, éste le responde con dos tortas, mientras que el padre dialogante no lo hace». (*ABC*, Sevilla, 30 de enero de 2005).

Siguen los medios aportando datos, los casos se repiten de manera continuada.

«No hay un modelo único de niño maltratador. Según los expertos, puede crecer en cualquier nivel social o cultural. Sí se sabe que es más común en hogares fragmentados y que las principales víctimas son madres separadas que han malinterpretado eso de que hay que educar sin recurrir a las bofetadas. "Nada tiene que ver pegar con sancionar", dice Javier Urra, "desde muy corta edad hay que decirle al niño: Hasta aquí hemos llegado"». (*El Mundo*, 17 de abril de 2005).

«El problema es fruto de la suma de varios factores, por un lado la propia personalidad conflictiva del menor y por otro las circunstancias que rodean a la familia.

»La mezcla genera comportamientos conflictivos del menor en casa, absentismo y bajo rendimiento escolar, agresiones verbales y en ocasiones físicas a padres o adultos, incumplimiento de obligaciones y normas, relaciones sociales inapropiadas, hurtos, robos, conductas tiránicas y violentas, consumo de drogas o escapadas de casa». (*Granada Hoy*, 22 de febrero de 2005).

«Los actores, los menores que ejercen esa violencia, pasan por una adolescencia conflictiva, de relación muy dificultosa tanto en el entorno educativo como en el familiar. Además, se ha comprobado que hay casos que corresponden a situaciones de trastorno psiquiátrico y trastorno de la personalidad de los menores agresores. La edad de los protagonistas de estos episodios está entre los 15 años y los 17 años. Y en todos coincide el absentismo escolar.

»La violencia más habitual es la de carácter psíquico, "la violencia física es menos constante"», puntualiza T. Gisbert (fiscal de Menores de Valencia, *El País*, 21 de marzo de 2005).

«La Fiscalía vasca señala que no existe un perfil de hijo maltratador. Sin embargo, hay características que se repiten, como pertenecer a una familia desestructurada, mimetizar el modelo paterno de agresividad o sufrir algún tipo de trastorno, o simplemente, rebeldía extrema y falta de adaptación». (*El País Vasco*, 31 de enero de 2005).

TIPOLOGÍA DE LOS HIJOS QUE DEVORAN A SUS PADRES (EL COMPLEJO DE CRONOS)

1. *Hedonistas-Nihilistas*, el más amplio en número. Su lema es «primero yo y luego yo». Unos utilizan la casa como hotel (los fines de semana los pasan fuera), entienden que la obligación de los padres es alimentarles, lavarles la ropa, dejar-

les vivir y subvencionarles todas sus necesidades o, mejor dicho, demandas. El no cumplimiento de sus exigencias supone el inicio de un altercado que acaba en agresión. En gran número no realizan ninguna actividad educativa o formativa, se levantan a la una del mediodía, comen, descansan con una reparadora siesta y «a dar vueltas con los colegas». Se implican con grupos de iguales, de conductas poco aconsejables. En síntesis y literalmente hacen lo que quieren, llevan a dormir a quien desean a casa, etc.; en fin, un despotismo nada ilustrado.

2. *Patológicos,* bien sea por una relación amor-odio madre/hijo, con equívocos más allá de los celos edípicos, en algún caso con relaciones incestuosas. Otro determinante es la dependencia de la droga, que impele al menor a robar en casa desde dinero para comprar sustancias psicotrópicas de diseño, hasta la cadena musical para adquirir otros tóxicos como inhalantes volátiles tipo pegamento con tolueno.

3. *Violencia aprendida* como aprendizaje vicario desde la observación, ya sea porque el padre (por ejemplo, alcohólico) también pega a la madre para conseguir su líquido elemento; o como efecto boomerang por haber sufrido con anterioridad el maltrato en su propio cuerpo, la incontinencia pulsional de padres sin equilibrio ni pautas educativas coherentes y estables; cuando su edad y físico lo permiten «imponen su ley» como la han interiorizado.

4. Se aprecian bastantes casos en *hijos de padres separados.* Bien por el proceso, que en ocasiones se formula de tal manera que resulta muy dañino para los hijos, o porque el padre varón en el régimen de visitas le indica al hijo que su ex se caracteriza por ser tonta, caprichosa, estúpida..., y que

él como hijo haría bien en imponerse, tener más libertad... (o, lo que es lo mismo, encanalla a su hijo contra su ex, que no olvidemos es la madre del niño). En muchas ocasiones el padre varón ve al hijo los fines de semana en tiempos de cine, restaurantes, etc., mientras que la madre tiene que bregar con el aseo personal del hijo, arreglo de la habitación, estudio, etc.

La convivencia con la nueva pareja del padre o de la madre ocasiona a veces grandes disturbios en los hijos que, rebotados de una casa a otra, acaban agrediendo a la parte más débil.

5. Un porcentaje significativo de chavales son *niños adoptados o acogidos* por familias que no son biológicamente las suyas. Pareciera que ese sentimiento de no pertenencia al cien por cien, de no vinculación sanguínea, permite al joven exigir más, demandar, aprovechando las dudas de algunos padres adoptantes que se sienten con menos fuerza moral para educar, padres que no se atreven a emplear todos los mecanismos de sanción para ganarse el respeto, mostrándose en ocasiones excesivamente condescendientes.

María Jesús Álava subraya que «las peores situaciones que pueden vivir los padres de los niños adoptados no difieren mucho de las que viven cada día miles de padres "biológicos" con sus hijos; la diferencia, quizá, radica en la expectación, en la voluntariedad, en el enorme deseo con que estos niños fueron recibidos y que hizo que, muchas veces, a sus padres adoptivos les costase "ejercer de padres"».

Las familias acogedoras y adoptantes deben contar con un apoyo psicosocial próximo al inicio del proceso.

En todo caso la estadística, como publicaba el periódico *Granada Hoy* con fecha 22 de febrero de 2005, indica que el 94 por ciento son hijos biológicos.

Todos los tipos tienen nexos de confluencia, tales como los desajustes familiares, la «desaparición» del padre varón (o bien no es conocido, o está separado y despreocupado, o sufre algún tipo de dependencia o, simplemente, no es informado por la madre para evitar el conflicto padre-hijo, si bien la realidad es que la mayoría de las veces prefiere no enterarse de lo que pasa en casa en su ausencia). No se aprecian diferencias por niveles socio-económico-culturales.

Los estímulos que provocan la erupción violenta son nimios. La tiranía hace años que inició su carrera ascendente. El hijo es único o el único varón o el resto de los hermanos más mayores han abandonado el hogar. En la casi totalidad de los casos no niegan su participación; es más, la relatan con tanta frialdad y con tal realismo que impresiona sobremanera.

La tiranía se convierte en hábito o costumbre, cursa in crescendo; no olvidemos que la violencia engendra violencia. La frecuencia de las persecuciones por la casa, de la rotura de mobiliario, de los golpes y patadas a la madre, la intensidad de las humillaciones y vejaciones de todo tipo se incrementan, se pasa al robo en el domicilio, a la amenaza con cuchillos... Las exigencias cada vez mayores obligan necesariamente a decir un día NO, pero esta negativa ni es comprendida, pues en su historia vivida no han existido topes, ni es aceptada, pues supondría validar una revolución contra el status quo establecido. La presión a estas alturas de la desviada evolución impele a las conductas hetero y autoagresivas. El no es «consustancialmente» inaceptable.

Malos tratos en el ámbito familiar

El 21 de julio de 2005 la policía se presentó en un domicilió donde había una discusión acalorada entre el padre, don Mariano Vega Martín, la madre, Emilia Ramos Cabanillas, y sus dos hijos, Luis Vega Ramos de 17 años y Manuel Vega Ramos de 12 años. La madre por su estado de ansiedad y el hijo menor fueron trasladados al ambulatorio. En el informe médico del menor constaba que Manuel Vega Ramos fue asistido por crisis de ansiedad y no requería tratamiento.

Estando todos los miembros de la familia en las dependencias policiales el Sr. Instructor escucha en declaración lo ocurrido por parte de doña Emilia Ramos, e igualmente a don Mariano Vega Martín, y dispone que existiendo indicios racionales de la comisión de un hecho delictivo, el menor Luis Vega Ramos sea detenido por su presunta participación en un delito de malos tratos en el ámbito familiar. Lo que se comunica a la Fiscalía de Menores.

Doña Emilia Ramos, de 40 años de edad, declara que este mismo día, estando en su domicilio con su marido y sus dos hijos, su hijo mayor ha salido de su habitación diciendo a la declarante que «si le había agredido su marido, a lo que ella contestó que no». Luis «insistió diciendo que se fuesen del domicilio él, su hermano y su madre, por lo que la madre le dijo que no ocurría nada y que se metiese en su habitación».

Luis y su padre «mantuvieron una discusión, sin llegar a agredirse en ningún momento». Que Luis o su padre, han llamando a la policía, y que fueron trasladados ella y su hijo menor al centro de Salud porque se encontraban muy nerviosos.

Don Mariano, de 47 años de edad, declara haber mantenido una discusión con su hijo mayor, Luis, «el cual desde hace un año tiene problemas con las drogas, habiéndoles agredido éste cogiéndoles por el cuello, si bien no ha acudido a los servicios médicos». «Que su hijo constantemente le pide dinero, amenazando de muerte al dicente y a su esposa». «Que su hijo Luis, según le ha contado su esposa por teléfono, ha amenazado con un cuchillo a la esposa del compareciente en el día de la fecha por la mañana, mientras el dicente se encontraba trabajando». «Que su hijo Luis constantemente le amenaza de muerte, habiendo llegado a enviar a amigos suyos a dañar la puerta de la vivienda y a amenazarle a él». Señala que en varias ocasiones ha agredido a su hijo menor, Manuel, y ese día le lanzó un plato a la espalda. Dice que es la primera vez que pone una denuncia contra su hijo, porque su esposa siempre se ha negado a ello.

En el informe médico de Manuel, el menor de 12 años, se señala que presenta una crisis de ansiedad, con angustia y sentimientos de culpabilidad. Dice que no quiere vivir con su familia, que comentó a la policía que quería irse de su casa y vivir en una casa de acogida.

El menor Luis Vega comparece ante el fiscal de Menores, con asistencia de letrado y estando presente su tía en calidad de representante legal.

En el acta de exploración se explicita que los hechos que se le imputan son un delito de lesiones en el ámbito familiar, por los hechos ocurridos en la madrugada de hoy y de la mañana de ayer, y un delito de malos tratos habituales.

Dice que en la madrugada del día de hoy es cierto que previamente a todo y estando con su padre, su madre y su hermano pequeño en un bar, tuvieron una discusión, pero el declarante se subió para su casa. Dice que en realidad su padre le quería echar de casa y el declarante «estaba al loro», cuando subió su padre a la 1.30 horas para despertarle. Dice que no es cierto que tuviera una discusión con su padre y que le cogiera por el cuello. Dice que en realidad su padre hizo amago de llamar a la policía, cogiendo el teléfono, pero en realidad no llegó a llamar, sino que el declarante y su madre se bajaron abajo a ver si venía la policía y al cabo de un momento volvieron a subir, y es entonces cuando se lio puesto que su padre cogió por el cuello a su madre, y su madre también por el cuello a su padre, interviniendo únicamente el declarante para separarles, tratando su padre de agredirle a él y siendo él mismo quien llamó a la policía.

Respecto si en el día de ayer amenazó a su madre con un cuchillo, dice que esto último es verdad, pero que no sabe por qué lo hizo, que no fue por dinero.

Se le pregunta si ha amenazado a su padre o a su madre en anteriores ocasiones con cuchillos y dice que no, pero sí los ha amenazado respondiendo a las amenazas que ellos le hacían.

Dice que nunca les ha puesto la mano encima a sus padres ni ha agredido a su hermano, aunque sí tiene discusiones con éste, dice que su hermano aprende lo que ve en casa, de lo que hace su padre, y a veces cuando se enfada con él le ha llegado a lanzar alguna cosa, recordando el incidente del plato («que era pequeñito y de latón»). Que nunca ha amenazado a sus padres para pedirles dinero y que no tiene ningún problema con la drogadicción, aunque su padre le llame «drogata». Que en su casa ha visto malos tratos de su padre a su madre en numerosas ocasiones aunque nunca ha sido denunciada esta situación y eso se ha producido delante del hermano pequeño.

De la exploración psicológica realizada a Luis Vega por el psicólogo forense del equipo técnico de la Fiscalía de Menores, el firmante, cabe destacar los siguientes datos:

Luis Vega Ramos, de 17 años de edad. Estudió hasta 3º de ESO, pasando a la escuela-taller de Albañil. Trabaja desde hace un mes en un híper de reponedor. Asiste a la escuela de toros.

Se define como «simpático y agradable. A veces doy malas contestaciones a mis padres». «Me considero que podría ser un buen torero».

Define a su padre como «de carácter vacío, no sabe llevar a sus hijos. Es drogodependiente». No sabe decir nada positivo de su padre. Relativo a su madre, considera que «la hemos vuelta loca entre mi padre, mi hermano y yo. Es buena, tiene buen corazón. No puede con la situación». Luis piensa que su padre quiere hacer con él, lo mismo que hicieron sus abuelos con su padre: «expulsarlo de casa».

El menor dice que «somos una familia que no congeniamos, hay mal rollo». «La solución está en hablar». Dice que «quiero vivir en mi casa, pero que todo mejore». «Mi padre maltrata a mi madre». «Lo de ayer no es explicable». Comenta que este año «no ha habido Navidad», no funciona nada.

Dice que abandonó la escuela porque no estaba motivado para estudiar, que en el Taller de Albañilería se llevaba bien con los trabajadores e igualmente con sus compañeros actuales del híper.

Respecto al futuro «lo veo chungo» responde, dice que fuma tabaco, bebe «algún cubata» y fuma «porros».

Entrevista con la madre, Dña. Emilia Ramos, el padre don Mariano Vega y el hijo menor, Manuel.

Explican de manera entrecortada, incapaces de mostrar coherencia, unas pautas educativas dispersas. Se habla a gritos, sin respeto, sin pautas. Resulta dificilísimo seguir sus planteamientos.

Como valoración expongo que el menor no es el problema. El problema nace de unas faltas educativas gravísimas de los padres. El padre consume droga, ambos padres consumen alcohol. Los hijos (también el pequeño de 12 años), han perdido el respeto, las formas. El desastre de la relación es incalculable. Las faltas relacionales difíciles de describir.

Resulta imposible predecir el futuro de este conjunto relacional. Luis trabaja (el único) y se relaciona bien con sus compañeros de trabajo. Y es que el problema está en el hogar.

Preocupa negativamente el posicionamiento del padre (pareciera que quiere expulsar a su hijo de casa).

Se orienta que debiera imponerse la medida de libertad vigilada, temporalizada en 6 meses. Al tiempo debiera informarse al área de protección, para intervención inmediata.

Si hay algo que no sólo no debe, sino que no puede ser, es que el hogar se convierta en un infierno. Allí donde debe reinar el ambiente cálido y comprensivo, no pueden imponerse los gritos, insultos, empujones o malos modos.

La violencia intra-familiar es un hecho constatable, muy problemático y mucho más numeroso que lo que es imaginable para quienes no trabajan con su sórdida realidad.

El inicio de la violencia intra-familiar es insidioso, puede nacer del desprecio, del egoísmo, de la ingesta de alcohol u otras drogas, y mostrar su fealdad desde el tono vejatorio, el gesto despectivo, la pérdida de respeto.

Cuando un ser humano golpea a otro algo se rompe para siempre, cuando acontece entre miembros familiares la situación se hace irrespirable, pues se reincidirá, se aumentará y agravará este despropósito.

El NO a la violencia intra-familiar ha de ser con mayúsculas, sin paliativos ni atenuantes. No es admisible, ni de padres a hijos, ni de hijos a padres, ni en la pareja de adultos. Los hermanos pueden «pelearse», pero no ejercer violencia uno contra otro.

Ante cualquier conducta de violencia física o verbal la situación resulta inaceptable y debe rebajarse la tensión, solicitando calma y buenas formas, exigiendo respeto y capacidad para exponer criterios sin herir el sentimiento de los otros.

N. Rodríguez (2004) señala que «los padres que no ritualizan la agresividad, que no evitan el desbordamiento, no encuentran modos de controlarla y no se lo enseñan a sus hijos. Los niños deben saber apaciguarse para encontrar el equilibrio. Algunos de dichos rituales pueden ser dejar el asunto conflictivo para más tarde hasta que los ánimos se apacigüen e intentar resolverlo después; evitar culpabilizar gratuitamente; controlar las amenazas... Es decir, dar pautas para salir del círculo de violencia».

Si la situación se hace extremadamente violenta e imposible de reconducir, lo mejor es explicar que para evitar frases o conductas de las que luego se arrepientan los interlocutores nos vamos a ir, o les vamos a invitar a irse de la estancia (depende si estamos en casa ajena o en la propia).

Es al inicio de cualquier acto evidentemente violento cuando hay que dar la voz de alarma (literalmente), informando a otros familiares, a amigos, y a profesionales de servicios sociales, de las fuerzas de seguridad o de la justicia.

Lo dicho, una vez establecida la violencia intra-familiar, resulta muy difícil extirparla. Es fundamental ser intransigentes con la aparición de síntomas, de gestos violentos. El autodominio es una capacidad del ser humano, cabe frustrarse, discutir, debatir, encerrarse en el cuarto, dar una vuelta, todo menos dejarse vencer por la violencia ya sea física, psíquica, contra objetos o personas.

Respeto, respeto, respeto es lo que debe reinar en un entorno que por el contacto que conlleva, supone roces y malos momentos, pero siempre alejados de cualquier atisbo de violencia.

MEDIDAS DE INTERVENCIÓN

Hasta aquí los casos, múltiples, graves, duros, inaceptables, y usted se preguntará: ¿QUÉ PODEMOS HACER COMO PADRES?

Uno se pregunta: ¿la responsabilidad es mía? Porque el niño, la niña no pidió nacer, tampoco yo lo elegí, o por qué adopté esta y no otro.

A veces, sin motivos, el padre se siente culpable.

Pareciera que el niño es cien por cien moldeable, que no es competente, que no posee iniciativa. Sintiérase uno como proyección en el hijo, como un espejo, uno es en tanto en cuanto es el hijo. Y pende sobre la cabeza: ¿soy un buen padre?, o, lo que es igual: ¿controla a su hijo?, ¿lo adapta a la sociedad? En fin, una fatiga.

Y el niño crece, se hace adolescente, más lejano, más inaccesible, la atención próxima disminuye, hay que cederles responsabilidad, pero, ¿cómo? Porque cada niño, cada adolescente, cada joven es único, su huella digital, su genética es distinta a todas, pese a que la educación que se le imparte sea la misma. Ciertamente la responsabilidad no se alcanza con la edad sino con el ejemplo y la puesta en práctica, la resolución de conflictos, la toma de decisiones, la aceptación de las consecuencias.

A veces, muchas veces, usted siente que su hijo le remite, le desplaza sus responsabilidades, al fin ellos también tienen miedos y buscan controles externos que les den garantías que les sirvan de cauce.

Ceder libertad supone perder poder y ganar autonomía, usted como madre o como padre tiene que saberlo y conocer qué siente. Pero, al fin, hijos y padres han de ganar en autonomía, en intimidad. Usted tiene derecho a ser feliz, a disfrutar de su tiempo, a ser respetado. Usted sólo es dueño de su propia vida y eso es fundamental que su hijo lo capte. No permita que sus sentimientos, sus deseos, sean secuestrados. Usted es otro ser, no es el ángel de la guarda de su hijo.

Ocasionalmente el niño, el joven, su hijo, realiza o no conductas que significan no me importas o, en todo caso, no eres lo más importante, por eso no recoge la mesa, usa indiscriminadamente el teléfono, agota la nevera, deja todo desordenado, etc.

Esa despreocupación del otro, es decir de usted, es un agravio a su persona y un mal aprendizaje para el hijo. No sea usted un esclavo, un siervo, nunca, y menos de su hijo, porque usted para ser feliz requiere ser respetado y ver en su hijo a un ser sensible, honesto, responsable.

Ésta no es una batalla que usted ha de ganar, sino una labor conjunta, cooperativa; diríjase a la parte positiva de su hijo.

Tenemos que vivir con y sin nuestros hijos. Su emancipación no tiene por qué cambiar absolutamente nuestra vida. Todos los seres humanos tenemos los mismos derechos. Si usted no defiende sus derechos, su hijo aprenderá o creerá que simplemente no los tiene, y usted tiene derecho a su vida privada, de pareja, a su tiempo de ocio, al respeto, a sus pertenencias, al afecto, a no sufrir violencia ni desprecios, a no cargar sobre las espaldas con nada ni con nadie. O, dicho claramente, ¿el hijo puede volver a casa a cualquier hora?

Defender los derechos y más si no se ha hecho con anterioridad, supondrá desavenencias, disgustos, presiones. No ceda. Le chantajeará, amenazará con escaparse, dirá frases como te odio, pueden caer en un silencio sepulcral, pueden utilizar a otras personas. Sea coherente consigo mismo, con la educación, repito, no ceda, mantenga su criterio.

«HUELGA DE PADRES»

La madre de Tomás estaba medio trastornada por las actividades de su hijo, entre las que se incluían comportamientos violentos en casa (rompía muebles cuando no le gustaba lo que decían sus padres), usaba y probablemente traficaba con drogas, ponía música ensordecedora durante todo el día y se iba por las noches durante varias horas. En un momento dado, la madre llegó a preguntarse por qué malgastaba su vida en aquella situación cuando Tomás (16 años) no daba señales de apreciarla. Le dijo: «Tomás, te he proporcionado habitación durante mucho tiempo, pero al mismo tiempo siempre he querido tener un cuarto de costura para mí. Quiero alguna demostración de que quieres que siga siendo tu madre, y si no la tengo, dejaré de proporcionarte esa habitación. La convertiré en cuarto de costura para mí».

Al final, uno se pregunta: ¿tendré que echar a mi hijo de casa? Porque eso me duele, ¿es legal? ¿me lo puedo permitir?

Trate a su hijo como trataría a un adulto.

Quizás, y citando a R. T. Bayard y J. Bayard, cabe disponer que su hijo viva con un pariente, cabe internarlo, también facilitar para que vaya a vivir a otra familia, eso no quita para que siga relacionándose con él y pagando los costos que le conlleve. Si tiene más de 16 años y un trabajo puede hacer que se independice, por cierto una independencia mutua.

Un ejemplo de los autores citados es:

Pedro (16 años) se pasaba el tiempo con una banda de pequeños delincuentes. No iba al colegio, ni trabajaba, ni ayudaba en casa. Usaba la casa sólo como refugio, para entrar y salir cuando le apetecía, y dejaba el suelo regado de literatura pornográfica y de objetos como billeteros rotos, que tenían todo el aspecto de ser robados. Los intentos de su padre por hacerle mejorar no parecían surtir efecto. Al fin, cuando Pedro telefoneó a casa tras varios días de ausencia, su padre le dijo que no volviera por allí.

Fundamental: muestre a su hijo seriedad, equilibrio y un objetivo, explíqueselo, cuéntele qué pasará si no cumple lo indicado.

Si al final la separación es inevitable resista con firmeza, con serenidad; cuando se encuentre con su hijo sea sincero, mantenga el contacto con él pero no menoscabe los criterios educativos. Si todo sigue igual, si nada cambia manténganse, si las cosas van mejorado suficientemente, es el momento de abrir los brazos, la casa y poner condiciones. «Del remanso a las aguas turbulentas», se dice cuando las crisis sirven para evolucionar.

PROGRAMAS DE INTERVENCIÓN CON LOS MENORES

> «No sabemos que hacer con él».
>
> «El detonante final suele producirse cuando los padres se declaran del todo impotentes para hacer frente a la actitud de unos hijos a los que les da igual ocho que ochenta. "Nos somete a sus caprichos y cree que el mundo gira a su alrededor (...)" Llega un momento en que el padre dice que no puede más, que no puede con él. Estos jóvenes carecen de respeto hacia la autoridad de la madre, del padre o del profesor». (*Ideal*, Granada, 22 de febrero de 2005.)

El Estado debe ayudar a las familias que tienen hijos con personalidades antisociales.

«La Consellería de Bienestar Social de Valencia reconoció ayer que existe un "incremento de familias que dicen que tienen problemas con los hijos" y se mostró partidaria de hacer cada vez más hincapié en la formación y atención a los padres». (*ABC*, Comunidad Valenciana, 10 de mayo de 2005).

No es menos cierto que, como dice el periódico *Granada Hoy*, «las autoridades creen que muchas familias silencian esta problemática y no piden ayuda» (22 de febrero de 2005).

En algunas ciudades se llevan a cabo programas de intervención con estos menores y sus familias.

«La Consejería para la Igualdad y Bienestar Social de la Junta ha diseñado un programa de ayuda para padres con hijos adolescentes conflictivos, cuyo objetivo es intentar restaurar el poder jerárquico y el control de los padres en la familia y prevenir conductas de riesgo». (*Granada Hoy*, 20 de febrero de 2005).

«La Junta actúa para reeducar a 70 "jóvenes dictadores" que amargan la vida a sus familias. Los programas de intervención con menores altamente conflictivos se prolongan de uno a dos años.

»Pretenden sobre todo fomentar el desarrollo personal del joven y su integración social. No sólo realizan su labor con los adolescentes afectados, sino también con sus familias». (*Ideal*, Granada, 22 de febrero de 2005).

«En las sesiones de trabajo se intenta modificar el comportamiento del hijo a través de la intervención terapéutica con los padres y de la intervención con la unidad familiar, se intenta lograr que los padres se sientan competentes en la tarea educativa con el hijo y conseguir la adquisición en el menor de hábitos de autonomía». (*Granada Hoy*, 22 de febrero de 2005).

«El programa de intervención con padres y menores altamente conflictivos de la Junta de Andalucía ha resultado ser un "salvavidas" al que se agarraron con fuerza un centenar de familias.

»El programa incluye intervención psicoterapéutica con jóvenes y padres por separado y en conjunto, así como escuela de padres y sesiones de coordinación». (*Ideal*, Granada, 21 de mayo de 2005).

T. Gisber, fiscal de menores de Valencia, defiende la mediación como un elemento fundamental para abordar este tipo de realidades. «Los padres obtienen así una respuesta y el trabajo se hace entre todos», comenta. Pero también admite que son necesarios muchos más recursos, que es urgente que se produzca la implicación directa de los servicios sociales, «que son los que tienen de verdad capacidad, o deberían, para intervenir en muchos de los problemas que se desencadenan». (*El País*, 21de marzo de 2005).

El problema de los hijos violentos ha de ser amparado por la sociedad. El colegio es un gran detector de los mismos. Se precisan centros terapéuticos específicos para niños y jóvenes con problemas conductuales. Los centros de salud mental debieran tener esta especialidad con psicólogos y educadores, con seguimiento en los hogares.

La denuncia

«Es violento con los compañeros, ha llegado a agredir a su padre y a su profesor», «No sabemos qué hacer con él». Son algunas de las frases que pronuncian los padres cuando finalmente acuden en petición de ayuda.

«A veces, los padres son reacios a que las autoridades castiguen a sus hijos infractores porque piensan que un arresto es algo drástico y definitivo y porque creen que una "ficha" puede marcar a su hijo para toda la vida. Aunque fuera tan tremendo, le recomendaríamos que lo dejara en la lista de su hijo, pero podemos tranquilizarle diciendo que un tropiezo con la ley no es tan definitivo ni tan drástico; los jueces de menores tratan de ayudar al chico, no de hundirle, y suelen hacer cuanto pueden por reintegrarle en el camino normal sin cicatrices ni daños irreparables (en caso de no reincidencia, la "ficha" se borra al cabo de unos años). Si su hijo o hija está metido en actividades ilegales, un encuentro con la ley sin graves consecuencias puede ser su única salvación. Siempre es preferible que lo sufra cuanto antes», así lo estiman R. T. Bayard y J. Bayard.

Son situaciones muy dramáticas. Cuando unos padres vienen a la Fiscalía a denunciar que son víctimas de sus hijos menores es porque ya no pueden más, porque ha desaparecido cualquier referencia de autoridad, de diálogo, de respeto. Y lo hacen pensando siempre en que esa actuación sirva para reconducir la situación.

La jueza M. F. García advierte «que aunque la mayoría de los padres no desean llevar a sus hijos a los tribunales, muchas veces lo hacen porque no tienen medios para solucionar el problema. "Muchos padres están desbordados y pretenden quitarse a los hijos de casa porque no saben qué hacer con ellos", afirma». (*ABC*, Sevilla, 30 de enero de 2005).

Sin embargo, dice E. Calatayud, a la par que aumenta este fenómeno se está produciendo sobre todo una concienciación por parte de los padres que, cada vez están acudiendo más a los tribunales para presentar denuncias contra sus propios hijos. Tortas, empujones o incluso intentos de cuchilladas que, en muchos casos, acaban en lesiones son los tipos de violencia de hijos a padres con los que puede enfrentarse el Juzgado.

«Me llegan cada vez más padres que están hasta las narices», recalca el juez de menores que insiste en la necesidad de que se denuncien estos casos y que cree que los progenitores llegan a los juzgados porque se ven «carentes de toda autoridad». Por ello, para el magistrado la única solución para este problema es «imponer límites a los chavales» para que tengan obligaciones y presentar denuncias porque pueden servirles como «toque de atención».

Aunque si bien señala que «la nueva ley Integral contra la violencia doméstica que ha elaborado el Gobierno no ha pensado en este tema ya que está diseñada sólo para la mujer pero no para los menores que cometen agresiones contra su familia. "Los recursos de los juzgados de instrucción no se pueden aplicar contra los menores"». (*ABC*, Sevilla, 30 de enero de 2005).

La fiscal coordinadora de menores de reforma en Sevilla, A. de la Rosa, también confirmó el aumento de las agresiones de hijos a padres y, en general, del número de denuncias de padres que incluso piden órdenes de protección contra sus propios hijos.

De la Rosa reiteró que se trata de adolescentes de «familias normales» cuyos comportamientos (agresiones a padres y hermanos, destrozos en la casa o insultos a la familia) provocan que los padres presenten denuncias porque «no pueden aguantar a sus hijos». Aunque éste es, según esta fiscal de menores, un fenómeno que se observa desde hace algún tiempo, los casos han aumentado. (*ABC*, Sevilla, 30 de enero de 2005).

En los cinco años como Defensor del Menor en la Comunidad de Madrid (1996-2001) y veinte en la Fiscalía de Menores he podido apreciar las denuncias de los padres contra algún hijo/a, porque la violencia generada hacía imposible la convivencia en el hogar. Generalmente estos hijos están recibiendo ya tratamientos psicológicos o psiquiátricos pero la evolución es muy negativa. Casi siempre, los problemas acontecen sólo en el entorno familiar y los padres relatan una total imposibilidad para controlar dichas conductas que en ocasiones son calificadas como muy graves.

En determinados casos se intervenía a través del programa de mediación familiar del Instituto Madrileño del Menor y la Familia, en otras situaciones dicho organismo asumía la guarda del menor por la Comisión de Tutela.

La sociedad no es consciente del amplio número de padres que solicitan insistentemente el internamiento de sus hijos en un centro, a veces de salud mental (no contándose con suficiente dotación para dar una correcta respuesta a tan perentoria y necesaria solicitud).

En muchas de las situaciones, la conducta del menor tiene como origen algún tipo de trastorno y requiere ayuda psicológica.

El Código Civil recoge en su art. 154 que los padres podrán en el ejercicio de su potestad recabar el auxilio de la autoridad, que es la ayuda que pueden solicitar los padres que se sienten impotentes ante sus hijos. La violencia de hijos a padres (primordialmente madres) requiere la intervención institucional y, específicamente, el auxilio de las judiciales.

El art. 19 de la Ley Orgánica de Protección Jurídica del Menor y el art.172.2 del Código Civil regulan la guarda administrativa o legal. Es la guarda que asume, temporalmente, la Administración, a solicitud de los padres o tutores o del juez, cuando concurran determinadas circunstancias.

La guarda es una forma de protección que ejerce la Administración. Se produce tras una solicitud «extrajudicial», si la solicitan los padres o tutores cuando «por circunstancias graves» no puedan cuidar del menor, o «judicial» cuando es solicitada por el juez en los casos que legalmente proceda. En ambas circunstancias tiene carácter transitorio.

En el primer caso, los padres o tutores solicitan ayuda a la Administración para prevenir o remediar una situación grave, en la que el menor se pueda encontrar desprotegido por circunstancias que impidan su cuidado y, por tanto, su desarrollo integral (por ejemplo, enfermedad grave, toxicomanía...). Pero los padres o tutores siguen teniendo responsabilidades para con los menores. No se extingue la patria potestad, ni en su caso la tutela, tan sólo supone que determinadas funciones que forman parte del contenido personal de la patria potestad o la tutela, se delegan en la Administración, como, por ejemplo, aquellas derivadas de la convivencia con el menor. La función de guarda de la Administración se ejercita a través del acogimiento familiar o residencial, y bajo la vigilancia del Ministerio Fiscal.

Tras la intervención del organismo protector o judicial, se pasa al internamiento del menor cuya guarda o tutela queda a cargo de un organismo público que lo deriva a un centro de acogida u hogar funcional, donde trabajará con los educadores-cuidadores que ejercen allí.

En los primeros días, cuidadores y menores se observan mutuamente, se esperan, hasta que aquéllos comienzan a imponer reglas y éstos se resisten a cumplirlas. Con el tiempo y el trabajo de los educadores, según su experiencia, tras un período más o menos prolongado el menor con otro ánimo, tranquilo y sereno, vuelve a incorporarse a la familia que tras los duros momentos pasados recobra la ilusión por seguir juntos.

La figura de los educadores y (también la de los cuidadores de los centros de reforma) es de gran valor humano y profesional. Ejercen una difícil tarea que además conlleva riesgos, incluso físicos. En algunos casos se encuentran con menores violentos que les agreden también a ellos, y no se sienten respaldados para poner freno a estas situaciones por temor a ser denunciados o por si su actitud es interpretada como un abuso de poder. No es menos cierto que las educadoras, en número mayoritario, sufren aún más la actitud violenta de estos menores, pudiendo ser objeto de insultos, falta de respeto y agresiones. Se han de enfrentar a jóvenes que han propiciado la violencia también de género en su hogar y que han aprendido a dominar a la mujer desde la violencia. Estas educadoras viven con temor, y a veces se sienten incapaces para exigir orden y disciplina. Los menores sin límites acaban imponiendo su ley, pero es que, además, terminan sufriendo el abandono y desprecio de sus cuidadores.

Tal vez pudiera incrementarse el número de hombres educadores en estos centros. Son jóvenes criados sin la imagen masculina de referencia adecuada, lo que les hace repetir las conductas aprendidas en las figuras de las educadoras-cuidadoras, a las que hacen víctimas también de malos tratos. Se trata de que en cada situación concreta, una persona es más adecuada que otra. Por ejemplo, en las comisarías hoy son agentes femeninos quienes atienden a las mujeres violadas o maltratadas en el primer contacto, porque así se vio la necesidad de esta adecuación.

Y es que los agentes de seguridad no son la respuesta para estos menores. Necesitan educadores vocacionales, muy preparados técnicamente, con personalidad firme y de gran calidad humana y que sepan hacerlo con autoridad.

Los padres en esta tarea no pueden delegar todo el peso en los educadores y psicólogos de los centros.

Cuando un hijo menor de 14 años maltrata, pega, o comete algún hecho infractor constitutivo de falta o delito cabe la atención psicológica, los centros de salud mental, los servicios sociales. La ley no ampara la intervención judicial, tiene que ser por ende educativa y terapéutica. La respuesta es la red social sanitaria de atención primaria y no resulta eficaz en los casos graves.

En fin y aunque suene sorprendente se trata de protección del menor y no de reforma del mismo. Dicho lo anterior, si usted es un padre con estas circunstancias, informe a los servicios sociales con inmediatez y específicamente a los encargados de infancia y/o a las fiscalías de Protección de Menores. La inmediatez en la intervención es esencial; no permita que la situación empeore al punto de alcanzar un deterioro conductual, difícil de erradicar.

Si el hijo es mayor de 14 años, cabe la denuncia y las posteriores medidas de sanción, que van desde las socioeducativas al internamiento en un centro, adoptadas por el juez de menores. Éstos han de saber que han cometido un delito y que su conducta no es impune.

La Fiscalía vasca señala: «Muchas medidas que adoptamos son para que se les aplique tratamiento de ambulatorio. Se recrimina al menor, se le explora, se le pregunta si se siente agresivo, y hacemos una valoración psicológica antes de adoptar cualquier medida».

La medida de tratamiento ambulatorio permite que los menores asistan al centro designado con la periodicidad requerida y seguir las pautas fijadas para el adecuado tratamiento de la anomalía o alteración psíquica, adicción al consumo de bebidas alcohólicas, drogas tóxicas o sustancias psicotrópicas, o alteraciones en la percepción que padezcan. Esta medida puede aplicarse sola o como complemento de otra.

LA LEY DE RESPONSABILIDAD PENAL DEL MENOR 5/2000

Esta ley establece medidas alternativas donde se implica la comunidad y se repara a la víctima. Configura una regulación completa de la responsabilidad penal y pone fin a una situación preconstitucional incompatible con las debidas garantías de todo enjuiciamiento penal.

La Ley se adorna de flexibilidad y adaptabilidad a cada situación. Su filosofía es educativa y socializadora, no vindicativa y estrictamente penal. Implica a la sociedad y en alguna medida a los perjudicados y víctimas. Cuenta con un amplio abanico de medidas no restrictivas de libertad y de tipología de centros de internamiento. Estimamos que equilibra correctamente las garantías jurídicas con las características personales. Compromete de manera matizada a que padres y tutores respondan solidariamente de los menores a su cargo, lo que resulta preventivo para el futuro y socialmente aplaudido.

Lo dicho, estamos ante una buena Ley que recuerda lo expresado por Jeffery: «Más leyes, más penas, más pericias, más jueces, más cárceles, significa más presos, pero no necesariamente menos delitos». Y es que dar de palos para enseñar a respetar y a ser pacíficos es una necedad; enseñar a ser libre privando de libertad es una contradicción insalvable.

La única forma operativa de interpretar la delincuencia es entenderla como un proceso evolutivo en el que interrelacionan múltiples factores tanto personales como ambientales que se asientan sobre otros anteriores que conforman la historia del sujeto («el yo y mis circunstancias» orteguiano). Es desde el criterio de que la conducta disocial ha sido aprendida y que la etiología se concreta en un proceso de socialización erróneo o inadecuado como podemos arrinconar conceptos de patología o anormalidad y, sin soslayar la terapia, acentuar una más amplia educación.

Es desde una perspectiva más orientadora y esperanzada que diagnóstica y agorera como se apuesta por una respuesta más psicoeducativa y laboral y, cuando ha de ser judicial, efectuada desde una justicia negociada, flexible, tolerante (las garantías formales en el procedimiento son importantes, pero en la evolución del adolescente y joven ha de primar el derecho al desarrollo de la personalidad, derecho tan constitucional como el de no confesarse culpable), una justicia que facilite los acuerdos e implique a la comunidad.

Sabedores de que los niños y jóvenes son personas con derechos y deberes, les exigimos una responsabilidad y voluntad en evolución, pero siempre priorizando los derechos de los niños sobre los de los padres e instituciones. No se puede exigir responsabilidad si antes no han existido modelos que hayan permitido su aprendizaje e interiorización. Hemos de velar especialmente por el interés del menor como contrapunto a la reparación del daño causado, hemos de primar la respuesta psicoeducativa como antónimo de la penalizadora-vindicativa. Se ha de incentivar la prevención como sistema de protección.

La prevención nace de la concienciación solidaria y de la decisión política. Hemos de luchar contra las situaciones clamorosas de injusticia social, de reparto económico arbitrario, donde por nacer al azar en una familia el futuro le esté escrito en las estrellas o en el barrizal donde llevará una supervivencia arrodillada. Las situaciones que arañan el alma han de ser erradicadas.

«Condenado a 117 días de trabajo social por golpear a sus padres»

La Audiencia de Valencia ha condenado a un joven de 26 años a 117 días de trabajo en beneficio de la comunidad por golpear a sus padres durante una discusión y causarles graves lesiones. Los hechos sucedieron el 27 de julio de 2004 en una vivienda de Valencia, en la que el acusado, J.S.L., mantuvo una discusión con su madre. El padre se interpuso y su hijo le cogió por el cuello, le mordió en la oreja izquierda y le propinó un puñetazo en la boca que le hizo perder un diente. La mujer trató de que soltase a su esposo, pero su hijo le propinó una patada y un fuerte empujón que le causó una fractura de escafoides». (*Prensa*, 20 de mayo de 2005).

La situación, cuando llega a los juzgados de Menores, suele ser de tan intensa gravedad que no cabe otra solución inicial que el internamiento en un centro de reforma, una vez juzgado y condenado por el juez. Poner límites, que los actores constaten que la sociedad se defiende de esas actuaciones. Frenar una posible generalización de esas conductas, si bien hemos comprobado que muchos de estos jóvenes se comportan así sólo en casa, no trasladando los problemas desde el grupo de pertenencia al de referencia.

Los menores son conscientes de que obran mal, de que su forma de conducirse es reprobada por todos; jamás dicen en el centro la razón de su internamiento, sino que aducen que son pandilleros.

La Ley Orgánica 5/2000 de Responsabilidad Penal del Menor recoge otras medidas como la asistencia a un centro de día; el menor reside en su domicilio habitual y acude a un centro plenamente integrado en la comunidad, a realizar actividades de apoyo, educativas, formativas, laborales o de ocio.

Otra posible medida a imponer es la permanencia de fin de semana, bien en su domicilio o en un centro, hasta un máximo de treinta y seis horas.

Obviamente, el internamiento es el paso previo, y ya aprovechado, para una terapia profunda y dilatada, donde reequilibrar su comportamiento y percepción del mismo, actitud hacia los otros, etc.

La constelación de síntomas, factores de riesgo y curso en la infancia y adolescencia demuestran que no es suficiente centrarse solamente en el niño, hay que intervenir en la estructura niño-familia-contexto, desde una perspectiva global, integradora, es decir, «ecologizándolo» en la comunidad.

Los profesionales han de estar concienciados de su obligación de no ser asépticos y neutros, sino de intervenir en defensa de los más débiles, los niños, denunciando todo lo que atente a su maduración.

Para trabajar con jóvenes en conflicto y/o riesgo social, hace falta vocación que, como decía G. Marañón, supone «una dosis de preparación científica y verdadero interés y cariño por la labor a realizar».

Trabajar con los inadaptados sociales es buscar su autonomía (que significa en griego darse una ley a sí mismo). Para ello se han de descubrir límites, pues, como dijo G. K. Chesterton: «Nada encuentro tan maravillosamente bello como una ventana. Pero si me dejara llevar por mis inclinaciones hacia un infinito número de ventanas, acabaría por no haber paredes e igualmente acabaría por no haber ventanas». Se ha de respetar el espacio individual, trabajando con un tiempo no cronológico, con una visión horizontal y evolutiva de la historia de vida del adolescente, contemplando su pasado roto y su futuro sombrío, entendiendo en este proceso lo factible y no trágico de la recaída. Ha de primar la búsqueda de los aspectos positivos con los que cuenta el menor, que permita ulteriormente instrumentar el aprendizaje e interiorización de los no existentes, pues «un saco vacío no se mantiene en pie». Se ha de facilitar la adquisición de conductas prosociales, mediante habilidades para interactuar.

Hemos de ahondar en el sentimiento de culpa y con él en el arrepentimiento. Se han de potenciar las relaciones intergeneracionales equilibrando los valores éticos y sociales. Al fin, si hemos fracasado en la prevención primaria, no abortaremos la esperanza de la reintegración social.

Permítanme que traiga a colación una anécdota: se cuenta que estaban dos expertos disertando sobre la delincuencia juvenil; al concluir se les acercó un señor que manifestó una grave preocupación, pues su hijo había cometido un delito, les explicó que era un magnate y que, por tanto, les pagaría lo que le solicitaran siempre y cuando su hijo no reincidiera, les dijo que le esperaba el avión y que, por lo tanto, le formularan una sola pregunta, ambos preguntaron: «¿Qué edad tiene el niño?». Contestó: «10 años». Uno de los expertos dijo: «No me hago cargo». El otro dijo: «Yo sí». El primero era un experto en diagnóstico y concluyó que cometer un delito a los 10 años es diagnósticamente muy negativo, el otro era un experto en pronóstico y entendió que le quedaba toda la infancia, adolescencia y juventud para trabajar con el niño y evitar la implicación del mismo en el proceso delincuencial. Éste ha de ser nuestro posicionamiento y forma de proceder.

Finalmente, esta psicoterapia de corte sistémico incluye a las distintas figuras que componen el núcleo familiar (evitando la vivencia del «chivo expiatorio»), abordando los conflictos, implementando otras habilidades de resolución de problemas, de relación, aportando pautas coherentes para reeducar basadas en el razonamiento, etcétera.

En los casos de agresión a los padres, si éstos depositan toda su confianza en que la sola intervención de la justicia de menores dará cumplida solución al problema, hemos de reseñar que dichas expectativas (a ciertas edades de los jóvenes casi fe), se verán frustradas. Cabe una función mediadora-conciliadora; está recomendada una libertad vigilada con amplia duración temporal (bien que dé continuidad a la medida de internamiento dejándola en suspenso, bien como alternativa al no hacerse imprescindible el «sacar» al menor del foco conflictivo); sin embargo, es función que escapa al ámbito de la justicia reestructurar las relaciones paterno-filiales, por lo que la medida de libertad vigilada habrá de llenarse de contenido con la asistencia del grupo familiar a psicoterapia, bien sea en el centro de salud mental que les corresponda o en otra institución privada, pero donde se constate la evolución; allí sí se pueden establecer contratos conductuales y emplear otras técnicas y métodos durante las sesiones precisas, no compatibles con el objeto y la inmediatez inherente a la Administración de Justicia.

INTERVENCIÓN CON LOS VIOLENTOS. APRENDIENDO A DOMINARSE

La violencia es a la persona como su sombra, va con él, pero no es él. Es inalcanzable, si la seguimos huye y si huyes te sigue. La profundidad interior del ser humano es como el cosmos exterior, inabarcable. La persona es contradicción. Cada uno piensa que su causa es noble y bella y que su contrario es un enemigo despreciable, odioso y malvado.

La psicología, junto al contexto social, explican la criminalidad. La psicopatología sólo algunos casos.

En la intervención de quien manifiesta conductas violentas somos sabedores de que no existen al día de hoy, en las clasificaciones internacionales de los trastornos mentales (DSM-IV; ICD-10), criterios que describan cuadros clínicos caracterizados por la existencia de agresividad patológica, ni fármacos y otras formas terapéuticas universalmente aceptadas como específicamente recomendables ante las conductas violentas.

Por eso optamos por hablar de intervención, no de terapia ni de tratamiento.

Y es que, como asegura un proverbio chino: «Es más fácil variar el curso de un río que el carácter de un hombre». Sin embargo, difícil no es sinónimo de imposible.

El abordaje de cada caso conlleva una reestructuración basada en el paradigma cognitivo. Cognitivo se interpreta como el conjunto de elementos del pensamiento necesarios para una actuación competente; precisa de fórmulas de solución de problemas sociales e interpersonales, rica capacidad para comprender el enfoque y sentir del otro, actitud crítica, objetivación de los hechos, autoconocimiento y metavisión del mundo.

Así pues, la reestructuración cognitiva se diseña empleando una variedad de técnicas que se complementan para afectar a todo el ser del individuo (pensamiento, sentimientos y conductas).

Se parte de que la conducta violenta es aprendida en un proceso de socialización erróneo, por lo que la forma de intervención será de corte educativo y ecológico, incidiendo de forma conductual en su entorno social y ambiental y apoyada por una psicoterapia que modifique ciertas variables personales que se han enquistado en el devenir de su historia personal.

La puesta en marcha de un programa integrado facilitará la asunción de comportamientos positivos y alternativos a las conductas intimidatorias-agresivas.

El mundo, los otros, la cultura, se reducen a lo que cada individuo percibe; por ello, los procesos internos cognoscitivos son tan esenciales, porque filtran, clasifican, codifican y almacenan la información del exterior, modificando la forma en la propia asunción. Su aprendizaje conlleva:

Aptitudes (tales como resistencia del yo, elaboración de mecanismo mental relacionada con el control, inhibición de agresión, forja de planes, desarrollo de la utilización verbal, aumento de la autoestima, habilidades, conocimientos).

Estrategias de codificación y constructos personales (modificación del pensamiento en el marco de la formación antiagresiva al cuestionarse las justificaciones de la violencia, al enfrentarse al punto de vista de la víctima, al reflexionar sobre distintos puntos de entender la política y sus diferentes tendencias).

Expectativas (dado que la conducta agresiva, aunque impide la adaptación, ha deparado al actor manifiestas recompensas, hemos de dar a dicha persona otro tipo de experiencias que le resulten impactantes y gratificantes, donde pueda demostrar su eficacia personal y desarrollar la motivación del logro).

Valores subjetivos (no existen dos personas que interpreten, vivencien y respondan idénticamente ante dicha conducta; ello nos dará la pauta de incentivos y aversiones a utilizar).

Planes autorregulatorios (cada persona es y participa individualmente en su propio desarrollo, en su destino; si se me permite el símil es un «auto-giro». Desarrollaremos la autoobservación, control de estímulos, refuerzo, instrucciones, castigo, consciencia, culpabilidad. La capacidad para negarse a infligir daño mostrándose obediente ante la presión de la autoridad [S. Milgram] que bien puede ser un modelo social relevante de la cultura a la que se pertenece).

Para ello, se le ha de confrontar grupalmente con otros pareceres, otras ideologías, otras realidades, con la víctima (ficticia pero potencial y a ser posible ulteriormente real), consigo mismo.

Propiciarle un cambio de rol (durante muchas sesiones, siguiendo las líneas programáticas del psicodrama de J.L. Moreno, se realiza una intervención paradójica que busca provocar la consternación y el sufrimiento ante su propia violencia y aumentar la percepción social).

Individualmente se analizará el yo ideal y el yo real (aprovechando los momentos de debilidad y sinceridad en los que aflora una personalidad muy distinta a la imagen mostrada, en ocasiones plagada de autoexculpación, con sentimientos graves de inferioridad), se descubrirán y eliminarán las técnicas de neutralización, racionalización, desplazamiento y legitimación que utiliza.

Precisa de un *shock*, que le haga «caer de su caballo» (cit. San Pablo) y penetrar en la duda, en la flexibilidad mental, en la capacidad para entender y apreciar las diferencias, para valorar la riqueza de lo distinto, llegar a ponerse en el lugar del otro.

Junto a ello y mediante programas como el del pensamiento prosocial (Ross *et al.*, 1990), del desarrollo de las habilidades sociales y de enfrentamiento de situaciones, además de la formación escolar y prelaboral, se propiciará una nueva actitud y aptitud para comunicarse consigo mismo y relacionarse con los demás.

La lucha inducida en su forma de razonar, de vivenciar la existencia, facilitará la reducción de la disonancia no sólo cognitiva, sino de dependencia, que le vincula a su grupo de referencia, abriéndole el horizonte de «los demás».

Entendemos como fundamental enseñar a responsabilizarse al joven, «rechazando la conducta no realista» (W. Glasser, 1979), para ello propiciaremos un análisis y afrontamiento de la realidad.

Se busca reducir cuantitativa y cualitativamente los actos violentos, erradicar la brutalidad, aprender a ser pacíficos, a «vencer cediendo», aumentar el dominio del propio yo y del cuerpo, hacer aflorar los buenos sentimientos del corazón de los violentos. Quizás no podamos evitar las pasiones, pero sí dominarlas. Creemos que cabe sensibilizar a las personas, que es factible enseñar a querer y no sólo a quererse, a disfrutar de la lectura de un verso o de la visión de un paisaje, y que esto puede evitar una futura conducta violenta.

Para conseguir el objetivo, se impone el uso de métodos inductivos que, basados en constataciones fácticas, proporcionen diagnósticos y se proyecten en tratamientos.

Precisamos de imaginación y audacia, hay que abrir opciones distintas a un sistema jurídico-penal anticuado e inoperante que arrincona la acción psicoterapéutica y educativo-formativa. El delito debe ser entendido como un hecho social; para prevenirlo y restaurar en lo posible sus consecuencias hace falta equilibrio y armonía.

La justicia debe ser negociada y, al afirmar esto, nos referimos a que ha de centrarse en los intereses, no en las posiciones; tiene que inventar opciones de beneficio mutuo, ha de distanciar a la gente del problema, el resultado debe sostenerse sobre criterios objetivos.

Urgen juzgados menos costosos, menos intimidatorios, más rápidos, pero sobre todo necesitamos una «negociación de culpabilidad», es decir que el actor de un hecho delictivo se declare culpable, lo que evita muchos costes al Estado, agiliza el sistema y, sobre todo, permite asumir responsabilidades, y accionar el arrepentimiento, base de un tratamiento eficaz.

Comenzaremos por el principio. La violencia juvenil debe prevenirse mediante el apoyo familiar y la educación temprana. Estos programas han de incidir en los primeros estadios de la vida del niño. Hay que enseñar a los padres a educar a sus hijos. Con las familias multiproblemáticas se realizará un seguimiento exhaustivo, se propugnará el ingreso en preescolar de los descendientes, se las apoyará económicamente cuando sea absolutamente necesario.

También estableceremos programas para reducir la violencia escolar, enseñaremos a los niños la cultura del ocio, su aprovechamiento y enriquecimiento personal (el deporte y la naturaleza son auténticos bálsamos) y, primordialmente, a autocontrolarse.

En algunos casos la sanción es necesaria; no podemos quedarnos en discursos de apariencia, hemos de intervenir con modelos que prueben su eficacia; por ejemplo, los maridos maltratadores decrecen en esta conducta no cuando son aconsejados sino cuando son arrestados.

LA OTRA VIOLENCIA INTRAFAMILIAR

Violencia familiar a menores

Este libro trata de niños que violentan a sus padres, pero la mayoría del maltrato se produce de padres a hijos.

Partimos de que estos malos tratos son una patología de los padres que sufren sus hijos. Por ende, y de forma universal, hemos de priorizar los derechos de los niños sobre los de los padres.

En la Recomendación de 28 de febrero de 1984, del Comité de Ministros del Consejo de Europa, no se habla de «la autoridad de los padres», sino de «las responsabilidades de los padres» y esta última expresión es la única que se utiliza en el Convenio Internacional de las Naciones Unidas sobre los Derechos del Niño.

Las responsabilidades de los padres han sido definidas como «el conjunto de los poderes y deberes que tienen por objeto, en general, garantizar el bienestar moral y material del hijo y, en particular, velar por su persona, mantener relaciones personales con él, ocuparse con solicitud de su educación y su sustento, ejercer su representación legal y administrar sus bienes».

Sabemos que la educación parental se rige por dos coordenadas: cariño versus hostilidad y permisividad en oposición a rigidez, que vienen determinadas por las características tanto de los padres, como de los hijos.

Las razones (si así se pueden llamar) por las que los padres maltratan a los hijos son: la transmisión intergeneracional de la violencia. El estatus socioeconómico, pues probablemente el maltrato infantil tiene lugar realmente con mucha mayor frecuencia en los estratos sociales más desfavorecidos. El estrés provocado por los hijos, el desempleo, problemas económicos o ser padre único. La falta de habilidades y recursos personales para ejercer su rol. Incapacidad para canalizar la frustración. Planteamiento de expectativas y metas relativas a los hijos no adaptados a la realidad. El aislamiento de los sistemas de apoyo social, «avituallamiento psicosocial», necesario para mantener su salud psicológica y emocional. El egoísmo y la ausencia de amor.

Nos gustaría prevenir todo el maltrato a la infancia, respetando la libertad de los individuos y el pluralismo en la forma de conducirse de los núcleos familiares. Sin embargo, es dudoso que pueda eliminarse el maltrato a los niños en la medida en que los padres eduquen a sus hijos en una sociedad donde la violencia alcanza niveles con frecuencia desproporcionados, donde el castigo corporal se acepta como técnica de disciplina y donde el concepto de patria potestad se construye en términos de posesión.

También hemos de considerar la negativa de algunos padres a que se les preste la atención médica necesaria a sus hijos (en algunos casos, abocados de otra forma a perder la vida) por motivos religiosos.

Esta materia se encuentra regulada desde la entrada en vigor de la Ley 21/1987, que establece la posibilidad de que las comunidades autónomas intervengan en materia de protección de menores. Dicha ley modificó entre otros el artículo 172 y siguientes del Código Civil y estableció la figura del desamparo y de la tutela automática.

El desamparo es, según el Código Civil, el imposible o inadecuado ejercicio de las obligaciones de la patria potestad. Cuando los padres o tutores no pueden o ejercen inadecuadamente las obligaciones de la patria potestad, la entidad pública puede adoptar la resolución de asumir la tutela del menor con carácter automático, incluso urgente si la desatención hacia el menor es extremadamente grave. Asumida la tutela, se comunica al fiscal, e inmediatamente el tutor puede acordar las medidas necesarias para solucionar o poner fin al peligro en que se encuentra el menor.

Naturalmente, si la Administración actúa inadecuadamente, tanto el fiscal como los padres del menor pueden recurrir al juez de familia por un procedimiento muy rápido de jurisdicción voluntaria para instar que se modifique la resolución de la Administración.

Veamos las formas de maltrato de padres a hijos:

a. Conductual

— Delitos contra la vida. Maltrato habitual.
— Agresión física (golpes, «refuerzos negativos experimentales»).
— Castigo corporal entendido como técnica de disciplina, asumiendo dichos como:
«Quien bien te quiere te hará llorar» o «La bofetada es pedagógica para quien la recibe y terapéutica para quien la propina; es el electro-shock del pobre».
— Escaso cuidado de la conservación de la salud y la higiene. Irresponsabilidad ante el riesgo de accidentes.
— Abusos deshonestos. Sometimiento sexual.
— Forma de conducirse instintiva y primaria. Comunicación verbal y gestual indolente, grosera (los «gritos»...).
— Mostrarse bajo los efectos del alcohol u otras drogas.
— Utilizar a los hijos con fines delictivos («receptación»), como «camellos» en el tráfico de drogas o como medio de obtener «subsidios».
— Adoptar el «rol» de vago.
— Relación errática. Conductas imprevisibles. Incoherencia en las gratificaciones y sanciones. Respuestas desproporcionadas.

b. Psíquico

— No participar en su desarrollo.
— Empobrecer su autoestima.

— «Tallar» personalidades rígidas y posicionamientos asépticos que impiden ulteriormente reconocer las propias limitaciones y convivir con los errores ajenos. Fomentar la dureza emocional.
— No desarrollar su capacidad reflexiva e introspectiva. Sustraer la reflexión como contrapeso a la acción.
— Lastrar la flexibilidad cognitiva (pensamiento alternativo, causal...).
— Desencadenar inestabilidad emocional.
— Conducir a la depresión latente, al fatalismo, al locus de control externo.
— No facilitar la tolerancia a la frustración y al control de sus impulsos.
— Provocar el desarrollo de un «yo» hipertrofiado como compensación a la desvalorización personal.
— Actitud cruel y castrante.

c. Afectivo

— Desaferencia. Privarles de afecto y cariño. Rechazarlos.
— Desatención a sus peticiones y demandas. A sus necesidades básicas.
— No facilitar una escucha activa. Ignorancia relativa a su vida (no saber dónde para, cuáles son sus amigos...).
— Desestructuración familiar. Conductas agresivas entre los padres.
— «Usar» a los hijos como arma arrojadiza contra el otro padre. Implicarles en un conflicto de lealtades.

— Hacer que se sientan desgraciados dentro de o como parte del núcleo familiar.
— Propiciar el bloqueo y/o labilidad afectiva.
— Posibilitar el egocentrismo relacional. Abortar la empatía o *role-taking*.
— No propiciar la elección de amigos «sanos», duraderos.
— No infundir el amor a la vida, la búsqueda del conocimiento y el equilibrio como placer, el descubrir a los demás.
— Concebir la paternidad como posesión.
— Transmisión intergeneracional de la violencia.

d. Adaptativo-socializador

— Cercenamiento del pensamiento social. Transmisión de desvinculación social, de falta de respeto a las normas, convenciones y reglas.
— Modelado desadaptado (primar la fuerza física y la agresividad).
— Facilitar un aprendizaje vicario disruptivo (posicionarse negativamente ante las intenciones ajenas).
— Incapacitar las habilidades interactivas (como defender derechos, mantener conversaciones, empleo de mediadores verbales, utilización del humor, de la autocrítica).
— No dotar de las habilidades sociales necesarias, produciendo distorsión perceptiva (sentirse invulnerables...).

— Inocular xenofobia y desprecio hacia «los que son distintos».
— Dar apoyo a mecanismos defensivos (negación, desplazamiento...).

e. **Educativo-prelaboral**

— Deprivación estimular, no desarrollo de las capacidades potenciales. Sustraer la posibilidad de instituciones escolares o laborales optimizadoras.
— Indiferencia ante los medios, objetivos y resultados académicos (no relacionarse con el tutor).
— No preparar cognitiva ni formativamente para el trabajo.
— Crear «esponjas de conocimiento», olvidando formar en contenidos y vivencias humanas y socializadoras.
— Maquillar el significado de vocablos como voluntad, esfuerzo, respeto.
— Imposibilitar la responsabilización como deber y como derecho.
— Hurtar la capacidad de anticipar las consecuencias de sus actos, de analizar la realidad...
— Cercenar la competencia aprendida (capacidad de autodiálogo, de solución de problemas interpersonales).
— Desplazar las obligaciones. Dejar hacer (falta de supervisión). Desentenderse de la formación del día a día. Escudarse: «Me salió así, los malos son quienes le rodean; la culpable es la sociedad; y si se tuerce el juez ya sabrá...».

— Licitar conductas y, sin embargo, erradicar valores.
— La «defensa de la torre de marfil», o la intervención de algunas AMPAS (Asociaciones de Madres y Padres de Alumnos) «para que ese niño no esté con los nuestros».

VIOLENCIA DE GÉNERO

La violencia de género tiene un culpable, el varón, pero en algunos casos excepcionales nos encontramos con titulares como éste.

Caso: «Adoro a mi novio, aunque me maltrata».

> El menor Jonathan, de 17 años, discutía acaloradamente en la vía pública con la que dice ser su novia y le clava a ésta una pequeña navaja que portaba en su llavero.
>
> El menor y como siempre en las Guardias conducido por los G.R.U.M.E. (Grupo de Menores de la Policía Nacional) se muestra ante este facultativo apesadumbrado y triste, si bien no sorprendido por lo realizado.
>
> En el informe psicológico del día 6 de enero de 2002, realizado al menor, se hacen constar los siguientes datos:
>
> Estudió hasta 2º de la E.S.O. en el Instituto Francisco de Goya en la Elipa, dejándolo sin terminar los estudios. Trabaja en un taller de coches (desde hace 7 meses). Anteriormente lo hizo en Madritel como repartidor; y ayudando a su madre en el puesto de flores.
>
> Sus padres están separados desde hace 5 años. Ve al padre un momento todos los días (ha vivido con él). Es el 3º de 5 hermanos, todos varones.

De la exploración psicológica es significativo que se define como «nervioso, vergonzoso con quien no conozco, buena persona, no me gusta que me gasten bromas».

La etapa escolar la interpreta como «no me gustaban los estudios, no era bueno en el aprendizaje, siempre me ha gustado trabajar». La actividad laboral la interpreta como «soy buen trabajador en lo que me gusta. No tengo problemas con el jefe».

Respecto a la relación en la familia «me llevo bien con todos, con mi abuela materna me llevo bien».

Económicamente: «A mi madre le doy dinero —la mitad del sueldo— con el resto pago la moto». «Mi familia dispone de un puesto de flores en el cementerio de la Almudena en el que además de mi madre, trabajan mis dos hermanos mayores, nos defendemos económicamente bien».

Define a su padre como «buena persona, se pone nervioso. He vivido 4 años con mi padre, pero su trabajo me impedía verle. Ahora —desde hace 1 mes— vivo con mi madre».

Define a su madre: «La admiro mucho, porque nos expropiaron el piso en que vivíamos y mi padre no le pasa dinero, y mi madre ha luchado mucho, nos ha sacado a nosotros adelante».

Otros aspectos relevantes: «Mi padre ha montado un "pub de alterne" me parece muy mal lo que hizo mi padre al dejar a su mujer con 5 hijos».

Entiende como buen marido «no ser infiel, que por delante vayan sus hijos y que trabaje». Entiende como buena madre que «la mía es la mejor madre del mundo. Es trabajadora».

En relación con su novia: «Hemos sido novios durante 2 años». Considera que «la quería y la quiero mucho».

Entiende que su reacción ha sido por celos, que una chica le había dicho que su novia iba con otros. Es aquí donde se refleja la profunda patología o distorsión de Jonathan. «Yo sé que es mentira que vaya con otros, pero le he clavado la navaja para que sepa lo que le puede ocurrir».

Explica con detalle —bien ubicado espacial, temporal y cognitivamente— que quiere mucho a Elena, que se quieren mutuamente aunque discuten con asiduidad de forma violenta.

También indica que exige absoluta fidelidad y entrega, lo mismo que él ofrece y se compromete a cumplir.

Cuando se le expone que un día Elena (su novia) puede decidir dejarle se acalora (literalmente se le enciende la cara). A la pregunta ¿qué harías?, contesta «intentaría dominarme» (su expresión y comunicación verbal contradicen fehacientemente esas palabras).

Considera que su relación con su novia «es para siempre», que se quieren si bien existen diferencias pues él vive en un entorno socioeconómico más bajo que el de su novia, a lo que suma que él no estudia y Elena asiste al Instituto «por lo que la llevo y recojo en mi moto». Reconoce que él no establece relación con los compañeros de Elena.

Se le explica que su posicionamiento no puede entenderse como de amor sino de equívoca propiedad, que supone un gravísimo riesgo… Contesta que él es así y que quiere a Elena «más que a mi vida».

Relata que se arrepiente de lo hecho, pero que entiende que lo tenía que hacer. Indica que sí merece una sanción y que la cumplirá.

Hemos de reseñar que en la entrevista detalla de manera significativa cómo su madre es muy trabajadora, cumplidora y le exige normas, mientras que el padre, que trasluce unas conductas nada aconsejables (consumo de alcohol y otras drogas; regenta un «pub de alterne»), transmite una valoración deplorable de las mujeres (además maltrataba a la madre de Jonathan).

Estamos ante un caso de celotipia clarísimo, de riesgo manifiesto. Jonathan quiere a Elena pero recordemos la grave estadística criminal nacida del mal llamado y entendido «amor», sólo los celos son la causa del 20 por ciento de todos los asesinatos.

Dado lo anterior, en la orientación del informe se explicita: «consideramos que la medida cautelar debe ser la de internamiento en centro cerrado, para dar paso ulteriormente a centro semi-abierto (6 meses) con asistencia a terapia donde se incida en el respeto al otro, el autodominio, la correcta formación sexual...

Valoramos que el menor debe convivir con su madre y no con su padre. (Ejemplo marcadamente pernicioso).

Asimismo resulta inexcusable el mandato de alejamiento físico de Elena».

Este informe se entrega al fiscal de guardia que puede y dado el hecho violento solicita del juez de Menores de guardia la imposición de una medida cautelar. El juez de Menores en cumplimiento del artículo 28 de la Ley Orgánica 5/2000, oye al letrado del menor, al miembro del equipo técnico y al representante de la entidad pública y resuelve sobre lo propuesto «tomando en especial consideración el interés del menor».

En el mismo día se llevó a efecto la comparecencia y Jonathan fue internado en centro cerrado de forma cautelar.

Pasados los días, solicité explorar a la menor víctima E.M.S. de 17 años. El informe médico y su aspecto permitió comprobar que las lesiones causadas por la agresión de su novio no eran graves —si bien y haciendo *role-playing* se verificó la intencionalidad del navajazo y exactamente para dañar sin poner en riesgo la vida de E.

De la exploración psicológica realizada a la menor E.M.S. el 17 de enero de 2002, reflejamos algunas de sus expresiones literales:

«Yo le quiero, pero entiendo que debo de dejarle». «Yo le quiero significa que estoy a gusto con él cuando estamos bien, pero discutimos mucho, si él me pega yo le pego por rabia». «Entiendo que debo dejarle, significa que es muy celoso, no puedo hablar con nadie. Él no entiende que esté con alguien. Algún día le dará un venazo y me hará daño». «No quiero creer que me hará daño». «Él me trata como un novio, pero me vigila y controla como un padre y me necesita como un hijo». (¡!) «El problema es que me quiere, que me convence, que me gana y al tiempo me insulta». «Deseo volver a verle. Sí le veré. Espero que cambie.»

Se realiza entrevista con la madre de la menor, doña P. S. de 47 años. Informa que Elena es la menor de dos hermanos. La madre explica que en su familia no hay problemas laborales ni emocionales. Entiende que su hija se enamoró desde hace 2 años, contra el parecer de sus padres, pues conocen la situación de la otra familia... y valoran negativamente las características escolares y laborales del menor.

El menor es definido como terco y violento por la madre de E. doña P. conoce bien al menor pues pasó con ellos 15 días en un verano en un chalé que poseen en la sierra.

Relativo a su hija, entiende que tiene una gran personalidad, que no se calla nunca, choca verbalmente con su novio, pero no le agrede. No estima que su relación sea sadomasoquista.

Valora que su hija es buena estudiante, su nivel formativo es alto, por el contrario el otro menor posee un bajo nivel cultural. Entiende que el otro niño es profundamente violento. Explica que está preocupada, pero que no sabe qué hacer.

Valoramos que la madre de la menor es una mujer que parece razonable, lógica, coherente y bien ubicada. Conoce perfectamente a su hija y al novio de ésta. Respecto a la menor E. su posición es muy ambigua de amor y rabia respecto al novio, cree que puede dominarlo. Se han perdido el respeto pero la relación es de dependencia mutua.

Se diagnostica que el pronóstico es negativo, porque la menor no ha interiorizado la necesidad de romper con su novio pese a ser perturbada por él, de forma reiterada y agresiva.

Se quieren, se necesitan, se censuran la libertad, se autodefinen como celosos y, lo que es más grave, E. racionaliza el riesgo como posible pero distante, sin percibir que se ha iniciado un proceso cada vez más peligroso y de deterioro.

Tras ver al agresor y a su víctima y sin que se interprete su relación como de «síndrome de Estocolmo» (entendido como incapacidad para huir o abandonar a quien ejerce un secuestro emocional —y a veces físico), no podemos obviar la dependencia insana que se ha establecido. Con un menor que conscientemente tiraniza hasta la esclavitud a «su ser amado».

Por lo antedicho, concluimos necesario el alejamiento (ruptura) de la pareja de menores. La normalización se alcanza desde la libertad individual. Por ende es fundamental la imposición de la medida de alejamiento sobre el menor (Jonathan), además de una dilatada libertad vigilada que dé continuidad a la medida de internamiento que permita constatar su asistencia a un tratamiento psicoterapéutico de reconversión cognitiva, donde se incida en el respeto al otro, en el «tú» como ente esencial.

Esta medida se precisa para reorganizar y posicionar correctamente al menor Jonathan, más allá de la situación paradójica con E., de la cual es sólo parcialmente responsable, pues E. la refuerza de manera consciente y discontinuamente.

El caso no acabó aquí, ni mucho menos, en mi dietario tenía apuntado el teléfono de E. La llamaba día sí, día no para realizarle avisos, recomendaciones, advertencias, razonamientos, indicándole que no llamara telefónicamente al centro donde estaba interno Jonathan. Pude comprobar que E. continuaba comunicándose con su novio.

Cité a la menor, volvimos a hablar, le expliqué los riesgos, le mostré recortes de periódicos con sucesos luctuosos. Sonreía.

Llamé a los padres de E., los cité en Fiscalía, subió la madre —como siempre sola— pregunté por su marido, «se ha quedado en el coche», le hice subir, descubrí que su mujer (enfermera de un hospital) desprecia intelectualmente a su esposo (calefactor del mismo centro sanitario). Pensé en que la relación establecida por la madre de E. con su marido es la misma que la de E. con Jonathan, de superioridad, de sentirse seguras, de «manejar los hilos».

El padre expuso su incapacidad para imponer normas en casa, para sancionar a su hija, para prohibir la relación, «no me deja mi esposa» (ésta lo ratificaba).

Véase la complejidad de las situaciones y lo que de ellas se deriva.

Jonathan salió del centro y confirmé que se veía con E. todos los días. Informé del incumplimiento de la medida de alejamiento de la víctima impuesta por 16 meses.

Volvió a agredirla en la calle a puñetazos. Otro día de fin de semana y estando los padres de E. en su casa de la sierra Jonathan escaló al tercer piso de la vivienda en Madrid, donde reside la familia de E., rompió el cristal y entró volviendo a golpearla. La hermana de E. llamó a la policía.

Este, por ahora, último suceso parece haber asustado de verdad a la madre de E.

Hablé con la hermana de E. (mayor en edad que E.), verbaliza su preocupación, explica que jamás estaría con un chico así, pero al mirar a su hermana también se sonríe.

Apreciamos una inexplicable complicidad de las mujeres de esta familia.

Por los últimos hechos acontecidos volvimos a otra Audiencia en la que hubo conformidad entre el fiscal y el abogado concluyéndose el internamiento de Jonathan en centro semiabierto por 12 meses que puede quedar en suspenso y reconvertirse en libertad vigilada a solicitud de los responsables del cumplimiento de la medida. Cuando esto se escribe el firmante tiene la angustiosa impresión de no poder hacer nada más. Pareciera imposible que una nueva generación (jóvenes de 17 años) establezcan estas relaciones que saben (o al menos conocen) son de riesgo, están «enganchados».

Sigo en contacto con Jonathan y con E. La justicia queda impotente.

Decía Lope de Vega: «La raíz de todas las pasiones es el amor: de él nace la tristeza, el gozo, la alegría y la desesperación».

Y así es, paradójicamente algunos amantes matan por amor. La ópera de Bizet, *Carmen*, nos muestra cómo don José, abrumado por los celos debido a la atracción de Carmen hacia el torero Escamillo, implora sin éxito su amor. Al rechazarle Carmen, él la apuñala. Los celos son universales, la infidelidad del ser amado ya sea real o imaginaria los propician. Y es que, como dijera A. Maurois: «El amor soporta mejor la ausencia o la muerte que la duda o la traición».

Hay personas masoquistas, cuyo fin en la vida es disfrutar con dolor, y las hay que parecen elegir siempre una pareja conflictiva y específicamente algunas mujeres que, como una ineludible marea, buscan sufrir la violencia física (lo que no da razón a las agresiones de sus parejas o al menos no debiera darla).

ANTÍDOTO CONTRA LA VIOLENCIA DOMÉSTICA

Según el Instituto de la Mujer y el Ministerio del Interior, las mujeres asesinadas por su pareja o ex pareja en el año 2003 fueron 81. En el 2004, 72 y, en el 2005, 62, La reducción es lenta. En las primeras horas del día 1 de enero de 2006, otro hombre ha matado a su ex mujer.

Hemos de plantearnos si tanto hecho noticiable en los medios de comunicación y tan escasa información sobre dilatadas sanciones privativas de libertad, no resulta contraproducente. Pareciera que hay quien se plantea engrosar la estadística y, en una burla final de la justicia y de la sociedad, suicidarse.

Es claro que el problema no es privado, es social. Preguntémonos: ¿todos los varones interiorizan y asumen que las mujeres son ciudadanas de pleno derecho?; ¿quedan en la conciencia colectiva restos de aquella excusa no tan lejana denominada «crímenes de honor»?

No se ha de justificar a los maltratadores, no caben ambigüedades, muchos tratan de justificarse con frases como «ella se comporta como una puta»; «tengo que pasarle 300 euros al mes»; «me daña psicológicamente». No son pocos los que al enterarse de que un hombre mata a la mujer dicen: «¡Algo habría hecho ella!».

«Su mujer», «su hijo». Un sentido equívoco, patológico, egoísta, de pertenencia. Nadie, ningún ser humano pertenece a otro. Hay que educar en el respeto, en la asunción de diferencias, en la comprensión de que las perspectivas son subjetivas, en que lo que parece real y asentado varía con los años.

Vivir en pareja es difícil, no siempre existe el acuerdo, la sonrisa, la ternura, y debe estarse preparado para la discrepancia y aun la separación. Desde el dolor y el sentimiento de fracaso, pero también desde la aceptación y el cariño acumulados que deben sobrevivir a la falta de expectativas de futuro en la pareja.

¡Cuánto más, si hay hijos comunes, el respeto y autodominio han de prevalecer, anteponiendo su interés (el de los hijos), al personal!

No, los hijos tampoco son «nuestros», mucho menos «míos». Es por eso que hemos de preparar a los futuros padres para asumir el posible hecho de la separación de una forma que, con ser traumática, no ha de ser interpretada ni reconducida como violenta.

Deberán abordarse desde el inicio los casos insidiosos y perversos, «me va a matar, pero le quiero». Las perspectivas hoy son agoreras, tristes, oscuras; el machismo con el que se educa no invita al optimismo.

Cuando en un lugar público se escucha a algunos varones las razones que suponen dieron paso al homicidio de una mujer a manos de su pareja, no sólo se entristece el ánimo y se revela el ser de un ciudadano que no quiere prescindir de su condición, sino que se nubla el futuro.

En los hogares hay mucho, muchísimo, que hacer en este tema. Lo que ve, lo que vive, lo que escucha, lo que dice —y se le permite—, va a potenciar que el niño —o la niña— llegue a ser en el futuro un agresor o que, por el contrario, adopte un papel de profundo repudio hacia los que se comportan como tales.

¡Ni los chistes son inocentes en tema tan sensible! No hagamos dejación de la función educadora.

Preguntemos a los hijos: ¿cómo afectan a su virilidad los rechazos o los desprecios?, ¿cómo sienten?, ¿cómo se conducen?

La vida provoca accidentes, también emocionales y de género, el «cinturón de seguridad» es el autodominio, el «*air-bag*» las habilidades sociales para evitar el choque frontal, para salvar la autoimagen, el honor, sin dañar al otro (casi siempre la otra), mucho menos lastimarle, y aun golpearle.

Poner la mano encima de alguien es inaceptable, hacerlo en nombre de que se le quiere, se le ha querido, o se le desea querer es abominable.

Hay que cambiar las mentalidades desde la escuela, los movimientos vecinales. Debemos influir en las actitudes, en los procesos de socialización, en las imágenes sociales compartidas.

El antídoto de la violencia doméstica está en la educación desde el hogar (las madres tienen un papel determinante, los padres, obviamente y desde el ejemplo, también). Los medios de comunicación tienen también una importante responsabilidad.

Lo trascendente es que, desde niños, los varones aprendan a respetar sin reservas ni excepciones a las mujeres, a acatar lo que significa un No, y a aceptar frustraciones sin derivarlas en violencia.

Hay que conseguir tener alergia a la violencia, repudio extremo a levantar la mano; debe aprenderse a escapar de los conflictos y resolverlos de forma constructiva —todo menos agredir en situaciones de crisis—. Cabe dialogar y aun discutir, no utilizar la palabra como una pedrada que hiere, pero nunca emplear la fuerza física, la violencia.

Es necesario enseñar habilidades de interacción, potenciar el autodominio, diferir las gratificaciones, entender que mi «Yo» no es más importante que la «otra/o».

Esta sociedad se tiene que feminizar, entendiendo esto como hacerse más afectiva, más sensible, más empática, menos dura, menos depredadora, competitiva y conflictiva.

Hay que integrar la lucha contra la violencia sexista dentro de una perspectiva amplia: la defensa de los derechos humanos.

El pronóstico es negativo, pues los jóvenes varones son poco respetuosos y algunos entienden la violencia como una forma de solución de problemas. Existen padres que, al separarse de su esposa, transmiten a su hijo: «No le hagas caso, está loca…». Hay mucha confusión sobre el papel a desempeñar por el varón en esta sociedad.

Leyes y castigos son necesarios, pero siempre llegan tarde. Su capacidad preventiva es escasa.

La vacuna, que supone interiorizar profundamente lo que significa el respeto, hay que mamarla desde la más tierna infancia y practicarla en el día a día.

Mientras haya víctimas y miedo de las propias parejas, no podemos hablar de Dignidad Humana.

Hay jóvenes que tiranizan a sus madres (que las agreden), ¿qué harán con sus parejas el día de mañana?

LA LEY Y LA VIOLENCIA DE GÉNERO

La violencia está muy arraigada en algunos sectores de nuestra sociedad. El número de víctimas mortales no se reduce, aunque las denuncias de mujeres por malos tratos aumentan.

Las autoridades públicas cada vez intervienen más en las situaciones de violencia conyugal. Desde la creación de servicios destinados a atender y proteger a las mujeres víctimas (Servicios de atención especializados de la Policía y Guardia Civil, Centros de Acogida de las Comunidades Autónomas...) hasta el actual Plan Integral contra la Violencia Doméstica, basado en las siguientes medidas de intervención:

- Prevenir los actos violentos a través de una educación basada en la igualdad y no discriminación por razón de sexo.
- Sensibilizar y comprometer a la sociedad, y que tanto en los centros escolares como en los medios de comu-

nicación se transmita el valor de la no violencia y la igualdad de sexos.

- Mejorar la legislación y el procedimiento legal, con una mayor eficacia en los procesos, una mejor protección de la víctima y una penalización más contundente para los agresores.
- Disponer de recursos sociales en todo el territorio nacional, con una infraestructura suficiente para cubrir las necesidades de las víctimas (procedimiento de denuncia, asistencia sanitaria, económica, laboral y psicológica).

El Instituto de la Mujer, de ámbito estatal ofrece medidas de intervención concretas para las víctimas de la violencia doméstica (☎ 900 19 10 10 // 24 h. gratuito).

Además existe el Programa de Renta Activa de Inserción. Se podrán incorporar quienes tengan acreditada por la Administración competente la condición de víctima de violencia doméstica y esté inscrito como demandante de empleo, sin derecho a prestaciones o subsidios y carezca de rentas superiores al 75 por ciento del SMI (Salario Mínimo Interprofesional) mensuales, excluida la proporcionalidad de las pagas extras.

La cuantía de la renta que se puede obtener será la del 75 por ciento del SMI, sin parte proporcional de pagas, sin cotización a Seguridad Social y durante diez meses máximo.

Capítulo 7

El depredador en el colegio y en la calle

Caso: Jokin

«"Libre, libre. Mis ojos seguirán aunque paren mis pies". Éstas fueron algunas de las últimas palabras que dejó escritas Jokin Zeberio, de 14 años, antes de suicidarse tirándose al vacío con su bicicleta, desde lo alto de la muralla de Hondarribia, el 21 de septiembre de 2004.

Jokin venía sufriendo el acoso de sus compañeros de clase y de instituto desde hacía años. Amenazas, humillaciones, insultos. Golpes como para ser detectados en la autopsia que le realizaron después de su muerte, que demostró que había sido víctima de una paliza antes de acabar con todo.

Jokin estudiaba 4º de Educación Secundaria Obligatoria (ESO) en el centro Talaia. Un día, enfermo del estómago, se había hecho sus necesidades encima. Desde entonces lo vejaban, le rompieron dientes a bofetones, empapelaron su aula con papel higiénico... Parte del profesorado y del alumnado de su instituto conocía los malos tratos que sufría. De hecho, algunos de los chicos expulsados del centro como sospechosos de estar implicados en su muerte son hijos de profesores.

En el juicio por el suicidio de Jokin, la madre explicó que supo "del acoso y malos tratos a que era sometido su hijo por los hematomas y heridas que presentaba".

La psicóloga indicó que los acusados pertenecen a "familias estructuradas y con un entorno familiar normal".

La acusación particular imputa a los acusados tres delitos —inducción al suicidio, lesiones psíquicas y trato degradante». (*Diario de Navarra*, 28 de abril de 2005).

«Jokin sufrió también, como sostienen los abogados de la familia, "lesiones psicológicas". Y algo de mayor gravedad: antes de tomar la desesperada decisión de quitarse la vida el 21 de septiembre de 2004, Jokin fue víctima de reiteradas agresiones físicas a manos de quienes —seamos nosotros no menos legalistas citando la sabiduría de María Moliner— responden inequívocamente a la aceptación de la palabra matón: "El que se jacta de valiente y provoca a otros o trata de intimidarles". Matones de 14 años que, no en un juvenil pronto irreflexivo, sino de forma sostenida a lo largo de doce meses, practicaron contra su compañero (...) el chico se sintió insoportablemente aislado del grupo dominante. Odiado por ser él. Cuanto más ajeno a los ritos de la tribu, más acosado. Hasta que Jokin se fue a las murallas que rodean el elevado y hermoso casco antiguo de Fuenterrabía y desde allí se tiró. Fuera de la ciudad, como un excluido de la mayoría indiferente». (V. Molina Foix, *El País*, mayo de 2005).

«Aunque todavía hoy prosigue el juicio contra los ocho menores supuestamente implicados en el acoso a Jokin, el niño que se suicidó después de haber sido víctima de los abusos de sus compañeros, todo indica que los hechos sucedieron como se pensaba: el infortunado puso fin a su vida al no poder soportar aquellas crueles agresiones. Afortunadamente, este triste suceso ha servido al menos de valioso precedente para concienciar a la opinión pública de la existencia de este problema, pero todavía no se han tomado medidas radicales para combatirlo. Sólo en Cataluña se ha creado una instancia oficial para prevenirlo, y este ejemplo debería extenderse cuanto antes a todo el Estado». (*Diario de Navarra*, 27 de abril de 2005).

«La familia recurrirá hoy la sentencia de libertad vigilada a ocho menores por acosarle, y pedirá que cada uno cumpla una pena de tres años de internamiento en un centro educativo. Según un portavoz de la familia, que ejerce la acusación particular, el recurso discrepa con el hecho de que la juez no condenara a los imputados por el delito de lesiones psíquicas, dado que lo "subsumió" dentro del delito contra la integridad moral». (*Europa Press*, San Sebastián).

«La Audiencia de Guipúzcoa ha estimado en parte el recurso presentado por la familia de Jokin, por lo que ha endurecido la pena impuesta por el Juzgado de Menores de San Sebastián, que condenó a los ocho acusados a 18 meses de libertad vigilada cada uno por un delito contra la integridad moral (...). Según el fallo judicial, los siete chicos encausados no sólo incurrieron en un delito contra la integridad moral del adolescente, sino que protagonizaron también un delito contra su salud psíquica. Por ello, el tribunal les castiga a una pena de dos años de internamiento en un centro educativo en la modalidad de régimen abierto». (*El Mundo*, 19 de julio de 2005). «El tribunal considera probado que Jokin sufrió "un trastorno disociativo" que le provocó una reacción depresiva aguda». (*El País*, 19 de julio de 2005).

BULLYING

El maltrato entre compañeros nos preocupa y nos resulta más cercano tal vez por el aumento de casos detectados o por las tristes noticias que nos llegan, como el caso de Jokin expuesto. En los colegios también se tiraniza, y eso nos atañe a todos. Cuando se abusa de alguna manera de alguien, tanto dentro del hogar, como hemos tratado hasta ahora en el libro, como fuera, esos hijos tiranos que victimizan a sus iguales no nos deben dejar impasibles, y es nuestro deber prevenir estas conductas y, en su caso, intervenir de la manera más adecuada.

La violencia física o psíquica entre estudiantes comenzó a investigarse en los EEUU, Gran Bretaña y los países nórdicos a principios de los setenta. Allí recibió el nombre de *bullying*, el acoso psicológico, moral y/o físico, llevado a cabo en los centros educativos, donde un alumno ejerce poder sobre otro, de un modo sistemático y con la intención de dañarlo, es un problema preocupante también en nuestro país.

Como advierte el psiquiatra L. Rojas Marcos, la época en que los jóvenes se peleaban usando solamente los puños ha pasado a la historia.

No es una agresión esporádica, ni una broma puntual, ni un conflicto entre iguales. Se trata de que un intimidador (o varios) con fuerza física o poder psicológico se mete con un chico más débil (psíquica o físicamente) —víctima impotente para salir sola de esa situación—, de forma reiterada, sin ninguna razón y nadie de los que los rodean y observan actúa para evitar esta terrible situación.

Existe intención de dañar y para ello se utiliza la amenaza, la burla, el desprestigio, el insulto, el rechazo..., se pega, intimida, acosa, humilla, excluye, incordia, aísla, chantajea...

y puede ignorarse, poner en ridículo..., abusar sexualmente, en fin, de una u otra forma se tiraniza.

Intencionalidad del agresor, reiteración de la violencia e indefensión de la víctima son, para N. Rodríguez, lo que califica a un hecho en la categoría de *bullying*.

F. Cerezo[7] indica que «un rasgo específico de estas relaciones es que el alumno o grupo de ellos que se las da de bravucón trata de forma tiránica a un compañero, al que hostiga, oprime y atemoriza repetidamente, hasta el punto de convertirlo en su víctima habitual.

»Para ser acosador hay que verse en situación de superioridad. Bien porque los que atacan son más, y entonces se trata de una cuestión de fuerza, bien porque el acosado es un sujeto con muy poca asertividad, es decir, con muy poca capacidad de rechazo a las agresiones. Por inmadurez, por timidez... El agresor quiere ver que la víctima lo está pasando mal. Si no, deja de agredirle.

»El agresor —continúa F. Cerezo—, muestra alta tendencia al psicoticismo y las víctimas alta tendencia a la introversión y baja autoestima. De manera que los individuos de cada lado de la moneda parecen reunir una serie de características personales que propician el mantenimiento de esas conductas».

Las conclusiones de un estudio llevado a cabo por la misma experta sobre las variables de personalidad asociadas en la dinámica *bullying*[8] fueron:

---

[7] Fuensanta Cerezo Ramírez, *Variables de personalidad asociadas en la dinámica* bullying, Departamento de Psicología Evolutiva y de la Educación. Universidad de Murcia.

[8] En el estudio realizado por esta experta sobre las variables de personalidad asociadas en la dinámica *bullying*, las características de personalidad fueron medidas a través del cuestionario de personalidad para niños EPQ-J de Eysenck. Para la

El perfil de los agresores es ser varón (en una proporción de tres a uno) y poseer una condición física fuerte; estos jóvenes establecen una dinámica relacional agresiva y generalmente violenta con aquellos que valoran débiles y cobardes. Se consideran líderes y sinceros, muestran una alta autoestima y alta asertividad, rayando en ocasiones con la provocación.

Los sujetos que están en el otro lado de esta dinámica —las víctimas—, los que suelen ser el blanco de los ataques hostiles sin mediar provocación, por el contrario, muestran rasgos específicos significativamente diferentes, incluyendo un aspecto físico destacable: su complexión débil, acompañada, en ocasiones, de algún tipo de *handicap*. Viven sus relaciones interpersonales con un alto grado de timidez que, en ocasiones, les lleva al retraimiento y aislamiento social. Se autoevalúan poco sinceros, es decir muestran una considerable tendencia al disimulo. Entre los rasgos de personalidad destaca una alta puntuación en Neuroticismo junto con altos niveles de Ansiedad e Introversión, justo alcanzando valores opuestos a los agresores.

Las formas más frecuentes de agresión son las verbales, las malas relaciones y la agresión indirecta; las menos habituales el aislamiento y la agresión física.

---

medida de las variables de socialización, lo completaron con la Batería de Socialización BAS-3 de Silva y Martorell (1987), y el cuestionario de Autoestima de Rosenberg (adaptado por Cerezo, 1996).

El procedimiento consistió en establecer los grupos Agresores, Víctimas y Otros. Para ello utilizaron el Cuestionario Bull (Cerezo y Esteban, 1994), que recoge las siguientes variables: Elegido, Rechazado, Débil, Cruel, Fuerte, Cobarde, Agresivo, Víctima, Provoca y Tenerle manía.

Los modos de intimidación y de acoso dependen de edades y sexo, dice F. Cerezo, desde mofas e insultos a amenazas o extorsiones a través de teléfonos móviles y correos electrónicos. Desde chantajes como pedir dinero a obligaciones de hacer los deberes al acosador o exigencias de regalos.

Los chicos están mucho más implicados que las chicas en los casos de agresión activa. Y un poquito más, también, como víctimas. Podríamos decir entonces que el *bullying*, tanto en su forma activa como pasiva, es un comportamiento más frecuente en los niños que en las niñas.

Está demostrado que los varones suelen decantarse por los ataques físicos (golpes, palizas, armas blancas, violencia sexual) y que se pavonean de sus «hazañas», mientras que las chicas son más sibilinas, más sutiles, y se inclinan por descalificar a sus compañeras y aislarlas, camuflando así sus acosos.

En todo caso, el *bully* logra extinguir los límites entre la víctima y el acosador, que manipula a su antojo a aquella, que lo vive de manera confusa, emocionalmente pendiente de su agresor, haciendo todo aquello que éste le exige.

Este maltrato, se produce ocasionalmente en la escuela (aunque algunos colegios lo nieguen). Tengan en cuenta que cuanto más grande es el centro escolar más riesgo de *bullying* se padece, porque hay menos control físico.

Que siempre haya ocurrido no legitima el maltrato. Debe saberse que no se trata de bromas, que el profesorado no siempre se entera y, en todo caso, no le es fácil enfrentar una situación que a veces el grupo ampara. Después de todo, como dice N. Rodríguez, estamos acostumbrados a aceptar la violencia en sus manifestaciones más sutiles y cotidianas y las nuevas generaciones parecen acostumbrarse a trivializarla.

Para E. Calatayud «lo que llega a los tribunales es sólo una parte del problema porque la violencia se produce también en los centros escolares aunque estos casos no salgan muchas veces a la luz porque los propios colegios los ocultan para no dañar su propio prestigio» (*ABC*, Sevilla, 31 de enero de 2005).

Ahora bien: también son muchos los profesores que se sienten desprotegidos y desautorizados en numerosas ocasiones porque, cuando se produce el conflicto e intervienen, la Administración educativa suele quitarles la razón y dársela a los padres, que tienden a justificar y a amparar los comportamientos de los hijos.

Suele darse entre los 11 y los 14 años aproximadamente. El Instituto de la Juventud (INJUVE) eleva el porcentaje de víctimas de violencia física o psicológica habitual a un 3 por ciento de los alumnos. El 37 por ciento de los niños y jóvenes encuestados considera que «si no devuelve los golpes es un cobarde» y el 39 por ciento cree que «si un amigo suyo agrede a otro, debe ponerse de su parte». Además, el 16 por ciento de los estudiantes reconoce que ha participado en exclusiones de compañeros o en agresiones psicológicas. El Defensor del Pueblo aumenta el dato al mantener que el 5 por ciento de los alumnos reconoce que algún compañero le pega.

El tema no se resuelve indicando «en la vida hay que saber defenderse».

El intimidador aprende a maltratar, a sentirse bien con ese papel que refuerza disocialmente su conducta, conduciéndole a una carrera delincuencial. Utiliza la violencia para conseguir su objetivo, y corre el riesgo de convertirse en su propia víctima. Con tal de ser el protagonista, tener poder, prestigio, destacar, es capaz de todo sin pararse a pensar en lo que hace. El predominio del acto sobre la razón le lleva a comportarse de manera impulsiva. Necesita la popularidad que no consigue de forma natural.

Cuando se pone al *bully* frente a los hechos, su reacción es negar la realidad, se autoconvence a sí mismo y a los demás de que no ha hecho nada por lo que tenga que ser sancionado. Los culpables son siempre los otros. El colegio, la víctima (que se lo merece por chivata, o por cualquier otro motivo), justifican su comportamiento; miente o se muestra a él mismo como víctima evitando las acusaciones y la responsabilidad y, si es necesario, el derecho a defenderse.

Si se es padre del agresor, se debe formular la pregunta: ¿cómo ha llegado a esto? Y abordar la situación —si es posible— de forma conjunta con el otro progenitor.

Desde el primer momento se ha de mostrar con rotundidad que se está en contra de la intimidación y el maltrato.Con decisión, rapidez y calma, se debe imponer una severa sanción. Hay que mantener el contacto con los profesores y reforzar las medidas educativas realizadas en el contexto escolar. Apoyar (y apoyarse) en la actuación desarrollada en la escuela.

Hay que escuchar al hijo, pero indicándole que se va a atender también a sus maestros partiendo de la absoluta credibilidad de estos vocacionales profesionales. También se le ha de mostrar que no se le va a consentir que realice ninguna acción violenta.

Si no reciben valoraciones negativas de sus conductas y/o si son recompensados con cierta popularidad y con la sumisión de sus compañeros, el comportamiento agresivo puede convertirse en su forma habitual de enfrentar los problemas y la dominación en su estilo de relación interpersonal. Se participará junto a los profesionales del centro educativo en la puesta en marcha de acciones elaboradas para extinguir la conducta agresiva. Resulta muy positivo que el hijo, de manera formal y sentida, pida perdón públicamente (ante los compañeros) a la víctima, con la coparticipación de los padres.

Las conductas violentas deben cercenarse con premura y eficacia. Al igual que han de apoyarse, potenciarse y aplaudirse las prosociales.

Si ante las medidas tomadas el agresor no cesa en su comportamiento, se aconseja un cambio de colegio, de esta manera pierde su estatus de poder abusivo y se le obliga a iniciar nuevas relaciones con chicos diferentes y con otras actitudes. Entenderá también que su comportamiento tiene consecuencias como el ser apartado de sus amigos y a su vez servirá de ejemplo en el colegio indicando que estas conductas no son admisibles.

Los padres hemos de reconocer anticipatoriamente que nuestro hijo puede ser un intimidador, para ello debe ponerse atención a algunos signos, como que siempre quiera imponer sus deseos, que sea dominante, que grite y emplee malos modos, que «levante la mano», se jacte de sus acciones de matonismo, no se ponga en el lugar de los otros, o que recibamos quejas de sus hermanos o algún amigo por su conducta desconsiderada y prepotente.

Cuando se producen agresiones entre los escolares, encontramos como factores de riesgo la impulsividad, el estilo educativo paterno coercitivo y punitivo o errático, falta de vínculos sociales y afectivos, exposición a la violencia, y, por tanto, fallas en el aprendizaje socio-cognitivo, débiles vínculos sociales y escaso autocontrol individual.

Afirma el psiquiatra A. Rojas Marcos, «las semillas de la violencia se siembran en los primeros años de vida, se cultivan y se desarrollan durante la infancia y comienzan a dar sus frutos malignos durante la adolescencia».

V. Molina Foix, en su artículo publicado en el periódico *El País*, en mayo de 2005, hablaba de la co-responsabilidad de estos niños por dejación de educadores y padres y es que como dice: «Los niños aman antes, sufren antes, se drogan y beben antes que los de antes, y los mayores estamos mejor dispuestos a entenderles y más desorientados a la hora de castigarlos.

»Se pensaría en una nueva mística de la infancia al observar (en un vagón de tren, en una pizzería, andando por las calles un día de fiesta) el comportamiento de muchos preadolescentes acompañados de sus familiares: la indisciplina y el griterío raramente son reprendidos como violaciones del orden cívico por unos padres o abuelos embobados con las gracietas, la grosería vocal y el descarado aplomo de sus retoños».

La influencia del ambiente familiar ha sido uno de los factores más estudiados en el *bullying*. Kathleen Heide, criminóloga de la Universidad del Sur de Florida y una de los mayores expertos en homicidio juvenil de los EEUU, identifica el origen de la violencia en chavales con la falta de un referente masculino positivo cercano: «La ausencia de un padre o la presencia de un padre violento está en el origen del comportamiento agresivo de los niños cuando son adolescentes o jóvenes (...). Cuando no existe o existe una figura paterna así es más probable que los jóvenes exageren su pretendida masculinidad con actos de machismo». Ya lo venimos diciendo en capítulos anteriores.

Otro factor es el cambio de la estructura familiar tradicional. En las nuevas familias conviven hijos de distintas uniones que asumen diferentes roles; muchos padres han delegado en la escuela la responsabilidad de la educación de sus hijos.

Nunca es tarde, y más en este caso, para variar los comportamientos en casa y el contacto con algunas amistades que pudieron influir en tan deleznable conducta.

Hay alumnos víctimas de amenazas, de extorsiones, de robos, de golpes, de abusos sexuales y algunos se sienten —están— muy solos.

La víctima sufrirá angustia, ansiedad, temor, terror, su autoestima caerá, puede llegar a rechazar la situación escolar, implicarse en absentismo, fracasar en los estudios, entrar en profunda depresión y llegar (no es ninguna exageración), como ya hemos dicho, al suicidio.

Si bien las huellas psicológicas no son visibles, la víctima tiene una imagen más negativa de sí misma y las relaciones con otras personas las percibe como poco seguras. Puede ver minada su personalidad el resto de su vida, aun cuando el acosador ya se haya ido.

Para la víctima es difícil hablar, pues siente vergüenza y culpabilidad. Cree que lo que le pasa es porque se lo merece, por ser distinta a los demás.

Los padres pueden sospechar del maltrato entre iguales por la conducta observada en el hijo o por informaciones de amigos o de profesores; cabe también la información directa o indirecta del hijo. En caso de sospecha, se debe indagar más, recabar más información (del hijo, de sus hermanos, compañeros, maestros). Si se confirman las sospechas, manteniendo la calma, no se debe actuar directamente contra el hipotético agresor o contra los familiares del mismo, sino hablar con el tutor y el director del centro escolar y, si se estima conveniente, formular una denuncia en la Fiscalía de Menores.

Obviamente, y durante todo el proceso, se apoyará al hijo y se colaborará activamente con el profesorado.

Hay que hablar a los hijos de la existencia del maltrato entre iguales y solicitarles que, si acontece, lo cuenten con confianza a unos padres que antes de tomar cualquier decisión o medida la comentarán con ellos.

Además, hay que aprender a reconocer signos de que el hijo puede ser víctima, como pérdida de objetos, rotura de ropa, rechazo repentino al colegio, cambios en sus hábitos, en sus patrones de sueño o alimentación, fallas en el rendimiento académico, mayor secretismo e incomunicación, cambios en el humor...; mostrarse triste, irritable, distraído, quedarse sin amigos..., incluso enuresis («mojar la cama»).

Es propicio que nuestro hijo amplíe su grupo de amigos dentro y fuera del colegio para acrecentar sus vínculos de afecto, así como que reforzemos su autoestima.

En muchas ocasiones, además de al agresor que provoca el maltrato y a la víctima que sufre la intimidación e indefensión, hay que tener en cuenta a los compañeros, que no suelen intervenir en defensa del débil.

Los niños no acostumbran —por miedo a ser tildados de chivatos con el consiguiente riesgo— informar a los adultos de la escuela. En torno a la mitad de los escolares se muestran pasivos ante las situaciones de maltrato. La otra mitad o avisan a alguien o intentan detener por sí mismos la situación.

En el caso de los escolares que sólo intervienen como observadores, esa exposición vicaria a la violencia puede dar lugar a una conducta antisocial, pasiva ante los problemas ajenos, a relaciones entre iguales de dominio-sumisión, a unos valores poco solidarios. «Pueden ver inhibida su capacidad de distinguir conductas positivas y negativas, aceptables o deleznables. Los espectadores están o sufriendo o aprendiendo unas formas de relación que son negativas». Ejemplo de esto es el rechazo o aislamiento que sufren las víctimas entre sus compañeros del colegio. Se acostumbran a vivir siendo cómplices del agresor y a no ser coherentes con la valentía que exige la justicia y dignidad humanas.

Si se es padre de un hijo que se ha comportado como espectador pasivo, se le ha de recriminar su actitud y poner en la disyuntiva de ser casi un cooperador necesario para que acontezca tal vejación o una persona valiente y solidaria que se pone del lado del débil.

Bueno será que se le plantee la vivencia de la víctima. Que comprenda que hay muchas formas de ayudar (información, testimonio, no reír la «gracia», apoyo...). Hay que hacerle ver que una cosa es «ser chivato» y otra bien distinta denunciar unos hechos que son inaceptables. Debe sentir que no intervenir por miedo conlleva convivir con culpabilidad. V. Garrido (2005) alude a la enorme importancia de desarrollar el coraje moral en nuestros hijos, a rebelarse frente a lo que observan que es inmoral.

Han de ser conscientes que intervenir resulta también positivo para un o unos intimidadores que han adoptado un papel muy equivocado.

Hemos de hacer llegar a estos chicos que de su actitud cuando conocen o ven estos hechos depende que cesen o continúen. Si el conjunto entiende que una persona es maltratada, y toma una postura firme y conjunta frente a los agresores, el maltrato cesará.

Invitar a participar en el voluntariado y en asociaciones que fomentan la cultura antiviolencia es una buena prevención.

Los padres, junto a los maestros, han de denunciar situaciones inaceptables, pero al tiempo han de participar en grupos de discusión y crear equipos de mediación, dentro de la comisión de convivencia. Dentro del aula se han de fomentar valores de absoluto respeto y crear con los propios alumnos figuras pacificadoras que actúen como intermediarios en la resolución de conflictos. Un 30 por ciento de los adolescentes estudiados por el INJUVE muestra dificultades para pensar en soluciones no violentas a los conflictos. Entre un 10 y un 12 por ciento de los jóvenes españoles adolece de una conducta agresiva.

El maltrato entre iguales es un fenómeno que ampara el grupo y por tanto la resolución se ha de abordar desde el mismo.

Un mes después del suicidio de Jokin toda Hondarribia se manifestaba en solidaridad con su familia y en repulsa de la violencia. «Para que no vuelva a suceder», rezaban sus pancartas. «Todos contra el *bullying*».

RELACIONES CON EL PROFESOR

> Usted está aquí porque mis padres le pagan (15 años).

Existe una manifiesta sensación por parte de los maestros de estar desbordados por los cambios, por las demandas. Es cierto que, al igual que ha pasado con los médicos, el reconocimiento social del maestro ha disminuido.

Resulta veraz que hoy existen muchas familias que no socializan a sus hijos, con lo cual es francamente difícil educarlos en la escuela. También es verdad que tenemos «objetores escolares» que han de cursar estudios como derecho y obligación hasta los 16 años.

Existe la percepción de que la norma y sanción se han diluido, cuando no desaparecido, por lo que los profesionales se encuentran sin instrumentos para establecer unas pautas de comportamiento.

Se aprecia que en gran número los alumnos no vienen motivados a la escuela, que los mismos consideran que su aprendizaje llega de forma cómoda viendo la televisión o introduciéndose en el mundo de internet.

Pero, además, en ocasiones —no pocas— los medios de comunicación maleducan a los alumnos, los posicionan en contra del maestro con series patéticas donde el respeto a éste brilla por su ausencia y, además, jamás les dan la palabra a ellos como expertos. Así las cosas, los maestros tienen en algunos casos miedo a alumnos «gallitos», que se les enfrentan, que les amenazan e incluso agreden, lo que se explica al conocer a sus padres, auténticos y equívocos abogados de sus hijos, que como fieras acuden al centro y arremeten contra el educador, creyendo a «pies juntillas» la versión de su vástago.

E. Prado y J. Amaya (2005) dicen que hoy día los padres cuestionan más las medidas disciplinarias y/o exigencias de los profesores. Exponen cómo un director de un centro educativo explica: «Los adolescentes son muchachos muy dóciles y responsables de sus actos, pero ya estoy cansado de sus padres. Son éstos a los que necesitamos educar. Encubren y justifican cada una de las conductas indeseables de sus hijos adolescentes».

O bien exponen cómo esta generación de padres obedientes, a la que aludimos en páginas anteriores, proyecta y refleja su éxito personal en sus hijos en este ámbito de educación. «Cuando un niño tiene un fracaso escolar, el padre o la madre asumen también esa responsabilidad y ese fracaso; buscan enaltecer cualquier tipo de logro, por mínimo que sea y, asimismo, encubren y excusan todo tipo de comportamiento, en especial aquellos que resultan de la frustración o el fracaso, provocando en sus hijos una conciencia de la realidad totalmente falsa y artificial.

»Una profesora de preparatoria nos comentó una situación sumamente embarazosa. La semana pasada reportó una calificación reprobatoria a un alumno, porque el proyecto de investigación que realizó no cumplía con los requisitos mínimos para aprobar y, además, no siguió las instrucciones del trabajo. Y la madre respondió: "Pero no es su culpa, yo le hice el trabajo y no le entendí sus indicaciones. Mi hijo no es el responsable, sino yo. Además, quítele esa calificación"».

El profesorado español dice sentirse «desmotivado» o «incluso quemado». Este síndrome, que también se conoce como *burn out*, es cada vez más frecuente. El estrés relacionado con esta problemática también es elevado. Según un reciente informe del Observatorio de Riesgos Psicosociales, el 63,5 por ciento de los profesores presenta riesgo de sufrir un estrés alto. El 7,5 por ciento de este colectivo puede padecer acoso.

Una encuesta de la Asociación Nacional de Profesores española afirma que un impresionante 80 por ciento de los maestros confiesa que el estrés producido por su profesión le está perjudicando la salud.

Ésta es la realidad, parte de la realidad, porque hay otros profesores que por su entereza, liderazgo, capacidad para ganarse el interés y respeto de los alumnos, no sufren estas situaciones vejatorias e impropias. Hay que aprender de ellos, de sus recursos, de sus técnicas. Aunque, bien es cierto, que todo adolescente rebelde necesita ser valorado y motivado a través de la dedicación, cariño y atención, y la confianza en sus posibilidades.

Si bien por su magisterio hay profesores que no sucumben a la presión existente, no es menos cierto que la situación ha de mejorar en breve plazo, para ello es fundamental que los padres valoren y transmitan a los hijos el cariño, respeto y gratitud a los maestros, que estén en continuo contacto con los mismos, que escuchen sus argumentos y que sancionen a sus hijos —por su bien— cuando el profesor les haga saber conductas que lo requieran.

Pero es preciso posicionarse e implicarse, no vale incidir en reiteraciones cotidianas de lo que ocurre, de lo que hacen mal los jóvenes violentos, los indomables. De la sociedad sin valores válidos para vivir en. Seamos un buen ejemplo para ellos.

Una sociedad cambiante, donde se incorporan inmigrantes que no conocen la lengua española, que en ocasiones no desean estudiar, sino trabajar —lo que realizaban en su país de origen—, una sociedad donde tantos padres se separan, un país «nuevo rico», consumidor de ocio, que aplaude el hedonismo y la búsqueda del placer inmediato, que en algunos entornos ha abandonado el valor supremo del esfuerzo, de la voluntad, de la motivación por aprender, por saber, ha de retomar como convicción social, ciudadana, como política de Estado acrecentar la valoración (en todos los sentidos) de los maestros, de los educadores que han de informar y formar a nuestros hijos, que edifican el futuro y el presente.

Prepárese a los profesores en el uso y aprovechamiento de técnicas audiovisuales, dótese a colegios e institutos de medios, pero, primordialmente y desde el hogar, créese un ambiente que propicie el contacto con el maestro, con la valoración que su incomparable misión requiere.

Criterios de actuación dentro del ámbito escolar

(Aportados por P. Orte Moncayo, Asesoría de Ed. Infantil del C.P. R. de Tarazona, sobre la base del diálogo con otros profesionales de la educación).

- Pensar mucho en el contenido de las reuniones con las familias. A veces no hacen lo que esperamos porque nadie se lo ha dicho nunca y creen que tal y como lo hacen es lo mejor.
- Contar en la planificación del tiempo escolar para trabajar la autonomía, la tolerancia, la no violencia... por medio de psicomotricidad, cuentos, asambleas...
- Organizar charlas en la escuela con la psicóloga o el equipo de Infantil, o buscando las vías y recursos que se tengan.

— Organizar encuentros con las familias donde se establezcan agrupamientos variados (pequeño grupo, puesta en común), donde se utilice alguna técnica de grupo que propicie la reflexión y la comunicación.
— Confección de un cuadernillo, para entregar a las familias de los niños que llegan nuevos al colegio, con ideas sobre lo que se espera de ellos, modos de ayudar a su hijo/a...
— Mantener con las familias una relación abierta con cauces de confianza.
— Organizar el aula y la programación de modo que se den pocas normas pero claras, se cree un medio de seguridad afectiva donde el niño se sienta cómodo y libre para expresarse, en el que los temas transversales no sólo sean contenidos conceptuales sino que se trabajan viviéndolos. No enseñar la tolerancia diciendo que hay que ser tolerante, sino siéndolo con ellos, procurándola en clase. Que al menos en el aula encuentren un medio donde se les contenga, donde las normas estén claras y puedan sentirse seguros, un lugar donde la autoridad sea firme y amorosa, donde se sienta aceptado por lo que es y donde no sea necesario el chantaje emocional. Al menos en la escuela deben encontrar lo que no todos tienen en sus casas.
— Podrá ser interesante que se organizen foros de encuentro y diálogo a través de asociaciones de vecinos, servicios sociales, educación de personas adultas... por medio de entidades públicas y privadas que pudieran colaborar en propiciar medios socia-

les donde comunicar con interlocutores de inquietudes parecidas.
— En algunos sitios está dando buenos resultados la emisión de cuñas sobre educación en las emisoras de radios locales.

Según las últimas encuestas del Centro de Investigaciones Sociológicas (CIS), el 96 por ciento de la población está de acuerdo con que la clave para prevenir la violencia es la educación en la igualdad y en el respeto mutuo.

¿MI HIJO ES RACISTA?

Hijos racistas, los hay, los menos. El riesgo se acrecienta si los padres lo son (y serlo no es sinónimo de reconocerlo, de verbalizarlo). En mi experiencia, no he conocido a un hijo racista que no haya bebido en el hogar de ese mismo veneno.

Los padres hemos de hacer sentir y comprender que nada importan los colores, ni los rasgos, ni la epidermis. Es el conocimiento de la genética un buen antídoto contra el racismo. Saber que las diferencias raciales de la especie humana se limitan a simples cuestiones de apariencia, pero no se traducen en diferencias apreciables dentro de nuestra constitución biológica. Lo que nos diferencia y permite hablar de razas, no supera el 0,01 por ciento. Tema aclarado.

Ser distintos no nos discrimina en superiores e inferiores. La pureza no existe ni es deseable. La Segunda Guerra Mundial no puede ser olvidada. Como cantó Bob Marley: «Las guerras dejarán de existir cuando el color de la piel sea tan importante como el color de los ojos».

Las imágenes de racismo, de desprecio, de incomprensión han de producir náuseas y repudiarse sin paliativos.

Si los padres ejercemos nuestra función sabremos qué simbología utilizan los hijos, qué libros leen, qué música escuchan, qué piensan en este sentido y cómo son sus amigos, y detectaremos cualquier atisbo racista (esvásticas, cabeza rapada, tipo de botas militares, de camisas, niquis, cazadoras representativas...).

Ocasionalmente me he encontrado en la Fiscalía con padres que se ratificaban en que no sabían que su hijo era racista y comprobábamos en el cuarto de éste que tenía toda la parafernalia y simbología nazi, cuando no un bate (¡y no jugaba al béisbol!).

Viajar fuera de las fronteras es un buen antídoto contra el racismo y el paletismo. Mostrar al hijo otras culturas, otras formas de pensar, otros paisajes, costumbres, músicas, alimentos. Conocer abre nuestra mente y nuestro corazón, nos hace más comprensivos, elude el riesgo de creer estúpidamente que lo nuestro es, por serlo, superior. Hemos de hacer ver que el mundo camina hacia las migraciones continuas, el mestizaje.

Desincentivaremos el *pedigree* de las razas, (hasta de los perros, ¡cuán magníficos son esos perrillos denominados «mil leches»!).

Cualquier frase de desprecio o chiste que encierre el germen despectivo hacia una tipología o clase de personas debe ser corregido de inmediato —y al decir corregido entiéndase como reprobado y analizado junto al hijo, para que manifieste su voluntad de no reincidencia.

¿MI HIJO ES CLASISTA?

Es un riesgo, en un país en que los niños se diferencian por el tipo de colegio al que pertenecen, en el que el hogar se ubica en zonas claramente delimitadas por su carestía, en el que se hace ostentación del o los vehículos de los que se es propietario.

Hasta aquí, algunos aspectos que marcan diferencias; el verdadero problema se genera si los padres transmiten distingos (de forma directa) «no salgas con ese niño, porque es de otra clase» o «es el hijo de la asistenta» (de manera velada).

El clasismo se instaura cuando se cercena la interrelación, y se pertenece a clubes privados y la vida transcurre en un ámbito reducido cual urna de cristal.

Hay padres a los que no les gusta que sus hijos jueguen con los del pueblo en que veranean. Los hay que se avergüenzan de sus propios padres porque son humildes.

Cuando las marcas de los niquis, de las zapatillas, el tono de voz, el contenido del lenguaje son utilizados para realizar diferenciaciones, estamos fabricando un clasista. Y recuérdese que la gente es mucho más clasista que racista (nadie se mete con un negro que juegue al baloncesto; se llama moros a los pobres y jeques a los ricos).

«La discriminación fundamental, la raza mala a la que nadie quiere pertenecer es la raza de los pobres». (Fernando Savater).

Conocer otros barrios de la ciudad, tener amigos que pertenecen a niveles socioeconómicos y culturales distintos, es absolutamente necesario. Al fin, hemos de transmitir a los hijos que lo importante no es lo que se hereda sino lo que uno es capaz de alcanzar.

VIOLENCIA Y JÓVENES

Héroes del acontecer violento

No se olvide que el niño, el adolescente, no debe ser estudiado como un ente solitario, sino inserto en una realidad espacial y temporal, que a su alrededor se encuentra su familia y su contexto, que no puede ser diagnosticado en un corte vertical de su vida: «es así», porque tiene una realidad transversal con un pasado y un futuro (a veces oscuro). Además los diagnósticos negativistas que sólo insisten en clasificar y resaltar los aspectos problemáticos, no sirven para nada, hay que pronosticar pero aludiendo a lo positivo, a lo que le motiva, a lo que le engancha socialmente, para llevarlo a efecto y ayudarle a desarrollar todas sus potencialidades.

a. *No hay violencia juvenil. Hay violencia del ser humano, de grupos, de naciones.* Véase ETA.

Debe romperse el vínculo violencia / juventud, véanse para ello los datos de las Memorias de la Fiscalía General del Estado y compárense por franjas de edad. Acontece que, paradójicamente, los medios de comunicación amplifican lo minoritario y negativo, olvidando destacar lo genérico y positivo, como la solidaridad juvenil.

b. *El joven no es emisor de violencia, es el receptor.* Piénsese en los niños maltratados, unas veces físicamente, otras emocionalmente. Los que nacen con síndrome de fetoalcohol u otras drogas, los que aprenden bajo el lema «la letra con sangre entra», los que tienen que estar en una cárcel con sus madres, los que son obligados a traficar («trapichear») con drogas, a robar como forma de subsistencia, a prostituirse, los que trabajan, mendigan y no asisten a la escuela, a los que una sociedad injusta que «no va bien» los etiqueta como desheredados, porque hay padres que de hecho no lo son, que fracasan en la educación o inducen al comportamiento disocial, porque han errado absolutamente al interpretar lo que significa patria potestad. Padres que no educan coherentemente, que tampoco se coordinan con los maestros, que adoptan una posición cobarde y errónea no permitiendo que nadie recrimine a sus hijos sus malas acciones. Padres que no escuchan, que no conocen las motivaciones y preocupaciones de sus hijos, que pierden los primeros días, meses y años, que creen que no se influye sobre ellos, que no educan en la autorresponsabilidad.

Tenemos una sociedad profundamente injusta, económicamente fracturada, que golpea con el canto de sirenas del consumo; hay jóvenes que cuando se les pregunta qué quieren ser de mayor, contestan «rico»; éstos son los frutos de la denominada y padecida «cultura del pelotazo», que lo más que aporta a los jóvenes son zonas de «copas» para pasar el tiempo. Una colectividad que ha perdido en gran medida el sentimiento de trascendencia, de espiritualidad, que rehuye con pánico la soledad buscada. Son muchas las personas que quieren modificar conductas sin inocular valores.

Nos encontramos, ocasionalmente, con que se ha perdido el respeto intergeneracional, que no es habitual que cuando entra una embarazada en un medio de transporte público un joven se levante para cederle el asiento. Tenemos que volver a pautas educativas esenciales, que hemos de retomar desde la razón, la palabra y la práctica; los más pequeños tienen que apreciar en sus mayores (en nosotros) ese respeto a los que nos han antecedido.

c. *El ser humano no nace violento, lo hacemos.* Fracasamos, a veces, en el proceso de educación, de socialización, en aquel por el que nace y se desarrolla la personalidad individual en relación con el medio social que le es transmitido, que conlleva la transacción con los demás. Se forma una personalidad dura que puede llegar a la deshumanización, es el etiquetado psicópata. Volvamos la mirada hacia ese niño pequeño ya tirano «lo quiero aquí y ahora», «no admito órdenes de nadie...» (viaje iniciático hacia pulsiones primitivas e incontroladas).

Y qué decir de esas familias que hablan mal de todo el que les rodea, que muestran vivencias negativas de las intenciones ajenas (del vecino, del jefe, de la suegra), de esos padres que al subirse al coche se transforman en depredadores insultantes, de los núcleos familiares que emiten juicios mordaces contra el distinto (por color, forma de pensar, procedencia). No se dude, generaremos intolerantes, racistas, xenófobos.

Algunos educan en la estúpida y miope diferenciación (nosotros versus los otros), ya sean los españoles (en el País Vasco), los moros (en España), etc.

En gran medida educamos a nuestros niños en la violencia contra otros seres humanos, contra la naturaleza. Quemamos los bosques, contaminamos el aire, esquilmamos el mar, exterminamos otras tribus, otras ideas, otro sentir. La violencia que nos rodea puede llegar a insensibilizarnos.

El que haya niños violentos es un mal que está en la sociedad. Y ésta los teme, los rechaza y los condena. Existe una profunda hipocresía. Los planteamientos socioeconómicos y educativos son fomentadores de comportamientos desviados y de carreras disociales y delincuenciales. Posteriormente se exige que se les encierre en prisiones (pero nadie quiere en las proximidades de su hogar una cárcel).

En la verdadera, concreta y cara prevención y en el esfuerzo resocializador cuando se ha fracasado, se encuentra la única esperanza.

d. *No es verdad que el genoma humano esconde las raíces (o las semillas) de la violencia, la violencia se aprende.*

Existen niños que por causas sociales (anomia, cristalización de clase, etiquetaje, presión de grupo, profecía autocumplida) conforman una personalidad patológica, pero la etiología está muy lejos de ser cromosómica, lombrosiana... El estudio del genoma humano demuestra que el delincuente no nace por generación espontánea, ni por aberración genética. Y esto no está interiorizado.

Cuando se detiene a un violador, mucha gente expresa: ¡No tiene cara de violador!

En muchas casas al hijo se le alecciona: «si un niño te pega una bofetada, tú le pegas dos».

Y aunque hay quien lo discute, tengo clara la influencia del golpeo catódico de violencia en series de TV, dibujos animados, y videojuegos, violencia gratuita, sin consecuencias, donde gana el bueno, el que más mata, el guapo con el que el niño se identifica, revistas donde se mezcla sexo y violencia, donde se transmite el peligroso criterio de que cuando la mujer dice no quiere decir sí. Claro que incide muy negativamente sobre los niños, claro que banalizan la violencia; la presión es muy fuerte y ejerce influencia. ¿O es que todos los empresarios y publicistas están equivocados?

En psicología sabemos de la importancia del modelado, del aprendizaje vicario, y parémonos a pensar: ¿qué oyen los hijos de sus padres, ante una contrariedad?

Pese a las múltiples evidencias, siempre habrá quien para ahuyentar miedos subconscientes, verá en el criminal una maldad ontológica grabada a fuego en el alma o, en su versión moderna, en el código genético.

e. *Ha desaparecido la banda, permanece el agrupamiento.*

Aquellas bandas especializadas (tironeros) que establecían lazos y vínculos de algo más que colegas, que admitían jerarquías (recuérdese «El Torete»), se han extinguido. El mundo de hoy es más individual, más utilitario, menos de clases definidas. Las «bandas juveniles» tenían su etiología en la «cristalización de clase», en el desamparo social, en el temprano absentismo escolar. Las mal llamadas «tribus urbanas» se agrupan para expresar violencia (muchas veces, y aunque se discuta el adjetivo, «gratuita», como pegar al núm. 30 que sale del metro, no para obtener beneficios: «loros»/radios de coches). Hay una delincuencia de tipo lúdica y de consumo, más que de miseria o carencial.

La procedencia de los jóvenes es mucho más variada. Se implican más niñas (la proporción 1 a 8 está cambiando), que golpean a otra «porque es pijita», etc. Pero hay muchos jóvenes que provienen de familias cuyo nivel socio-económico es medio-alto, o muy alto. Estas variaciones en niños y jóvenes son el espejo de una realidad en los adultos que influyen en las posturas psicológicas y roles que adoptan sus descendientes. Hay muchos padres que saben pero callan, que no se enfrentan (que a veces piensan igual). Y, eso sí, algunos adultos con ideologías obsoletas pero preocupantes que recuerdan cuando A. Hitler dijo «una juventud violenta, dominadora, valiente, cruel, con el brillo en los ojos de la bestia feroz».

Esa impronta es percibida y sentida por los niños en el hogar, la escuela, los lugares de ¿esparcimiento?, los medios de comunicación.

Estamos creando una conducta social compuesta de sumativas individuales, que no desarrolla la afabilidad social ni la vivencia profunda de sentimientos de ternura y sufrimiento —*pathos*—; que no facilita la responsabilidad por las creencias y pensamientos que manifiestan; que no aboca a instaurar un modelo de ética para su vida —*ethos*—; que no provee de las habilidades sociales y cognitivas para percibir, analizar, elaborar y devolver correctamente las informaciones, estímulos y demandas que le llegan del exterior. Que no asume normas, entendidas como el conjunto de expectativas que tienen los miembros de un grupo respecto a cómo debería uno comportarse, claro que muchas veces no se puede atribuir a dos o más personas el calificativo de grupo, pues no hay ni estructuración, ni distribución de papeles ni interacción entre ellos.

El agrupamiento, ya sea de Latin King, Ñetas o Skin se realiza generalmente en busca del padre-grupo, de sentirse fuerte, de soltar adrenalina. En el 2004, las fuerzas de seguridad identificaron a dos mil miembros de bandas latinas y detuvieron a trescientos.

Hay otros grupos, como los de apoyo a ETA, que requieren de un minucioso estudio para valorar el porcentaje de ideología que los mueve, la proporcionalidad de marginalidad que los sostiene y la parte de malestar personal que se les debe atribuir.

Otros, como los «okupas», cuentan con cierta simpatía o complacencia social, pero son utilizados con facilidad para extender prácticas de guerrilla urbana.

f. *La violencia no nace de la razón, sino que acalla a ésta. La violencia del grupo se potencia de forma geométrica.*

Desde el anonimato, la responsabilidad se diluye. La «presión del grupo» ejerce una fuerza desbocada que hace saltar los «topes inhibitorios». El joven en estos actos se distancia de la víctima, vive el momento como «lúdico», le importan los suyos no el «objeto inerte». Existe una profunda despersonalización.

Es peligrosísimo que desde el analfabetismo emocional, desde la incapacidad para sentir, se perciba que la violencia «sirve», por eso precisa, exige una respuesta inmediata, no violenta, pero sí poderosa e insalvable.

g. *Enquistamiento de la violencia. Medidas para su extinción.*

— *Prevención individual* en cada caso, ¿qué actividades, símbolos tiene el hijo?, por ejemplo qué enseñas, navajas, bates de béisbol, *fanzines*, etc.

Precisamos una policía que prevenga; los estadios de fútbol y otras concentraciones sirven para identificar a jóvenes con actitudes y vestimentas violentas; no se puede subvencionar los viajes de Ultra Sur, etc., que se sienten héroes al llegar a ciudades e ir custodiados por policías.

— *La sanción*. Respecto a la institución judicial, la justicia de Menores avanza con paso dubitativo, porque no define si ha de ser sancionadora, rehabilitadora o protectora de quien entiende. Esta duda permanente es fiel reflejo de la dicotomía social.

Ha de aprovechar el contacto con la infancia para conseguir de ésta un mayor respeto y valoración mediante la participación activa en cuanto le afecte. Y ello desde un criterio científico que atienda a todas sus circunstancias familiares, sociales y personales (historia vivida, motivaciones, intereses...). Una intervención que sea inmediata a los hechos que se le imputan y mínima dentro de lo posible, con garantías, individual, basada en principios mediadores. Donde primen las medidas alternativas, se implique la comunidad y que repare a la víctima. (Algunas, como que un menor que ha agredido brutalmente a un dominicano esté durante un año por las tardes acudiendo a un Centro de Educación Especial, enseñando y ayudando a un deficiente mental, probablemente entendiendo que de los «sub» también se aprende; o pedir perdón a la víctima o realizar una reparación, como la limpieza de los vagones del metro manchados con *grafittys* o la limpieza de parques).

¿Qué ocurre con las bandas? ¿No es verdad que es muy difícil castigar la violencia ejercida por estos individuos porque no se aclaran responsabilidades penales? ¿Qué hacer? ¿Se castiga «solidariamente» a todos? Lo que es perverso e inadmisible, es que, uno por otro, hechos terroríficos queden sin sanción, con lo cual la ciudadanía se siente indefensa.

— *La rehabilitación* conlleva una respuesta individual buscando la modificación de conductas (violentas) mediante la asunción de culpabilidad, de responsabilidad, de intención de cambio; precisa una modificación cognitiva, de percepción, de «auto-localización», por ende son profesionales de la conducta humana quienes han de intervenir para que la sanción no se quede en ser vindicativa, sino efectiva, por respeto a la víctima, por prevención para evitar riesgos a posibles futuros afectados y por recuperar socialmente al agresor.

Con esta filosofía, mucho más eficaz, se podrá ir desjudicializando y desinstitucionalizando a la par que se incrementa el peso de la acción educativa-comunitaria.

Debemos entender y creer que las soluciones con los adolescentes vienen de mano de la respuesta social, no de la punitiva penal. Tenemos que desarrollar la sanción reparadora, implicando a los vecinos. El trabajo en beneficio de la comunidad es una alternativa a un Código Penal que debe utilizarse como última respuesta.

Muchas veces se fracasa clamorosamente, y es un fracaso institucional, pues los niños, tras un expediente de protección, acaban en uno de reforma, mostrando a las claras la incapacidad para romper la profecía autocumplida que desde muy temprano aseguró «será carne de cañón».

Somos todos sin excepción los que con mayor o menor responsabilidad debemos implicarnos en los problemas, que no son individuales aunque hablemos de temas tan particulares como las agresiones o robos dentro de la casa o la fuga de la misma. O de otros protagonizados por aquellos a quienes se llama «ilegales», porque éstos son personas, jóvenes, niños, provenientes del norte de África, sin vínculos, sin horizontes. No juzguemos las conductas, sino sus causas, sus soluciones.

Tipos de adolescentes de los que preocuparse

Algunas tipologías de adolescentes, cuyos trastornos del comportamiento podríamos calificar de «nuevos» son:

a. *Psicopáticos*: son niños que desde muy pequeños aprenden a ser duros, a deshumanizarse, a primar la filosofía de «primero yo y luego yo», a mantener una actitud tiránica, distante, incapaces de empatizar, de mostrar perdón, de transmitir sensibilidad. Con graves errores los iremos convirtiendo en «depredadores sociales», que buscan el nihilismo, hedonismo, el placer momentáneo, presente, individual, saltándose el límite de no dañar o, al menos, la frontera de «no dañar a otro ser humano», es decir, igual que podemos quitar la cabeza a una hormiga para ver qué le ocurre, o matar una mosca (sin sufrir), ellos pueden «rajarte» si no les das la «chupa».

Si se les administran pruebas psicológicas como el test E.P.Q.-J de Eysenck, en ítems tales como «¿Sufrirías si ves un perro que acaba de ser atropellado?» contestan «No». Y si les preguntas «¿Y una persona?», te dicen «Si es vieja, no».

b. También aparecerán niños *huidizos, introvertidos* e indescifrables. Los padres dicen no conocerles, no saber qué piensan, qué les preocupa. Están desconectados mediante cascos de música, se refugian en su cuarto, esconden «cosas» en sus cajones. Son imprevisibles, difíciles de motivar. Son vividos por padres y hermanos como distintos, distantes, como desconocidos alojados en casa.

c. Otro tipo de adolescente que «florece» ante graves fallas educativas es el cien por cien *grupal*, el que vive para los colegas, se activa sólo con ellos. Su comunicación es «indescifrable» para los adultos que no están en «sintonía». A veces estos grupos pueden ser violentos, nocivos, sectarios. Algunos de estos adolescentes pierden su identidad personal, su capacidad crítica, prima el padre-grupo. Los padres y madres pierden «de hecho» la tutela.

d. Hay otro grupo de menores que se convierten en *maltratadores* de hermanos pequeños, de la madre (el padre suele mostrarse desaparecido), jóvenes que gritan, golpean, insultan, por razones nimias «voy a llamar por teléfono y está la vieja, claro la pegué...»; las etiologías son variadas, algunas hunden sus raíces en el aprendizaje del maltrato.

e. Otros muchachos se hacen con nuestra involuntaria ayuda *drogodependientes,* van desde el que consume habitualmente droga de síntesis, busca un euforizante, potenciar el «pico» de subida de adrenalina, hasta el consumidor de alcohol «tipo nórdico» (alta graduación), que mezcla alcoholes; éste busca evadirse en el menor tiempo posible, con el menor gasto posible; los fines de semana consume y huye de sí mismo, su placer está en alejar la consciencia de lo que le rodea. Puede manifestar dos formas de ser antagónicas: de lunes a viernes, normalizado. De viernes a domingo, utilizando la casa como un hotel. Queda alienado.

f. Otros menores que estamos creando son los *«enganchados a»* (el ordenador...), los que se inician en la ludopatía, los compradores compulsivos (los vendedores saben que el niño es el comprador potencial).

g. El adolescente con graves problemas de conducta, en ocasiones (no siempre, ni mucho menos) afecto de enfermedad mental. Muestra fallas en la atención, es en ocasiones hiperquinético, molesta y sorprende por sus conductas a quienes le rodean. Busca el castigo, la sanción. En ocasiones se autoagrede (golpeándose la cabeza contra muebles; con trastornos alimenticios=anorexia/bulimia etc.). Crea graves problemas de convivencia, primordialmente en la escuela. Hemos de reseñar la crónica carencia de plazas de internamiento específicas.

Impregnados por la violencia

De la violencia juvenil se habla y se hablará en el futuro. Pero no se dude, el niño verdugo es víctima de la violencia de los adultos, de los Estados, de la violencia institucional, de la violencia en los vídeos y las televisiones, de una educación errónea y violenta. No debemos sustraer a los jóvenes de sus propias responsabilidades, pero hemos de gritar con fuerza que no existe el asesino nato, que la violencia se aprende, como se aprende a ser altruista.

VIOLENCIA Y TELEVISIÓN

Leía en verano una carta al director, publicada en el diario *ABC*, decía:

«Señor, Vos que sois bueno y protegéis a todos los chicos de la Tierra, quiero pedirte un gran favor: transfórmame en un televisor. Para que mis padres me cuiden como le cuidan a él, para que me miren con el mismo interés con que mi mamá mira su telenovela preferida o papá el noticiero.

»Quiero hablar como algunos animadores, que cuando lo hacen, toda la familia calla para escucharlos con atención y sin interrumpirlos. Quiero sentir sobre mí la preocupación que tienen mis padres cuando la tele se rompe y rápidamente llaman al técnico. Quiero ser televisor para ser el mejor amigo de mis padres y su héroe favorito. Señor, por favor, déjame ser televisor, aunque sea por un día».

Como sentenció Mac Luhan, «el medio es el mensaje». Es más, hemos convertido algunos mensajes de los medios de comunicación en actos de fe.

Se lee poco, se escribe menos, se reflexiona escasamente, vivimos la inmediatez, la superficialidad de la imagen momentánea. La televisión es y puede ser un correcto instrumento al servicio de la educación y el conocimiento del mundo. Es la principal fuente de socialización y educación, que está transformando y generando un nuevo tipo de ser humano, aunque más que socializar y humanizar, desinforma y deshumaniza, moldea día a día nuestras creencias y actitudes y nos hace a su imagen y semejanza. Afecta positiva y negativamente, sobre todo a las personas no formadas.

El problema de la televisión es que puede crear adicción, la sociedad española es «teleadicta» —más en la infancia—, y si no se selecciona se puede ser víctima de su malísima programación: violencia unida a sexo; presión al consumo; zafiedad y sordidez.

En esta sociedad de dejación, la televisión «basura» transmite a los niños actitudes basura. Los medios de comunicación deben propagar acciones y actitudes positivas de personas que pueden y deben ser referencias.

En muchas ocasiones, lo que atrapa la atención no es el contenido sino la acción, por eso no se puede analizar, comprender, sintetizar como un libro.

Cuando el director y presentador de un informativo de una cadena privada de televisión terminaba el noticiario diciendo «Tal como fueron las cosas. Así se las hemos contado», no se ajustaba a la verdad. La televisión no es, no puede ser el notario de la realidad, elige temas, descarta otros, da prioridades... Los productos televisivos están hechos por personas subjetivas, como decía Unamuno al creer que el hombre tiene que ser subjetivo porque es sujeto.

La televisión transmite un mundo ficticio, para bien o para mal. Un estilo de vida, unos valores, unos ideales sobre los cuales nos apoyamos en nuestra vida diaria y basamos muchas de nuestras decisiones y formas de obrar.

La repetición continua de programas no se detiene en la pantalla sino que trasciende. Ocupa charlas y comentarios y no sólo en el hogar, sino que llega a la calle, al trabajo, a la cafetería, al colegio; es motivo de identificación, comparación, los niños imitan a personajes que les atraen o les resultan graciosos. Es decir, tienen los contenidos de la televisión en sus pensamientos, llegando a constituir un proceso de socialización, hasta cierto punto irreal.

Se crea «una cultura» única para todos, con una sola visión de la realidad, la «cultura audiovisual».

Hay un lugar al que no llegan los educadores ni los padres (que también lo son), sólo llega la televisión; por eso los medios de comunicación podrían y deberían servir para un debate profundo sobre el futuro, sobre la vida.

Hay que asociarse para hacer oír la voz sobre lo que se transmite en televisión. Los consumidores de ésta habrían de imponer las reglas del juego, parar la dinámica que desborda toda racionalidad y el sentido del mal gusto que genera la lucha por las audiencias.

Hay que enseñar a ver la televisión con capacidad crítica. Crear niños y jóvenes críticos que se replanteen siempre la realidad, que piensen que no tienen que ser como los demás, y sí como es lógico ser.

Posiblemente la ración continua de violencia que recibe el niño no lo haga violento pero seguro que trivializa la agresividad.

Padres y maestros entienden que la catarata de violencia que emiten los medios de comunicación y, más específicamente, la ingente cascada de imágenes violentas que se visionan en la televisión influyen muy negativamente en las conductas y posicionamientos de los jóvenes. Además se considera que otros contenidos televisivos restan autoridad a padres y tutores. Este criterio no es muy compartido por los jóvenes.

Criticamos a los medios de comunicación, pero les demandamos una ración cada día mayor de sensaciones.

Por eso, en la cultura televisiva, la violencia constituye la regla, no la excepción. Se transmite la peligrosa idealización de la supervivencia y admiración al más fuerte, al más insensible, al educadamente o no depredador. Llegados a este punto, y conscientes de que los medios de comunicación reflejan en gran medida nuestro modelo cultural y nuestro sistema de valores, (hemos de considerar que) son un problema social.

Una vez escuché una parábola que decía más o menos: «Si a una rana la echamos a una olla con agua hirviendo se quemará viva, si la ponemos en una olla con agua fría, nadará, jugueteará, si subimos la temperatura seguirá confiada, pero al final se escaldará». Pues bien, eso puede pasar con nuestros niños; si junto a la violencia real de los adultos (véanse los telediarios) les regalamos unas películas gratuitamente violentas, nocivos dibujos animados, que son el tercer bloque de programas violentos, los insensibilizaremos, banalizarán el uso de la violencia y apreciaremos las fatales consecuencia de ello a medio plazo.

Miren, las empresas gastan en publicidad cifras astronómicas, conocedoras de su influencia en las conductas de las personas y sobre todo de los más pequeños, no cabe discutir la incidencia que sobre éstos necesariamente ha de tener el que por ejemplo durante cualquier semana, y sin salir de casa, puedan ver 770 asesinatos y homicidios, 47 torturas, 28 secuestros, 17 suicidios, 1.200 peleas, múltiples disparos y más de 80 actos que vinculan sexo y violencia.

La agresión con arma de fuego es la más habitual, ya que en uno de cada tres programas con contenido violento se manifiesta. Concuerda con estudios suecos realizados entrevistando a niños, que encuentran que, para éstos, la principal causa de mortalidad humana es recibir un disparo.

Y qué decir de películas que transmiten una justicia vengadora como *Rambo* o *Batman* o del tipo *El muñeco diabólico*.

Pero más grave es el problema de las consecuencias de esa violencia que ven los niños. No existen consecuencias... lo que es aún peor, la violencia es gratificada, posee consecuencias positivas porque el agresor cumple sus objetivos.

El 9,5 por ciento de los programas escenifican violencia, tanto interna de la propia cadena, como de anunciantes externos. Lo que más atrae a la audiencia para que posteriormente vean un programa es anunciarlo escogiendo lo más violento o lo que implique los valores más negativos.

En el pasado, la violencia estaba ligada a la supervivencia, pero en el momento actual lo terrible es que se haya transformado en un espectáculo de consumo.

Los niños desarrollarán valores inadecuados. Se habla de todo y se puede ver todo, que todos puedan elegir y que nada se oculte. Nadie pensó que los niños no tenían ni tienen capacidad crítica plenamente establecida, y les hemos quitado los avisos, los rombos, la protección. Los niños ven sus programas y comprueban que el motor de todo es el dinero, el egoísmo, la satisfacción individual.

Los niños se encuentran en pleno desarrollo emocional y la exposición reiterada a imágenes violentas puede suponer una insensibilidad al sufrimiento y los problemas del ser humano, a empatizar con los demás. Puede perjudicar el desarrollo normal de niños y adolescentes con profundos efectos en la salud mental, física y emocional; de la etapa del desarrollo en que se encuentre dependerá su afectación.

Los niños que hacen uso de la televisión perciben el mundo como un lugar amenazador y peligroso, lo que lleva a actitudes más temerosas y cautelosas frente al entorno real y a un aumento de la ansiedad y la dificultad de distinguir entre realidad y ficción.

En algunos casos, como en los niños con problemas mentales que les impidan separar adecuadamente la realidad de la ficción, lo que ocurre es que se produce el denominado «efecto disparador», donde la televisión es fundamental para repetir una conducta; son éstos los que, tras ver cómo un niño golpea a otro, ellos también golpean.

La exposición a formas violentas de resolución de conflictos, si no va acompañada de una crítica positiva y la presentación de modelos alternativos de diálogo y acuerdos, puede derivar en una capacidad de respuesta muy limitada y negativa ante los problemas y situaciones que se le presenten a lo largo de su vida.

Sin embargo, es la falta de supervisión de padres y tutores lo que permite que haya niños con una exposición a la violencia visual extrema.

Se culpabiliza mucho a los medios de comunicación desplazando responsabilidades, cuando un gran número de personas hallan la violencia atractiva. Violencia es el disfrute de su contemplación. A veces la televisión es ese ojo voyeurista que nos permite entrar en las tragedias de los otros, que nos aproxima la sangre, los celos; eso explica el éxito de los sensibleros y morbosos *reality-shows*.

La violencia existe en la sociedad y la televisión no sólo la refleja sino que incluso la agranda. Parece que el ser humano tiene una atracción hacia las informaciones morbosas y que expresan la maldad de los hombres. La bondad del hombre, sus valores también existen y debieran proliferar en la TV, tanto como las muestras de agresividad.

Los medios de comunicación son mediadores de la realidad, conformadores de la misma, son imprescindibles, necesarios, en ocasiones pedagógicos y preventivos, pero también han de controlar sus contenidos (si al menos las televisiones cumplieran con la normativa existente...).

Nada más lejos que exorcizar unos canales tan útiles de comunicación, muy al contrario, utilícense para mostrar lo positivo del género humano y como sutura de las heridas que sus miembros a veces se infringen.

JÓVENES Y VIDEOJUEGOS

Pareciera que los videojuegos se han convertido en un símbolo de diferenciación generacional.

Son utilizados sólo por niños, adolescentes y jóvenes, sin que se produzca casi ningún tipo de control por parte de los adultos, la mayoría de los cuales desconoce el manejo (y por tanto el contenido) de dichos videojuegos, por lo que no pueden hacer una labor de control sobre los mismos. Además de no estar informados, no controlan las copias piratas que manejan sus hijos.

En menos de dos décadas todos los padres de adolescentes habrán estado en contacto con los videojuegos. ¿Algo cambiará?

Los videojuegos son un «gran deseo» entre los 7 y los 9 años. La de 12 años, es la edad fronteriza entre la visualización de los programas infantiles en la televisión y la inmersión en los videojuegos de acción. Conforman una parte importante del ocio en el modelo preadolescente, y a los 16 años ya interesan poco.

Sus jugadores son en un 60 por ciento adolescentes y jóvenes, siendo usuarios habituales, junto a los preadolescentes, de los de acción violenta. El carácter lúdico y divertido que la violencia tiene para muchos jóvenes, especialmente los chicos, se ha convertido en una de las formas de entretenimiento promovida por los medios de comunicación.

El 25 por ciento de los adolescentes juega casi todos los días, y algunos de ellos emplean más de dos horas diarias. Su uso compulsivo genera una gran dependencia. Los videojuegos más elegidos son: deporte, aventura, disparo, lucha, simuladores, de plataforma y de rol. Los videojuegos violentos ofrecen una violencia interactiva y buscan el detalle morboso.

Las revistas reproducen artículos sobre «los juegos más violentos» con criterios estándar de tipo: «cantidad de sangre», «detalles macabros», «presencia de elementos sexuales», «grado de justificación de la acción», «frecuencia de acciones violentas». Suficiente mala reputación para incrementar las ventas. Son tan importantes como los propios videojuegos ya que en las mismas se informa de las novedades, los trucos, interpretan el discurso ideológico que subyace, aparte de demostrar que el sector se mueve casi exclusivamente alrededor de los juegos de acción que reflejan guerras, conflictos y acciones asociadas.

Los juegos recurren a historias que en apariencia no tienen ideología, pero que manipulan los sentimientos y, sobre todo, las sensaciones, incluyendo gran cantidad de agresividad que en muchas ocasiones es violencia innecesaria y extrema, soluciones fáciles a los conflictos interpersonales, exaltación de valores antidemocráticos, sexismo... todo aquello que puede hacer que los adolescentes se sientan distintos al resto de la sociedad, de los adultos.

No hay publicidad sobre los videojuegos porque los adultos se escandalizarían y algunos tomarían medidas para evitárselos a sus hijos.

Son juegos marcadamente machistas. De carácter sexista, presentan protagonistas femeninas que conservan una estética de orientación sexual tendente al erotismo y, por supuesto, el militarismo. Las heroínas deben ser protegidas y en muchos casos son el trofeo del ganador.

Hay que evitar los videojuegos de contenido violento, sexista, racista... e incluir algunos de tipo directamente educativo, sin excluir por ello otros de puro esparcimiento.

Aunque parece un juego solitario, un 5 por ciento se desarrollan en red y un 60 por ciento entre amigos. Son un elemento para la socialización entre iguales, porque hay intercambio tanto de juegos como de informaciones, se producen redes de interrelación amplias y los adolescentes se hacen más empáticos y sociables entre sí.

Se detecta que los jóvenes que tienen peores relaciones familiares juegan más y, en soledad, los juegos les provocan problemas. Se podría decir que ocupan el tiempo y lugar del hermano con el que jugar y pelearse.

Hemos de minimizar los riesgos potenciales y valorar los usos positivos. Los videojuegos pueden incitar a la violencia pero también ser un instrumento educativo de primer orden ya que permiten adquirir destrezas y pueden ser utilizados para el aprendizaje e incluso interiorizar actitudes y valores positivos. Que sean una cosa u otra depende de las prácticas sociales.

MÚSICA QUE ESCUCHAN LOS ADOLESCENTES

Algunos padres se preocupan por las letras de canciones que reivindican la transgresión; por estilos musicales que incitan a la violencia, al riesgo, al amor a lo oculto, lo tanático; por guiños al consumo de drogas o directamente a su exaltación.

No les falta razón, pues si bien la música no es necesariamente determinante de algunas conductas disruptivas o disociales, sí suele ser un complemento de las mismas.

El problema nace y se instaura cuando el adolescente se hace sectario, se fanatiza con una música agresiva (en su ritmo y/o mensaje), cuando viste y se ratifica en esas letras, en esa actitud vital. Debemos respetar los gustos musicales (a ser posible amplios), pero hemos de impedir que se encierren en un mundo reduccionista, reiterado, machacón. Eduquémosles desde corta edad; que en el hogar se escuche música clásica, baladas, jazz... armonía. Escuchar música presupone saber disfrutar del silencio y respetar a los demás con el volumen de emisión. Buenos son los «cascos», pero para una utilización moderada, no recurrente, aislacionista y dañina para el cerebro, las emociones y el umbral de audición del adolescente.

IMAGEN DE LOS ADOLESCENTES

Es propio y aun saludable que los niños, y sobre todo los adolescentes, busquen códigos de identificación (lenguaje, vestimentas, tipo de música...) con su grupo de referencia y un *look* reivindicativo.

Siempre ha habido modas en la forma de vestir, de peinarse, teñirse, de calzarse, incluso las hay de cómo tatuarse o ponerse un *piercing*. A veces esto irrita a los padres. Sólo si la imagen exterior es impropia o marcadamente identificativa de sectas, creencias fanáticas o de riesgo (por resultar un agravio para otros o porque inducen a conductas tanáticas...) hemos de intervenir limitando lo que sería una equívoca libertad.

JUEGOS DE ROL

Sólo nombrarlos presagian riesgos y ello porque en la conciencia colectiva queda el eco de algunos trágicos hechos que fueron transmitidos por los medios de comunicación.

Categóricamente (y por las investigaciones realizadas) podemos aseverar que los juegos de rol como tal, son neutros e inofensivos. El riesgo se hace cierto cuando se utilizan en exceso y, desde desequilibrios emocionales, se busca derivarlos a la vida real. El problema nace del riesgo de sectarismo que puede enganchar a niños y adolescentes, de la desvinculación con el entorno, de la presión del grupo.

Hay muy distintos juegos de rol, de asunción de papeles, donde los niños (y menos niños) se proyectan en personajes con los que desarrollan su imaginación y ponen a prueba sus capacidades. Es más, puede tratarse de escenarios donde los niños plasmen sus conflictos internos y tomen conciencia de ellos. No puede negarse que pueden servir como fuente de aprendizaje de socialización a través de un sistema de normas.

En la exaltación incompatible con otras relaciones y actividades, en la asunción de reglas muy rígidas, en el intento de llevar a la vida real lo que es un juego, en psicopatologías previas hay un riesgo innegable, pero no achacable específicamente al juego de rol.

DUREZA EMOCIONAL PREMATURA

Recuerdo y recuerdo muchas veces la respuesta ya impacientada de aquel adolescente que había arrojado a un muchacho sordomudo a las vías del metro «Le he tirado, sí ¿y qué?». (La «causa justificativa»: no le entregó el monopatín que le quería sustraer).

O la de aquel niño de 12 años que al llegar al Centro de Reforma por haber matado ese día a una panadera y tras espetarme: «A ver, psicólogo, pregúnteme pronto porque me pienso fugar», se explicó diciendo: «Joder, entro a robarla con el cuchillo y se me pone chula, toma, claro, se lo clavé».

No menos impactante fue aquel otro niño también de sólo 12 años que cuestionado sobre cómo es que había violado a una nena de tan sólo 8 contestó: «Porque es puta». O aquel imberbe que me adiestró: «No sabe lo que se siente cuando le pateas y revientas la cara a uno que está en el suelo».

Qué decir de aquel muchacho racista que deseaba «ser médico de mayor», pero que argumentaba: «A los homosexuales hay que mandarlos a una isla pues transmiten enfermedades, a las prostitutas a otra por lo mismo, los negros a su país porque nos quitan trabajo», y, preguntado por los judíos, concluyó con su particular coherencia y honda convicción: «Hay que matarlos, no tienen patria».

Hay quien con cara de ángel, de niño (la suya, la propia de su edad) te explica «para montar bronca, para pasarlo bien, pegamos al primer "pringao"».

Otros justifican su brutal agresión a su madre con lindezas del tipo: «no me da todo el dinero que necesito, pues que venda la casa». Por ir terminando con la descripción de tipologías están los que golpean con las manos, con puños americanos, con un bate, o pinchan con un estilete, o navaja —mariposa—, «porque me miró mal» o «me dio el punto, me dio la vena» o «queríamos divertirnos».

Son casos puntuales. Claro que son los menos. No deseamos crear alarma social, pues la misma conlleva menos tolerancia en la comunidad. Pero no nos confundamos, no tergiversemos la realidad. Esta sociedad está haciendo, está fabricando, niños (no siempre menores, jóvenes o adolescentes), niños muy duros emocionalmente, niños que se nos disparan en psicopatía, niños a los que la violencia les produce placer, niños que sienten y quieren vivenciar la violencia en estado puro.

Cada vez su edad es más corta, su extracción social más variable y además las niñas se van implicando en estas acciones que entendemos irracionales, que calificamos de gratuitas (porque buscamos una motivación no endogámica y cortocircuitada), que muy erróneamente adjetivamos de inhumanas. Cuando los medios de comunicación se enteran de un suceso lo magnifican, su eco (a veces) amplifica la gravedad. Sin embargo, los periodistas son conocedores de pocos de estos casos y publican y emiten aún menos. No somos conscientes de la puntual pero inaudita brutalidad infantil.

Lo constatable es que proliferan los nuevos «entretenimientos»: desde disparar con perdigones a viandantes o con piedras a trenes o vehículos, a conducir motocicletas en sentido contrario, agredir a profesores, lanzar «cócteles» explosivos (de aguarrás y papel plata) contra jefaturas de Policía, quemar coches aparcados, atar a los árboles, vejar (hacer beber orines) o imponer «multas» a niños aún más pequeños si desean evitar represalias (al más puro estilo mafioso). Hay una violencia contra «los otros», los que «son distintos», una violencia distante, desproporcionada y espasmódica (se llega a grabar las palizas a mendigos e indigentes).

Y, lo que es peor, hay una falta de responsabilización y de valoración de la gravedad de sus conductas. Si es una violación en grupo aducen «no se quejaba, yo creo que le gustó, o fue un juego». Si un linchamiento, la respuesta es «se lo merecía, se lo había buscado» o «no la pegué, sólo fui a verlo».

¡Atención!, muchos padres, los más, argumentan, justifican a sus hijos, minimizan sus conductas, ejercen de erróneos abogados a ultranza.

En conclusión, la violencia de jóvenes prolifera (en el año 2004 se detuvieron según fuentes del Ministerio de Justicia e Interior en España aproximadamente a 34.000 menores de 18 años —no quiere esto decir que todas las infracciones fueran de etiología violenta). Pero cada día son más y más graves los actos violentos de adolescentes y niños.

Vemos niños sin respeto, «No admito órdenes de nadie», absolutamente amorales, hedonistas y nihilistas en los que prima el principio de «primero yo y luego yo», que se muestran fríos, que han aprendido que la violencia física y verbal sirve, que con ella se consigue el objetivo, se obtiene poder, «a mí me respetan», «cuando yo miro los demás bajan los ojos».

El odio puede ser genérico y con proyección de futuro, «algún día el mundo sabrá de mí».

Cuando la dureza emocional se propaga y alcanza a los más pequeños, estamos ante una enfermedad social. Si valoramos el problema como de personas individuales y lo explicamos en ellas mismas, por sus características, genoma o configuración (el sustrato de las teorías lombrosianas sigue vigente), estaremos equivocando el diagnóstico y por tanto la posibilidad de tratamiento. No hay niños violentos por naturaleza, de ser así, por mutaciones genéticas, nacerían con armas. La violencia se aprende; una sociedad de adultos violentos conforma unos descendientes que también lo son.

Dentro de esta epidemia de la que hoy somos conscientes, pues lo único que ha cambiado es que en el inicio del tercer milenio nuestra aldea global se comunica con profusión (lo que no aleja, muy al contrario, la soledad individual), pues bien, como argumentábamos esta enfermedad de transmisión que es la violencia, cuyo abordaje terapéutico sería la higiene mental colectiva, encuentra reductos (núcleos familiares) donde no se propaga y ello gracias a una eficaz vacuna cual es el tipo de educación y de interrelación que en la misma se practica.

Desengañémonos, el «barro» con el que estamos hechos es el mismo, lo que nos diferencia es el molde que nos da forma (que nos con-forma). Y es que, como dijo Demóstenes: «Se piensa como se vive». Si alguien no ha sido amado, ¿cómo va a amar? Si un niño crece entre maldad, obrará de adulto de forma criminal con total naturalidad.

Acertó Concepción Arenal al proclamar: «La sociedad paga muy caro el abandono en que deja a sus hijos, como todos los padres que no educan a los suyos». Es constatable en el día a día que según se educa a los hijos hoy, mañana serán un premio o un castigo para padres y comunidad.

Y es que un «mal viento», una desatención prolongada, un continuado mal ejemplo despeña el futuro de un niño.

Creo en la responsabilidad de los tutores y específicamente de los padres. Un padre es quien cuida a su hijo, quien le adora, quien le forma (no sólo informa), no aquel que aporta el esperma (o la sangre), ni aun su hábitat durante nueve meses. ¿Qué humanidad estamos construyendo, que algunos niños agreden a la madre que los parió, que les dio de mamar, que los tapó en su cuna y abrazó contra su cuerpo?

¿Qué fallos educativos de base propician expresiones como «No puedo con mi hijo (7 años)», «El enemigo número 1: mi hijo» o «Tengo miedo a mi hijo».

Vemos las espinas de esta sociedad, pero realmente la conjunción de todas las personas es un rosal. Debiéramos aprender a valorar lo bello, a aplaudir la virtud, la entrega, la honestidad, la sinceridad, la honradez, más que cebarnos en intentar podar las bajezas humanas. Las personas hemos de comunicarnos y entrar en contacto, sin miedo a mostrar los sentimientos y las emociones, con mensajeros tan elocuentes como las lágrimas y tan luminosos como la sonrisa.

Hemos de erradicar nuestros miedos e inseguridades que nos hacen hostiles, pues ponemos fácilmente en práctica el consejo de «la mejor defensa es un buen ataque».

Un proverbio alemán lapidariamente dice: el enano ve gigantes por todas partes. Tenemos que ser valientes, de lo contrario nos crecerán los tiranos, y coherentes, con unas metas que alcanzar, donde no prime un capitalismo-depredador que ensalce la supremacía del yo, que aúpe al cajón de los vencedores a los más psicopáticos (con formas y trato evolucionado y sofisticado, pero con fondo despiadado y profundamente narcisista), que enseñe a usar y tirar, a dejar en la cuneta a los incapaces, a los no competitivos. Vamos muy rápido, como aquel caballo que desmontó a su jinete y avanza frenético pero sin rumbo.

Sin utopía, sin ilusiones, sin razones, sólo queda la acción muchas veces violenta, y eso quizás nuestros pequeños no lo comprenden pero sí lo captan.

El fracaso en el aprendizaje prosocial hunde sus raíces en la incorrecta o nula enseñanza. Niños que cometen hechos deleznables no lo hacen por odio sino por carencia de ajuste social, por estar huérfanos de valores, de criterios, por adolecer de evolución moral. Hay niños famélicos que socialmente han padecido una dieta donde se les ha suministrado derecho a exigir, a dictar, a ser individualistas, a centrarse en sus intereses y se ha olvidado de administrarles el derecho a ser condescendientes y generosos, a saber esperar, a aceptar frustraciones y diferir gratificaciones, a ser tolerantes y solidarios, a pensar en los otros, en el prójimo.

Seamos conscientes de que educamos erróneamente para vivir en sociedad. Hay quien se posiciona desde el «dejar hacer» (considero que es el peor sistema); los hay que relatan «me salió así» (como si de espárragos se tratara); los que no conocen al hijo (cómo piensa, con quién pasa los fines de semana; es más, no saben definirlo o decir una cosa positiva de él); los que jamás han dicho «No»; los que no saben hacerse respetar e impiden que se respete a profesores y otros ciudadanos; los que muestran una relación gélida y utilizan la palabra como florete y el mediador verbal como esgrima; los que quieren ver en sus hijos puras «esponjas de conocimiento» sin otros horizontes.

Oímos a menudo «es tan difícil educar» y pienso: más mérito tiene educar tan mal, ¡qué falta de amor, dedicación, esfuerzo, coherencia!

Se argumentará: «Esta sociedad es muy compleja, no sabe la presión de su grupo de amigos, en los medios de comunicación hay una cascada de violencia y sexo [muchas veces inseparablemente unidos], hay droga...». Es cierto, ¿quién lo niega? Pero, ¿por qué hay niños-familia-contexto sanos?

«Juan Gaviota descubrió que el aburrimiento y el miedo y la ira, son las razones por las que la vida de una gaviota es tan corta y al desaparecer aquellas de su pensamiento, tuvo por cierto una vida larga y buena». (Richard Bach, *Juan Salvador Gaviota.)*

Todos vivimos en un entorno duro, agresivo; desde Caperucita o los tres cerditos hasta quien dispara indiscriminadamente contra la muchedumbre, vemos violencia. Hay conductas, actitudes emocionalmente hibernadas, otras son trágicamente surrealistas.

Vemos muchas armas, mucha protección privada y, en un combinado peligroso, mucho aburrimiento (vagancia conductual, cognitiva e imaginativa); un alto absentismo de la figura del padre (una inhibición y dejación alarmantes); un fracaso escolar prematuro; un grupo de iguales (de referencia) idéntico (si es duro, sólo se relaciona con otros «impenetrables»); un vandalismo creciente.

Quizás la ciencia del futuro ya casi presente nos demostrará que los jóvenes duros, violentos, tienen alteraciones en sus conexiones cerebrales y concluiremos que ésa es la causa de su obrar. No lo crean, la etiología es la educación (la nefasta educación), el entorno (injusto, inmisericorde, insensible). Estos hediondos aprendizajes conforman una forma de comportarse y quizás acaban dejando su mensaje purulento en la química del cerebro de esos niños, víctimas de una realidad que ha perturbado su rostro durmiente que es un mensaje de paz.

VACUNA ANTIVIOLENCIA

Vacunemos a nuestros hijos contra la violencia desde la cuna. Aquí van algunas pistas.

Dotemos a los hijos de seguridad y cariño constante, haciéndoles sentir miembros partícipes de una familia unida y funcionalmente correcta, escuchándoles activamente, valorando sus aspectos positivos, participando en su desarrollo. Eduquémosles en sus derechos y deberes, siendo tolerantes, soslayando el lema «dejar hacer», marcando reglas, ejerciendo control y, ocasionalmente, diciendo NO. Ambos padres, de forma coherente, se han de implicar en la formación, erradicando los castigos físicos y psíquicos, consiguiendo respeto, apoyando la autoridad de maestros y otros ciudadanos cuando en defensa de la convivencia reprendan a sus hijos.

Instauremos un modelo de ética, utilizando el razonamiento, la capacidad crítica y la explicitación de las consecuencias que la propia conducta tendrá para los demás. Propiciemos que el niño se sienta responsable de lo que le ocurra en su vida, evitando mecanismos defensivos. Potenciemos su autoestima, su evolución, la capacidad para ponerse en el lugar del otro. Fomentemos la voluntad, el esfuerzo, la búsqueda del conocimiento y el equilibrio, la ilusión por la vida. Acrecentemos su capacidad de diferir las gratificaciones, de tolerar frustraciones, de controlar los impulsos, de relacionarse con los demás. Fomentemos la reflexión como contrapeso a la acción, la correcta toma de perspectiva y la deseabilidad social.

El contexto social debería ayudar a que las familias mantengan una estructura equilibrada, reduciendo los desajustes, rechazando que los progenitores se hagan copartícipes de «chantajes», se conviertan en «cajeros automáticos» o, por el contrario, usen a sus hijos como arma arrojadiza contra el otro progenitor.

Hay que educar al educador (a quien educa) mediante escuelas de padres, campañas en los medios de comunicación, etc. (Por ejemplo, mi libro *Escuela práctica para padres* se emitirá por TVE2 en distintos capítulos del programa *La aventura del saber*).

Hace falta más imaginación para educar en el ocio, eludiendo el aburrimiento, el «usar y tirar», la televisión como «canguro». Ayudémosles a buscar sensaciones nuevas, incentivando la curiosidad por la tecnología y la naturaleza.

La experiencia escolar debiera preparar a los niños para el mundo real y formarles para el acceso al trabajo, dando una respuesta individualizada y motivadora. El grupo de amigos no ha de ser un «padre sustitutorio», deberíamos saber quiénes lo componen y si sus intereses son los propios de su edad.

El cuerpo social debería aumentar su fuerza moral, acabando con el etiquetaje indiscriminado: «ésos son psicópatas, producto de una aberración genética»; la hipocresía: «pobre niño», de forma genérica; «a la cárcel», cuando roban mi móvil, y la atonía, al delegar el problema en el Gobierno y la policía.

Prevengamos (lo más económico), reduciendo los factores de riesgo y aumentando los de protección, preocupándonos no sólo por el menor que es, sino por el que está en riesgo social. Erradicar el niño-producto comercial, al que vender alcohol o usar en la mendicidad. Denunciar la violencia que esta sociedad fomenta. Insertar a los jóvenes y sus ideas en la sociedad. Impulsar los derechos del niño. Desarrollar una tupida red de recursos sociales. Fomentar una política urbanística ecológica... La vacuna contra la delincuencia infantil, es, en fin, prevención, amor y salud psicológica social, pues, como dijo Pitágoras: «Educad a los niños y no será necesario castigar a los hombres».

Permítanme elaborar la «receta» de la vacuna antiviolencia:

1. Se pone atención al niño desde antes de que nazca (es el producto, de su calidad va a depender el resultado).
2. Se le quiere (se le besa con-tacto, se le escucha, se le hace partícipe).

3. Igual que se vigila una cazuelica y se mueve, se le va dando autonomía y libertad (desde la tutela).

4. Se adereza con unas gotitas de buen humor, capacidad autocrítica y autocontrol.

5. Se va ligando «la salsa» de la socialización del conocimiento al «otro», del respeto a toda persona, animal, planta, objeto, de la aceptación de lo distinto. Se erradica el riesgo de la anestesia ante el dolor ajeno.

6. Se añade capacidad para aceptar frustraciones, para diferir gratificaciones.

7. Se retira «del fuego», para que se oxigene con buenos libros, pintura, teatro. Para que admire y disfrute de la naturaleza, los animales, para que desde pequeño haga deporte y se apunte a grupos (campamentos, etc.) que despierten la solidaridad.

8. Se prueba y sazona (decir en algún momento No).

9. Se adorna con posibilidades para que sea solidario (inclusión en ONG), para que reflexione en cuál es la razón de la vida.

10. Se presenta en sociedad valorando su autoestima, recalcando que es y se siente útil.

11. Se sirve en una fuente social donde prevalezca la higiene mental colectiva. Con unas pinzas de prevención o, lo que es igual, de educación. Educación que es de calado lento, de generación en generación.

ÚLTIMAS REFLEXIONES

En algunos momentos, la vida duele. La cartografía del dolor nos muestra las bofetadas verbales, las relaciones tormentosas, la esgrima verbal, el pugilato psicológico, el escupitajo filial.

Tortuosas formas de contacto, donde el silencio habla. Claroscuros del ser humano.

Y es que, mayoritariamente, no nos llegan a servicios sociales, gabinetes psicológicos y fiscalías de menores padres que quieran quitarse de encima sus responsabilidades, sino desesperados que viven en el ojo del huracán una situación angustiosa y que han llegado al límite de aguante.

No lo olvide quien nos ha acompañado con la lectura de este libro «si algo no cambia en el alma humana, desde la más corta edad, es la lucha por el poder».

Por ende, ser «demócratas» no quiere decir hacer lo que los hijos deseen, no contradecirlos... Un sistema educativo no intervencionista no es un sistema educativo.

Hay que actuar con energía, decisión y suavidad. No ha de aceptarse el chantaje al amor de madre ni la rebelión en el nido.

Un día, el que fue primer Defensor del Pueblo, don Joaquín Ruiz Giménez me presentó como primer Defensor del Menor y mirando hacia atrás comentó: «En mi época contaban que estando comiendo un hijo, dijo: ¡Padre! Y éste le hizo callar. Al acabar la comida el padre le dijo: ¿Qué querías hijo? Y éste le contestó: Es tarde, quería decirte que tenías una mosca en la cuchara».

Ciertamente a los hijos hay que escucharlos, transmitirles amor, seguridad, presente y futuro. Junto a ello, y cuando el niño sepa que su actitud o conducta merecen reprensión o sanción, ésta debe aplicarse cuanto antes.

En la vida, en la educación, hay un cierto paralelismo con las alcachofas, para llegar a lo dulce hay que quitar o comerse las cáscaras amargas.

Si usted ha sufrido mucho con la educación de su/s hijo/s, póngase en marcha, permítase unas carcajadas como terapia expectora de miserias y perdone. Porque un débil puede luchar y hasta vencer, pero nunca puede perdonar.

Si está en el trance de las dificultades, desasosiegos y disgustos, lleve a efecto lo aconsejado en este libro, no se arrincone, no se calle, no se aísle, pida ayuda y alargue el brazo ante la mano tendida. No deje pasar ni un día. La tiranía se combate aquí y ahora. No se quede atrapado/a por su hijo.

Si va a ser madre o padre, o piensa serlo, mire hacia delante con confianza, con profunda alegría, disfrute, porque educar no es fácil, pero es la más bella labor que realizamos como humanos.

Capítulo 8

Derechos y responsabilidades de los menores

La mayoría de edad se alcanza al cumplir los 18 años. Los menores están sujetos a la patria potestad de sus padres hasta que alcanzan la mayoría de edad o se emancipen. Los menores no tienen plena capacidad de obrar y su representación legal corresponde a los padres o tutor.

DERECHOS Y OBLIGACIONES DE PADRES E HIJOS

La patria potestad supone un conjunto de derechos y deberes por parte de padres e hijos.

Los hijos deben:

— Obedecer a los padres mientras permanezcan bajo su potestad y respetarlos siempre.

— Vivir con ellos, no pueden abandonar la vivienda familiar sin el permiso de sus padres (salvo internados o viajes de estudios).

— Contribuir según sus posibilidades y de modo equitativo al levantamiento de las cargas familiares.

Tienen derecho a relacionarse con los parientes y allegados, salvo que exista justa causa y han de ser escuchados.

Los progenitores tienen derecho:

— A acudir al juez cuando necesiten ayuda derivada del ejercicio de su potestad.

— A relacionarse con sus hijos menores, aunque no ostenten la guarda y custodia de modo habitual; para ello se establece el régimen de visitas.

También tienen deberes y facultades:

— Velar por ellos.

— Tenerlos en su compañía.

— Alimentarlos, educarlos y darles una educación integral.

— Representarles y administrar sus bienes.

Si los padres incumplen sus obligaciones y los hijos son objeto de desatención o malos tratos, cualquier persona que tenga conocimiento de tal situación puede denunciar el hecho en los Juzgados y Fiscalías de Menores, en el juzgado de guardia o en la comisaría de policía. (Artículo 13.1 de la LO 1/1996: «Toda persona o autoridad, y especialmente aquellos que por su profesión o función detecten una situación de riesgo o posible desamparo de un menor, lo comunicarán a la autoridad o sus agentes más próximos, sin perjuicio de prestarle el auxilio inmediato que precise). En las situaciones de desamparo, se produce un incumplimiento o imposible o inadecuado ejercicio de los deberes de protección establecidos por las leyes para la guarda de los menores, al estar privados de la necesaria asistencia moral o material. La intervención se concreta en la asunción por la entidad pública de la tutela del menor y la consiguiente suspensión de la patria potestad o tutela ordinaria.

La entidad pública podrá asumir la guarda en los casos en que los padres o tutores no puedan cuidar de un menor o cuando así lo acuerde el juez en los casos que legalmente proceda.

La patria potestad se extingue:

— Por emancipación del hijo (mayoría de edad, matrimonio del menor, concesión de quien ejerce la patria potestad, concesión judicial, y por vida independiente).
— Por muerte o declaración de fallecimiento de los padres o hijos.
— Por adopción del hijo.

LA ADMINISTRACIÓN DE LOS BIENES DE LOS HIJOS

Los hijos pueden ser propietarios de bienes adquiridos a título gratuito (donación, sucesión), oneroso y los conseguidos por su trabajo o industria.

Los padres tienen la potestad y obligación de administrar los bienes de los hijos sometidos a patria potestad, salvo:

— Bienes adquiridos por título gratuito cuando el que los hubiese concedido lo ordene de manera expresa.
— Bienes adquiridos por sucesión en que el padre, la madre o ambos hubieran sido desheredados de forma justa, o no pudieran heredar por causa de indignidad.

— Bienes que el hijo mayor de 16 años hubiera adquirido con su trabajo o industria. Los actos de administración ordinaria se realizarán por el propio hijo, siendo necesario el consentimiento de los padres para actos que excedan de dicha administración ordinaria.

Los frutos de sus bienes y lo que adquiera con su trabajo o industria, pertenecen al menor. En consonancia con la obligación de contribuir al levantamiento de las cargas familiares los padres que vivan con el menor (o uno solo de ellos) podrán destinar una cantidad de estos bienes para ese fin. Para ello se le entregarán a los padres, en la medida adecuada, los frutos de los bienes que ellos no administren, salvo los bienes de las dos primeras excepciones y los donados para su educación.

No podrán renunciar a los derechos de que los hijos sean titulares, ni enajenar (vender), gravar (hipotecar...) sus bienes si no es por causas justificadas de utilidad o necesidad y previa autorización del juez, salvo que el menor con 16 años consienta en documento público, y si se produce una enajenación de valores mobiliarios cuyo importe se revierta en bienes o valores seguros.

Herencias

Para ser heredero no se requiere capacidad alguna. La aceptación de la sucesión del menor se hará con el consentimiento de un representante legal.

Para testar se debe ser mayor de 14 años y tener suficiente juicio.

REPRESENTACIÓN LEGAL DE LOS HIJOS

Es una facultad amplia (actos judiciales y otros) y conjunta de los padres que tienen la patria potestad de los hijos no emancipados.

No se ejercerá la representación en los:

— Actos relativos a los derechos de la personalidad (autor...), o algunos actos de administración que pueda efectuar el hijo por sí mismo conforme a la ley y por sus condiciones de madurez.
— Actos en que exista conflicto de intereses entre los padres y el hijo (nombrándose un defensor que le represente al efecto). Si el conflicto de intereses existiera con un solo progenitor, corresponde al otro representar al menor o completar su capacidad.
— Actos sobre bienes que están excluidos de la administración de los padres.

En todo caso se requiere el consentimiento del hijo si tuviere suficiente juicio en los casos de celebración de contratos que obliguen al propio hijo a la realización de prestaciones personales.

Procesos judiciales

La Ley Orgánica 1/996 de Protección Jurídica del Menor regula en su art. 9 el derecho a ser oído. Los «menores de 12 años» deberán ser oídos, tanto en el ámbito familiar como en cualquier procedimiento administrativo o judicial (adopción, nulidad y divorcio) en que estén directamente implicados y que conduzca a una decisión que afecte a su esfera personal, familiar o social. Ejercerá este derecho por sí mismo o a través de la persona que designe para que le represente cuando tenga suficiente juicio. Los «mayores de 12 años» prestarán su consentimiento en los casos de acogimiento (art. 173 Código Civil) y adopción (art. 177 Código Civil). En los procedimientos matrimoniales, serán oídos siempre.

La obligación de denunciar no comprenderá a los impúberes (la doctrina entiende menores de 14 años). Los menores pueden ser testigos en el proceso penal.

Responsabilidad penal

Responden los padres de familia, incluso penalmente, cuando los hijos se embriagan por su estado de descuido o abandono, cuando asisten a lugares en los que puede padecer su moralidad, o cuando mendigan, vagan o pernoctan en lugares públicos.

La plena responsabilidad penal se adquiere al cumplir los 18 años. Desde los 14 se juzga a los jóvenes con la Ley de Responsabilidad Penal del Menor 5/2000.

Responsabilidad por daños

De los daños causados por los menores que estén bajo su autoridad y vivan en su compañía, responden los padres o tutores, en su caso.

Los maestros responden respecto a los causados por sus alumnos, mientras permanezcan bajo su custodia.

En ambos supuestos si demuestran que actuaron con diligencia para evitar el daño quedarán eximidos de responsabilidad.

DERECHO A LA INFORMACIÓN SANITARIA

Si el paciente es menor de edad o incapaz, la información médica (ante cualquier actuación) se le ha de transmitir de forma oral y comprensible. Si el médico estima que el paciente carece de capacidad para entender la información a causa de su estado físico o psíquico, la información se pondrá en conocimiento de las personas vinculadas al paciente por razones familiares o de hecho. La información debe abarcar lo que esté disponible acerca de la actuación sanitaria y, como mínimo, debe comprender la finalidad y naturaleza de la intervención, sus riesgos y consecuencias.

Necesidad de consentimiento del paciente

Se precisa en toda actuación del ámbito de la salud: preventiva, de diagnóstico, terapéutica, rehabilitadora o de investigación. Será verbal, salvo en los siguientes casos (que será escrita): intervención quirúrgica, procedimientos diagnósticos y terapéuticos invasores. Los actos médicos que supongan riesgos de previsible y notoria repercusión negativa para el paciente.

El consentimiento lo otorga el paciente personalmente, aunque sea menor (siempre que sea capaz de comprender el alcance de la intervención, lo que valorará el facultativo auxiliado por expertos). En todo caso, esta capacidad se presupone y obliga a obtener el consentimiento del paciente, si cuenta al menos con 16 años o es menor emancipado.

Por las circunstancias personales del paciente que a continuación se describen es posible sustituir su consentimiento:

1.º Cuando el médico considere que el paciente no es capaz de tomar decisiones por su estado físico o psíquico. El consentimiento debe prestarse entonces por el representante legal y en su defecto por las personas vinculadas al paciente por razones familiares o de hecho.

2.º Cuando el paciente esté incapacitado legalmente. En este caso el consentimiento debe darlo el tutor o representante legal. De no existir éste, debe obtenerse autorización judicial (la autorización judicial es obligada en todos los casos, si se trata de internamiento no voluntario en un centro psiquiátrico).

3.º Cuando se trate de un menor no emancipado o con menos de 16 años sin capacidad para comprender el alcance de la intervención. En este supuesto el consentimiento debe darlo el representante legal (padres o tutor), pero después de haber escuchado su opinión si tiene 12 años cumplidos.

Si se trata de actuaciones de grave riesgo, según el criterio del facultativo, que afecten a cualquier menor, los padres serán informados y su opinión tenida en cuenta para la toma de la decisión correspondiente.

Por razón de las circunstancias de la actuación sanitaria: interrupción voluntaria del embarazo; práctica de ensayos clínicos; práctica de técnicas de reproducción asistida. Para prestar el consentimiento se necesita ser mayor de edad (contar con 18 años). Cuando se trate de menores de esta edad, el consentimiento deberá prestarse por los padres o persona que ejerza la tutela. No obstante, resulta necesario que el menor sea oído si tiene suficiente juicio y muy aconsejable que consienta también la actuación, especialmente si es mayor de 16 años y con capacidad para comprender el alcance de la intervención. En caso de discrepancia debe prevalecer la voluntad de los padres.

Existen dos excepciones a la necesidad del consentimiento: 1ª) Riesgo para la salud pública, como en el caso de las enfermedades transmisibles. (Si comporta internamiento obligatorio debe ponerse en conocimiento de la autoridad judicial). 2ª) Riesgo inmediato y grave para la integridad física o psíquica del enfermo y no es posible obtener su autorización. En este caso, si las circunstancias lo permiten, debe consultarse a sus familiares o personas vinculadas de hecho.

En cuanto a la «píldora del día después» (valorada clínicamente como no abortiva), ¿puede y debe el ginecólogo, o médico de guardia, prescribir a una menor dicha píldora cuando está en el hogar de los padres y tutelada por ellos?

Entendemos —y es un tema a debate— que si la niña no cuenta con 14 años preceptivamente se ha de informar a los padres.

Respecto al grupo de edad de 14 a 16 años convendría hablar con la niña y con los padres, bien directamente o a través del médico de familia, y esto por varias razones: no es descartable algún riesgo en la paciente, y, obviamente, de no haberse informado a los padres, éstos podrían iniciar un procedimiento legal contra quien ha recetado a una menor sin conocimiento de los tutores; por otro lado no sabemos si la menor solicita la específica prescripción puntualmente, como acontece en muchas ocasiones; es un hábito que indica una falla en la utilización de los medios anticonceptivos. Por último no hemos de descartar otros riesgos tales como que la menor esté siendo utilizada en la prostitución. Éste es un grupo de edad en el que cabe un planteamiento bien distinto, se ciñe a decir que la menor cuenta con una tarjeta sanitaria individual y que por tanto la relación médico-paciente es y ha de ser personal, manteniéndose el secreto profesional. Es otra visión, pero ¿se puede generalizar a otros actos médicos con diagnóstico que conllevan otras intervenciones o tratamientos; podrían llevarse a efecto los mismos sin informar a los tutores? Interesante polémica guiada como siempre por la interpretación de lo que es mejor para el interés del menor.

Por último están las jóvenes de más de 16 años, las cuales inclusive pueden solicitar vivir fuera del hogar de los padres, pueden trabajar; creemos que a partir de los 16 años (y salvo características de discapacidad) bien pueden tomar personal e individualmente esta decisión.

Piercing

Podríamos —no literal, ni etimológicamente— interpretar los tatuajes, los *piercing*, como intervenciones quirúrgicas leves y por ende precisarán de un consentimiento informado por escrito por parte de los padres y una explicación extensa y clara al hijo.

Podríamos hablar para estos supuestos de mayoría de edad clínica a los 16 años.

En distintas comunidades autónomas han entrado en vigor decretos mediante los cuales debe exigirse la autorización de los padres o tutores cuando un menor quiera hacerse un *piercing*, un tatuaje o cualquier otro procedimiento similar de adorno corporal.

Edades significativas respecto a la Ley

13 años: la edad para dar consentimiento para tener relaciones sexuales con adultos. Aumentó en el Código Penal de 12 a 13 años (luchamos y lo seguiremos haciendo para alcanzar al menos los 14 años).

14 años: es obligatorio solicitar el Documento Nacional de Identidad. Tiene capacidad para obtener la licencia para conducir ciclomotores de cilindrada inferior a 50 c.c. Puede casarse aunque necesita dispensa matrimonial.

16 años: la emancipación del menor se produce automáticamente por matrimonio. También puede concederla el juez y los que ejercen la patria potestad del menor (en este caso es preciso el consentimiento del menor) y por vida independiente, el supuesto contemplado en el art. 319 del Código Civil que considera como emancipado al hijo mayor de 16 años que con el consentimiento de los padres viviere independientemente de éstos. La emancipación habilita al menor para regir su persona y sus bienes como si fuera mayor de edad, si bien la ley le impone ciertas limitaciones en cuanto a tomar dinero a préstamo, gravar o enajenar bienes inmuebles, etc. El menor emancipado puede comparecer en juicio por sí solo y puede contraer matrimonio. Puede trabajar, con autorización de quien tenga asignada la patria potestad del menor. Hasta ese momento constituye una falta penalmente castigada el empleo del menor en determinadas actividades que se pueden considerar nocivas para su formación.

LA LEY Y EL CONSUMO DE DROGAS

Consumir «en lugares, vías, establecimientos o transportes públicos, así como la tenencia ilícita, aunque no estuviera destinada al tráfico», está contemplado por la Ley sobre Protección de la Seguridad Ciudadana como «infracción grave», pudiendo ser sancionado administrativamente con multa. Del mismo modo la sanción puede ser sustituida por el tratamiento de deshabituación adecuado.

El Código Penal no hace referencia al consumo de drogas, ni público ni privado. Contempla aquellas conductas relacionadas con la comercialización «para quienes lo cultiven, elaboren, trafiquen, promuevan, favorezcan o faciliten su consumo o lo posean con tales fines...», penalizado con penas de prisión y multa que se incrementarán si se trata de «drogas que causan grave daño a la salud».

La conducción de vehículos a motor bajo la influencia de cualquier tipo de droga está penalizada en el Código Penal.

La venta de alcohol y tabaco es legal en nuestro país, existiendo limitaciones relacionadas con la edad, prohibiéndose la venta a menores de 18 años en algunas comunidades autónomas.

Anexo I

Tests

(Los tests sólo pueden ser adquiridos y administrados por psicólogos que acrediten el número de colegiado oficial).

BASC, SISTEMA DE EVALUACIÓN DE LA CONDUCTA DE NIÑOS Y ADOLESCENTES (c) C. R. Reynolds y R. W. Kamphaus

BASC es un conjunto de instrumentos que permite evaluar los aspectos adaptativos e inadaptativos de la conducta de niños y adolescentes. Ofrece la posibilidad de recoger esa información tanto de los padres y profesores (escalas P y escalas T) como del propio sujeto (escalas S). Añade a estas fuentes de información un sistema de observación del sujeto (O) y un formato de historia clínica (H). Estos instrumentos pueden ser usados de modo conjunto o por separado. En un mismo instrumento se incluye tanto la evaluación de los aspectos positivos (liderazgo, habilidades sociales, habilidades para el estudio, adaptabilidad, relaciones interpersonales, relaciones con los padres, autoestima y confianza en sí mismo) como los negativos (ansiedad, agresividad, problemas de atención, problemas de aprendizaje, hiperactividad, retraimiento, búsqueda de sensaciones, problemas externalizados, problemas internalizados, depresión, problemas de conducta, somatización, actitud negativa hacia el colegio, actitud negativa hacia los padres, locus de control, estrés social, sentido de incapacidad). Incluye también escalas de validez y control.

Edad: desde los 3 años hasta los 18 años.

CACIA, CUESTIONARIO DE AUTO-CONTROL INFANTIL Y ADOLESCENTE (b) A. Capafóns y F. Silva

Evaluación de procesos básicos y habilidades de autocontrol

Se trata de un cuestionario destinado a evaluar los procesos básicos y habilidades que, supuestamente, son necesarios para que se produzca un comportamiento autocontrolado. Considera dimensiones positivas (Retroalimentación personal, Retraso de la recompensa y Autocontrol criterial), dimensiones negativas (Autocontrol procesual) y además una escala de sinceridad.

Edad: niños y adolescentes (11 a 19 años).

ESFA, ESCALA DE SATISFACCIÓN FAMILIAR POR ADJETIVOS (b). J. Barraca y L. López-Yarto.

Medida objetiva de la percepción global que el sujeto tiene sobre su situación familiar

Instrumento breve y sencillo, diseñado para dar una medida global de las dinámicas y constructos relacionados con la familia. Construido con adjetivos, trata de evocar respuestas preferentemente afectivas, para medir los sentimientos, positivos o negativos, que se despiertan en el sujeto y que tienen su origen en las interacciones (verbales o físicas) que se producen entre él y los demás miembros de su familia. Resulta útil en los campos donde es necesario el estudio de la situación familiar (Clínica, Investigación, Peritajes...).

Edad: adolescentes (a partir de los 16 años) y adultos.

ESPA29, ESCALA DE SOCIALIZACIÓN PARENTAL EN LA ADOLESCENCIA (b). G. Musitu y F. García

Evaluación de las relaciones entre padres e hijos en la adolescencia.

El adolescente valora cuál es la reacción de cada progenitor ante 29 situaciones relevantes de su vida diaria. Estas valoraciones permiten obtener medidas de la Aceptación / implicación y Coerción/ imposición que manifiesta cada padre, así como medidas más específicas. Finalmente permite clasificar a cada progenitor dentro de un estilo de socialización: autoritativo, indulgente, autoritario o negligente.

Edad: 12 a 18 años

TAMAI, TEST AUTOEVALUATIVO MULTIFACTORIAL DE ADAPTACIÓN INFANTIL (b). P. Hernández y Hernández

Evaluación de la inadaptación personal, social, escolar y familiar y, también, de las actitudes educadoras de los padres.

Destinado a la apreciación del grado de adaptación, ofrece la novedad de distinguir, en cada uno de los aspectos clásicos de ésta, unos subfactores que se asocian entre sí formando conglomerados o *clusters*, que permiten determinar las raíces de la inadaptación. Analiza también las actitudes educadoras de los padres. Entre los diversos factores evaluados figuran los siguientes: Infravaloración, Regresión, Indisciplina, Conflicto con las normas, Desconfianza social y Relaciones con los padres.

Edad: de 8 a 18 años.

ACS, ESCALAS DE AFRONTAMIENTO PARA ADOLESCENTES (a). E. Frydenberg y R. Lewis

Evaluación de las distintas formas o modos que los adolescentes utilizan para afrontar sus problemas.

Instrumento válido para investigación, terapia y orientación. Formado por 80 elementos, permite que el adolescente conozca las estrategias que emplea para afrontar sus problemas y que el profesor o tutor le ayude a utilizar las más eficaces. No se trata de una evaluación externa sino interna, de autorreflexión. Se han publicado dos escalas de afrontamiento: de tipo general y de problemas específicos. Cada escala se divide en 18 subescalas bien definidas e identificadas conceptual y empíricamente.

Edad: de 13 a 17 años.

BULL-S. TEST DE EVALUACIÓN DE LA AGRESIVIDAD ENTRE ESCOLARES. F. Cerezo Ramírez (2000)

Instrumento para la evaluación de la dinámica *bullying* entre escolares, basado en la técnica del sociograma. De gran utilidad para identificar la dinámica de agresión y victimización en el medio escolar, con tres dimensiones fundamentales: detectar a los sujetos implicados, elaborar un perfil de características psico-sociales de estos sujetos y conseguir información precisa sobre el lugar, la magnitud, la frecuencia y el nivel de gravedad que le atribuyen los propios escolares. Incluye un programa informático (en CD) que facilita la cuantificación de los resultados y el análisis de las diversas respuestas, proporcionando tablas y gráficas individuales y grupales. Su aplicación puede ser individual y colectiva.

Diseñado para llevar a cabo el análisis de las características socio-afectivas del grupo de iguales. Facilita la detección de sujetos implicados en situaciones de agresión y de aspectos situacionales en las relaciones de agresividad entre compañeros. De gran eficacia para el estudio del clima social en el aula/ centro escolar y para la identificación de *bullies* (matones) y víctimas.

Usuarios: psicólogos educativos, psicopedagogos, investigadores, profesores-tutores...

Edad: de 7 a 16 años.

EPQ, CUESTIONARIO DE PERSONALIDAD (FORMAS A Y J) (b). H. J. Eysenck y S.B.G. Eysenck (1989)

Evaluación de tres dimensiones de la personalidad: Inestabilidad, Extraversión y Dureza, con una escala de sinceridad y otra de tendencia a conducta antisocial

Este cuestionario es el resultado del desarrollo de otros anteriores de los mismos autores. Se presenta en dos versiones, una para niños y adolescentes (EPQ-J, de 11 a 14 años) y otra para adultos (EPQ-A, a partir de 16 años). Su uso se ha extendido rápidamente para el diagnóstico y estudio de casos clínicos, problemas de conducta y orientación escolar.

Es un instrumento de 81 ítems cuyo objeto es evaluar en niños las tres dimensiones básicas de la personalidad: Neuroticismo o emotividad (N), Extraversión (E) y Psicoticismo o dureza (P), también la Sinceridad (S) y Predisposición a la Conducta Antisocial (CA), respecto a esta última es importante advertir que está pendiente de validación en muestra española. Al sujeto se le pide que conteste «SÍ» o «NO» a los ítems en función de si la pregunta se refiere a su modo de pensar y sentir. Los ítems están formulados en sentido positivo y negativo y en este caso para obtener la puntuación total del sujeto hay que tener en cuenta las dimensiones anteriores.

Edad: forma J de 11 a 14 años. Forma A, a partir de 16 años.

BAS, BATERÍA DE SOCIALIZACIÓN 1, 2 y 3. F. Silva y M. C. Martorell (1987)

Evaluación de la socialización de niños y adolescentes en ambientes escolares y extraescolares

Este instrumento se elaboró para detectar varios aspectos de la conducta social en escolares. A partir de su aplicación, se obtiene un perfil de socialización con cuatro escalas de aspectos facilitadores (Liderazgo, Jovialidad, Sensibilidad social y Respeto-autocontrol) y tres escalas de aspectos perturbadores (Agresividad-terquedad, Apatía-retraimiento, Ansiedad-timidez). También se obtiene una apreciación global del grado de adaptación social.

Edad: de 6 a 15 años (Bas 1 y 2) y de 11 a 19 años (Bas 3).

Anexo II

Películas de referencia

CAPITANES INTRÉPIDOS (***Captains Courageous***)
AÑO: 1937
DURACIÓN: 116 min.
PAÍS: USA
DIRECTOR: Victor Fleming
GUIÓN: John Lee Mahin, Marc Connelly, Dale Van Every (basado en la novela de Rudyard Kipling)
MÚSICA: Franz Waxman
FOTOGRAFÍA: Harold Rosson (B & W)
REPARTO: Spencer Tracy, Freddie Bartholomew, Lionel Barrymore, Melvyn Douglas, Mickey Rooney, John Carradine
PRODUCTORA: Metro-Golwyn-Mayer
Oscar Mejor actor (Spencer Tracy)
GÉNERO: Aventuras. Drama.

Un padre viudo, culto, riquísimo, solidario, secuestrado por el trabajo, da todos los caprichos al hijo y lo envía a un magnífico colegio, pero el padre «No» educa directamente. «Quizás he criado un pequeño Maquiavelo», dice el padre. «Quiero ser de mayor un magnate», dice el niño.

En un lujoso barco de vapor, la madre lleva al niño a completar su educación a Europa. Educación que según algún contertulio del barco cree no haber empezado todavía. Harvey Cheyne, el niño, presume del dinero de su padre, pide un cigarro turco y un alemán le da un puro, al fumar se siente mareado y sale a cubierta desde donde cae sin que nadie se dé cuenta.

Es salvado por Manuel, un pescador portugués que lo lleva a la goleta *We're Here* (*Estamos aquí*). Al despertar ordena al patrón que le lleven a Nueva York, su padre les gratificará por ello, él ha perdido el dinero que llevaba encima y le acusa de habérselo robado. El patrón cansado de la discusión le da un puñetazo.

No consiguiendo convencer al patrón para que abandone la pesca no le queda más remedio que integrarse en la tripulación. Convive con los pescadores que le han recogido, le enseñan a ser cooperativo, a cumplir normas, a reír en grupo, a entender que el dinero es importante, difícil de ganar pero secundario, a sentirse parte de un colectivo, a sentirse bien por lo que hace, no por lo que tiene —heredado—. La «terapia» es clara, rotunda, ante el egoísmo lo dejan solo; ante la insubordinación dos buenos cachetes. (El capitán dice: «Voy a tener que hacerlo», le da la primera bofetada de su vida y le dice: «Reflexiona», sin acritud, sin gritos, sin aspavientos.) Ante el esfuerzo comprensión, ante la solicitud cariño, ante el error perdón. Una vez que él acepta ser del grupo, es aceptado y todo marcha perfectamente, hasta el punto de que le es muy difícil volver con su padre, por el tipo de vida del padre y por las ridículas y extralimitadas comodidades que éste le otorga. Al fin el hijo ha aprendido la lección y parece que el padre también.

El niño es el mismo, ésta es la moraleja, pero al principio era insoportable, egoísta, tiránico, estúpido, engreído, jactancioso y al final humilde, simpático, sencillo, amable, colaborador. Es el mismo niño pero con dos opuestas pautas educativas.

Al fin, un método que hoy se utiliza en Dinamarca con adolescentes problemáticos: embarcarlos y ponerlos en contacto con la dureza del mar y la necesidad de colaborar.

En este lugar del mundo, en este momento histórico, nos tenemos que replantear: ¿educamos?, ¿qué es educar?, ¿qué conlleva?, ¿a qué obliga?

Manuel, el pescador portugués (interpretado por Spencer Tracy y que le valió un Oscar al Mejor actor), tutela al desabrido niño. «Todo hijo necesita un padre» dice, lo llama «pececillo», claramente protector y al tiempo marcando la distancia que los separa, no puede hablar con el niño «de igual a igual», no lo son. Manuel es un rudo pescador que ha vivido muchas jornadas, el otro es un niño, eso es, un niño.

Si vemos la publicidad televisiva, apreciaremos la de niños que son vestidos como modelos, ejecutivos... adultos en pequeño, hay quien los trata como tal, confundiendo la igualdad de derechos con la de conocimiento, autoridad y papel a desempeñar.

EL TAMBOR DE HOJALATA (***Le tambour die Blechtrommel***)
AÑO: 1979
DURACIÓN: 140 min.
PAÍS: Alemania
DIRECCIÓN: Volker Schlöndorff
GUIÓN: Jean-Claude Carriére, Volker Schlöndorff, Günter Grass (basada en la novela de Günter Grass).
MÚSICA: Maurice Jarre
FOTOGRAFÍA: Igor Luther
REPARTO: David Bennent, Mario Adorf, Angela Winkier, Daniel Olbrychski, Charles Aznavour, Katharina Thaibach, Andrea Ferreol
PRODUCCIÓN: Anatole Dauman y Franz Seitz
Oscar a la Mejor película extranjera. Palma de Oro en Cannes
GÉNERO: Drama.

El día de su tercer cumpleaños el niño Oskar, por motivos analizados por el psicoanálisis, deja de crecer y a partir de entonces dominará a unos y a otros. «No crecería nunca más, sería siempre un niño de tres años, sería un *gnomo*». «No creceré».

Ese día le regalan, como le habían prometido al nacer, un tambor rojiblanco que le acompañará toda su vida.

Pasan los años y sigue siendo niño, con el tambor puntea los acontecimientos que van sucediendo a su alrededor. Provoca alteraciones y se desprende de cualquier responsabilidad.

Conclusión: el niño queda impactado, traumado, rechaza hablar. Entra en el negativismo, la culpa es de sus progenitores, de las relaciones en una tríada.

No, la película no es de hijos despóticos, sino del negativismo, del *shock*, de la posibilidad de no crecer —mantenerse como liliputiense—, también mental y emocionalmente.

DEMONIOS EN EL JARDÍN
AÑO: 1982
DURACIÓN: 100 min.
PAÍS: España
DIRECCIÓN: Manuel Gutiérrez Aragón
GUIÓN: Manuel Gutiérrez Aragón y Luis Megino
MÚSICA: Pedro Iturralde y Javier Iturralde
FOTOGRAFÍA: José Luis Alcaine
REPARTO: Álvaro Sánchez-Prieto, Ana Belén, Encarna Paso, Imanol Arias, Eusebio Lázaro, Ángela Molina
PRODUCCIÓN: Luis Megino P.C.
GÉNERO: Drama

En la España de la posguerra y el estraperlo, Gloria, propietaria de una floreciente tienda de comestibles llamada El jardín, prepara con derroche la boda de su hijo Óscar con Ana. Su hijo menor, Juan, que mantiene relaciones con su prima Ángela, discute con su hermano y se va a Madrid donde triunfa en la «corte» franquista, Ángela da a luz a Juanito. El niño con los años enferma gravemente obsesionado por la búsqueda de su padre. La abuela se lo arrebata a la madre para que convalezca en El jardín, donde se le mima en exceso. Juanito intenta conocer a su padre, al que nunca ha visto, y que sabe va a pasar con el séquito de Franco, pero el personaje importante que él suponía es un simple camarero del dictador.

Juanito se aprovechará de su situación de niño enfermo al que se le conceden todos sus deseos.

En un segundo reconocimiento del médico, el niño llega de la misma manera arropado por su madre y abuela. Y aquél les dice:

—Al niño se le puede considerar ya restablecido. Hay que tener siempre, siempre, cierta vigilancia, tomarle la temperatura regularmente. Conviene que haga ya su vida normal... que vaya al colegio. Y no lo mimen como si fuese un niño pequeño. ¿A quién se le ocurre darle a un niño todos los caprichos? Eso es una barbaridad, el niño abusa de ustedes. Yo les dije que no disgustaran al niño pero no que le dieran todos los caprichos. Que sea un niño normal, que siga una disciplina escolar, que coma lo que se le dé... y nada de mimos.

Las circunstancias, el entorno, hacen de un niño un enfermo ficticio. Todo es psicosomático e irreal. Desde ese momento el resto de personas giran a su alrededor y a él no le cabe sino hacerse valer, rechazar alimentos... El tema central de la película no es en sí el de los niños déspotas, pero sí deja traslucir cómo se puede mimar a un niño hasta casi incapacitarlo. *Enfant terrible.*

El NIÑO QUE GRITÓ PUTA (*The boy who cried bitch*)
AÑO: 1991
DURACIÓN: 105 min.
PAÍS: USA
DIRECCIÓN: Juan José Campanella
GUIÓN: Catherine May Levin
MÚSICA: Wendy Blackstone
FOTOGRAFÍA: Daniel Shulman
MONTAJE: Darren Kloomok
DIRECCIÓN ARTÍSTICA: Caroline Elliot.
REPARTO: Harley Cross, Karen Young, Jesé Bradford, J. D. Daniels, Moira Kelly, Adrien Brody, Dennis Boutsikaris, Reathel Bean, John Rothman, Samuel Wright
PRODUCTORA: Louis Tancredi para Pilgrims 3 Corporation
GÉNERO: Drama basado en hechos reales.

Dan Love es un niño de 12 años que mantiene una relación de dominio con su madre y sus dos hermanos pequeños. Su conducta es caprichosa e impulsiva. Mantiene una fuerte amistad con su entrenador que es ex combatiente de Vietnam y le transmite su pasión por las armas, pero termina enloqueciendo y es internado.

La madre se trasluce débil e impotente, con una historia de fracasos y caprichos.

El niño, muy psicopático, ve que su madre lleva a casa a distintos hombres y le grita puta, zorra; en todo momento la amenaza, tiraniza y destroza la casa.

La madre va a un terapeuta y él le pregunta: «¿le teme?», «¿cree que un día llegará a hacerle daño?».

Tras la pérdida del referente adulto en el excombatiente, el niño sufre un *shock* y es internado en un hospital del que será expulsado, pues se niega a recibir terapia.

El niño empieza a tartamudear y a tener movimientos estereotipados. Es encerrado en un centro terapéutico; el niño dice «no me cambiarán, no quiero cambiar».

El niño culpa a la madre por haberle encerrado, dice que la loca es ella. Se autoagrede y busca, al tiempo, generar una revuelta, un motín. Va poco a poco dando vueltas al odio, al recelo. Las conductas disruptivas del niño le conducen a más castigos...

La madre un día le espeta a su hijo: «¿Qué quieres de mí, qué quieres de mí?».

El niño sale del centro de internado y se hace con una pistola, dispara a los objetos, la madre grita: «¡Llamaré a la policía!». El hijo contesta: «¿Cómo puede una madre llamar a la policía haga lo que haga?».

El hijo le grita que ella es una enferma, una psicópata y se avalanza con un hacha, la madre le dispara, y mientras él muere le grita a su madre: «¡Puta!».

El niño que gritó puta es una buena y dura película. El hijo que se revuelve contra su madre, no ha conocido a su padre, le molesta sobremanera que ella, joven, atractiva, sea «compartida» con otros hombres y genera un rencor sordo, una violencia que todo lo desborda, a él también, sus pulsiones afloran, quiere imponerse y va haciendo —repito—, va haciendo una psicopatía, una gran dureza emocional que degenera en auto y heteroagresiones. Por desgracia veo esos casos en la Fiscalía del Tribunal Superior de Justicia, Sección de Menores de Madrid. Hay quien al explorar a los adolescentes conflictivos, despóticos, los diagnostican de enfermos, de psicóticos, bien, ¿cómo eran de bebés? Y, en todo caso, la etiología es ¿cromosómica, genética, heredada, provocada por una mala educación, social o ambiental?

De una u otra forma —y el que escribe no cree en las semillas del diablo— hay un punto de difícil retorno, donde la sola relación, el contacto entre las partes genera: en una más desasosiego, y en el otro más odio y náusea. En la película se describe muy bien, ante la mofa, las risotadas del hijo respecto a su madre delante de los hermanos, ella opta por gritar ¡sí, soy una puta! y sacarse un pecho, fuego al fuego —es una técnica de extinción pero para ser manejada por un experto y además alejado de la guerra entablada—. Guerra, palabra que al final del film utiliza el niño.

Cuando la relación conductual degenera en psicopatía, paranoia, obsesión, movimientos estereotipados, agresiones compulsivas, irrefrenabilidad, estamos en un agujero negro peligrosísimo auto y heterodestructivo. No hay que dejar que la situación llegue a este punto, pero de haberlo alcanzado hay que sacar al hijo del hogar y tratarlo, hay que abrir ese «forúnculo infectado», dejar salir, tratar al hijo y empezar a intervenir con los padres. La distancia aminora la fatiga, la angustia, los posicionamientos numantinos, rebaja la violencia.

En estos casos, sólo desde la distancia se puede buscar la normalización de pensamiento, de vivencia de las intenciones del otro, de conductas.

El niño que gritó puta aborda la enfermedad mental infantil. También los niños pueden ser «malos» o enfermos. La agresividad indómita del niño no es producto de los factores sociales o de la educación. Es una enfermedad psíquica, aunque se atisba que tanto el ex combatiente como la madre tienen su responsabilidad en esa rebelión sin causa que es su vida.

El niño que crece en la soledad y en la incomprensión de sí mismo y lo que le rodea encuentra una muerte buscada contra toda esperanza, que resulta la única salida para la radical insociabilidad.

LOS CHICOS DEL CORO (*Les chorites*)
AÑO: 2004
DURACIÓN: 95 min.
PAÍS: Francia y Suiza
DIRECCIÓN: Christophe Barratier
GUIÓN: Christophe Barratier y Philippe Lopes-Curval (basado en la película *La cage aux rossignols* [1945] de Jean Dréville)
MÚSICA: Bruno Coulais
FOTOGRAFÍA: Carlo Varini y Dominique Gentil
REPARTO: Gérard Jugnot, Francois Berléand, Kad Merad, Jean-Paul Bonnaire, Marie Bunel, Paul Chariéras, Carole Weiss, Philippe Du Janerand, Erick Desmarestz, Jean-Baptiste Maunier
PRODUCCIÓN: Jacques Perrin, Arthur Cohn y Nicolas Mauvernay
GÉNERO: Drama

En 1949, Clément Mathieu, profesor de música en paro, empieza a trabajar como vigilante en un internado de reeducación de menores, llamado El Fondo del Estanque. Especialmente represivo, aplican el principio Acción-Reacción, como pauta educativa, con estos niños pequeños. Se quiere vencer las faltas de conducta con sanciones muy duras. El sistema de educación del director Rachin apenas logra mantener la autoridad sobre los alumnos difíciles. El mismo Mathieu siente una íntima rebeldía ante los métodos de Rachin y una mezcla de desconcierto y compasión por los chicos.

¿No se puede hacer nada con ellos? «Nunca digas nunca jamás», dice el educador-vigilante. En sus esfuerzos por acercarse a ellos descubre que la música atrae poderosamente el interés de los alumnos y se entrega a la tarea de familiarizarlos con la magia del canto, al tiempo que va transformando sus vidas para siempre.

Se inicia un coro que aúna voluntades, esfuerzos, motivación, sí, una razón para vivir. Se practica deporte. Los niños empiezan a salir del Fondo del Estanque.

El verdadero educador habla de «Métodos de comprensión humana».

«El buen tiempo les pone tristes, veo en su mirada las ganas de construir cabañas de madera, ser libres», dice el vigilante.

El director cruel, frustrado, mal ubicado, llega a decir: «¿Quién tiene vocación de educador?».

¡Qué diferencia de las órdenes insensibles, castigadoras, despóticas, impuestas por un frustrado! Y ¡¡la forma cariñosa, próxima, afectivamente sancionadora, melódica y equilibrada de un educador!!

Los chicos del coro no es una película específica sobre hijos maltratadores, pero permite reflexionar sobre la forma de imponer las sanciones y las órdenes.

Bibliografía

ÁLAVA, M. J., *El NO también ayuda a crecer*, La Esfera de los Libros, Madrid, 2002.

—, *La inutilidad del sufrimiento*, La Esfera de los Libros, Madrid, 2003.

ALDECOA, J., *et al.*,. *La educación de nuestros hijos*, Temas de Hoy, Madrid, 2001.

ÁLVAREZ, V. y BONILLA, G., *El futuro profesional de nuestros hijos*, E.O.S., Madrid, 1999.

ALVIRA, F. y CANTERAS, A., *El suicidio juvenil*, Instituto de la Juventud. Ministerio de Trabajo y Asuntos Sociales, Madrid, 1997.

ANGULO, J. y REGUILÓN, J. A., *Hijos del Corazón*, Temas de Hoy, Madrid, 2001.

ASOCIACIÓN AMERICANA DE PSIQUIATRIA D.S.M.-IV. *Manual Diagnóstico y Estadístico de los Trastornos Mentales*, Masson, Barcelona, 2003.

AULESTIA, K., «La otra historia», en *El Correo* de 14 de julio de 2000.

BADILLO, I. (Ed.), *La depresión infantil*, Bárcenas, Barcelona, 1997.

BAETA, F., *La adopción explicada a mis hijos*, Plaza y Janés, Barcelona, 2002.

BARÁIBAR, R., MOLINA, V. y MUNAR, C., *Preparaos, papás*, Plaza y Janés, Barcelona, 1998.

BAS, F. y VERANIA, A., *Trastornos de la alimentación en nuestros hijos,* E.O.S., Madrid, 2000.
BAYARD, R. T. y BAYARD, J., *¡Socorro! Tengo un hijo adolescente,* Temas de Hoy, Madrid, 1998.
BELTRÁN, J. A. y PÉREZ, L. F., *Educar para el siglo XXI*, CCS, Madrid, 2000.
BENOIT, J. A., *La disciplina en casa*, Ediciones Mensajero, 2002.
BODELÓN SÁNCHEZ, C., «Menores maltratados y menores maltratadores», *Surgam Revista Bimestral de Orientación Psicopedagógica*, ene-feb. de 2003, 9-15.
BRACONNIER, A., *Guía del adolescente*, Síntesis, Madrid, 2003.
CAMPS, V. y GINER, S., *Manual de civismo*, Ariel, Barcelona, 1998.
CANFIELD, J. y HANSEN, M. V., *Vitaminas para el alma*, Martínez Roca, Barcelona, 1997.
CANFIELD, J., HANSEN, M. V., ROGERSON, M., RUTTE, M. y CLAUSS, T., *Sopa de pollo para el alma*, Alba, Barcelona, 2002.
CAPRARA, G. V. y PASTORELLI, C., «Indicadores precoces de la adaptación social». En J. Buendía (Ed.), *Psicopatología en niños y adolescentes. Desarrollos actuales,* Pirámide, Madrid, 1996, pp.121-145.
CÁRITAS ESPAÑOLA, «Documentación Social. Adolescentes y jóvenes en dificultad social», Cáritas Española, Madrid, 2000.
CARROBLES, J. A. y PÉREZ-PAREJA, J., *Escuela de Padres. Guía práctica para evitar problemas de conducta y mejorar el desarrollo infantil,* Pirámide, Madrid, 1999.
CASTELLS, M., *La Sociedad red (La era de la información)*, vol. 1, Alianza, Madrid, 1997.
CASTELLS, P. (Dr.), *Guía práctica de la salud y psicología del niño* (5ª ed.), Planeta, Barcelona, 1999.
— y SALGADO, G., *Salir de noche y dormir de día*, Planeta, Barcelona, 1998.
— y SILBER, J. T., *Guía práctica de la salud y psicología del adolescente*, Planeta, Barcelona, 1998.

CASTILLA DEL PINO, C., *Teoría de los Sentimientos*, Tusquets, Barcelona, 2000.

CASTILLO CEBALLOS, G., *El adolescente y sus retos. La aventura de hacerse mayor*, Pirámide, Madrid, 1999.

CEREZO, F., *Agresividad social entre escolares. La dinámica* bullying, Servicio de Publicaciones de la Universidad de Murcia, Murcia, 1996.

—, «La relación agresión-victimización: Variables de personalidad asociadas en sujetos de 10 a 15 años.» *Actas del II Congreso de Asociación Española de Psicología Clínica y Psicopatología*, Murcia, 1999.

—, *La violencia en las aulas*, Pirámide, Madrid, 2001.

—, «Variables de personalidad asociadas en la dinámica *bullying*», *Anales de Psicología*, vol. 17, nº 1, Universidad de Murcia, Murcia, 2001, pp. 37-43.

— y ESTEBAN, M., *El cuestionario BULL. Un procedimiento para la evaluación de la agresividad social entre los escolares.* Actas del IV Congreso de Evaluación Psicológica, Santiago de Compostela, 1994.

CERNUDA, P. y SÁENZ-DÍEZ, M., *Los hijos más deseados*, El País-Aguilar, Madrid, 1999.

COMAS ARNAU, D., *Videojuegos y Violencia. Estudios e investigación 2001,* Defensor del Menor en la Comunidad de Madrid, Madrid, 2001.

CRISPO, R. y GUELAR, D., *La adolescencia: manual de supervivencia*, Gedisa, Barcelona, 2002.

DEFENSOR DEL MENOR EN LA COMUNIDAD DE MADRID.

Informe Anual 1997

Informe Anual 1998

Informe Anual 1999

Informe Anual 2000

Estudios e Investigaciones 1997:

— «Síndrome de abstinencia de neonatos de madres drogodependientes en la Comunidad de Madrid.»

— «Acogimiento familiar en la Comunidad de Madrid.»
— «Análisis de contenido de los elementos considerados negativos emitidos en las distintas cadenas televisivas.»
— «Diagnóstico sobre contenidos socializadores y representaciones sociales del menor en vídeo.»
— «Tiempo libre y ocio.»
— «Adopción Internacional.»
Estudios e Investigaciones 1998:
— «La conducta de consumo del menor.»
— «Jóvenes y alcohol.»
— «Organización y funcionamiento de los juzgados de familia en Madrid.»
— «Identificación del recién nacido.»
Estudios e Investigaciones 1999:
— «Transmisión de las normas de convivencia en ambientes formativos.»
— «Efectos psicológicos de los juegos de rol en el desarrollo social y cognitivo de los menores.»
— «Los centros educativos que atienden a niños y niñas menores de 6 años en la Comunidad de Madrid.»
— «Realidad de las zonas públicas de ocio dedicadas al juego y esparcimiento infantil en la Comunidad de Madrid.»
Estudios e Investigaciones 2000:
— «Prevalencia en los trastornos mentales en la etapa escolar (6-11 años).»
Estudios e Investigaciones 2001:
— «La incidencia del déficit de atención por hiperactividad en los centros escolares.»
— «Adopción por homosexuales.»
— «Prevención en drogodependencias para los menores en los primeros cinco años.»
Defendiendo los derechos de los niños y adolescentes, editado Defensor del Menor, Madrid, 1996.
Convivir es vivir. Programa de desarrollo de la convivencia en centros educativos, editado Defensor del Menor, Madrid, 1997.

— *Un día más. Materiales didácticos para la educación en valores en la E.S.O.,* Consta de libro y vídeo (realizado por los alumnos de imagen y sonido del Instituto Pradolongo de Madrid), editado Defensor del Menor en la C. M., 1997.
— *Los pequeños invisibles. Los derechos del niño*, coeditado Defensor del Menor con Ediciones PAU, Madrid,1999.
— *Tabaquismo pasivo en la infancia*, editado Defensor del Menor en convenio con Neumomadrid. (Sociedad Madrileña de Neumología y Cirugía Torácica), Madrid, 1999.
— *I Jornadas de Protección al Menor en España y su proyección hacia Iberoamérica*, coeditado Defensor del Menor con la Casa de América, Madrid, 1999.
— *El juego de los derechos de los niños*, Para mayores de 8 años. Juego de conocimientos, con 140 tarjetas de situaciones, cuatro puzzles, cuatro grupos de tarjetas de respuesta y guía explicativa «Declaración de los Derechos del Niño. Vamos a conocerlos», coeditado y realizado por Defensor del Menor con Juegos Educa, Madrid, 1999.
— *Jornadas en Defensa de la Infancia Iberoamericana*, coeditado Defensor del Menor con la Casa de América, Madrid, 2000.
— *Derechos de los niños hospitalizados*, editado junto a la Asociación Infantil oncológica, Madrid, 2001.
— *Educa, no pegues*, editado Defensor del Menor, Madrid, 2001.
— *Diccionario Jurídico para Menores*, editado Defensor del Menor, Madrid, 2001.
— *II Jornadas en Defensa de la Infancia Iberoamericana*, editado Defensor del Menor, Madrid, 2001.
DÍEZ, R., *Aprender para el futuro. Educación a favor de la dignidad humana* (Documento básico de la XV Semana Monográfica), Fundación Santillana, Madrid, 2001.
DOLTO, F., *La educación en el núcleo familiar,* Paidós, Barcelona, 1999.
DRUCKER, P., *Los desafíos de la administración en el siglo XXI*, Sudamericana, Buenos Aires, 1999.
EGUÍA, J., *Cómo ayudar a solucionar los problemas de sus hijos*, E.O.S., Madrid, 1998.

El Niño, revista del Instituto del Campo Freudiano, 9, Paidós, Barcelona, 2001.
El País vasco (31 de enero de 2005). «El País Vasco triplica la cifra de denuncias de padres agredidos por sus hijos».
El Talmud, editorial Edaf, Barcelona, 2003.
ELÍAS, M. J.; TOBÍAS, S. E.; FRIEDLANDER, B. S., *Educar adolescentes con inteligencia emocional*, Mondadori, Barcelona, 2003.
ELZO, J., *El silencio de los adolescentes*, Temas de Hoy, Madrid, 2000.
ESCARIO, L., *Violencia y familia: padres maltratados*, Cuadernos de Psiquiatría y Psicoterapia Infantil Sociedad Española de Psiquiatría y Psicoterapia del Niño y del Adolescente. IX Congreso Nacional, Sevilla. (19-20): 59-71, 1995.
ESTEVE, J. M., *Traumas infantiles*, en Cuadernos de Pedagogía, Praxis, Barcelona, 2003.
FEMENIA MONSERRAT, A. y MUÑOZ GUILLÉN, Mª. T. «Violencia y familia.» *Revista de estudios de juventud, 62,* pp.51-58, 2003.
FERNÁNDEZ, I. y HERNÁNDEZ, I., *El Maltrato entre escolares. Guía para padres*, Defensor del Menor de la Comunidad de Madrid, Madrid, 2005.
FERNÁNDEZ MILLÁN, J .M. y BUELA-CASAL, G., *Manual para padres desesperados... con hijos adolescentes*, Pirámide, Madrid, 2002.
FERNÁNDEZ ROS, E. y GODOY FERNÁNDEZ, C., *El niño ante el divorcio,* Pirámide, Madrid, 2002.
FERRERÓS, Mª L., *Pórtate bien*, Planeta, Barcelona, 2003.
FONTENELLE, D. H., *Claves para padres con hijos adolescentes*, Errepar, Buenos Aires, 1998.
FROMM, E., *El miedo a la libertad*, Planeta Agostini, Barcelona, 1985.
—, *El Arte de Amar*, Paidós Ibérica, Barcelona, 2003.
GARCÍA, J., «Mapas culturales para la nueva condición juvenil», *Sociedad y Utopía. Revista de Ciencias Sociales,* nº 15, Madrid, mayo de 2000.
GARCÍA, J. L., «Vacaciones de Navidad», *ABC* (17 de diciembre de 2002).

GARRIDO, L., «La Fiscalía de Valencia recibe en dos meses 55 denuncias de agresiones de menores a sus padres», *El País, Comunidad de Valencia* (21 de marzo de 2005).
GARRIDO, V., *Los Hijos Tiranos. El Síndrome del Emperador*, Ariel, Barcelona, 2005.
GOLDBERG, E., *The executive brain, Frontal lobes and the civilized mind*, Oxford University Press, Nueva York, 2001.
GOLEMAN, D., *Inteligencia emocional*, Kairós, Barcelona, 1996.
—, *Educar con inteligencia emocional*, Plaza & Janés, Barcelona, 2000.
GONZÁLEZ RAMÍREZ, J. F., *Televisión y Juegos Electrónicos ¿amigos o enemigos?* E.O.S., Madrid, 1999.
GOÑI, A., *Adolescencia y discusiones familiares*, E.O.S., Madrid, 2000.
GOOTMAN, M., *Guía para educar con disciplina y cariño*, Médici, Barcelona, 1997.
GUILBERT, D., *Et si l'autorité, c' était la liberté*, De la Matiniére, París, 2001.
GURTLER, H., *Los niños necesitan normas*, Médici, Barcelona, 2000.
HERAS, J. DE LAS, *Rebeldes con causa*, Espasa, Madrid, 1999.
HERBERT, M., *Trastornos de conducta en la infancia y la adolescencia*, Paidós, Barcelona, 1983.
—, «Behavioural methods», en M. Rutter *et al.*, *Child and adolescent psychiatry*, Balckwell, Oxford, 1994.
—, *Entre la tolerancia y la disciplina*, Paidós, Barcelona, 1995.
—, *Padres e hijos. Mejorar los hábitos y las relaciones*, Pirámide, Madrid, 2002.
—, *Padres e Hijos: Problemas cotidianos en la infancia*, Pirámide, Madrid, 2002.
INSTITUTO DE LENGUAJE Y DESARROLLO.
— *La educación de tu hijo. Guía para mejorar las relaciones familiares,* Defensor del Menor de la Comunidad de Madrid, 2002.
— *Tu hijo está cambiando. Guía para padres de adolescentes*, Defensor del Menor de la Comunidad de Madrid, 2002.

IRISARRI, S., *Menores inmigrantes en España*, Defensor del Menor, Madrid, 2001.

IWANIEC, D., *Emotional abuse and neglect,* Wiley, Chichester, 1995.

JONGEWARD, J., *Nacidos para triunfar*, Fondo Educativo Interamericano S.A., México, 1975.

KAZDIN, A. L. y BUELA-CASAL, G., *Conducta antisocial. Evaluación, tratamiento y prevención en la infancia y adolescencia*, Pirámide, Madrid, 1994.

KEVIN, S., *Los 10 errores más comunes de los padres... y cómo evitarlos,* Edaf, Madrid, 2000.

KLATTE, W.C., *Padres a distancia*, Mondadori, Barcelona, 2003.

KOVACS, F.R., *Hijos mejores*, Martínez Roca, Barcelona, 1999.

KUSCHICK, K., *Dar amor, poner límites*, RBA práctica, Navarra, 1999.

LAPLANCHE, J. D. y PONTALIS J. B., *Diccionario de Psicoanálisis*, Labor, Barcelona, 1981.

LARROY, C. y PUENTE, M. L. de la, *El niño desobediente: Estrategias para su control* (4ª ed.), Pirámide, Madrid, 1998.

LEÓN DE MOLINA, N., «Dimitir como padres», *Diario Sur* (3 de mayo de 1997).

LOYÁCANO, I., «El consumo vuelve tiranos a los chicos», *La Nación* (15 de agosto de 2001).

MACIÁ ANTÓN, D., *Un adolescente en mi vida*, Pirámide, Madrid, 2002.

—, *Drogas, ¿por qué?,* Pirámide, Madrid, 2003.

MACKENZIE, R.J., *Setting limits*, Prima Publishing, Rocklin, C.A., 1993.

MAHILLO, J., *Mis pequeños monstruos*, Espasa-Calpe, Madrid, 1998.

MARCHESI, A., y OTROS, *Desarrollo psicológico y educación*, Alianza, Madrid, 1990.

MARINA, J. A., *Ética para náufragos*, Anagrama, Barcelona, 1995.

—, *Los sueños de la razón*, Anagrama, Barcelona, 2003.

MATELLANES, M., *Cómo ayudar a nuestros hijos frente a las drogas,* E.O.S., Madrid, 1999.

MAYOR ZARAGOZA, F., «Más caricias y menos ordenadores», *Escuela Española,* abril de 1999.
—, *Los nudos gordianos*, Galaxia Gutemberg, Madrid, 1999.
—, *Un mundo nuevo*, Galaxia Gutemberg, Madrid, 2000.
MEEKS, C., *Recetas para educar*, Médici, Barcelona, 1999.
MEGÍAS, E., «Hijos y Padres: comunicación y conflictos», Documento de investigación de la FAD, 2002. Recuperado el 11 de diciembre en *www.fad.es/estudios*
MELERO, J., *Conflictividad y violencia en los centros escolares*, Siglo XXI, Madrid, 1993.
—, y PÉREZ DE ARRÓSPIDE, J. A. *Drogas: + Información – Riesgos*, edita Plan Nacional sobre Drogas (Mº de Interior), Madrid, 2001.
MENDIGUCHÍA, F. J., «Educar es difícil..., pero hay que hacerlo», artículos de F. J. M., 2002. Recuperado en la web: *www.interrogantes.net/includes*
MIRALBELLE, E., *Cómo entender a los adolescentes*, Eunsa, Pamplona, 1995.
MIRET, E., «Educar desde la comprensión», *Cuadernos de Pedagogía,* 320, Praxis, Barcelona, 2003, pp. 38-48.
MONJAS, M. I. y AVILÉS, J. M., *La familia ante el maltrato entre iguales,* editado por la Consejería de Familia e Igualdad de Oportunidades de la Junta de Castilla y León y la Asociación Castellano-leonesa para la defensa de la infancia y la juventud (REA), 2003.
MONTERO, L., *La aventura de crecer*, Temas de Hoy, Madrid, 1999.
MOUREN-SIMEONI, C., «Tiranía intrafamiliar», en *La Revue du practicien –Medicina General*, T. XV, nº 532.
NAÏR, S., *La inmigración explicada a mi hija*, Plaza y Janés. Barcelona, 2001.
NAOURI, A., *Padres permisivos, hijos tiranos*, Ediciones B, Barcelona, (2005). (Con participación de Javier Urra en la presentación del libro).
NARDONE, G., *Modelos de familia: conocer y resolver los problemas entre padres e hijos*, Herder, Barcelona, 2003.

NITSCH, C. y VON SCHELLING, C., *Límites a los niños*, Médici, Barcelona, 2001.

O.C.U. (Organización de Consumidores y Usuarios). *La salud de los niños*, Madrid, 2003.

OLIVIER, C., *Enfants-rois, plus jamais ça!*, Albin Michel, París, 2002.

ORJALES, I., *Déficit de atención con hiperactividad. Manual para padres y educadores*, C.E.P.E., Madrid, 2000.

ORTIGOSA QUILES, J., *Mi hijo tiene celos*, Pirámide, Madrid, 2002.

ORTIZ, A. M., «Tiene siete años y ya es maltratador», *El Mundo. Suplemento Crónica*. (17 de abril de 2005).

OUGHOURLIAN, J., *La persona del toxicómano*, Herder, Barcelona, 1985.

PASCUAL-CASTROVIEJO, I., *Síndrome de déficit de atención con hiperactividad*, César Viguera, Barcelona, 2001.

PEDREIRA MASSA, J. L., *Metodología de investigación en psiquiatría, psicopatología y salud mental de la infancia y la adolescencia*, Defensor del Menor, 2001.

—, y TOMÁS, J., *Problemática de la adolescencia y otros aspectos de la edad evolutiva*, Alertes, Barcelona, 2001.

PEINE, A. y HOWARTH, R., *Padres e hijos. Problemas cotidianos de conducta*, Siglo XXI, Madrid, 1999.

PERDOMO, L., *Niños inteligentes y felices*, Pirámide, Madrid, 1998.

PIAGET, J., *The construction of reality in the child*, Basic Books, Nueva York, 1954.

PRADO, E. y AMAYA, J., *Padres obedientes, hijos tiranos. Una generación más preocupada por la amistad que por su papel como padres*, Trillas, México, 2004.

PRADO, J. M., ORTEGA, V., CORBELLA, J., GÓMEZ, C., SÁNCHEZ, M. y CALVO, A., *Enciclopedia Práctica de Psicología*, Orbis Ediciones S.A., Barcelona, 1995.

PUENTE, F. de la, «Sociables o agresivos en casa», *Padres y Maestros*, Oct: 1-4. de 2003.

QUINTERO, J. y GALA, A., *Trece noches*, Planeta, Barcelona, 1999.

RODRÍGUEZ, E., *Jóvenes y videojuegos*, Fundación de Ayuda contra la Drogadicción e Instituto de la Juventud, Madrid, 2002.

RODRÍGUEZ, N., *Guerra en las aulas*. Temas de Hoy, Madrid, 2004.

—, *¡Quién manda aquí!*, Juventud, Barcelona, 2005.

ROJAS, E., *El hombre light*, Temas de Hoy, Madrid, 1998.

—, *La conquista de la voluntad*, Temas de Hoy, Madrid, 1998.

ROJAS, M., «Retos sociales para una educación innovadora», *Cuadernos de Pedagogía, 268,* Praxis, Barcelona, 1998.

SÁDABA, J., *La filosofía contada con sencillez*, Ameba, 2002.

SAMALIN, N., *Con el cariño no basta,* Médici, Barcelona, 1993.

SAVATER, F., *El valor de educar*, Ariel, Barcelona, 1997.

SERRANO PINTADO, I., *Agresividad infantil*, Pirámide, Madrid, 1996.

SILVEIRA, M., *A educar también se aprende*, Alba, Barcelona, 1999.

SLEE, P. y RIGBY, K., «The relationship of Eysenck's personality factors and self-esteem in schoolboys», *Personality and individual differences, 14* (2), (1993), pp. 371-373.

SPOCK, B., *Tu hijo*, Ediciones B, Buenos Aires, 1989.

TAYLOR, E., *El niño hiperactivo*, Martínez Roca, Barcelona, 1991.

TIERNO, B., *Educar a un adolescente*, Temas de Hoy, Madrid, 2002.

—, y ESCAJA, A., *Saber educar*, Temas de Hoy, Madrid, 2000.

URRA, J., «Violencia de los hijos hacia sus padres», artículo publicado en la revista *Papeles,* nº 59. Revista del Colegio Oficial de Psicólogos, Madrid, 1994.

—, «Agresión a una madre por 300 pts», en *Adolescentes en conflicto*, Pirámide, Madrid, 1995.

—, «El menor maltratado y/o maltratante», en *Justicia con Menores y Jóvenes*, Centro de Estudios Jurídicos de la Administración de Justicia. Ministerio de Justicia, 1995.

—, «Génesis de la violencia de los hijos hacia sus padres», en *Menores, la transformación de la realidad,* Siglo XXI, Madrid, 1995.

—, *Menores, la transformación de la realidad*, Siglo XXI, Madrid, 1995.

—, «Menores agresores en la calle y/o en el hogar», en Urra, J. y Clemente, M. en *Psicología Jurídica del Menor*, Universidad-Empresa, Madrid, 1997.
—, *Violencia, memoria amarga*, Siglo XXI, Madrid, 1997.
—, *Niños y no tan niños*, Biblioteca Nueva, Madrid, 1998.
—, *Charlando sobre la infancia*, Espasa, Madrid, 2000.
—, *El futuro? de la infancia*, Pirámide, Madrid, 2001.
—, «Características de quien violenta a sus padres», en Urra, J. (comp.). *Tratado de Psicología Forense*, Siglo XXI, Madrid, 2002.
—, *Tratado de Psicología Forense* (Comp.), Siglo XXI, Madrid, 2002.
—, *Agresor Sexual. Casos reales*, E.O.S., Madrid, 2003.
—, *Escuela práctica para padres*, La Esfera de los Libros, Madrid, 2004.
—, *Adolescentes en conflicto. 52 casos reales.* (4ª ed.), Pirámide, Madrid, 2005.
—, «Los Hijos Tiranos», artículo publicado en la revista *Psychologies*, nº 6, Madrid, julio de 2005.
—, CLEMENTE, M. y VIDAL, M. Á., *Televisión: impacto en la infancia*, Siglo XXI, Madrid, 2000.
—, y CLEMENTE, M., *Psicología Jurídica del Menor*, Fundación Universidad-Empresa, Madrid, 1997.
—, COMPADRE, A. y ROMERO, C. *Jauría Humana. Cine y Psicología*, Gedisa, Barcelona, 2004.
—, y OTROS, «Persona, Sociedad y Ley», *Centro de Estudios Judiciales. Nº 10.* Madrid, 1992.
—, «Justicia con menores y jóvenes», *Centro de Estudios Jurídicos de la Administración de Justicia. Nº 17.* Madrid, 1995.
—, y VÁZQUEZ, B., *Manual de Psicología Forense*, Siglo XXI, Madrid, 1993.
VALENZUELA, E. *et al. Hijos y padres: Comunicación y Conflictos*, Fundación de Ayuda contra la Drogadicción, Madrid, 2002.
VALLEJO-NÁGERA, A., *La edad del pavo*, Temas de Hoy, Madrid, 1998.

VALLÉS, ARÁNDIGA, A., *Cómo desarrollar la autoestima de los hijos,* E.O.S., Madrid, 1998.

—, *La Inteligencia emocional de los hijos*, E.O.S., Madrid, 2000.

WILDE, O., *El gigante egoísta y otros cuentos*, Vicens Vives, Barcelona, 1998.

Páginas web de interés

http://www.cnice.mecd.es/recursos2/e_padres/index.html

www.cibereduca.com/especial/articulos.htm

www.educoweb.com/escuelapadres.asp

http://www.solohijos.com/

http://www.ceapa.es/

http://www.concapa.org

http://www.fad.es/

www.nccintegrared.org/portal/enredamos/escuela.htm

http://www.aui.es/padres/ipadres.htm

http://www.fere.es

Instituciones y asociaciones de interés

- **Defensor del Pueblo**
  Eduardo Dato, 31. 28071 Madrid
  ☎ 91 432 79 00

- **Ministerio de Trabajo y Asuntos Sociales**
  Agustín de Betancourt, 4. 28071 Madrid
  ☎ 91 363 00 00 // Web: www.mtas.es

❑ COLEGIOS OFICIALES

- **Consejo General de la Abogacía Española**
  Paseo de Recoletos, 13. 28004 Madrid
  ☎ 91 523 25 93

- **Consejo General de Colegios Oficiales de Diplomados en Trabajo Social y Asistentes Sociales**
  Campomanes, 10. 28013 Madrid
  ☎ 91 541 57 76

- **Consejo General de Colegios Oficiales de Médicos. Organización Médica colegial de España**
  Villanueva, 11. 28001 Madrid
  ☎ 91 431 77 80 // E-mail: administrador@cgcom.org

- **Consejo General de Colegios Oficiales de Psicólogos de España**
  Conde de Peñalver, 45, 5º Izda. 28006 Madrid
  ☎ 91 444 90 20 // E-mail: www. secop @ correo.cop.es

❑ INFANCIA

- **Defensor del Menor en la Comunidad de Madrid**
  Ventura Rodríguez, 7, 6ª Planta. 28008 Madrid
  ☎ 91 563 44 11
  E-mail: defensor@demenor-mad.es.
  // Web: www.dmenor-mad.es.

- **Dirección General de Acción Social, del Menor y de la Familia**
  José Abascal, 39. 28003 Madrid
  ☎ 91 363 70 00 // Web: www.mtas.es/asuntos sociales

- **FAPMI (Federación Española de Asociaciones para la Prevención del Maltrato a la Infancia)**
  Delicias, 8 -entreplanta-. 28045 Madrid
  ☎ 914 682 662 // E-mail: secretaria@fapmi.es
  // Web: www.fapmi.es

- **IMMF (Instituto Madrileño del Menor y la Familia)**
  [Institutos de los diversos Servicios Sociales de cada Comunidad]
  Gran Vía, 14. 28013 Madrid
  ☎ 91580 34 64 // 91 580 36 14

❑ FAMILIA

- **A.P.S.I.D.E. (Centro de Resolución de Conflictos)**
  Alcalde Sainz de Baranda, 61, 1º C. 28009 Madrid
  ☎ 91 504 00 51

❑ JÓVENES

- **AIS (Asesoramiento e información sobre Sectas)**
  Vía Layetana, 45, esc. A 1º 1. 08003 Barcelona
  ☎ **91 (93)** 301 30 24 // E-mail: ais@ais-info.org

- **Consejo de la Juventud de España**
  Montera, 24, 6.º 28013 Madrid
  ☎ 91 701 04 20 // Web: www.cje.org

- **Dirección General de la Juventud**
  Fernando el Católico, 88. 28015 Madrid
  ☎ 91 543 02 08

- **Instituto de la Juventud (INJUVE)**
  José Ortega y Gasset, 71. 28006 Madrid
  ☎ 91 363 74 44 /75 78

  Carnet Internacional de Estudiante Injuve
  Web: www.istc.org

  Carnet joven
  Web: carnetjoven@mtas.es

❑ JUSTICIA

- **Fiscalía de Menores (cada una en su provincia)**
  Hermanos García Noblejas, 37. 28037 Madrid
  ☎ 91 493 10 00

- **Ministerio de Justicia**
  San Bernardo, 45. 28015 Madrid
  ☎ 91 390 45 00 // Web: www.mju.es

- **SOJ (Servicio de Orientación Jurídica. Justicia Gratuita. Cada uno en su provincia)**
  Solicitantes de Justicia Gratuita
  ☎ 91 571 66 86 // 91 571 65 17

- **SOJ (Familia y General) Servicio de Orientación Jurídica**
  Capitán Haya, 66, PB
  Civil, familiar y penal. Mujer
  ☎ 91 397 15 64

❑ MUJER

- **Instituto de la Mujer**
  Condesa de Venadito, 34. 28027 Madrid (Sede Central)
  ☎ 91 363 80 00
  Génova 11, 1º dcha. 28004 Madrid (Asesoría jurídica, asistente social, empleo)
  ☎ 91 391 58 80
  900 19 10 10 (24H.)

❑ SALUD

- **AEPC (Asociación española de Psicología Conductual)**
  Av. Madrid, s/n Edf. Eurobecquer. Bajo. 18012 Granada
  ☎ 958 27 34 67 // Web: www.aepec.es

- **ANSHDA (Asociación de niños con síndrome de Hiperactividad y Déficit de Atención)**
  San Emilio, 16 posterior (entrada por C/ Antonio Pirala, 28)
  ☎ 91 356 02 07 // 607 81 78 68
  Fax: 91 725 84 82
  E-mail: info@anshda.org. // Web: www.anshda.org.

- **Asociación Española de Pediatría**
  Villanueva, 11. 28001 Madrid
  ☎ 91 435 49 16 // Fax: 91 435 50 43 // E-mail: aep@aeped.es

❑ DROGAS

- **Fundación de Ayuda contra la Drogadicción (F.A.D.)**
  Avda. de Burgos, 1 y 3. 28036 Madrid
  ☎ 900 16 15 15 // 91 302 40 47 // Web: www.fad.es

- **Plan Nacional sobre Drogas**
  Recoletos, 22. 28010 Madrid
  ☎ 900 100 000 // Web: www.mir.es/pnd

❑ ASOCIACIONES DE ENFERMOS

- **ADANER (Asociación en defensa de los enfermos de anorexia y bulimia nerviosa)**
  Orense, 16, 4ªD. 28020 Madrid
  ☎ 91 577 02 61

- **Asociación contra la Anorexia y la Bulimia**
  Avda. Príncipe de Asturias, 5 , 5ª, 1ª. 08012 Barcelona
  ☎ 902 11 69 86 // Web: www.acab.org

❑ SEGURIDAD

- **B.I.T. (Brigada de Investigación Tecnológica). Cuerpo Nacional de Policía Contra Pornografía Infantil**
  ☎ 91 582 27 53 // E-mail: denuncias.pornografía.infantil@policia.es

- EMUME (**Equipo de Mujeres y Menores–Guardia Civil**).
  (cada uno en su Comunidad Autónoma)
  Sector Escultores, 10. Tres Cantos (Madrid).
  ☎ 91 807 39 00

- GRUME (**Grupo de Menores de la Policía Judicial**)
  (Cada uno en su Comunidad Autónoma)
  Hermanos García Noblejas, 37. 28037 Madrid
  ☎ 91 493 10 00

❑ EMERGENCIAS

— Protección civil, ambulancias, policía, bomberos: 112
— Guardia civil: 062
— Insalud: 061
— Policía Nacional: 091
— Servicio de Información Telefónica y Atención de Emergencias Sociales (SITADE): 901 100 333